# História da Riqueza do Homem

O GEN | Grupo Editorial Nacional – maior plataforma editorial brasileira no segmento científico, técnico e profissional – publica conteúdos nas áreas de ciências sociais aplicadas, exatas, humanas, jurídicas e da saúde, além de prover serviços direcionados à educação continuada e à preparação para concursos.

As editoras que integram o GEN, das mais respeitadas no mercado editorial, construíram catálogos inigualáveis, com obras decisivas para a formação acadêmica e o aperfeiçoamento de várias gerações de profissionais e estudantes, tendo se tornado sinônimo de qualidade e seriedade.

A missão do GEN e dos núcleos de conteúdo que o compõem é prover a melhor informação científica e distribuí-la de maneira flexível e conveniente, a preços justos, gerando benefícios e servindo a autores, docentes, livreiros, funcionários, colaboradores e acionistas.

Nosso comportamento ético incondicional e nossa responsabilidade social e ambiental são reforçados pela natureza educacional de nossa atividade e dão sustentabilidade ao crescimento contínuo e à rentabilidade do grupo.

# Leo Huberman
# História da Riqueza do Homem

**22ª Edição Revista e Ampliada**

Tradução de
**Waltensir Dutra**

Atualização e Revisão Técnica
**Marcia Guerra**
Historiadora
Professora da PUC-Rio
Professora do IFRJ — Instituto Federal de Tecnologia, Ciência e Educação do Rio de Janeiro

- O autor deste livro e a editora empenharam seus melhores esforços para assegurar que as informações e os procedimentos apresentados no texto estejam em acordo com os padrões aceitos à época da publicação, *e todos os dados foram atualizados pelo autor até a data de fechamento do livro.* Entretanto, tendo em conta a evolução das ciências, as atualizações legislativas, as mudanças regulamentares governamentais e o constante fluxo de novas informações sobre os temas que constam do livro, recomendamos enfaticamente que os leitores consultem sempre outras fontes fidedignas, de modo a se certificarem de que as informações contidas no texto estão corretas e de que não houve alterações nas recomendações ou na legislação regulamentadora.

- Data do fechamento do livro: 17/07/2010

- O autor e a editora se empenharam para citar adequadamente e dar o devido crédito a todos os detentores de direitos autorais de qualquer material utilizado neste livro, dispondo-se a possíveis acertos posteriores caso, inadvertida e involuntariamente, a identificação de algum deles tenha sido omitida.

- **Atendimento ao cliente: (11) 5080-0751 | faleconosco@grupogen.com.br**

- Título do original em inglês
  *Man's Worldly Goods*
  Traduzido da 3ª edição, publicada em 1959
  pela Monthly Review Press, Nova York, EUA
  Copyright © 1936 by Leo Huberman

- Direitos exclusivos para a língua portuguesa
  22ª Edição Revista e Ampliada – Capítulos 23 e 24
  Copyright © 2010, 2021 (14ª impressão) by
  **LTC | Livros Técnicos e Científicos Editora Ltda.**
  *Uma editora integrante do GEN | Grupo Editorial Nacional*
  Travessa do Ouvidor, 11
  Rio de Janeiro – RJ – 20040-040
  www.grupogen.com.br

- Reservados todos os direitos. É proibida a duplicação ou reprodução deste volume, no todo ou em parte, em quaisquer formas ou por quaisquer meios (eletrônico, mecânico, gravação, fotocópia, distribuição pela Internet ou outros), sem permissão, por escrito, da LTC | Livros Técnicos e Científicos Editora Ltda.

- Capa/Projeto Gráfico: Bernard Design

- Editoração eletrônica: Anthares

- Ficha catalográfica

---

H866h
22. ed.

Huberman, Leo, 1903-1968
História da riqueza do homem / Leo Huberman ; tradução de Waltensir Dutra ; atualização e revisão técnica Marcia Guerra. - 22. ed. rev. e ampl. - [14. Reimpr.]. - Rio de Janeiro : LTC, 2021.

Tradução de: Man's worldly goods
ISBN 978-85-216-1734-1

1. Economia - História. 2. Riqueza. I. Título.

09-5913.                    CDD: 330.09
                            CDU: 330(09)

---

# PREFÁCIO À 22ª EDIÇÃO BRASILEIRA REVISTA E AMPLIADA

*Por que ler Huberman hoje?*

O momento em que esta nova edição está chegando aos leitores é muito instigante, quer do ponto de vista histórico, quer do ponto de vista econômico. É um daqueles momentos em que, fazendo pouco caso daqueles que pretendem domá-la ou conduzi-la segundo vontades particulares, a História mostra a sua face avessa aos determinismos. Nas últimas décadas fomos bombardeados por insistentes pregadores que, dos palanques governamentais, das suas salas universitárias, das redações dos jornais e de outros tantos lugares de poder, afirmavam, acompanhando a dama-de-ferro britânica Margaret Thatcher,[1] *There is no alternative!*, ou seja, nada além do livre mercado poderia assegurar o crescimento continuado da humanidade. Arautos do inatingível proclamavam que, embora a abundância não tivesse alcançado a todos, a liberdade de cada indivíduo para buscar a satisfação de seus interesses privados e de cada empresa para encontrar o caminho para obter o máximo de lucro com seus investimentos iria nos conduzir ao paraíso do consumo sempre ampliado – objetivo último da realização do ser humano. Com maior ou menor velocidade – afinal as capacidades individuais não são as mesmas – havíamos alcançado o estágio irreversível da prosperidade garantida pela estabilidade monetária, pelo crédito facilitado e pela livre circulação de capitais e mercadorias pelo planeta. Os tempos difíceis haviam ficado definitivamente para trás.

Para os que teimavam na insatisfação frente ao ritmo sempre mais intenso do trabalho que avança pelos antigos horários livres do trabalhador, frente à substituição dos vínculos de solidariedade pela competição desenfreada, frente à incapacidade de homens e mulheres se satisfazerem pelo que são, substituída pela ávida busca de ter sempre mais, frente à intensa, e talvez irreversível, degradação ambiental do mundo em que vivemos, os apóstolos do *fim da história* indicavam a resignação: os tempos presentes seriam *o melhor dos mundos possíveis*.

Entretanto, no centro do próprio sistema começaram a emergir problemas que os detentores do poder e do capital acreditavam ter deixado aprisionados no passado: redução

---

[1] Margaret Hilda Thatcher, baronesa Thatcher, foi primeira-ministra britânica entre 1979 e 1990, ganhando seu apelido pela forma inflexível de lidar com os opositores da implementação das medidas neoliberais, das quais foi fervorosa adepta. Não há alternativa!, tradução da frase em inglês no corpo do texto, era uma espécie de bordão com o qual rebatia as falas oposicionistas.

do consumo, desemprego, baixa das taxas de lucros, queda acentuada no valor das ações e demais papéis negociados no mercado financeiro, falências. A crise econômica se instalou e, dado o nível de articulação da economia, se mundializou. Em setembro de 2008, com o pedido de concordata do banco de investimentos Lehman Brothers Holding Inc., gigante norte-americano do mercado financeiro, as maiores instituições financeiras mundiais revelaram-se incapazes de fazer frente à crise, e os governos dos principais países capitalistas puseram em prática estratégias para salvá-los: trilionárias injeções de dinheiro público, nacionalizações, políticas de estímulo ao consumo – velhas receitas para um mal também já experimentado: a recessão econômica mundial. Sua profundidade e sua duração ainda não estão definidas neste momento. Todavia, já não é possível afirmar que o capitalismo globalizado está imune às recessões e que aqueles, como Karl Marx, que haviam assinalado serem as crises inerentes à lógica do sistema capitalista estavam equivocados. Como declarou George Soros, megaempresário, especulador e político liberal norte-americano: *"Ando lendo Marx, e há muitas coisas interessantes no que ele diz"*.[2]

A crise atual não significa a derrota da perspectiva neoliberal, tampouco nos permite concluir que se aproxima a hora derradeira do sistema baseado na busca ilimitada do lucro privado. Mas nos estimula a reflexão. Pois, como o velho pensador alemão enfatizou, o mundo não pode ser transformado se não for entendido. E, para aqueles que querem entendê-lo, a obra de Leo Huberman continua sendo uma excelente porta de entrada. Como disse sobre ele Che Guevara: *"Huberman cumpre com perfeição a primeira tarefa de um revolucionário – ser claro"*.[3] E a clareza do autor nos acompanha em todos os capítulos de sua obra, permitindo ao leitor atribuir sentido aos complexos movimentos que acompanham a afirmação e a consolidação do capitalismo.

Esse aspecto é ressaltado pelo historiador e professor da UFRJ Francisco Carlos Teixeira da Silva:

> *"A primeira vez que li a História da riqueza do homem foi ao final do 2.º Grau, sob sugestão do meu então professor de história Chico Alencar. Pela primeira vez, na minha cabeça, a história parecia ter um sentido, uma lógica interna que a torna bem mais que um amontoado de datas e de fatos. O rigor da descrição, densa e muito encadeada, de Leo Huberman procurava mostrar a necessidade de uma base material para o desenvolvimento histórico e, simultaneamente, a preeminência da luta de classes como fator explicativo. Até então, aluno do Colégio Pedro II, as leituras de história eram centradas em Victor Mussumeci, Bruno Giordani e, o mais sofisticado da época, em MacNall Burns. Huberman, ao contrário destes autores, possui um fio condutor, uma lógica rigorosa e um estilo de escrita agradável e, mesmo, divertida. Nos meus primeiros anos de magisté-*

---

[2] Citado por Marcello Musto em "A crise do capitalismo e a importância atual de Marx", entrevista com o historiador Eric Hobsbawm, publicada em **Carta Maior** em 29/9/2008. Disponível em http://www.cartamaior.com.br/templates/materiaMostrar.cfm?materia_id=15253, acesso em 29/9/2009.

[3] Citado por Paul Sweezy *in Leo Huberman and Monthly Review* – excerpts from 1968 memorial service eulogy. **Monthly Review**, Nov, 1993. Disponível em http://findarticles.com/p/articles/mi_m1132/is_n6_v45/ai_14541322/ acesso em 3/2/2009.

rio – *nos cursos Premium, Planck e GPI – recomendei e utilizei largamente o texto com meus alunos. Mais tarde, na universidade, encontrei a grande continuidade – na verdade marcada pelo marxismo desenvolvido no Ocidente e na New Left Review, entre Huberman e Maurice Dobb, cujo livro* A evolução do capitalismo *era base do grande debate sobre a transição do feudalismo ao capitalismo. Aos poucos, o rigor de Huberman/Dobb mostrou-se teleológico e pré-construído, buscando uma explicação* a posteriori *de fatos e processos pré-escolhidos. De toda forma, o livro permanece como parte fundamental do pensamento marxista no Ocidente, uma opção progressista em sua época, antipositivista e antistalinista."*[4]

Huberman se orgulhava de levar aos jovens estudantes e trabalhadores que o liam, muitas vezes cansados após um dia de trabalho, uma análise compreensível da dinâmica capitalista, que contemplasse o pensamento e os principais conceitos dos autores clássicos – Adam Smith, David Ricardo, Karl Marx – sem ser enfadonho ou fazer pouco da inteligência do leitor. Talvez esteja aí a explicação para o sucesso que alcançou, de forma quase imediata, primeiro nos Estados Unidos e depois em várias partes do mundo, incluindo o Brasil. Durante as décadas seguintes à sua publicação, a *História da riqueza do homem* foi uma obra capaz de interferir nas escolhas de vida daqueles que a liam. Como aconteceu com a, hoje, historiadora e professora da UFF Adriana Facina, que o leu, como diz, "*com uns 19 anos, e ele foi fundamental para que eu tomasse uma decisão que definiu a minha vida: larguei a faculdade de Medicina e fiz mudança de curso para História. Quem me indicou foi o Mario Schmidt, professor e autor de livros didáticos de História. O livro me estimulou muito a desenvolver uma visão crítica das coisas e a ver a História como um processo*".

Influenciados pela narrativa que permitia entender o mundo em que vivíamos – marcado pelas enormes desigualdades sociais, pelas guerras e disputas políticas entre aqueles que acreditavam ser possível um futuro mais digno para a humanidade e os que, satisfeitos, queriam mais do mesmo –, muitos de nós jovens que concluíamos a leitura de Huberman, assim como Adriana Facina, definíamos que nos tornaríamos historiadores, economistas ou jornalistas. Mais ainda, tomávamos a decisão de que valeria a pena lutar por uma outra sociedade na qual *a semente semeada fosse colhida por aqueles que a haviam plantado.*

Durante os anos sombrios que se seguiram ao golpe de 1964, quando o controle sobre a atividade política, editorial e acadêmica limitava as discussões em sala de aula, sempre havia um professor, um primo ou amigos mais velhos que, percebendo a ansiedade nos olhos dos mais curiosos, indicavam a obra de Huberman como solução para uma parte das angústias que afligiam os jovens insatisfeitos com as explicações "oficiais". O sentimento de que, enfim, grande parte das nossas dúvidas estava sendo esclarecida acompanhava a leitura voraz dos capítulos, que era feita sem que professor algum precisasse exigi-la. Ainda que não fossem poucos os mestres que a recomendavam.

---

[4] Os depoimentos dos professores Francisco Carlos Teixeira da Silva, Adriana Facina, Francisco Alencar e Sérgio Besserman foram fornecidos a mim durante o mês de outubro de 2009. Jamais conseguirei expressar suficientemente a eles toda a minha gratidão.

O historiador e professor de história, atualmente deputado federal, Chico Alencar, o mesmo que indicou o livro de Huberman a seu então aluno Francisco Carlos, recorda-se bem do impacto que a leitura lhe provocou:

*"A minha formação como pessoa ganhou uma feição especial com a* História da riqueza do homem. *Ainda adolescente, aquele precioso livro foi esquadrinhado em cada capítulo e discutido em grupo. Sabor e saber compartilhados. Escrita fluente, bem-humorada, aguda. E atraente: 'hoje vou cedo para casa, quero ler!'. Muitos de seus trechos foram até memorizados sem esforço. Sabidos de cor, isto é, de coração: cada página jogando nossa cabeça e emoção no mundo, solidários com os condenados da Terra. O autor contava a história da pobreza de muitos homens e mulheres, para que a riqueza de uns poucos se formasse. Para mim e tantos outros da nossa geração hoje quase sexagenária, o Leo – um norte-americano! – nos fez descobrir o sentido da História, a ideia de processo, a identificação com as lutas de outros povos. Sentíamo-nos –* We, the People *(título de outra obra-prima dele) – 'fraternados' com os servos das glebas, com os artesãos, com os ludistas quebradores de máquinas, com os operários das fábricas frias e sombrias, apesar do vapor, com todos os que travavam guerras no afã de conquistar um pouco de paz. Humanizados, historicizados! Descobrimos o contravalor da mais-valia... Há livros que fazem sucesso e depois, como personagens de novelas, desaparecem no esquecimento. Outros, mesmo datados e imensamente presos aos conceitos duais de seu tempo, se transcendem, viram marco. Mais que livro: documento. Por que falam das veias abertas, das vidas secas e da grandeza humana, com seu sonho imorredouro por justiça e igualdade. É bem o caso da* História da riqueza do homem, *que tanto nos enriqueceu."*

Sentimento que também é partilhado pelo economista e professor Sérgio Besserman, a quem o livro foi apresentado pelos pais e se tornou uma tradição passada de irmão a irmão:

*"Meus pais eram de esquerda e eu um leitor precoce. Eles me deram a* História da riqueza do homem *quando eu tinha treze anos, que foi quando eu o li, fascinado, pela primeira vez. No ano seguinte foi a vez do meu irmão Marcos, um ano mais novo. E cinco anos depois eu e o Marcos demos um mês ao Bussunda, nosso irmão mais novo, para o ler. Se não lesse o pau iria comer...*

*Todos lemos fascinados a magistral combinação de introdução ao marxismo (sem doutrinarismo), história e generosidade ao colocar o olhar na marcha da humanidade. Um livro que décadas depois continua sem igual."*

Neste boca a boca, em tempos de lançamentos editoriais muito mais modestos, o livro de Leo Huberman vendeu bem mais de meio milhão de exemplares (foram 483.900 só entre 1973 e 2009). Tamanho sucesso de público seria, por si só, uma indicação da sua relevância, de sua condição de documento, como ressalta Chico Alencar. Mas a ele devemos agregar a capacidade de produzir uma reflexão sobre o mundo e ao mesmo tempo fomentar a solidariedade, a generosidade e projetos coletivos para o amanhã, valores fundamentais em um mundo vitimado pela fragmentação resultante das políticas neoliberais.

Nesta nova edição revista e acrescida de dois capítulos, o leitor encontrará um breve panorama das tensões e propostas que marcaram a segunda metade do século XX. Ao leitor peço desculpas, desde já, pela incapacidade de escrever como Leo Huberman. Para além de seu talento inigualável, os tempos são outros – a História, como cantou o poeta, atropela indiferente todo aquele que a nega, e também produziu transformações no marxismo, nos marxistas, nas concepções sobre o fazer histórico e nos historiadores. Tomando o texto como um tributo, o Capítulo 23, que aborda acontecimentos contemporâneos à vida do autor da *História da riqueza do homem*, foi escrito com base em análises desenvolvidas pelo autor em outras obras e, em particular, nos seus artigos publicados na *Monthly Review*, periódico socialista fundado e dirigido por Huberman e Paul Sweezy, desde 1949 até a morte de nosso Huby, como era carinhosamente chamado pelos amigos, em novembro de 1968.

Quando aceitei dar continuidade ao texto de Huberman, devo confessar que o fiz movida pela paixão – podia sentir ainda a emoção que me acompanhou quando, na adolescência, o li pela primeira vez. Recordava os diversos subtítulos, os argumentos e a indignação que se tornava mais forte à medida que, capítulo após capítulo, os véus que ocultavam o segredo interno do capitalismo – a exploração do homem pelo homem – iam sendo retirados. Cada linha dos dois capítulos que escrevi contém a mesma emoção, acrescida da preocupação em respeitar a inteligência e a sensibilidade do leitor, que foram, na minha opinião, o traço maior deste excepcional educador revolucionário – no sentido mais agudo que esses dois conceitos possam ter – que foi Leo Huberman. Cada uma é, também, uma homenagem ao homem que, como poucos na história contemporânea, foi capaz de convencer a tantos de que vale a pena manter a utopia.

Rio de Janeiro, outubro de 2009.

*Marcia Guerra*
Historiadora
Professora da PUC-Rio
Professora do IFRJ — Instituto Federal de Tecnologia,
Ciência e Educação do Rio de Janeiro

# PREFÁCIO À 1ª EDIÇÃO

Este livro tem um duplo objetivo. É uma tentativa de explicar a história pela teoria econômica e a teoria econômica pela história. Essa inter-relação é importante – e necessária. O ensino da história se ressente quando pouca atenção se dispensa ao seu aspecto econômico; e a teoria econômica se torna monótona quando divorciada de seu fundo histórico. A "ciência triste" continuará triste, enquanto ensinada e estudada num vácuo histórico. A lei da renda de Ricardo é, em si, difícil e insípida. Mas, situada em seu contexto histórico, vista como uma batalha na luta entre proprietários de terras e industriais, na Inglaterra do início do século XIX, ela se tornará animada e significativa.

Este livro não pretende ser exaustivo. Não é uma história econômica nem unirá história do pensamento econômico – mas um pouco de ambas. Tenta explicar, em termos de desenvolvimento das instituições econômicas, por que certas doutrinas surgiram em determinado momento, como se originaram na própria estrutura da vida social e como se desenvolveram, modificaram e foram ultrapassadas ao mudarem os padrões daquela estrutura.

Desejo expressar meu profundo agradecimento às seguintes pessoas: minha esposa, que me auxiliou de inúmeras formas, muitas para serem aqui mencionadas; o Dr. Meyer Schapiro, por sua crítica do original e sugestões incentivadoras; a Srta. Sybil May e o Sr. Michael Ross, por suas opiniões firmes e crítica construtiva, que me evitaram muitos erros de julgamento e fatos. Devo um agradecimento especial à Srta. Jane Trabisky, uma vez que suas pesquisas cuidadosas e vasto conhecimento, no campo da História e da Economia, foram de ajuda incalculável. Sem sua assistência, este livro não poderia ter sido escrito.

Nova York, julho de 1936.

*Leo Huberman*

# SUMÁRIO

**Parte I  Do Feudalismo ao Capitalismo**

1  SACERDOTES, GUERREIROS E TRABALHADORES,  3
*O Trabalho na Idade Média*
*O Sistema Agrícola*
*O Servo e o Senhor*
*A Situação da Nobreza, da Realeza e do Clero*

2  ENTRA EM CENA O COMERCIANTE,  13
*O Investimento da Riqueza na Idade Média*
*O Intercâmbio de Mercadorias*
*As Cruzadas e o Comércio*
*Mercados e Feiras*

3  RUMO À CIDADE,  21
*O Comércio e as Cidades*
*Surgem as Corporações*
*Choque entre a Cidade e o Senhor Feudal*
*Cresce a Influência dos Mercadores*

4  SURGEM NOVAS IDEIAS,  29
*Usura e Juro na Idade Média*
*A Posição da Igreja*
*Os Velhos Conceitos Prejudicam as Transações*

5  O CAMPONÊS ROMPE AMARRAS,  33
*Modifica-se a Situação do Camponês, que Começa a Ser Dono da Terra*
*Novo Regime de Trabalho*
*As Revoltas Camponesas*

6  "E NENHUM ESTRANGEIRO TRABALHARÁ...",  41
*Modifica-se Também a Indústria*
*Surge o Artesanato Profissional*

**xiv** | *Sumário*

*O Regime das Corporações*
*O Justo Preço*
*O Burguês Começa a Substituir o Senhor Feudal*

7 AÍ VEM O REI!, 53
*Universalismo e Nacionalismo: Desponta o Sentimento Nacional*
*A Burguesia Sustenta o Rei*
*Decadência das Grandes Corporações*
*A Igreja e a Reforma*

8 "HOMEM RICO...", 65
*A Desvalorização da Moeda pelos Reis*
*Acumulação de Ouro e Prata*
*As Grandes Viagens e Descobertas*
*A Revolução Comercial*
*Os Grandes Banqueiros*

9 "...HOMEM POBRE, MENDIGO, LADRÃO", 75
*A Influência Prejudicial das Guerras*
*Influxo de Metais Preciosos e Elevação dos Preços*
*Lucram os Mercados, Perdem os Governos e os Trabalhadores*
*Consequências na Agricultura*

10 PRECISA-SE DE TRABALHADORES — CRIANÇAS DE DOIS ANOS
PODEM CANDIDATAR-SE, 85
*Expansão do Mercado*
*O Intermediário e o Industrial Incipiente*
*Reação das Corporações*
*Os Três Sistemas de Produção*

11 "OURO, GRANDEZA E GLÓRIA", 93
*O que Faz a Riqueza de um País?*
*Acumulação de Tesouros*
*Estímulo à Indústria*
*Migração de Trabalhadores*
*Riqueza pelo Transporte Marítimo*
*Colônias*
*A Política Mercantilista*

12 DEIXEM-NOS EM PAZ!, 105
*Revolta contra o Mercantilismo*
*A Doutrina do* Laissez-faire
*Os Fisiocratas*
*O Conceito de Renda Nacional*
*O Comércio Livre*

Sumário | **XV**

**13** "A VELHA ORDEM MUDOU...",   115
*Só os Pobres Pagavam Impostos*
*O Progresso Abre os Olhos do Camponês*
*A Revolução Francesa*
*A Burguesia: Quem Era?*
*A Burguesia Lidera, Camponeses e Trabalhadores Lutam*
*O Código Napoleônico, Vitória Burguesa*

## Parte II Do Capitalismo ao...?

**14** DE ONDE VEM O DINHEIRO?,   125
*Dinheiro que É Capital e Dinheiro que Não É*
*O Capital e os Meios de Produção*
*Como os Impérios Acumulam Capital para a Indústria Moderna*
*Novas Formas de Produção, Nova Religião*

**15** REVOLUÇÃO – NA INDÚSTRIA, AGRICULTURA,
TRANSPORTE,   137
*A Máquina a Vapor*
*O Crescimento Demográfico*
*O Novo Tipo de Vida no Século XVIII*

**16** "A SEMENTE QUE SEMEAIS, OUTRO COLHE...",   141
*A Situação dos Trabalhadores durante e Depois da Revolução*
  *Industrial do Século XIX*
*O Regime Fabril*
*O Trabalho das Crianças*
*A Revolta contra as Máquinas*
*Os Sindicatos e o Voto*

**17** "LEIS NATURAIS" DE QUEM?,   157
*As Leis Naturais da Economia Clássica*
*A Economia Individual e a Economia da Sociedade*
*O Malthusianismo*
*Ricardo e o Valor do Trabalho*

**18** "TRABALHADORES DE TODO O MUNDO, UNI-VOS!",   171
*Os Sonhadores de Utopia*
*O Socialismo Idealista ou Utópico*
*Surge Marx: O Socialismo sem Utopia*
*Por que o Socialismo É Inevitável*
*Marx e o Trabalho: a Mais-valia*
*As Contradições do Sistema Capitalista*

**xvi** | *Sumário*

**19** "EU ANEXARIA OS PLANETAS, SE PUDESSE...", 187
*Uma Nova Teoria do Valor*
*A Teoria Marginal da Utilidade*
*As Tarifas Protetoras*
*O Crescimento da Grande Indústria*
*Trustes, Cartéis, Combinações*
*Os Excedentes de Mercadorias e de Capital*
*Solução: as Colônias*

**20** O ELO MAIS FRACO, 207
*As Crises Capitalistas*
*Suas Explicações*
*A Tendência Decrescente do Lucro*
*Capital Variável e Capital Constante ou Fixo*

**21** A RÚSSIA TEM UM PLANO, 217
*A Revolução Russa*
*Lênin e a Arte da Revolução*
*Coletivo, em Vez de Individual*
*Os Grandes Problemas Econômicos da Rússia*
*Planejamento Nacional Socialista*
*O Comércio Externo e o Monopólio Estatal*

**22** DESISTIRÃO ELES DO AÇÚCAR?, 233
*Pobreza em Meio à Abundância*
*O Planejamento Capitalista, Suas Características*
*O Obstáculo: a Propriedade Privada*
*Oposição à Economia Nacionalmente Planificada*
*A Coordenação Central Capitalista: Fascismo*
*Fascismo e Guerra*

**23** UM ADMIRÁVEL MUNDO NOVO?, 243
*A Expansão do Capitalismo Americano após a*
 *Segunda Guerra Mundial*
*O Consumo de Massas se Estenderá a Todo o Planeta?*
*O Comunismo ou os Comunismos em Expansão*

**24** DA EXPANSÃO À CRISE: A HISTÓRIA INSISTE EM
CONTINUAR, 265
*A Prosperidade Não Será para Todos*
*Reafirmando o Valor Positivo da Desigualdade e da Competição*
 *Desenfreada: o Mercado Volta a Ser o Rei*

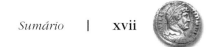

*Sob a Nova Ordem Neoliberal: Elevar os Lucros Fazendo
  Aumentar a Desigualdade*
*O Colapso do Mundo Socialista: o Gigante Soviético Vai ao Solo*
*E a História Continua*

ÍNDICE,   289

# História da Riqueza
# do Homem

# Parte I

# Do Feudalismo ao Capitalismo

# 1

# SACERDOTES, GUERREIROS E TRABALHADORES

*O Trabalho na Idade Média.*
*O Sistema Agrícola. O Servo e o Senhor.*
*A Situação da Nobreza, da Realeza e do Clero.*

Os diretores dos filmes antigos costumavam fazer coisas estranhas. Uma das mais curiosas era seu hábito de mostrar as pessoas andando de carro, depois descerem atabalhoadamente e se afastarem sem pagar ao motorista. Rodavam por toda a cidade, divertiam-se ou se dirigiam a seus negócios, e isso era tudo. Sem ser preciso pagar nada. Assemelhavam-se em muito à maioria dos livros da Idade Média, que, por páginas e páginas, falavam de cavaleiros e damas, engalanados em suas armaduras brilhantes e vestidos alegres, em torneios e jogos. Sempre viviam em castelos esplêndidos, com fartura de comida e bebida. Poucos indícios há de que alguém devia produzir todas essas coisas, que armaduras não crescem em árvores e que os alimentos, que realmente crescem, têm que ser plantados e cuidados. Mas assim é. E, tal como é necessário pagar por uma corrida de táxi, assim alguém, nos séculos X a XII, tinha que pagar pelas diversões e coisas boas que os cavaleiros e as damas desfrutavam. Também alguém tinha que fornecer alimentação e vestuário para os clérigos e padres que pregavam, enquanto os cavaleiros lutavam. Além desses pregadores e lutadores existia, na Idade Média, um outro grupo: os trabalhadores. A sociedade feudal consistia nessas três classes – sacerdotes, guerreiros e trabalhadores, sendo que o homem que trabalhava produzia para ambas as outras classes, eclesiástica e militar. Isso era muito claro, pelo menos para uma pessoa que viveu naquela época, e que assim comentou o fato:

> *Pois cavaleiros e servos da igreja vivem*
> *Daqueles que duro trabalho fazem.*[1]

---

[1] P. Boissonnade, *Life and Work in Medieval Europe (fifth to fifteenth centuries)*, p. 146. Alfred Knopf, Nova York, 1927. (For the knight and eke the clerk/Live by him who does the work.)

Qual era a espécie de trabalho? Nas fábricas ou usinas? Não, simplesmente porque ainda não existiam. Era o trabalho na terra, cultivando o grão ou guardando o rebanho para utilizar a lã no vestuário. Era o trabalho agrícola, mas tão diferente de hoje que dificilmente o reconheceríamos.

A maioria das terras agrícolas da Europa ocidental e central estava dividida em áreas conhecidas como "feudos". Um feudo consistia apenas em uma aldeia e as várias centenas de acres de terra arável que a circundavam, e nas quais o povo da aldeia trabalhava. Na orla da terra arável havia, geralmente, uma extensão de prados, terrenos ermos, bosques e pastos. Nas diversas localidades, os feudos variavam de tamanho, organização e relações entre os que os habitavam, mas suas características principais se assemelhavam, de certa forma.*

Cada propriedade feudal tinha um senhor. Dizia-se comumente do período feudal que não havia "senhor sem terra, nem terra sem um senhor". O leitor já viu, com certeza, fotografias das construções senhoriais medievais. É sempre fácil reconhecê-los porque, fosse um castelo ou apenas uma grande propriedade rural, eram sempre fortificados. Nessa moradia fortificada o senhor feudal vivia (ou o visitava, já que frequentes vezes possuía vários feudos; alguns senhores chegavam mesmo a possuir centenas) com sua família, seus empregados e funcionários que administravam a propriedade.

Pastos, prados, bosques e ermos eram usados em comum, mas a terra arável se dividia em duas partes. Uma, de modo geral a terça parte do todo, pertencia ao senhor e era chamada seus "domínios"; a outra ficava em poder dos camponeses que, então, trabalhavam a terra. Uma característica curiosa do sistema feudal é que as terras não eram contínuas, mas dispersas em faixas, mais ou menos como na figura seguinte.

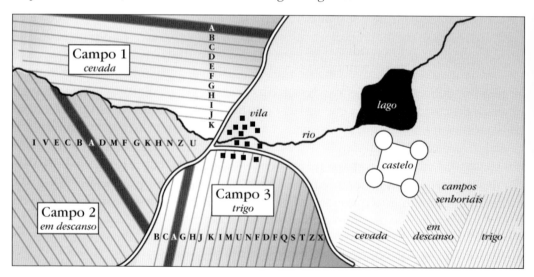

---

*Desde que o autor concluiu este livro, os estudos sobre a sociedade feudal se desenvolveram muito. O feudo territorial, descrito por Huberman, ao lado das relações de senhorio e vassalagem, é uma prática interna à classe dominante feudal, apesar de não poder ser considerada uma prática universal de todo o feudalismo, ficando restrita à Europa ocidental. Desta prática fazem parte os múltiplos mecanismos de dependência que ligam os senhores aos seus vassalos e passam pela cessão da terra. Não é o mesmo que acontece com os camponeses, cujo vínculo básico é o da servidão, não implicando uma "igualdade" entre direitos e deveres dos trabalhadores na terra e os senhores. (N.R.T.)

*Sacerdotes, Guerreiros e Trabalhadores*

A terra de trabalho ocupada por A se espalha por três campos e está dividida em faixas, nenhuma das quais vizinha da outra. Da mesma forma a do camponês B, e assim sucessivamente. Nos primórdios do sistema feudal, o mesmo se dava com as propriedades senhoriais; também eram divididas em faixas esparsas, entremeando-se a outras, mas nos seus últimos anos a tendência foi de formar um só bloco.

A cultura em faixas foi típica do período feudal. É claro que era muito dispendiosa e, passadas algumas centenas de anos, foi totalmente posta de lado. Hoje, sabemos muito mais sobre as plantações alternadas, fertilizantes e mil e uma formas de conseguir maior produção do solo do que os camponeses feudais. O grande progresso, na época, foi a substituição do sistema de dois por três campos. Embora os camponeses feudais não soubessem ainda quais as colheitas que melhor se sucederiam a fim de não esgotar o solo, na verdade sabiam que o cultivo do mesmo tipo, todos os anos, no mesmo local, era ruim, e assim mudavam o plantio, de campo para campo, todo ano. Num ano, a colheita para a alimentação, trigo ou centeio, seria feita no campo 1, paralelo à colheita para o fabrico de bebida, a cevada, no campo 2, enquanto o campo 3 permanecia de pousio, 'posto de lado', para um descanso de um ano. Eis o esquema aproximado de uma cultura em três campos:

|  | 1º ano | 2º ano | 3º ano |
|---|---|---|---|
| Campo 1 | Trigo | Cevada | Em descanso |
| Campo 2 | Cevada | Em descanso | Trigo |
| Campo 3 | Em descanso | Trigo | Cevada |

Eram essas, portanto, as duas características importantes do sistema feudal. Primeiro, a terra arável era dividida em duas partes, uma pertencente ao senhor e cultivada apenas para ele, enquanto a outra era dividida entre muitos rendeiros camponeses; segundo, a terra era cultivada não em campos contínuos, tal como hoje, mas pelo sistema de faixas espalhadas. Havia uma terceira característica marcante – o fato de que os camponeses trabalhavam não só as suas terras, mas também a propriedade do senhor.

O camponês vivia numa choupana do tipo mais miserável. Trabalhando longa e arduamente em suas faixas de terra espalhadas (todas juntas tinham, em média, uma extensão de 6 a 12 hectares, na Inglaterra, e 15 a 20, na França), conseguia arrancar do solo apenas o suficiente para uma vida miserável. Teria vivido melhor não fora o fato de que, dois ou três dias por semana, tinha que trabalhar *a terra do senhor*, sem pagamento. Tampouco era esse o único trabalho a que estava obrigado. Quando havia pressa, como em época de colheita, tinha primeiro que segar o grão nas terras do senhor. Esses "dias de dádiva" não faziam parte do trabalho normal. Mas isso ainda não era tudo. Jamais houve dúvida quanto à terra mais importante. A propriedade do senhor tinha que ser arada primeiro, semeada primeiro e ceifada primeiro. Uma tempestade ameaçava fazer perder a colheita? Então, era a plantação do senhor a primeira que deveria ser salva. Chegava o tempo da colheita, quando a ceifa tinha que ser rapidamente concluída? Então o camponês deveria deixar seus campos e segar o campo do senhor. Havia qualquer produto posto de lado para ser vendido no pequeno mercado local? Então, deveriam ser o grão e o vinho do senhor o que o cam-

## 6 | *Capítulo 1*

ponês conduzia ao mercado e vendia – primeiro. Uma estrada ou uma ponte necessitavam reparos? Então o camponês devia deixar seu trabalho e atender à nova tarefa. O camponês desejava que seu trigo fosse moído ou suas uvas esmagadas na prensa de lagar? Poderia fazê-lo – mas tratava-se do moinho ou prensa do senhor, e exigia-se pagamento para sua utilização. Eram quase ilimitadas as imposições do senhor feudal ao camponês. De acordo com um observador do século XII, o camponês *"nunca bebe o produto de suas vinhas, nem prova uma migalha do bom alimento; muito feliz será se puder ter seu pão preto e um pouco de sua manteiga e queijo..."*

> *Tivesse ganso gordo ou galinha,*
> *e no cesto, bolo de fina farinha –*
> *Seu senhor ia ganhar tudo que tinha.*[2]

O camponês era, então, um escravo? Na verdade, chamavam-se de "servos" a maioria dos terratenentes, da palavra latina *servus*, que significa "escravo". Mas eles não eram escravos, no sentido que atribuímos à palavra quando a empregamos. Mesmo se tivesse havido jornais na Idade Média, nenhum "anúncio" como o seguinte, que apareceu no *Charleston Courier* em 12 de abril de 1828, teria sido encontrado em suas páginas: *"Uma família valiosa... como jamais se ofereceu para venda, consistindo em uma cozinheira de cerca de 35 anos, sua filha com cerca de 14, e seu filho, cerca de 8. Serão vendidos juntos ou apenas em parte, conforme interessar ao comprador."*

Esse desmembramento de uma família de escravos negros, segundo a vontade do dono, não aconteceria numa família unida, sem depender do desejo do senhor feudal. Se o escravo era parte da propriedade e podia ser comprado ou vendido em qualquer parte, a qualquer tempo, o servo, ao contrário, não podia ser vendido fora de sua terra. Seu senhor poderia transferir a posse do feudo a outro, mas isso significava apenas que o servo teria novo senhor; ele próprio, porém, permanecia em seu pedaço de terra. Esta era uma diferença fundamental, pois concedia ao servo uma espécie de segurança que o escravo nunca teve. Por pior que fosse o seu tratamento, o servo possuía família e lar e a utilização de alguma terra. Como tinham, realmente, segurança, acontecia por vezes que uma pessoa livre, mas que por um motivo ou outro se encontrava arruinada, sem lar, terra ou comida, *"oferecer-se-ia [a algum senhor, como servo], uma corda no pescoço e uma moeda na cabeça"*.[3]

Havia vários graus de servidão, tendo sido difícil aos historiadores delinear todos os matizes das diferenças entre os diversos tipos. Havia os "servos dos domínios", que viviam permanentemente ligados à casa do senhor e trabalhavam em seus campos durante todo o tempo, não apenas por dois ou três dias na semana. Havia camponeses muito pobres, chamados "fronteiriços", que mantinham pequenos arrendamentos de um hectare, mais ou menos, à orla da aldeia, e os "aldeães", que nem mesmo possuíam um pequeno arrenda-

---

[2]Ibid., p. 146. (If he have fat goose or hen, / Cake of white flour in his bin, / Tis his lord who all must win.)
[3]Ibid., p. 136.

mento, mas apenas uma cabana, e deviam trabalhar para o senhor como braços contratados, em troca de comida.

Havia os "vilãos" que, ao que parece, eram servos com maiores privilégios pessoais e econômicos. Distanciavam-se muito dos servos na estrada que conduz à liberdade, gozavam de maiores privilégios e menores deveres para com o senhor. Uma diferença importante, também, está no fato de que os deveres que realmente assumiam eram mais precisos que os dos servos. Isso constituía grande vantagem, porque então os vilãos sabiam qual a sua exata situação. O senhor não podia fazer-lhes novas exigências, a seu bel-prazer. Alguns vilãos estavam dispensados dos "dias de dádiva" e realizavam apenas as tarefas normais de cultivo. Outros simplesmente não desempenhavam qualquer tarefa, mas pagavam ao senhor uma parcela de sua produção, de forma muito semelhante ao que fazem, hoje, os nossos meeiros. Ainda outros não trabalhavam, mas faziam seu pagamento em dinheiro. Esse costume se desenvolveu com o passar dos anos e, posteriormente, tornou-se muito importante.

Alguns vilãos eram quase tão abastados quanto homens livres, e podiam alugar parte da propriedade do senhor, além de seus próprios arrendamentos. Assim, havia alguns cidadãos que eram proprietários independentes e nunca se viram obrigados às tarefas do cultivo, mas pura e simplesmente pagavam uma taxa a seu senhorio. A situação dos cidadãos, aldeães e servos confunde-se através de muitas fases. É difícil estabelecer exatamente quais eram e determinar a posição real de cada classe.

Nenhuma descrição do sistema feudal pode ser rigorosamente precisa, porque as condições variavam muito de lugar para lugar. Não obstante, há certeza sobre alguns pontos fundamentais em relação a praticamente todo o trabalho escravo do período feudal.

Os camponeses eram mais ou menos dependentes. Os senhores acreditavam que existiam para servi-los. Jamais se pensou em termos de igualdade entre senhor e servo. O servo trabalhava a terra e o senhor manejava o servo. E no que se relacionava ao senhor, este pouca diferença via entre o servo e qualquer cabeça de gado de sua propriedade. Na verdade, no século XI um camponês francês era avaliado em 38 soldos, enquanto um cavalo valia 100 soldos! Da mesma forma que o senhor ficaria aborrecido com a perda de um boi, pois dele necessitava para o trabalho da terra, também o aborrecia a perda de qualquer de seus servos – gado humano necessário ao trabalho na terra. Assim sendo, se o servo não podia ser vendido sem a terra, tampouco podia deixá-la. *"Seu arrendamento era chamado 'título de posse' mas, pela lei, o título de posse mantinha o servo, não o servo ao título."*[4] Se o servo tentava fugir e era capturado, podia ser punido severamente – mas não havia dúvidas de que tinha de voltar. Nos anais do Tribunal do Feudo de Bradford, para o período de 1349-1358, há o seguinte sumário: *"Ficou provado que Alice, filha de William Childyong, serva do senhor, reside em York; por conseguinte que seja levada [presa]."*[5]

---

[4] J. W. Thompson, *An Economic and Social History of the Middle Ages*, 300-1300, p. 730. The Century Company, Nova York, 1928.
[5] *English Economic History, Select Documents*, p. 72. Compilado e organizado por A. E. Bland, P. A. Brown e R. H. Tawney. G. Bell & Sons, Londres, 1914.

## 8 | *Capítulo 1*

Além disso, como o senhor não queria perder qualquer de seus trabalhadores, havia regras estipulando que os servos ou seus filhos não poderiam casar-se fora dos domínios exceto com permissão especial. Quando um servo morria, seu herdeiro direto podia herdar o arrendamento, mediante o pagamento de uma taxa. Eis um exemplo, tal como consta nos mesmos anais do Tribunal: *"Robert, filho de Roger, filho de Richard, que possuía um terreno e . hectares de terra arrendada, está morto. E logo John, seu irmão e herdeiro, tomou posse das terras [arrendamento], para si e seus herdeiros, de acordo com o costume do feudo ... e paga ao senhor . s. [xelins] de multa por entrada."*[6]

Na citação acima, são importantes as palavras "de acordo com o costume do feudo". Constituem a chave para a compreensão do sistema feudal. O 'costume do feudo' significava, então, o que a legislação do governo de uma cidade ou condado significa hoje. O costume, no período feudal, tinha a força das leis no século XX. Não havia um governo forte na Idade Média capaz de se encarregar de tudo. A organização, no todo, baseava-se num sistema de deveres e obrigações do princípio ao fim. A posse da terra não significava que pudéssemos fazer dela o que nos agradasse, como hoje. A posse implicava deveres que tinham que ser cumpridos. Caso contrário, a terra seria tomada. As obrigações que os servos tinham para com os senhores, e as que o senhor devia ao servo – por exemplo, proteção em caso de guerra – eram todas estabelecidas e praticadas de acordo com o costume. Acontecia, sem dúvida, que às vezes o costume era transgredido, tal como, hoje em dia, as leis. Uma briga entre dois servos seria resolvida no tribunal do senhor – de acordo com o costume. Uma briga entre servo e senhor tendia sempre a ser solucionada favoravelmente ao senhor, já que este podia ser o juiz da disputa. Não obstante, houve casos em que um senhor, que frequentemente violava os costumes, fosse chamado a se explicar, por sua vez, a seu senhor imediato. Esse fato se verificava particularmente na Inglaterra, onde os camponeses podiam ser ouvidos no tribunal real.

O que aconteceria em caso de disputa entre os senhores de dois feudos? A resposta a essa pergunta nos leva a um outro fato interessante sobre a organização feudal. O senhor do feudo, como o servo, não *possuía* a terra, mas era, ele próprio, vassalo de outro senhor mais acima na escala. O servo ou aldeão 'arrendava' sua terra do senhor do feudo que, por sua vez, 'arrendava' a terra de um conde, que já a 'arrendara' de um duque, que, por seu lado, a 'arrendara' do rei. E, às vezes, ia ainda mais além, e um rei 'arrendava' a terra a um outro rei! Essa estruturação do poder está bem patente no seguinte excerto dos arquivos de um tribunal de justiça da Inglaterra em 1279: *"Roger de St. Germain arrenda uma casa e suas dependências [faixa de terra] de Robert de Bedford, obrigado ao pagamento de 3 d. (pence), ao já mencionado Robert de quem ele arrenda, e ao pagamento de 6 d. a Richard Hylchester, em lugar do citado Robert que deste arrenda. E o mencionado Robert arrenda de Alan de Chartres, pagando-lhe 2 d. por ano, e Alan, de William, o mordomo, e o mesmo William de lorde Gilbert de Neville, e o mesmo Gilbert, de lady Devorguilla de Baliol, e Devorguilla, do rei da Escócia, e o mesmo rei, do rei da Inglaterra."*[7]

---

[6] Ibid., p. 66.

[7] *Translations and Reprints from the Original Sources of European History*, v. IV, Seção III, p. 22. Séries para 1897. Departamento de História da Universidade da Pensilvânia, 1898.

Isso não significa, é claro, que essa faixa de terra era tudo quanto Alan ou William ou Gilbert etc. "arrendavam". De forma alguma. O feudo em si podia ser a única propriedade de um cavaleiro ou uma pequena parcela de um grande domínio que constituía parte de um feudo ou uma imensa concessão de terra. Alguns nobres possuíam vários feudos, outros alguns domínios, e outros tinham vários feudos espalhados por lugares diferentes. Na Inglaterra, por exemplo, um barão rico tinha propriedades formadas de cerca de 790 arrendamentos. Na Itália, vários grandes senhores possuíam cerca de 10 mil feudos. Sem dúvida, o rei, que nominalmente era o dono de toda a terra, possuía várias propriedades espalhadas por todo o país. As pessoas que arrendavam diretamente ao rei, fossem nobres ou cidadãos comuns, eram chamadas "principais arrendatários".

À medida que o tempo corria, as propriedades maiores tendiam a ser divididas em arrendamentos menores, mantidos por um número cada vez maior de nobres de uma linhagem ou de outra. Por quê? Simplesmente porque os senhores descobriram a importância de ter tantos vassalos quantos pudessem, e a única forma de o conseguir era cedendo parte de sua terra.

Hoje em dia, terras, fábricas, usinas, minas, rodovias, barcos e maquinaria de todo tipo são necessários à produção das mercadorias que utilizamos, e chamamos um homem de rico pelos bens desse tipo que possui. Mas no período feudal a terra produzia praticamente todas as mercadorias de que se necessitava e, assim, a terra e apenas a terra era a chave da fortuna de um homem. A medida de riqueza era determinada por um único fator – a quantidade de terra. Esta era, portanto, disputada continuamente, não sendo por isso de surpreender que o período feudal tenha sido um período de guerras. Para vencer as guerras era preciso açambarcar tanta gente quanto possível, e a forma de fazê-lo era contratar guerreiros, concedendo-lhes terra em troca de certos pagamentos e promessa de auxílio, quando necessário. Assim, por um antigo documento francês do ano 1200, soubemos que: *"Eu, Thiebault, conde palatino de Troyes, dou a conhecer para o presente e futuro que concedi em honorários a Jocelyn d'Avalon e seus herdeiros o feudo que se denomina Gillencourt. ... O mesmo Jocelyn, além disso, por esse motivo, tornou-se meu vassalo."*[8]

Como "vassalo" do conde, provavelmente esperava-se de Jocelyn, entre outras coisas, que prestasse serviços militares a seu senhor. Talvez tivesse que prover um certo número de homens inteiramente armados e equipados, por um número específico de dias. Os serviços de um cavaleiro na Inglaterra e França geralmente consistiam em 40 dias, mas contratavam-se homens para prestar apenas metade do serviço a que o cavaleiro era obrigado, ou um quarto etc. No ano de 1272 o rei francês estava em guerra e, assim, convocou seus arrendatários militares para o exército real. Alguns atenderam à convocação e cumpriram seu dever no devido tempo, outros enviaram substitutos. *"Reginald Trihan, cavaleiro, compareceu pessoalmente à marcha [no exército]. William de Coynères, cavaleiro, envia em seu lugar Thomaz Chocquet, por 10 dias. John de Chanteleu, cavaleiro, compareceu declarando estar obrigado a 10 dias de serviço, e também comparecer por Godardus de Godardville, cavaleiro, obrigado a 40 dias."*[9]

---

[8] J. H. Robinson, *Readings in European History*, v. I, p. 177. Ginn & Company, Boston, 1904.
[9] *Translations and Reprints*, op. cit., p. 31.

# 10 | *Capítulo 1*

Os príncipes e nobres que mantinham terras em troca de serviço militar concediam-nas, por sua vez, a outros, nas mesmas condições. Os direitos contraídos e os deveres em que incorriam variavam consideravelmente, mas eram quase os mesmos na Europa ocidental e uma parte da Europa central. Os arrendatários não podiam dispor da terra como desejassem, pois tinham que obter o consentimento de seus senhores e pagar certos impostos, se a transferissem a outrem. Do mesmo modo que o herdeiro das terras campnnesas tinha que pagar uma taxa ao senhor do feudo ao tomar posse de sua herança, assim o herdeiro de um senhor também pagava essa obrigação a seu senhor imediato. Se um vassalo morria e o herdeiro não completara a idade de entrar em posse da herança, então o senhor tomava conta da terra até que ele atingisse a maioridade. A teoria era de que o herdeiro menor não seria capaz de cumprir os deveres sob os quais a terra era arrendada, e assim o senhor dela se encarregava até que ele atingisse a maioridade – e nesse meio tempo guardava todos os lucros.

Os herdeiros mulheres tinham que obter o consentimento do senhor para casar. Em 1221, a condessa de Nevers assim reconheceu esse fato: *"Eu, Matilda, condessa de Nevers, dou a conhecer a todos quantos vejam esta carta que jurei sobre o sagrado Evangelho a meu senhor mais querido, Philip, pela graça de Deus o ilustre rei de França, que lhe prestarei serviços bons e fiéis contra todos os homens e mulheres vivos, e que não casarei senão por sua vontade e graça."*[10]

Se uma viúva desejava casar-se outra vez, deveria ser paga uma taxa a seu senhor, segundo constatamos deste registro inglês datado de 1316, referente à viúva de um arrendatário: *"O rei a todos que, etc., saudação. Sabei que, por uma taxa de 100 xelins que... nos foi paga por Joan, ex-mulher de Simon Darches, falecido, a quem concedêramos a honra das terras de Wallingford, damos a licença à mesma Joan para casar-se com quem deseje, desde que nos esteja sujeito."*[11]

Por outro lado, se uma viúva não queria casar-se outra vez, tinha que pagar para não ser obrigada a fazê-lo, segundo a vontade de seu senhor. *"Alice, condessa de Warwick, presta contas de 1.000 libras e 10 palafréns para que lhe seja permitido permanecer viúva por tanto tempo quanto o desejar, e não ser obrigada a casar-se pela vontade do rei."*[12]

Esses eram alguns dos deveres a que um vassalo estava obrigado para com o seu senhor feudal, em troca da terra e proteção que recebia. Havia outros. Se o senhor era tomado como refém por um inimigo, estava entendido que seus vassalos ajudariam a pagar por sua libertação. Quando o filho do senhor era sagrado cavaleiro, devia, pelo costume, receber uma 'ajuda' de seus vassalos – talvez para pagar as despesas das festividades comemorativas. Em 1254, um homem chamado Baldwin se opôs a efetuar esse pagamento porque, alegou, o rei, cujo filho estava sendo sagrado cavaleiro, não era seu senhor imediato. Venceu a questão nessa base, de acordo com os anais do Tesouro inglês: *"Concede-se mandato ao*

---

[10]*Translations and Reprints*, op. cit., p. 24.
[11]Bland, Brown e Tawney, op. cit. p. 29.
[12]*Translations and Reprints*, op. cit., p. 26.

*corregedor de Worcester de que se Baldwin de Frivill não arrenda diretamente ao rei* **in capite**, *mas de Alexander de Abetot e Alexander de William de Beauchamp, e William do bispo de Worcester, e o bispo do rei* **in capite** *como o mesmo Baldwin diz, então o mencionado Baldwin ficará livre da obrigação que lhe foi imposta para o auxílio a armar cavaleiro o filho do rei."*[13]

Observe-se que entre Baldwin e o rei havia a série habitual de senhores. Observe-se também que um deles era o bispo de Worcester. Isto constitui um fato importante, mostrando que a Igreja era parte e membro desse sistema feudal. Sob certos aspectos não era tão importante quanto o homem acima de todos, o rei, mas sob outros o era muito mais. A Igreja constituía uma organização que se estendeu por todo o mundo cristão, mais poderosa, maior, mais antiga e duradoura que qualquer coroa. Tratava-se de uma época religiosa, e a Igreja, sem dúvida, tinha um poder e prestígio espiritual tremendos. Mas, além disso, tinha riqueza, no único sentido que prevalecia na época – em terras.

A Igreja foi a maior proprietária de terras no período feudal. Homens preocupados com a espécie de vida que tinham levado, e desejosos de passar para o lado direito de Deus antes de morrer, doavam terras à Igreja; outras pessoas, achando que a Igreja realizava uma grande obra de assistência aos doentes e aos pobres, desejando ajudá-la nessa tarefa, davam-lhe terras; alguns nobres e reis criaram o hábito de, sempre que venciam uma guerra e se apoderavam das terras do inimigo, doar parte delas à Igreja; por esse e por outros meios a Igreja aumentava suas terras, até que se tornou proprietária de algo entre um terço e metade de todas as terras da Europa ocidental.

Bispos e abades se situaram na estrutura feudal da mesma forma que condes e duques. Esta concessão de um feudo ao bispo de Beauvais em 1167 é prova disso: *"Eu, Louis, pela graça de Deus rei de França, torno público a todos os presentes, bem como aos que virão, que em Nante, em nossa presença, o conde Henry de Champagne concedeu o feudo de Savigny a Bartolomeu, bispo de Beauvais, e seus sucessores. E por aquele feudo o mencionado bispo empenhou a palavra e assumiu o compromisso de cavaleiro de servir com justiça ao conde Henry; e também concordou em que os bispos que lhe sucederem procederão igualmente."*[14]

E exatamente como recebia a terra de um senhor, também a Igreja agia, ela própria, como senhor: *"O abade Faurício também cedeu a Robert, filho de William Mauduit, as terras de quatro jeiras\* em Weston ... a serem mantidas como feudo. E prestará serviço em pagamento, isto é: sempre que a igreja de Abingdon prestar seu serviço ao rei, ele fará metade desse serviço pela mesma igreja."*[15]

Nos primórdios do feudalismo, a Igreja foi um elemento dinâmico e progressista. Preservou muito da cultura do Império Romano. Incentivou o ensino e fundou escolas. Ajudou os pobres, cuidou das crianças desamparadas em seus orfanatos e construiu hospitais para os doentes. Em geral, os senhores eclesiásticos (da Igreja) administravam melhor suas propriedades e aproveitavam muito mais suas terras que a nobreza leiga.

---

[13]*Translations and Reprints*, op. cit., p. 21
[14]J. H. Robinson, op. cit., v. I, p. 178.
\*Antiga medida de terra, variável de 32 a 48 hectares. (N.T.)
[15]Idem.

**12** | *Capítulo 1*

Mas há outro aspecto da questão. Enquanto os nobres dividiam suas propriedades, a fim de atrair simpatizantes, a Igreja adquiria mais e mais terras. Uma das razões por que se proibia o casamento aos padres era simplesmente porque os chefes da Igreja não desejavam perder qualquer parte de suas terras por terem que ser deixadas em herança aos filhos de seus integrantes. A Igreja também aumentou seus domínios através do "dízimo",[16] taxa de 10% sobre a renda de todos os fiéis. A respeito, assim se refere um famoso historiador: *"O dízimo constituía um imposto territorial, um imposto de renda e um imposto de transmissão muito mais oneroso do que qualquer taxa conhecida nos tempos modernos. Agricultores e camponeses eram obrigados a entregar não apenas um décimo exato de toda sua produção. ... Cobravam-se dízimos de lã e até mesmo da penugem dos gansos; pela própria relva aparada ao longo da estrada pagava-se o direito de portagem; o colono que deduzia as despesas de trabalho antes de lançar o dízimo a suas colheitas era condenado ao inferno."*[17]

À medida que a Igreja crescia enormemente em riqueza, sua atividade econômica apresentava tendências a superar sua importância espiritual. Muitos historiadores argumentam que, como senhor feudal, não era melhor e, em muitos casos, era muito pior do que os feudatários leigos. *"Tão grande era a opressão de seus servos, pelo cabido de Notre-Dame de Paris, no reinado de São Luís, que a rainha Blanche protestou 'com toda a humildade', ao que os monges replicaram que 'eles podiam matar seus servos de fome se lhes aprouvesse'."*[18]

Alguns historiadores pensam até que se exagerava o valor de sua caridade. Admitem o fato de que a Igreja realmente ajudava os pobres e doentes. Mas ressaltam que ela era o mais rico e poderoso proprietário de terras da Idade Média, e argumentam que, comparado ao que poderia ter feito com sua tremenda riqueza, não chegou a realizar nem mesmo tanto quanto a nobreza. Ao mesmo tempo que suplicava e exigia a ajuda dos ricos para fazer sua caridade, tomava o maior cuidado em não sacar muito profundamente de seus próprios recursos. Esses críticos da Igreja observam ainda que, se ela não houvesse tratado tão mal a seus servos, não teria extorquido tanto o campesinato, e haveria menos necessidade de caridade.

O clero e a nobreza constituíam as classes governantes. Controlavam a terra e o poder que delas provinha. A Igreja prestava ajuda espiritual, enquanto a nobreza, proteção militar. Em troca exigiam pagamento das classes trabalhadoras, sob a forma de cultivo das terras. O Professor Boissonnade, competente historiador desse período, assim o resume:

*"O sistema feudal, em última análise, repousava sobre uma organização que, em troca de proteção frequentemente ilusória, deixava as classes trabalhadoras à mercê das classes parasitárias, e concedia a terra não a quem cultivava, mas aos capazes de dela se apoderarem."*[19]

---

[16] Cf. J. W. Thompson, op. cit., pp. 656 e ss.
[17] G. G. Coulton, citado em J. W. Thompson, op. cit., p. 652.
[18] Ibid., p. 681.
[19] P. Boissonnade, op. cit., p. 131.

# 2

# ENTRA EM CENA O COMERCIANTE

*O Investimento da Riqueza na Idade Média.*
*O Intercâmbio de Mercadorias.*
*As Cruzadas e o Comércio. Mercados e Feiras.*

Hoje em dia, poucas pessoas abastadas possuem cofres cheios de ouro e prata. Quem tem dinheiro não deseja guardá-lo, mas sim movimentá-lo, buscando um meio lucrativo de investimento. Tenta achar onde colocar seu dinheiro de forma a ter uma retirada proveitosa, com o juro mais alto. O dinheiro pode ser aplicado em negócios, em ações de uma companhia siderúrgica; pode ser empregado na aquisição de apólices do governo ou num sem-número de outras coisas. Hoje há mil e uma maneiras de se aplicar capital, na tentativa de obter mais capital.

Mas logo no início da Idade Média, tais portas não estavam abertas aos ricos. Poucos tinham capital para aplicar, e os que o possuíam pouco emprego encontravam para ele. A Igreja tinha seus cofres cheios de ouro e prata, que guardava em suas caixas-fortes ou utilizava para comprar enfeites para os altares. Possuía grande fortuna, mas era um capital estático e não continuamente movimentado, como as fortunas de hoje. O dinheiro da Igreja não podia ser usado para multiplicar sua riqueza, porque não havia oportunidades para isso. O mesmo acontecia à fortuna dos nobres. Se qualquer quantia ia ter às suas mãos, por impostos ou multas, os nobres não podiam investi-la em negócios, porque estes eram poucos. Todo o capital dos padres e dos guerreiros era inativo, estático, imóvel, improdutivo.

Mas não se necessitava diariamente de dinheiro para adquirir coisas? Não, porque quase nada era comprado. Um pouco de sal, talvez, e algum ferro. Quanto ao resto, praticamente toda a alimentação e o vestuário de que o povo precisava eram obtidos no feudo. Nos primórdios da sociedade feudal, a vida econômica decorria sem muita utilização de moeda. Havia uma economia de consumo, em que cada aldeia feudal era praticamente

## 14 | *Capítulo 2*

autossuficiente. Se alguém perguntar quanto pagamos por um casaco novo, a proporção é de 100 para 1 como você responderá em termos de dinheiro. Mas se essa mesma pergunta fosse feita no início do período feudal, a resposta provavelmente seria: "Eu mesmo o fiz." O servo e sua família cultivavam seu alimento, e com as próprias mãos fabricavam qualquer mobiliário de que necessitassem. O senhor do feudo logo atraía à sua casa os servos que se demonstravam bons artesãos, a fim de fazer os objetos de que precisava. Assim, o estado feudal era praticamente completo em si – fabricava o que necessitava e consumia seus produtos.

Sem dúvida, havia um certo intercâmbio de mercadorias. Alguém podia não ter lã suficiente para fazer seu casaco ou talvez não houvesse na família alguém com bastante tempo ou habilidade. Nesse caso, a resposta à pergunta sobre o casaco poderia ser: "Paguei cinco galões de vinha por ele." Essa transação provavelmente se efetuou no mercado semanal mantido junto de um mosteiro ou castelo, ou numa aldeia próxima. Esses mercadores estavam sob o controle do bispo ou senhor, e ali se trocavam quaisquer excedentes produzidos por seus servos ou artesãos, ou quaisquer excedentes dos servos. Mas com o comércio em tão baixo nível não havia razão para a produção de excedentes em grande escala. Só se fabrica ou cultiva além da necessidade de consumo quando há uma procura firme. Quando não há essa procura, não há incentivo à produção de excedentes. Assim sendo, o comércio nos mercados semanais nunca foi muito intenso, e era sempre local. Um outro obstáculo à sua intensificação era a péssima condição das estradas. Estreitas, malfeitas, enlameadas e geralmente inadequadas às viagens. E o pior, eram frequentadas por duas espécies de salteadores – bandidos comuns e senhores feudais que faziam parar os mercadores e exigiam que pagassem direitos para trafegar em suas estradas abomináveis. A cobrança do pedágio era uma prática tão comum que "quando Odo de Tours, no século XI, construiu uma ponte sobre o Loire e permitiu o livre trânsito, sua atitude provocou assombro".

Outros obstáculos retardavam a marcha do comércio. O dinheiro era escasso e as moedas variavam conforme o lugar. Pesos e medidas também eram variáveis de região para região. O transporte de mercadorias para longas distâncias, sob tais circunstâncias, obviamente era penoso, perigoso, difícil e extremamente caro. Por todos esses motivos, era pequeno o comércio nos mercados feudais locais.

Mas não permaneceu pequeno. Chegou o dia em que o comércio cresceu, e cresceu tanto que afetou profundamente toda a vida da Idade Média.[1] O século XI viu o comércio evoluir a passos largos; o século XII viu a Europa ocidental transformar-se em consequência disso.

As Cruzadas levaram novo ímpeto ao comércio. Dezenas de milhares de europeus atravessaram o continente por terra e mar para arrebatar a Terra Prometida aos muçulmanos. Necessitavam de provisões durante todo o caminho, e os mercadores os acompanhavam a fim de fornecer-lhes o que precisassem. Os cruzados que regressavam de suas jornadas ao Ocidente traziam com eles o gosto pelas comidas e roupas requintadas que tinham

---

[1] J. W. Tompson, op. cit., p. 710.

visto e experimentado. Sua procura criou um mercado para esses produtos. Além disso, registrou-se um acentuado aumento na população, depois do século X, e esses novos habitantes necessitavam de mercadorias. Parte dessa população não tinha terras, e viu nas Cruzadas uma oportunidade de melhorar sua posição na vida. Frequentemente, as guerras fronteiriças contra os muçulmanos, no Mediterrâneo, e contra as tribos da Europa oriental eram dignificadas pelo nome de Cruzadas quando, na realidade, constituíam guerras de pilhagem de bens e de terras. A Igreja envolveu essas expedições de saque num manto de respeitabilidade, fazendo-as aparecer como se fossem guerras com o propósito de difundir o Evangelho ou exterminar pagãos, ou ainda defender a Terra Santa.[2]

Desde os primeiros tempos realizaram-se peregrinações à Terra Santa (houve 34 entre os séculos VIII e X, e 117 no século XI). Era sincero o desejo de resgatar a Terra Santa, e apoiado por muitos que nada ganhavam com isso. Mas a verdadeira força do movimento religioso e a energia com que foi orientado fundamentavam-se grandemente nas vantagens que poderiam ser conquistadas por certos grupos.

Primeiro, havia a Igreja. Animada, sem dúvida, por um motivo religioso honesto. Mas também com o bom senso de reconhecer que se tratava de uma época de luta e, assim, dela se apoderou a ideia de transportar o furor violento dos guerreiros a outros países que se poderiam converter ao cristianismo, caso a vitória lhes sorrisse. A Clermont, na França, no ano de 1095, dirigiu-se o papa Urbano II. Num descampado, já que não havia edifício suficientemente grande para abrigar os que queriam ouvi-lo, exortou os fiéis a se aventurarem numa Cruzada, nos seguintes termos, segundo o depoimento de Fulcher de Chartres, que estava presente: *"Deixai os que outrora estavam acostumados a se baterem, impiedosamente, contra os fiéis, em guerras particulares, lutarem contra os infiéis... Deixai os que até aqui foram ladrões tornarem-se soldados. Deixai aqueles que outrora se bateram contra seus irmãos e parentes lutarem agora contra os bárbaros, como devem. Deixai os que outrora foram mercenários, a baixos salários, receberem agora a recompensa eterna..."*[3]

Segundo, havia a Igreja e o Império Bizantino, com sua capital em Constantinopla, muito próximo ao centro do poder muçulmano na Ásia. Enquanto a Igreja Romana via nas Cruzadas a oportunidade de estender seu poderio, a Igreja Bizantina via nelas o meio de restringir o avanço muçulmano ao seu próprio território.

Terceiro, havia os nobres e cavaleiros que desejavam os saques ou estavam endividados, e os filhos mais novos, com pequena ou nenhuma herança – todos julgavam ver nas Cruzadas uma oportunidade para adquirir terras e fortuna.

Quarto, havia as cidades italianas de Veneza, Gênova e Pisa. Veneza foi sempre uma cidade comercial. Qualquer cidade localizada num arquipélago a isso era obrigada. Se as ruas de uma cidade são canais, é de esperar que sua população se sinta mais à vontade em um barco que em terra. É o que se passa com os venezianos. Ainda, Veneza apresentava uma localização ideal para a época, pois o bom comércio era o do Oriente, tendo o Mediterrâneo

---

[2] Cf. H. W. C. Davis, *Medieval Europe*, pp. 184-187. Thornton Butterworth, Ltd., Londres, 11. ed., 1930.
[3] J. H. Robinson, op. cit., p. 314, nota.

como saída. Uma vista d'olhos no mapa será o suficiente para mostrar por que Veneza e outras cidades italianas se tornaram centros comerciais tão importantes. O que o mapa não mostra, mas também é verdade, é que Veneza permaneceu ligada a Constantinopla e ao Oriente depois que a Europa ocidental se dispersou. Uma vez que Constantinopla, durante muitos anos, foi a maior cidade na região do Mediterrâneo, essa constituía uma vantagem a mais. Significava que as especiarias orientais, sedas, musselinas, drogas e tapetes seriam transportados para a Europa pelos venezianos, que mantinham a rota interna. E porque foram originariamente cidades comerciais, Veneza, Gênova e Pisa desejavam privilégios especiais de comércio com as cidades ao longo da costa da Ásia Menor. Nessas cidades viviam os muçulmanos, considerados os inimigos de Cristo. Mas isso fazia alguma diferença para os venezianos? Nem por sombra. As cidades comerciais italianas encaravam as Cruzadas como uma oportunidade de obter vantagens comerciais. Assim é que a Terceira Cruzada teve por objetivo não a reconquista da Terra Santa, mas a aquisição de vantagens comerciais para as cidades italianas. Os cruzados atravessaram Jerusalém, em busca das cidades comerciais ao longo da costa.

A Quarta Cruzada começou em 1201. Desta vez, Veneza desempenhou o papel mais importante e lucrativo. Villehardouin foi um dos seis embaixadores que se dirigiam ao doge de Veneza para solicitar ajuda, em transporte, aos cruzados. Assim se refere a um acordo estabelecido em março daquele ano:

"– Senhor, aqui viemos em nome dos nobres barões de França que adotaram a cruz... eles vos rogam, por amor de Deus... fazer o possível para conceder-lhes transporte e navios de guerra.
– Sob que condições? – perguntou o doge.
– Sob quaisquer condições por vós propostas ou aconselhadas, se forem capazes de cumpri-las – replicaram os enviados...
– Nós forneceremos huissiers [navios com uma porta – huis – na popa, que podia ser aberta para dar entrada aos cavalos] com capacidade para transportar 4.500 cavalos e 9 mil escudeiros, e navios para 4.500 cavaleiros e 20 mil soldados de infantaria. O acordo compreenderá o fornecimento de alimentos por nove meses para todos esses homens e cavalos. É o menos que faremos, sob a condição de que nos paguem quatro marcos por cavalo e dois marcos por homem...
– E faremos ainda mais: juntaremos 50 galés armadas, por amor de Deus; sob a condição de que, enquanto perdurar nossa aliança, em cada conquista de terra ou dinheiro que realizarmos, por mar ou terra, teremos a metade, e vós a outra...
Os mensageiros... declararam: – Senhor, estamos prontos a firmar este acordo."[4]

Podemos concluir, desse acordo, que embora os venezianos estivessem desejosos de ajudar a marcha dessa Cruzada, "por amor de Deus", não permitiam que tão grande amor

---

[4]*Translations and Reprints*, op. cit., v. III, Seção 1. Séries para 1896.

*Entra em Cena o Comerciante*

os cegasse quanto à melhor parte da pilhagem. Eram grandes homens de negócios. Do ponto de vista religioso, pouco duraram os resultados das Cruzadas, já que os muçulmanos retomaram o reino de Jerusalém. Do ponto de vista do comércio, entretanto, os resultados foram tremendamente importantes. As cruzadas ajudaram a despertar a Europa de seu sono feudal, espalhando sacerdotes, guerreiros, trabalhadores e uma crescente classe de comerciantes por todo o continente; intensificaram a procura de mercadorias estrangeiras; arrebataram a rota do Mediterrâneo das mãos dos muçulmanos e a converteram, outra vez, na maior rota comercial entre o Oriente e o Ocidente, tal como antes.

Se os séculos XI e XII presenciaram um renascimento do comércio no Mediterrâneo, ao sul, viram também o grande despertar das possibilidades comerciais nos mares do norte. Nessas águas o comércio não renasceu. Pela primeira vez, tornou-se realmente intenso.

No mar do Norte e no Báltico, os navios corriam de um ponto a outro para apanhar peixe, madeira, peles, couros e peliças. Um dos centros desse comércio nos mares do norte era a cidade de Bruges, em Flandres. Tal como Veneza, ao sul, constituía o elo da Europa com o Oriente, Bruges estabelecia contato com o mundo russo-escandinavo. Restava apenas, a esses dois centros afastados, encontrar seu melhor ponto de encontro, onde a grande quantidade de artigos de que o Norte necessitava poderia ser trocada facilmente pelos produtos estranhos e caros do Oriente. E como o comércio, tendo um bom começo, cresce como uma bola de neve rolando a encosta, não demorou muito para que se descobrisse esse centro comercial. Os mercadores que conduziam as mercadorias do norte encontravam-se com os que cruzavam os Alpes, vindos do sul, na planície de Champagne. Aí, numa série de cidades, realizavam-se grandes feiras, sendo as mais importantes em Lagny, Provins, Barsur-Aube e Troyes.

Hoje o comércio é contínuo, em toda parte. Nossos meios de transporte são tão aperfeiçoados que as mercadorias dos pontos extremos da terra chegam, em fluxo constante, às nossas grandes cidades, e tudo que precisamos fazer é ir às lojas e escolher o que queremos. Mas nos séculos XII e XIII, como vimos, os meios de transporte não estavam tão desenvolvidos. Nem havia uma procura firme e constante de mercadorias, em todas as regiões, que pudesse garantir às lojas uma venda diária durante todo o ano. A maioria das cidades, por esse motivo, não podia ter comércio permanente. As feiras periódicas na Inglaterra, França, Bélgica, Alemanha e Itália constituíam um passo em prol do comércio estável e permanente. Regiões que, no passado, dependiam do mercado semanal para satisfação de suas necessidades mais simples descobriram que esse mercado era inadequado às oportunidades do comércio em desenvolvimento. Poix, na França, era uma dessas regiões. Solicitou ao rei que concedesse permissão para o estabelecimento de um mercado semanal e duas feiras por ano. Eis um trecho da carta do rei, a respeito: *"Recebemos a humilde petição de nosso querido e bem amado Jehan de Créquy, senhor de Canaples e de Poix... informando-nos que a mencionada cidade e arredores de Poix estão localizados em terreno bom e fértil, e a mencionada cidade e arredores são bem construídos e providos de casas, povo, mercadores, habitantes e outros, e também lá afluem, passam e tornam a passar muitos mercadores e mercadorias das vizinhanças e outras regiões, e isto é propício e necessário à realização das duas feiras anuais e um mercado a cada semana... Por essa razão é que nós... criamos, organizamos e estabelecemos para a mencionada*

**18** | *Capítulo 2*

*cidade de Poix... duas feiras por ano e um mercado por semana.*"[5] Na verdade, as feiras mais importantes da Champagne eram de tal forma preparadas que duravam todo o ano – quando uma acabava, a outra começava etc. Os mercadores com suas mercadorias deslocavam-se de feira para feira.

É importante observar a diferença entre os mercados locais semanais dos primeiros tempos da Idade Média e essas grandes feiras do século XII ao XV. Os mercados eram pequenos, negociando com os produtos locais, em sua maioria agrícolas. As feiras, ao contrário, eram imensas, e negociavam mercadorias por atacado, que provinham de todos os pontos do mundo conhecido. A feira era o centro distribuidor onde os grandes mercadores, que se diferenciavam dos pequenos revendedores errantes e artesãos locais, compravam e vendiam as mercadorias estrangeiras procedentes do Oriente e do Ocidente, do Norte e do Sul.

Vejamos a seguinte proclamação, datada de 1349, referente às feiras da Champagne: *"Todas as companhias de mercadores e também os mercadores individuais, italianos, transalpinos, florentinos, milaneses, luqueses, genoveses, venezianos, alemães, provençais e os de outros países, que não pertencem ao nosso reino, se desejarem comerciar aqui e desfrutar os privilégios e os impostos vantajosos das mencionadas feiras... podem vir sem perigo, residir e partir – eles, sua mercadoria e seus guias, com o salvo-conduto das feiras, sob o qual os conservamos e recebemos, de hoje em diante, juntamente com sua mercadoria e produtos, sem que estejam jamais sujeitos a apreensão, prisão ou obstáculos, por outros que não os guardas das ditas feiras..."*[6]

Além de convidar os mercadores de todas as partes para participar das feiras, o regulamento da Champagne lhes oferece salvo-conduto para ir e voltar. Isso era importante, numa época em que os ladrões infestavam as estradas. Com frequência, também, os mercadores que se dirigiam às feiras ficavam isentos dos penosos impostos e direitos de pedágio, normalmente exigidos pelos senhores feudais durante as viagens. Tudo isso era determinado pelo senhor da província onde a feira se realizava. O que acontecia se um grupo de mercadores era atacado por um bando de salteadores na estrada? Nesse caso, os mercadores da província em questão onde o roubo fora efetuado eram, eles próprios, banidos das feiras. Isso representava, sem dúvida, um castigo terrível, já que significava a paralisação do comércio daquela localidade.

Mas por que o senhor da cidade onde a feira se realizava preocupava-se em fazer esses preparativos especiais? Simplesmente porque a feira proporcionaria riqueza aos seus domínios e a ele pessoalmente. Os mercadores que efetuavam negócios nas feiras pagavam-lhe pelo privilégio. Havia uma taxa de entrada e de saída, e de armazenamento das mercadorias; havia uma taxa de venda e uma taxa para armar a barraca na feira. Os mercadores não se opunham a esses pagamentos, porque eram bem conhecidos, fixados e não muito altos.

As feiras eram tão grandes que os guardas normais da cidade não lhes bastavam; havia a polícia da própria feira, guardas especiais e tribunais. Quando surgia uma disputa, os

---

[5]A. Thierry, *Recueil des Monuments Inédits de l'Histoire du Tiers État*, v. III, p. 643, Paris, 1856.
[6]*Ordonnances des Roys de France de la Troisième Race. Recueilliés par Ordre Chronologique*, v. II, p. 309. Paris, Imprensa Real, 1729.

policiais da feira intervinham e nos tribunais da feira ela era resolvida. Tudo era organizado cuidadosa e eficientemente.

O programa das feiras era comumente o mesmo. Depois de alguns dias de preparativos, nos quais se desempacotava a mercadoria, armavam-se as barracas, efetuavam-se os pagamentos e cuidava-se de todos os outros detalhes, inaugurava-se a grande feira. Enquanto dezenas de saltimbancos procuravam divertir o povo que se movia de barraca em barraca, prosseguiam as vendas. Embora produtos de toda espécie fossem vendidos durante todo o tempo, alguns dias eram reservados ao comércio de tipos especiais de mercadorias, como tecidos, couros e peles.

Por um documento datado de 1429, relacionado à feira em Lille, temos conhecimento de uma outra característica importante desses grandes centros comerciais: *"...ao mencionado Jehan de Lanstais, por nossa graça especial, concedemos e concordamos... que em qualquer parte do dito mercado, em nossa mencionada cidade de Lille, ou onde quer que a troca do dinheiro seja levada a cabo, ele pode estabelecer-se, ocupar e empregar um balcão e trocar dinheiro... pelo tempo que nos agrade... em troca do que ele nos pagará, cada ano, através de nosso recebedor em Lille, a soma de 20 libras parisienses."*[7]

Esses trocadores de dinheiro representavam parte tão importante da feira que, tal como havia dias especiais dedicados à venda de fazendas e peles, os dias finais da feira eram consagrados a negócios em dinheiro. As feiras tinham, assim, importância não só por causa do comércio, mas porque ali se efetuavam transações financeiras. No centro da feira, na banca para troca de dinheiro, pesavam-se, avaliavam-se e trocavam-se as muitas variedades de moedas; negociavam-se empréstimos, pagavam-se dívidas antigas, letras de crédito e letras de câmbio circulavam livremente. Ali os banqueiros da época efetuavam negócios financeiros de tremendo alcance. Unindo-se, dominavam amplos recursos. Suas operações cobriam negócios que se estendiam através de todo um continente, de Londres ao Levante. Entre seus clientes contavam-se papas e imperadores, reis e príncipes, repúblicas e cidades. Negociar em dinheiro levou a consequências tão grandes que passou a constituir uma profissão separada.

Esse fator é importante porque demonstra como o desenvolvimento do comércio trouxe consigo a reforma da antiga economia natural, na qual a vida econômica se processava praticamente sem a utilização do dinheiro. Havia desvantagens na permuta de gêneros, nos primórdios da Idade Média. Parece simples trocar cinco galões de vinho por um casaco, mas na realidade não era nada fácil. Era necessário procurar quem tivesse o produto desejado e quisesse trocá-lo. Introduza-se, porém, o dinheiro como meio de intercâmbio, e o que acontecerá? Dinheiro é aceitável por todos, não importa o que necessitem na ocasião, porque pode ser trocado por qualquer coisa. Quando o dinheiro é largamente empregado, não é necessário carregar cinco galões de vinho pela redondeza, até encontrar alguém que queira vinho e tenha um casaco para trocar. Não; basta vender o vinho por dinheiro, e então, com esse dinheiro, comprar um casaco. Embora a transação de troca simples se

---

[7]S. Poignant, *La Foire de Lille*, p. 179. E. Raoust, Lille, 1932.

transformasse com isso numa transação dupla, com a introdução do dinheiro, na realidade, poupavam-se tempo e energia. Assim, o uso do dinheiro torna o intercâmbio de mercadorias mais fácil e, dessa forma, incentiva o comércio. A intensificação do comércio, em troca, reage na extensão das transações financeiras. Depois do século XII, a economia de ausência de mercados se modificou para uma economia de muitos mercados; e com o crescimento do comércio, a economia natural do feudo autossuficiente do início da Idade Média se transformou em economia de dinheiro, num mundo de comércio em expansão.

# RUMO À CIDADE

*O Comércio e as Cidades. Surgem as Corporações.
Choque entre a Cidade e o Senhor Feudal.
Cresce a Influência dos Mercadores.*

À medida que o riacho irregular do comércio se transformava em corrente caudalosa, todo pequeno broto da vida comercial, agrícola e industrial recebia sustento e florescia. Um dos efeitos mais importantes do aumento no comércio foi o crescimento das cidades.

Sem dúvida, havia certo tipo de cidades antes desse aumento no comércio, os centros militares e judiciais do país, onde se realizavam os julgamentos e onde havia bastante movimento. Eram realmente cidades rurais, sem privilégios especiais ou governo que as diferenciassem. Mas as novas cidades que se desenvolveram com a intensificação do comércio ou as antigas cidades que adotaram uma vida nova sob tal estímulo adquiriram um aspecto diferente.

Se é fato que as cidades crescem em regiões onde o comércio tem uma expansão rápida, na Idade Média deveríamos procurar as cidades em crescimento na Itália e na Holanda. E é exatamente onde elas surgiram primeiro. À medida que o comércio continuava a se expandir, surgiam cidades nos locais em que duas estradas se encontravam ou na embocadura de um rio, ou ainda onde a terra apresentava um declive adequado. Tais eram os lugares que os mercadores procuravam. Neles, além disso, havia geralmente uma igreja ou uma zona fortificada chamada "burgo", que assegurava proteção em caso de ataque. Mercadores errantes descansando nos intervalos de suas longas viagens, esperando o degelo de um rio congelado ou que uma estrada lamacenta se tornasse novamente transitável, naturalmente se deteriam próximo aos muros de uma fortaleza ou à sombra da catedral. E como um número cada vez maior de mercadores se reunia nesses locais, criou-se um *faubourg*, ou "burgo extramural". E não demorou muito para que a periferia se tornasse mais importante do que o próprio burgo antigo. Logo, os mercadores dessa povoação, em seu desejo de proteção, construíram à volta de sua cidade muros protetores que provavelmente se assemelhavam

## 22 | Capítulo 3

às paliçadas dos colonos americanos. Em consequência, os muros mais velhos se tornaram desnecessários e ruíram aos pedaços. O burgo mais antigo não se expandiu exteriormente, mas se viu absorvido pela povoação mais nova, onde os fatos se sucediam. O povo começou a deixar suas velhas vilas feudais para iniciar vida nova nessas ativas cidades em progresso. A expansão do comércio significava trabalho para maior número de pessoas, e estas afluíam à cidade a fim de obtê-lo.

Atente bem o leitor, porém, que não sabemos se o relato acima é verdadeiro. Trata-se apenas de conjeturas de certos historiadores, em particular Henri Pirenne, cujo levantamento de indícios para demonstrar o modo pelo qual as cidades da Idade Média se desenvolveram é tão fascinante como qualquer história de detetive. Uma de suas provas de que o mercador e o habitante da cidade constituíam uma única e mesma pessoa é o fato de que, logo no início do século XII, a palavra *mercator*, significando mercador, e *burgensis*, significando aquele que vive na cidade, eram usadas alternadamente.[1]

Ora, se recapitularmos o estabelecimento da sociedade feudal, veremos que a expansão do comércio, trazendo em consequência o crescimento das cidades, habitadas sobretudo por uma classe de mercadores que surgia, logicamente conduziria a um conflito. Toda a atmosfera do feudalismo era a da prisão, ao passo que a atmosfera total da atividade comercial na cidade era a da liberdade. As terras da cidade pertenciam aos senhores feudais, bispos, nobres, reis. Esses senhores feudais, a princípio, não viam diferença entre suas terras na cidade e as outras terras que possuíam. Esperavam arrecadar impostos, desfrutar os monopólios, criar taxas e serviços, e dirigir os tribunais de justiça, tal como faziam em suas propriedades feudais. Mas isso não poderia acontecer nas cidades. Todas essas práticas eram feudais, baseadas na propriedade do solo, e tinham de ser modificadas no que se relacionasse às cidades. As leis e a justiça feudais se achavam fixadas pelo costume e eram difíceis de alterar. Mas o comércio, por sua própria natureza, é dinâmico, mutável e resistente às barreiras. Não se podia ajustar à estrutura feudal. A vida na cidade era diferente da vida no feudo, e novos padrões tinham que ser criados.

Pelo menos, os mercadores assim o julgaram. E o pensamento, com esses comerciantes audazes, foi logo traduzido em ação. Eles aprenderam a lição de que a união faz a força. Quando viajavam pelas estradas, juntavam-se para se proteger contra os salteadores; quando viajavam por mar, associavam-se para se proteger contra os piratas; quando comerciavam nos mercados e feiras, aliavam-se para concluir melhores negócios com seus recursos aumentados. Agora, face a face com as restrições feudais que os asfixiavam, mais uma vez se uniram, em associações chamadas 'corporações' ou 'ligas', a fim de conquistar para suas cidades a liberdade necessária à expansão contínua. Quando conseguiam o que queriam sem luta, contentavam-se; quando tinham que lutar para alcançar o que desejavam, lutavam.

---

[1]Cf. H. Pirenne, "The Stages in the Social History of Capitalism", em *The American Historical Review*, v. XIX, abril de 1914. The Macmillan Company, Nova York, 1914. [A posição de Pirenne é bem discutida em *Do feudalismo ao capitalismo*, Editora Martins Fontes, 1977. (N.R.T.)]

O que desejavam eles, especificamente? Quais as exigências desses mercadores nessas cidades em crescimento? Em que aspectos seu mundo em alteração se chocava frontalmente com o mundo feudal mais antigo?

A população das cidades queria liberdade. Queria ir e vir quando lhe aprouvesse. Um velho provérbio alemão, aplicável a toda a Europa ocidental, *Stadtluft macht frei* (O ar da cidade torna um homem livre), prova que obtiveram o que almejavam. Tão real era esse provérbio que muitas constituições de cidades, dos séculos XII e XIII, continham uma cláusula semelhante à que se segue, conferida à cidade de Lorris pelo rei Luís VII, em 1155: *"Quem residir um ano e um dia na paróquia de Lorris, sem que qualquer reclamação tenha sido feita contra ele e sem que se tenha recusado a nos submeter sua causa, ou ao nosso preboste, pode aí permanecer livremente e sem ser molestado."*[2] Se Lorris e as demais cidades possuíssem a técnica de anúncios de beira de estrada do século XX, poderiam ter usado um letreiro como este:

A população das cidades desejava algo mais que a liberdade: desejava a liberdade da terra. O hábito feudal de "arrendar" a terra de Fulano que, por sua vez, a arrendava de Beltrano, não era de seu agrado. O homem da cidade via a terra e a habitação sob um prisma diferente daquele do senhor feudal. O homem da cidade poderia, de repente, precisar de algum dinheiro para investir em negócios, e gostava de pensar que podia hipotecar ou vender sua propriedade para obtê-lo, sem pedir permissão a uma série de proprietários. A própria escritura pública de Lorris tratava do assunto, nestes termos: *"Qualquer cidadão que desejar vender sua propriedade terá o privilégio de fazê-lo."*[3] Basta recordar o sistema de administração da terra descrito no primeiro capítulo para verificar quantas modificações se produziram com o comércio e as cidades.

As populações urbanas desejavam proceder a seus próprios julgamentos, em seus próprios tribunais. Eram contrárias às cortes feudais vagarosas, que se destinavam a tratar dos casos de uma comunidade estática, e totalmente inadequadas aos novos problemas que surgiam numa cidade comercial dinâmica. O que sabia, por exemplo, um senhor feudal sobre hipotecas, letras de crédito ou jurisprudência de negócios em geral? Absolutamente nada. E, de qualquer modo, se soubesse tudo isso, é mais que certo que viesse a se utilizar de seus conhecimentos e posição em benefício próprio, não em favor do homem da cidade. As

---
[2] *A Source Book of Medieval History*, p. 328, organizado por F. A. Ogg. American Book Company, Nova York, 1907.
[3] Idem.

populações urbanas queriam estabelecer seus próprios tribunais, devidamente capacitados a tratar de seus problemas, em seu interesse. Queriam, também, elaborar sua própria legislação criminal. Manter a paz nas pequenas aldeias feudais não se comparava ao problema de manter a paz na cidade em desenvolvimento, com maiores riquezas e população móvel. A população urbana conhecia o problema como o senhor feudal não conhecia. Queria sua própria "paz da cidade".

As populações das cidades desejavam fixar seus impostos à sua maneira, e o fizeram. Opunham-se à municipalidade dos impostos feudais, pagamentos, ajudas e multas, que consideravam irritantes, e num mundo em evolução apenas serviam para aborrecê-los. Desejavam empreender negócios e, assim, empenharam-se em abolir as taxas, de qualquer tipo, que os tolhessem. Se, porém, falharam no objetivo de suprimir totalmente esses direitos, alcançaram maior êxito em modificá-los, de uma forma ou de outra, para que se tornassem mais aceitáveis. A liberdade das cidades não era, normalmente, concedida de uma só vez, mas pouco a pouco. A princípio, o senhor vendia parte de seus direitos aos cidadãos, depois vendia mais uma parcela, e assim sucessivamente, até que a cidade acabava por ficar praticamente independente de seu domínio. Isso, ao que parece, ocorreu na cidade alemã de Dortmund. Em 1241, o conde de Dortmund vendeu aos cidadãos alguns de seus direitos feudais sobre a cidade:

> "Eu, Conrad, conde de Dortmund, e minha esposa, Giseltrude, e nossos legítimos herdeiros vendemos... aos cidadãos e à cidade de Dortmund, nossa casa, situada ao lado da praça do mercado... que lhes deixamos completamente em perpetuidade, juntamente com os direitos, que conservamos do Sagrado Império Romano, de matadouros e oficinas de sapateiros remendões, de padaria e da casa sobre o tribunal, pelo preço de dois dinares pelo matadouro, e também dois dinares pelas oficinas dos sapateiros remendões e, pela casa do forno e casa sobre o tribunal, uma libra de pimenta, que serão pagos anualmente."[4]

Oitenta anos mais tarde outro conde Conrad cedeu, por aluguel anual, *"ao conselho e cidadãos de Dortmund, para seu poder exclusivo, metade do condado de Dortmund"*, que incluía os tribunais, direitos de portagem, impostos e rendimentos, e tudo dentro dos muros da cidade, à exceção da própria casa do conde, seus criados pessoais e a capela de São Martinho.

É de supor que os bispos e senhores feudais tenham percebido que ocorriam mudanças sociais de grande importância. É de supor que alguns tenham reconhecido ser impossível barrar o caminho dessas forças históricas. Alguns deles o fizeram, outros não. Alguns, bastante espertos para sentir o que ocorria, procuraram tirar o melhor partido da situação e saíram-se bem. Isso, porém, nem sempre se fez pacificamente. Parece fato, através da história, que os donos do poder, os abastados, se utilizarão sempre de quaisquer meios para manter o que possuem. O cão luta por seu osso. E, em muitos casos, os senhores feudais

---

[4]*Dortmunder Urkundenbuch*, Bd. I, pp. 33, 269-271, bearbeitet von Karl Rubel. Dortmund, 1881.

e bispos (particularmente os bispos) ferravam os dentes em seus ossos e não os largavam até que se vissem forçados a isso pela violência das populações das cidades. Para alguns, não se tratava apenas de se agarrar a seus antigos privilégios unicamente pelas vantagens que usufruíam. Como ocorre com frequência na história, muitas dessas pessoas abastadas imaginavam sinceramente que se as coisas não permanecessem como estavam, todo o sistema social desmoronaria. E como as populações das cidades não acreditavam nisso, muitas cidades só conquistaram sua liberdade depois que a violência irrompeu. Esse fato parece provar a veracidade da afirmação de Oliver Wendell Holmes, de que *"quando as divergências são de grande alcance, preferimos tentar matar o outro homem a deixá-lo praticar suas ideias"*.

Na verdade, as populações das cidades em luta, dirigidas pelas associações de mercadores organizados, não eram revolucionárias no sentido que emprestamos à palavra. Não lutavam para derrubar seus senhores, mas apenas para fazê-los abandonar algumas das práticas feudais já gastas pelo uso, que constituíam um estorvo decisivo à expansão do comércio. Não teriam escrito, como os revolucionários americanos, que *"todos os homens foram criados livres e iguais"*. Nada disso. *"A liberdade pessoal, por si só, não era exigida como direito natural. Era desejada apenas pelas vantagens que proporcionava. E tanto isso é verdade que em Arrás, por exemplo, os mercadores tentaram enquadrar-se na classe dos servos do mosteiro de St. Vast, a fim de gozar da isenção das taxas de pedágio nos mercados que fora concedida àqueles."*[5]

As cidades desejavam libertar-se das interferências à sua expansão, e depois de alguns séculos o conseguiram. O grau de liberdade variava consideravelmente, de forma que é tão difícil apresentar um quadro geral dos direitos, liberdades e organização da cidade medieval quanto do feudo. Havia cidades totalmente independentes, como as cidades-repúblicas da Itália e Flandres; havia comunas livres com graus diversos de independência; e havia cidades que apenas superficialmente conseguiram arrebatar uns poucos privilégios de seus senhores feudais, mas na realidade permaneciam sob seu controle. Mas, fossem quais fossem os direitos da cidade, seus habitantes tinham o cuidado de obter uma carta que os confirmasse. Isso ajudava a evitar disputas, se alguma vez o senhor ou seus representantes por acaso se esquecessem desses direitos. Eis aqui o início de uma carta dada pelo conde de Ponthieu à cidade de Abbeville em 1184. Logo na primeira linha, o próprio conde apresenta uma das razões por que os habitantes das cidades tanto prezavam as cartas e as guardavam cuidadosamente a sete chaves – por vezes chegando mesmo a transcrevê-las em letras de ouro, nos muros da cidade ou da igreja. *"Como o que se deixa escrito fica mais bem guardado na memória humana, eu, Jean, conde de Ponthieu, faço saber a todos os presentes, e aos que virão, que meu avô, conde Guillaume Talvas, tendo vendido à cidade de Abbeville o direito de manter uma comuna, e não tendo a cidade uma cópia autenticada desse contrato de venda, concedeu-lhe... o direito de manter perpetuamente uma comuna..."*[6]

---

[5] H. Pirenne, *Medieval Cities*, p. 177. Princeton University Press, 1925. Muito me utilizei deste livro para a compilação do material sobre as cidades. [Existe tradução com o título *As cidades na idade média*, Publicações Europa América, 1973. (N.R.T.)]
[6] A. Luchaire, *Les Communes Françaises à l'Époque des Capétiens Directs*, p. 112. Hachette et Cie., Paris, 1890.

## Capítulo 3

Cento e oitenta e seis anos depois, em 1370, os cidadãos de Abbeville passaram a ter um novo senhor, o próprio rei de França. Decerto, o movimento em prol da liberdade da cidade progredira rapidamente durante esse período, porque o rei, em ordem dada a seus funcionários, fora longe com suas promessas: *"Concedemos e transmitimos certos privilégios, pelos quais fica patente,* **inter alia** *[entre outras coisas], que nunca, por qualquer motivo ou ocasião que seja, fixaremos, manteremos, multaremos ou imporemos, nem seremos causa ou toleraremos que sejam fixados, mantidos, estabelecidos ou impostos na referida cidade de Abbeville ou nas demais cidades do condado de Ponthieu, quaisquer imposições, ajudas ou outros subsídios de qualquer natureza, se não se destinarem à renda das mencionadas cidades e a seu pedido... razão pela qual nós, considerando o amor e obediência sinceros a nós devotados pelos ditos suplicantes, ordenamos que permita a todos os burgueses, habitantes da referida cidade, comerciar, vender e comprar, e transportar através das cidades, países e limites do referido condado, sal e outras mercadorias de qualquer espécie, sem coagi-los a pagar-nos, ou aos nossos homens ou empregados, quaisquer impostos de sal, reclamações, exigências, imposições ou subsídios..."*[7]

Essa isenção dos impostos concedida pelo rei de França no documento acima era apenas um dos privilégios pelos quais os mercadores se batiam. Na luta pela conquista da liberdade da cidade, os mercadores assumiram a liderança. Constituíam o grupo mais poderoso e lograram para suas associações e sociedades todos os tipos de privilégios. As associações de mercadores exerciam com frequência um monopólio sobre o comércio por atacado das cidades. Quem não era um membro da liga de mercadores não fazia bons negócios. Em 1280, por exemplo, na cidade de Newcastle, na Inglaterra, um homem chamado Richard queixou-se ao rei de que 10 tosquias de lã lhe foram tomadas por alguns mercadores. Queria sua lã de volta. O rei mandou chamar os tais mercadores e perguntou-lhes por que haviam tomado a lã de Richard. Estes alegaram, em sua defesa, que o rei Henrique III concedera que *"os cidadãos da referida cidade poderiam ter uma Corporação de Mercadores no dito burgo, com todos os privilégios e isenções habituais. Indagados acerca dos privilégios que reivindicavam como pertencentes à Corporação citada, declararam que ninguém, a menos que gozasse das imunidades da Corporação, poderia cortar as peças de tecido para vender na cidade, nem carne ou peixe, nem comprar couros frescos, nem adquirir lã pela tosquia..."*[8] Richard, decerto, não era membro da sociedade, que desfrutava o direito exclusivo de comerciar com lã.

Em Southampton, ao que parece, os não membros podiam adquirir mercadorias – mas à sociedade de mercadores cabiam os primeiros negócios, e *"nenhum habitante ou estrangeiro trocará ou comprará, antes dos membros da Corporação dos Mercadores, qualquer espécie de mercadoria que chegue à cidade, e enquanto um membro da sociedade estiver presente e deseje trocá-la ou comprá-la; e se alguém o fizer e for considerado culpado, aquilo que comprar será confiscado pelo rei"*.[9]

---

[7] A. Thierry, op. cit., v. IV, pp. 170, 171.
[8] Charles Gross, *The Gild Merchant*, v. I, pp. 39-40, 2 v. Clarendon Press, Oxford, 1890.
[9] Ibid., v. 1, p. 48.

E exatamente como as associações de mercadores tentaram manter à distância os não membros, foram igualmente bem-sucedidas em conservar fora de seu comércio de província os mercadores estrangeiros. Seu objetivo único era possuir o controle total do mercado. Quaisquer mercadorias que entrassem ou saíssem da cidade tinham que passar por suas mãos. Devia ser eliminada a concorrência de fora. Os preços das mercadorias deviam ser determinados pelas associações. Em todas as fases do jogo elas desempenhariam o papel principal. O controle do mercado teria que ser seu monopólio exclusivo.

Claro está que para conquistar esse monopólio do comércio nas diversas cidades as associações de mercadores deviam ser influentes junto às autoridades. E eram. Como constituíam o grupo mais importante da cidade, os mercadores opinavam na escolha dos seus funcionários. Em algumas regiões, os funcionários estavam sob sua influência; em outras, eles próprios tornavam-se os funcionários; e ainda em umas poucas, a lei estipulava expressamente que apenas os membros das corporações podiam ocupar postos no governo da cidade. Era um caso raro, mas acontecia, como prova o regulamento da cidade de Preston, na Inglaterra, redigido em 1328: "... *nenhum dos cidadãos, feitos cidadãos por registro nos tribunais e fora da Corporação dos Mercadores, nunca será Alcaide, avalista ou funcionário, mas apenas os cidadãos cujos nomes estejam incluídos na Corporação dos Mercadores; porque o rei concede a liberdade aos cidadãos que integram a Corporação e a nenhum outro.*"[10]

As associações de mercadores, tão ávidas em obter privilégios monopolistas e tão observadoras de seus direitos, mantinham seus membros numa linha de conduta determinada por uma série de regulamentos que todos tinham de cumprir. O integrante da sociedade gozava de certas vantagens, mas só podia permanecer como membro se seguisse à risca as regras da associação. Estas eram muitas e rígidas. Rompê-las podia significar a expulsão total ou outras formas de punição. Um método particularmente interessante é o que adotava uma corporação em Chester, Inglaterra, há mais de 300 anos. Em 1614, a Companhia de Negociantes de Fazendas e Forrageiros de Chester, ao descobrir que T. Aldersley violara suas normas, ordenou-lhe que fechasse a loja. Ele recusou. "*Assim, todos os dias, dois outros [da companhia] caminhavam o dia todo diante da mencionada loja e impediam todos quantos a ela se dirigiam de aí comprar seus artigos.*"[11]

É lícito supor que o senhor Aldersley não podia pôr termo a esses piquetes, obtendo um mandado contra eles, no estilo do século XX, porque a corporação era por demais poderosa. De fato, o poder das associações de mercadores não se limitava às suas próprias localidades, mas alcançava regiões distantes. A famosa Liga Hanseática, da Alemanha, é o exemplo vivo de uma aliança de sociedades numa poderosa organização. Possuía postos de comércio que eram fortalezas, bem como armazéns espalhados da Holanda à Rússia. Tão poderosa era essa liga que, no ápice do poder, era integrada por cerca de 100 cidades, praticamente monopolizando o comércio do norte da Europa com o resto do mundo. Constituía

---

[10] Ibid., v. II, p. 195.
[11] Ibid., v. I. p. 36, nota.

um Estado em si, no qual estabelecia tratados comerciais, protegia sua frota mercante com navios de guerra adequados, limpava de piratas os mares do norte e tinha assembleias de governo que elaboravam suas próprias leis.

Os direitos que mercadores e cidades conquistaram refletem a importância crescente do comércio como fonte de riqueza. E a posição dos mercadores na cidade reflete a importância crescente da riqueza na forma de capital, em contraste com a riqueza em terras.

Nos primórdios do feudalismo, a terra, por si só, constituía a medida da riqueza do homem. Com a expansão do comércio surgiu um novo tipo de riqueza – a riqueza em dinheiro. No início da era feudal o dinheiro era inativo, fixo, imóvel; agora tornara-se ativo, vivo, fluido. No início da era feudal os sacerdotes e guerreiros, proprietários de terras, se situavam num dos extremos da escala social, vivendo do trabalho dos servos, que se encontravam no outro extremo. Agora, um novo grupo surgia – a classe média, vivendo de uma forma diferente, da compra e da venda. No período feudal, a posse da terra, a única fonte de riqueza, implicava o poder de governar para o clero e a nobreza. Agora, a posse do dinheiro, uma nova fonte de riqueza, trouxera consigo a partilha no governo para a nascente classe média.

# 4

# SURGEM NOVAS IDEIAS

*Usura e Juro na Idade Média.*
*A Posição da Igreja.*
*Os Velhos Conceitos Prejudicam as Transações.*

A maioria dos negócios é hoje realizada com dinheiro emprestado, sobre o qual pagam-se juros. Se a United States Steel Company quiser comprar outra empresa de aço que lhe estiver fazendo concorrência, provavelmente tomará emprestado o dinheiro. Poderá conseguir isso emitindo ações, que são simplesmente promessa de devolver, com lucro, qualquer soma de dinheiro que o comprador de ações empregue. Quando o dono da loja da esquina pretende adquirir coisas novas para seu negócio, vai ao banco tomar dinheiro emprestado. O banco empresta determinada importância, cobrando juros. O fazendeiro que quiser comprar uma terra adjacente à sua fazenda pode hipotecar sua propriedade para conseguir o dinheiro. A hipoteca é simplesmente um empréstimo ao fazendeiro sob juros anuais. Estamos tão acostumados a esse pagamento de juros pelo dinheiro emprestado que tendemos a considerá-lo "natural", como coisa que tenha existido sempre.

Mas não existiu. Houve época em que se considerava crime grave cobrar juros pelo uso do dinheiro. No princípio da Idade Média, o empréstimo de dinheiro a juros era proibido por uma potência cuja palavra constituía lei para toda a cristandade.

Essa potência era a Igreja. Emprestar a juros, dizia ela, era usura, e a usura era PECADO. A palavra vai em letras maiúsculas porque assim era considerado qualquer pronunciamento da Igreja naquela época. E um pronunciamento que ameaçasse com a danação eterna aqueles que o violavam tinha particular importância. Na época feudal, a influência da Igreja sobre o espírito do povo era muito maior do que hoje. Mas não era apenas a Igreja que condenava a usura. Os governos municipais, e mais tarde os governos dos Estados, baixaram leis contra ela. Uma "lei contra a usura" aprovada na Inglaterra dizia: *"Sendo a usura pela palavra de Deus estritamente proibida, como vício dos mais odiosos e detestáveis ... proibição essa que nenhum ensinamento ou persuasão pode fazer penetrar no coração de pessoas ambiciosas, sem caridade e avarentas deste Reino... fica determinado... que nenhuma pessoa ou pessoas de qualquer classe, estado, qualidade ou condição, por qualquer meio corrupto, artificioso ou disfarçado, ou outro, emprestem, deem, entreguem ou passem qualquer soma ou somas de dinheiro... para qualquer forma de usura, aumento, lucro, ganho ou juro a ser tido, recebido ou esperado, acima da soma ou somas dessa forma emprestadas... sob pena de confisco da soma ou somas emprestadas... bem como da usura... e ainda da punição de prisão.*"[1] Essa lei era um reflexo do que a maioria das pessoas na Idade Média pensava sobre a usura. Concordavam em que era um mal. Mas, por quê? Como surgira essa atitude para com o juro? Devemos procurar a resposta nas relações da sociedade feudal.

Naquela sociedade, onde o comércio era pouco e a possibilidade de investir dinheiro com lucro praticamente não existia, se alguém desejava um empréstimo certamente não tinha por objetivo o enriquecimento, mas precisava dele para viver. Tomava o empréstimo simplesmente porque alguma desgraça lhe ocorrera. Talvez lhe tivesse morrido a vaca ou a seca lhe tivesse arruinado as colheitas. Estava em má situação e necessitava de ajuda. De acordo com o sentimento medieval, a pessoa que, nessas circunstâncias, o ajudasse não deveria lucrar com sua desventura. O bom cristão ajudava o vizinho sem pensar em lucro. Se emprestava a alguém um saco de farinha, esperava receber de volta apenas um saco de farinha, e nada mais. Se recebesse mais, estaria explorando o companheiro – o que não se considerava justo. O justo era receber apenas o que se emprestara, nada mais nem menos.

A Igreja ensinava que havia o certo e o errado em todas as atividades do homem. O padrão do que era certo ou errado na atividade religiosa não diferia das demais atividades sociais ou, mais importante ainda, do padrão das atividades econômicas. As regras da Igreja sobre o bem e o mal se aplicavam igualmente a todos os setores.

Hoje em dia é possível fazer, a um estranho, num negócio comercial, o que não faríamos a um amigo ou vizinho. Temos, para os negócios, padrões diferentes que não se aplicam a outras atividades. Assim, o industrial fará tudo ao seu alcance para esmagar um concorrente. Venderá com prejuízo, se empenhará numa guerra comercial, conseguirá descontos especiais, tentará todos os recursos possíveis para encurralar seu rival. Essas atividades arruinarão o competidor. O industrial ou comerciante sabe disso, contudo continua a realizá-las porque "negócio é negócio". No entanto, essa mesma pessoa não permitiria, sequer por um minuto, que um amigo ou vizinho passasse fome. Essa existência de um padrão para a atividade econômica e outro para a atividade não econômica era contrária aos ensinamentos da Igreja na Idade Média. E a maioria das pessoas acreditava geralmente nos preceitos da Igreja.

A Igreja ensinava que se o lucro do bolso representava a ruína da alma, o bem-estar espiritual estava em primeiro lugar. *"Que lucro terá o homem se ganhar todo o mundo e perder sua alma?"*[2] Se alguém obtivesse numa transação mais do que o devido estaria prejudicando a outrem, e isso estava errado. Santo Tomás de Aquino, o maior pensador religioso da Idade Média, condenou a "ambição do ganho". Embora se admitisse, com relutância, que

---

[1]*Tudor Economic Documents*, v. ll, p. 142. Compilação de R. H. Tawney e E. Power. Longmans, Green and Company, Londres, 1924.
[2]Mateus, XVI, 26.

o comércio era útil, os comerciantes não tinham o direito de obter em uma transação mais do que o justo pelo seu trabalho.

Os homens da Igreja na Idade Média teriam condenado fortemente o intermediário que, alguns séculos mais tarde, se tornara, segundo a definição de Disraeli, *"um homem que trapaceia de um lado e saqueia do outro"*. A moderna noção de que qualquer transação comercial é lícita desde que seja possível realizá-la não fazia parte do pensamento medieval. O homem de negócios bem-sucedido de hoje, que compra pelo mínimo e vende pelo máximo, teria sido duas vezes excomungado na Idade Média. O comerciante, porque exerce um serviço público essencial, tinha direito a uma boa recompensa, e a nada mais do que isso.

Também não se considerava ético acumular mais dinheiro do que o necessário para a própria manutenção. A Bíblia era clara quanto a isso: *"É mais fácil um camelo passar pelo fundo de uma agulha do que um rico entrar no reino de Deus."*[3]

Um autor da época assim se manifestou: *"Quem tem o bastante para satisfazer suas necessidades, e não obstante trabalha incessantemente para adquirir riquezas, seja para conseguir uma posição social melhor, seja para viver mais tarde sem trabalhar ou para que seus filhos se tornem homens de riqueza e importância – todos esses estão dominados por uma avareza, sensualidade ou orgulho condenáveis."*[4]

Os que estavam habituados aos padrões de uma economia natural simplesmente os aplicaram à nova economia monetária em que se viram. Assim, se alguém emprestava a outro cem libras, julgava-se que tinha o direito moral de exigir de volta apenas cem libras. Quem cobrasse juros pelo uso do dinheiro estaria vendendo tempo, e o tempo não pertence a ninguém, para que possa ser vendido. O tempo pertencia a Deus, e ninguém tinha o direito de vendê-lo.

Além disso, emprestar dinheiro e receber de volta não apenas o total emprestado, mas também um juro fixo, significava a possibilidade de viver sem trabalhar – o que estava errado. (Pelo pensamento medieval, os sacerdotes e guerreiros estavam "trabalhando" nas ocupações a que se dedicavam.) Alegar que o dinheiro é que trabalhava para seu dono seria apenas irritar os homens da Igreja. Teriam respondido que o dinheiro era estéril, não podia produzir nada. Cobrar juros era totalmente errado – dizia a Igreja.

Isso é o que ela *dizia*. O que *dizia* e o que *fazia*, porém, eram duas coisas totalmente diferentes. Embora os bispos e reis combatessem e fizessem leis contra os juros, estavam entre os primeiros a violar tais leis. Eles mesmos tomavam empréstimos ou os concediam a juros – exatamente quando combatiam outros usuários! Os judeus, que geralmente concediam pequenos empréstimos a juros enormes, porque corriam grande risco, eram odiados e perseguidos, desprezados em toda parte como usurários. Os banqueiros italianos emprestavam dinheiro em grande escala, fazendo negócios enormes – e frequentemente, quando seus juros não eram pagos, o próprio Papa ia cobrá-los, ameaçando com um castigo espiritual! Mas a despeito do fato de ser um dos maiores pecadores, a Igreja continuava a gritar contra os usurários.

É fácil ver que a doutrina do pecado da usura iria limitar os processos do novo grupo de comerciantes que desejava negociar em uma Europa em expansão comercial. Tornou-

---

Ibid., XIX, 24.

Citado por R. H. Tawney, *Religion and the Rise of Capitalism*. Harcourt, Brace and Co., Nova York, 1926, p. 36. Tradução com o título *A religião e o surgimento do capitalismo*, Perspectiva, 1971.

se, na verdade, um obstáculo quando o dinheiro começou a ter um papel cada vez mais importante na vida econômica.

A nascente classe média não guardava seu dinheiro em cofres. (Esse hábito pertence ao período feudal, quando eram limitadas as oportunidades de investimento.) O novo grupo de mercadores podia empregar todo o dinheiro de que dispusesse – e mais ainda. Para manter seu negócio, para ampliar o campo de suas operações e aumentar os lucros, o comerciante precisava de mais dinheiro. Onde obtê-lo? Podia recorrer aos que emprestavam, aos judeus, como Antônio, o mercador de Veneza, recorreu a Shylock, o judeu. Ou podia procurar comerciantes maiores – alguns dos quais haviam deixado de comerciar com mercadorias para comerciar com dinheiro – e que eram os grandes banqueiros do período. Não era fácil, porém. Essa lei da Igreja barrava o caminho, proibindo aos banqueiros ou usurários o empréstimo a juros.

Que aconteceu então, quando a doutrina da Igreja, destinada a uma economia antiga, chocou-se com a força histórica representada pelo aparecimento da classe de comerciantes? Foi a doutrina que cedeu. Não de uma só vez, evidentemente. Lentamente, centímetro por centímetro, nas novas leis que diziam: *"A usura é um pecado – mas, sob certas circunstâncias..."* ou então: *"Embora seja pecado exercer a usura, **não obstante**, em casos especiais..."*

Os casos especiais que neutralizavam a doutrina da usura são esclarecedores. Se o banqueiro B emprestasse dinheiro ao comerciante M, não estava certo de que cobrasse juros pelo empréstimo. Mas, dizia a Igreja, como o comerciante M ia usar o dinheiro que tomara emprestado do banqueiro B para uma aventura comercial na qual todo o dinheiro poderia ser perdido, era então justo que M devolvesse a B não só o que lhe tomara emprestado, mas também um pouquinho mais – para compensar B do risco que correra.

Ou então, se o banqueiro B tivesse conservado o dinheiro, poderia tê-lo empregado para obter lucro, sendo por isso justo que o comerciante M, ao devolver o empréstimo, pagasse um pouco mais, para compensar o banqueiro pelo impedimento de utilizar o seu dinheiro.

Dessa e de outras formas, a doutrina da usura foi modificada para atender às novas condições. É bastante significativo que Charles Dumoulin, advogado francês que escreveu no século XVI, tenha alegado a "prática comercial diária" como justificativa para a legalização de uma "usura moderada e aceitável". Eis aqui sua argumentação: *"A prática comercial diária mostra que a utilidade do uso de uma soma considerável de dinheiro não é pequena... nem permite dizer que o dinheiro por si mesmo não frutifica; pois sequer os campos frutificam sozinhos, sem gastos, trabalho e indústria dos homens; o dinheiro, da mesma forma, ainda que deva ser devolvido dentro de um prazo, proporciona nesse período um produto considerável, pela indústria do homem. E por vezes priva a quem o empresta de tudo aquilo que traz a quem o toma emprestado... Portanto, toda a condenação, todo o ódio à usura, devem ser compreendidos como aplicáveis à usura excessiva e absurda, não à usura moderada e aceitável."*[5]

Assim, aos poucos foi desaparecendo a doutrina da usura da Igreja, e "a prática comercial diária" passou a predominar. Crenças, leis, formas de vida em conjunto, relações pessoais – tudo se modificou quando a sociedade ingressou em nova fase de desenvolvimento.

---

[5]A. E. Monroe, *Early Economic Thought*, Harvard University Press, 1924, pp. 113-4.

# O CAMPONÊS ROMPE AMARRAS

*Modifica-se a Situação do Camponês,
que Começa a Ser Dono da Terra.
Novo Regime de Trabalho. As Revoltas Camponesas.*

Uma das modificações mais importantes foi a nova posição do camponês. Enquanto a sociedade feudal permanecia estática, com a relação entre senhor e servo fixada pela tradição, foi praticamente impossível ao camponês melhorar sua condição. Estava preso a uma camisa de força econômica. Mas o crescimento do comércio, a introdução de uma economia monetária, o crescimento das cidades proporcionaram-lhe meios para romper os laços que o prendiam tão fortemente.

Quando surgem cidades nas quais os habitantes se ocupam total ou principalmente do comércio e da indústria, passam a ter necessidade de obter do campo o suprimento de alimentos. Surge, portanto, uma divisão do trabalho entre cidade e campo. Uma se concentra na produção industrial e no comércio, o outro na produção agrícola para abastecer o crescente mercado representado pelos que deixaram de produzir o alimento que consomem. Em toda a História o crescimento do mercado constitui sempre um tremendo incentivo ao crescimento da produção. Mas como é possível aumentar a produção agrícola? Há duas formas. Uma é o desenvolvimento intensivo, que significa obter maiores resultados da mesma terra, com maiores plantações, melhores métodos agrícolas e, de modo geral, através de um trabalho mais intensivo e mais científico. A outra é pela extensão da cultura, que significa simplesmente abrir novas terras que não tenham ainda sido cultivadas. Ambos os métodos foram empregados então.

Assim como os pioneiros nos Estados Unidos, procurando uma forma de melhorar sua situação, lançaram os olhos sobre as terras virgens do oeste, assim o ambicioso campesinato da Europa ocidental do século XII voltou seus olhos para as terras incultas, então abundantes, como meio de fugir à opressão. Um autor alemão de fins do século assim se referiu à questão: *"O pobre e o camponês são oprimidos pela avareza e rapina dos poderosos, e arrastados a tribunais injustos. Esse grave pecado força muitos a venderem seu patrimônio e emigrarem para terras distantes."*[1]

Mas nos Estados Unidos os pioneiros tinham acesso praticamente a todo o continente, ao passo que onde poderiam os camponeses oprimidos da Europa do século XII encontrar terra? É fato surpreendente, mas verídico, que na época cultivava-se apenas metade das terras da França, um terço da Alemanha, um quinto da Inglaterra. O resto simplesmente consistia em florestas, pântanos e terrenos inaproveitados. Em torno das pequenas regiões cultivadas abria-se à colonização toda essa enorme área. A Europa do século XII tinha a sua fronteira móvel, tal como a América do século XVII. E o desafio das terras inaproveitadas, dos pântanos e florestas foi aceito pelos camponeses habituados ao trabalho duro: *"Atraídos pela isca da liberdade e da propriedade... milhares de pioneiros... vieram preparar caminho para o trabalho do arado e da enxada, queimando a vegetação rasteira e parasitária, abrindo florestas com o machado e levantando as raízes com a picareta."*[2] Dessa forma, a Europa teve a sua "marcha para oeste" cinco séculos antes da marcha americana. Quando os pioneiros nos Estados Unidos quebravam seus machados nas árvores do oeste norte-americano entre os séculos XVII e XIX, os sons que ouviam eram ecos dos sons provocados pelos seus ancestrais na Europa, quinhentos anos antes, em circunstâncias semelhantes. Tal como os pioneiros americanos transformaram o deserto numa região de fazendas, os pioneiros europeus esgotaram os pântanos, construíram diques contra a invasão da terra pelo mar, limparam as florestas e transformaram as terras assim recuperadas em campos de cereais florescentes. Para os pioneiros do século XII, como para os do século XVII, a luta foi longa e árdua, mas a vitória significou a liberdade e a possibilidade de ser, total ou parcialmente, dono de um pedaço de terra, isento do pagamento do cansativo trabalho a que os camponeses sempre estavam obrigados. Não é de surpreender, portanto, que muitos dos camponeses se agarrassem a essa oportunidade. Não é de surpreender que "implorassem ansiosamente" pela concessão de terras, como disse o bispo de Hamburgo, numa carta pastoral de 1106:

> *"1. Desejamos tornar conhecido de todos o acordo que certas pessoas, residindo deste lado do Reino, e que são chamados holandeses, celebraram conosco.*
> *2. Esses homens nos procuraram e ansiosamente imploraram que lhes concedêssemos certas terras em nossa diocese, que estão inaproveitadas, pantanosas e inúteis para nosso povo. Consultamos nossos súditos, e, considerando que isso seria bom para nós e nossos sucessores, concedemos o que nos era pedido.*
> *3. Fez-se um acordo pelo qual eles nos pagarão anualmente um dinar para cada jeira de terra... Também lhes concedemos o uso dos cursos de água que correm nessa terra.*

---

[1] E. O. Schulze, *Kolonisierung und Germanisierung der Gebiete Zwischen Saale und Elbe*, Hirzel, Leipzig, 1896.
[2] P. Boissonnade, op. cit., p. 229.

*4. Concordam em pagar o dízimo de acordo com nosso decreto. Ou seja, cada décimo primeiro feixe de cereal, cada décima ovelha, cada décimo porco, cada décimo cabrito, cada décimo ganso e um décimo de seu mel e linho...*
*5. Prometeram obedecer-me em todas as questões eclesiásticas...*
*6. Concordam em pagar todo ano dois marcos para 100 jeiras pelo privilégio de manter tribunais próprios para a solução de todas as suas questões sobre assuntos seculares..."*[3]

O bispo de Hamburgo celebrou esse acordo com os holandeses por ter percebido que "seria bom para nós e nossos sucessores". Outros senhores de terra, tanto a Igreja como os leigos, também perceberam que era realmente lucrativo ter suas terras incultas transformadas em terras produtivas pelos pioneiros, que lhes pagavam um arrendamento anual pelo privilégio de cultivá-las. Muitos desses proprietários não ficaram sentados à espera de serem procurados pelos camponeses interessados que viessem pedir ansiosamente a concessão de terras, pondo-se em campo para divulgar, da forma mais ampla possível, que sua terra estava à disposição dos que desejassem ocupá-la – e pagar um arrendamento. Alguns senhores mais empreendedores tiveram grande êxito nesse negócio de arrendar o que até então fora terra inútil, conseguindo mesmo estabelecer aldeias inteiras em solo virgem – o que representava um lucro. Esse crescente movimento de expansão tornou produtivos milhares e milhares de hectares de terra inútil. Assim, em 1350 havia na Silésia 1.500 aldeias novas, povoadas por 150.000 a 200.000 camponeses. Esse desenvolvimento foi importante, e igual importância teve o fato de que os servos podiam então encontrar uma terra livre, terra que não exigia o penoso pagamento de arrendamento em serviços, mas em dinheiro apenas. O novo tipo de liberdade difundiu-se até atingir os servos das velhas propriedades.

Durante anos o camponês se havia resignado à sua sorte infeliz. Nascido num sistema de divisões sociais claramente marcadas, aprendendo que o reino de Deus só seria seu se cumprisse com satisfação e boa vontade a tarefa que lhe havia sido atribuída numa sociedade de sacerdotes, guerreiros e trabalhadores, cumpria-a sem discutir. Como a possibilidade de se elevar acima de sua situação praticamente não existia, quase não tinha incentivos para fazer mais do que o necessário para sobreviver. Executava suas tarefas rotineiras de acordo com os costumes. Não havia interesse em fazer experiências com sementes ou outras formas de produzir, porque o mercado onde podia vender a produção era limitado, e muito possivelmente o senhor tomaria a parte do leão quando do aumento da colheita.

Mas a situação se modificara. O mercado crescera tanto que qualquer colheita superior às necessidades do camponês e do senhor poderia ser vendida. Em troca, o camponês recebia dinheiro. Ainda não estava muito acostumado ao seu uso, mas familiarizava-se com ele, e sabia da existência de uma nova classe de pessoas, os comerciantes, que não se enquadravam no velho esquema de coisas. Prosperava, e a cidade próxima era um lugar maravilhoso, onde servos como ele tinham ocasionalmente perambulado e gostado. Nesse

---
[3] O. J. Thatcher e E. H. McNeal, *Source Book for Medieval History*, pp. 572-3. Charles Scribner's Sons, Nova York, 1905.

mundo em transformação havia uma oportunidade real para gente como ele. Se trabalhasse mais, fizesse colheitas superiores às suas necessidades, poderia reunir algum dinheiro com o qual – talvez – lhe fosse possível pagar em dinheiro os serviços que devia ao senhor. Se o senhor não aliviasse o peso que recaía sobre seus ombros, poderia então ir para a cidade ou para uma região não cultivada, onde servos como ele abriam as florestas e recebiam em pagamento terras isentas de impostos ou taxas.

Mas o senhor estava pronto a trocar o trabalho do servo pelo dinheiro. Também ele se havia familiarizado com o dinheiro e com seu valor num mundo em transformação. Tinha muita necessidade dele para pagar as belas roupas do Oriente que comprara na feira há alguns meses. E havia também uma conta antiga do armador, pela bonita cota de malha comprada para a última expedição guerreira. O senhor tinha muito em que empregar qualquer dinheiro que o servo lhe pudesse pagar. Estava pronto a concordar que, a partir de então, seu servo lhe pagasse anualmente um tanto por hectare, em vez de trabalhar dois ou três dias por semana, como fizera até então. O senhor realmente não tinha alternativa, pois se não aliviasse as obrigações dos servos era muito possível que alguns deles fugissem, deixando-o sem dinheiro nem trabalho – uma bela esparrela. Não, era melhor deixar os servos pagarem um arrendamento em vez de exigir trabalho, como antes.

Além disso, havia muito que o senhor percebera ser o trabalho livre mais produtivo do que o trabalho escravo. Sabia que o trabalhador que deixava sua terra para cultivar a terra do senhor o fazia de má vontade, sem produzir o máximo. Era melhor deixar de lado o trabalho tradicional e alugar o que lhe fosse necessário, mediante o pagamento de salários.

Foi assim que nos registros de muitas aldeias, em toda a Europa ocidental dos séculos XIII e XIV, um número cada vez maior de anotações semelhantes à de Stevenage, na Inglaterra, começou a surgir: *"O senhor concede a S. G. a terra acima mencionada pelo pagamento de 10 sólidos e 4 dinares em vez dos serviços e taxas."*[4]

Outros documentos do mesmo período mostram que grande número de servos, além de comprar a liberdade de sua terra da obrigação de trabalhar, também comprava a liberdade pessoal. As atas do tribunal de Woolston mencionam um aldeão ou vilão que *"a fim de poder deixar seu domínio e ser considerado homem livre paga uma multa de 10 sólidos"*.[5]

Não devemos supor, porém, que todos os senhores considerassem vantajoso conceder liberdade aos servos, tal como não devemos supor que todos os senhores estivessem dispostos a abrir mão de seus direitos feudais sobre as cidades crescentes. Há sempre, em qualquer período da História, os que não querem ou não podem compreender que o passado é o passado, pessoas que, frente a modificações necessárias, se apegam mais do que nunca aos costumes antigos. Assim, houve senhores que não quiseram dar liberdade a seus servos.

Seria de se esperar que a Igreja liderasse um movimento de libertação dos servos. Mas, pelo contrário, o principal adversário da emancipação, tanto na cidade como no campo, não foi a nobreza, e sim a Igreja. Numa época em que a maioria dos senhores havia com-

---

[4]T. W. Page, *End of Villainage in England*, pp. 54, 55. American Economic Association, Nova York, 1900.
[5]Ibid., p. 41.

*O Camponês Rompe Amarras* | 37

preendido que era melhor, para seus próprios interesses, dar liberdade ao servo e contratar trabalhadores livres com remuneração diária, a Igreja ainda se manifestava contra a emancipação. Os estatutos da Cluníaca, uma ordem religiosa, são um exemplo da profundidade dessa atitude: "[Excomungamos] os que, tendo o controle de servos ou não libertos, homens ou mulheres de condição [servil] pertencentes aos mosteiros de nossa Ordem, concedam a essas pessoas cartas e privilégios de liberdade."[6]

Isso foi em 1320. Cento e trinta e oito anos depois, em 1458, os cluníacos ainda ordenavam que "os abades, priores, deões e outros administradores da Ordem, que têm servos... devem jurar expressamente que não libertarão tais servos ou suas possessões".[7] E dois famosos historiadores ingleses, após cuidadosa pesquisa, chegam a esta conclusão: "... há muitos indícios de que, de todos os latifundiários, as ordens religiosas eram os mais severos – não os mais agressivos, mas os mais apegados aos seus direitos; defendiam a manutenção das condições feudais e dos direitos sobre as aldeias. Essa instituição imortal, mas sem alma, com sua riqueza de registros minuciosos, não cedia uma polegada, nem libertava nenhum servo ou arrendatário. Na prática, o senhor secular era mais humano, por ser menos cuidadoso, por necessitar de dinheiro imediato, porque podia morrer... é contra eles [os sacerdotes] que os camponeses se queixam com mais energia."[8]

Os camponeses não se limitavam a fazer queixas enérgicas. Por vezes, invadiam a propriedade da Igreja, lançavam pedras nas janelas, derrubavam portas e espancavam padres. Muitas vezes eram ajudados nisso pelos burgueses das cidades, habitualmente também às turras com os senhores de terras, religiosos ou não.

A liberdade estava no ar, e coisa alguma detinha os camponeses em sua ânsia de conquistá-la. Quando ela não lhes era concedida de boa vontade, tentavam tomá-la pela força. Foi em vão que os senhores e a Igreja lutaram obstinados contra a emancipação. A pressão das forças econômicas foi grande demais para resistir. A liberdade chegara enfim.

A Peste Negra foi um grande fator para a liberdade. Nós, que vivemos em países onde a medicina realizou grandes progressos e a higiene é ensinada e praticada, nada sabemos das pestes que assolaram continentes inteiros na Idade Média. A manifestação mais parecida que conhecemos é uma epidemia ocasional de escarlatina ou de influenza, que nos horroriza se o número de mortes se eleva a centenas. A Peste Negra, porém, matou mais gente na Europa, no século XIV, do que a Primeira Guerra Mundial, com seus quatro anos de morticínio organizado, com máquinas especialmente fabricadas para isso. Poucos anos depois da Peste Negra, Boccaccio, famoso autor italiano, assim a descreveu:

*"No ano de N. S. de 1348 ocorreu em Florença, a mais bela cidade de toda a Itália, uma peste terrível, que, seja devido à influência dos planetas ou seja como castigo de Deus aos nossos pecados, surgira alguns anos antes no Levante, e, depois de passar de um lugar para outro, provocando grandes danos em toda parte, atingiu o Ocidente. Aqui, a despeito de todos*

---

[6] G. G. Coulton, *The Medieval Village*, pp. 147-8. Cambridge University Press, 1925.
[7] Ibid., p. 148.
[8] F. Pollock e F. W., Maitland, *History of English Law Before the Time of Edward I*, v. I. Cambridge University Press, pp. 378-9.

*os meios que a arte e a previsão humana poderiam sugerir, como manter a cidade limpa, segregar todas as pessoas suspeitas de moléstia e publicar copiosas instruções para a preservação da saúde, e não obstante as múltiplas e humildes súplicas oferecidas a Deus em procissões e de outras formas, começou a se evidenciar na primavera do mencionado ano, de maneira triste e surpreendente. Para a cura da doença, nem o conhecimento médico nem o poder das drogas tinham qualquer efeito... Qualquer que fosse a razão, poucos escaparam, e quase todos morriam no terceiro dia após o aparecimento dos sintomas... O que deu a essa peste maior virulência foi o fato de passar do doente para o são, aumentando diariamente, como o fogo em contato com grande massa de combustíveis... Essa, segundo me parece, a qualidade da peste, de passar não apenas de homem para homem, mas, o que era ainda mais estranho, qualquer coisa pertencente ao doente, se tocada por outra criatura, transmitia com certeza a doença, e a matava num curto espaço de tempo. Pude observar um exemplo disso: os trapos de um pobre que acabava de morrer foram lançados à rua; dois cães surgiram e, depois de brigarem por eles e sacudi-los na boca, em menos de uma hora caíam mortos."[9]*

A história dos cães pode não ser verdadeira, mas não há dúvida de que morreu gente como mosca. Florença, a cidade que Boccaccio menciona, perdeu 100.000 habitantes; Londres, cerca de 200 por dia, e Paris, 800. Na França, Inglaterra, nos Países Baixos e na Alemanha, entre um terço e metade da população foi dizimada! A peste assolou todos os países europeus entre 1348 e 1350, voltando a surgir em alguns deles nas décadas seguintes, atacando os que haviam conseguido escapar antes. Tão grande foi a mortandade que uma nota de desespero pouco comum se insinua nos escritos de um monge irlandês da época: *"A fim de que meus escritos não pereçam juntamente com o autor, e este trabalho não seja destruído... deixo meu pergaminho para ser continuado, **caso algum dos membros da raça de Adão possa sobreviver à morte** e queira continuar o trabalho por mim iniciado."*[10]

Qual teria sido o efeito de uma peste que matou tanta gente a ponto de despertar dúvidas num homem culto da época sobre a possibilidade de alguém sobreviver? Que efeito teve a peste na posição do camponês na Europa ocidental?

Com a morte de tanta gente, era evidente que maior valor seria atribuído aos serviços dos que continuavam vivos. Trabalhadores podiam pedir e receber mais pelo seu trabalho. A terra continuava ainda intocada pelo flagelo – mas tinha valor apenas em relação à produtividade, e o fator essencial para torná-la produtiva era o trabalho. Como a oferta de trabalho se reduzia, a procura relativa dele aumentava. O trabalho do camponês valia mais do que nunca – e ele sabia disso.

O senhor também sabia. Os que se haviam recusado a comutar a prestação de trabalho a que os servos estavam obrigados mostraram-se mais dispostos ainda a conservar o mesmo estado de coisas. Os que haviam trocado o trabalho do servo por um pagamento em dinheiro verificaram que os salários dos trabalhadores no campo se elevavam e que os embolsos que recebiam compravam um volume de trabalho cada vez menor. O preço do trabalho

---

[9]*Decameron*, de Boccaccio.
[10]Citado por J. Kulischer, *Allgemeine Wirtschaftsgeschichte des Mittelalters und der Neuzeit.* (O grifo é nosso.)

alugado aumentou em 50%, em relação ao que fora antes da Peste Negra. Isso significava que um senhor cujo dinheiro recebido de arrendamento lhe permitia pagar trinta trabalhadores, só podia pagar agora vinte. Foi em vão que se emitiram proclamações ameaçando com penalidades os senhores que pagassem mais ou os trabalhadores, pastores e lavradores que exigissem mais do que os salários predominantes antes da peste. A marcha das forças econômicas não podia ser sustada pelas leis governamentais do período.

Era forçoso o choque entre os senhores da terra e os trabalhadores da terra. Estes haviam experimentado as vantagens da liberdade, e isso lhes despertara o apetite para mais. No passado, o ódio provocado pela opressão esmagadora originara violentas revoltas de servos. Mas eram apenas explosões locais, facilmente dominadas apesar de sua fúria. As revoltas dos camponeses do século XIV foram diferentes. A escassez de mão de obra dera aos trabalhadores agrícolas uma posição forte, despertando neles um sentimento de poder. Numa série de levantes em toda a Europa ocidental, os camponeses utilizaram esse poder numa tentativa de conquistar pela força as concessões que não podiam obter – ou conservar – de outro modo.

Os historiadores discordam das causas das revoltas camponesas. Uma corrente diz que os senhores de terras desejavam forçar os camponeses à prestação de trabalho, como antes; outra sustenta que os senhores se recusavam a conceder a comutação, quando o camponês já tinha consciência de sua força e lutava para conseguir vantagens. Provavelmente ambos estão certos. De qualquer modo, sabemos pelos documentos que atos de violência foram perpetrados de ambos os lados: queima de arquivos e propriedades, assassinatos de camponeses ou de seus opressores, ou a execução "legal" de camponeses revolucionários que tiveram a desgraça de ser capturados. Um desses camponeses foi Adam Clymme, segundo os arquivos de Assize, na ilha de Ely, na Inglaterra:

> "Julgamento na ilha de Ely, perante juízes nomeados no condado de Cambridge, para punir e castigar insurgentes e seus feitos, na terça-feira anterior à festa de Santa Margarida Virgem [20 de julho].
> 
> Adam Clymme foi preso como insurgente e traidor de seu juramento e porque... traiçoeiramente, com outros celebrou uma insurreição em Ely, penetrando na casa de Thomas Somenour, onde se apossou de diversos documentos e papéis selados de cera verde do senhor rei e do bispo de Ely... fazendo com que fossem queimados no local, com prejuízo para a coroa do senhor rei.
> 
> Além disso, o mesmo Adam, no domingo e na segunda-feira seguintes, proclamou ali que nenhum homem da lei ou outro funcionário na execução de seus deveres escaparia à degola.
> 
> E, ainda, que o mesmo Adam, no dia e ano acima mencionados, no momento da insurreição andava armado e oferecia armas, levando um estandarte, para reunir insurgentes, ordenando que nenhum homem de qualquer condição, livre ou não, deveria obedecer ao senhor e prestar os serviços habituais, sob pena de degola...
> 
> E assim traiçoeiramente avocou a si o poder real. E nos foi apresentado pelo xerife, e acusado... E diz não ser culpado dos crimes que lhe são imputados ou de qualquer das acusações... E por isso um júri foi constituído pelo senhor rei, de doze [homens bons e direitos] etc.;

*escolhidos, jurados e julgados, dizem eles em sua decisão que o acima mencionado Adam é culpado de todas as acusações. Pela ordem da justiça o mesmo Adam foi levado e enforcado etc. Verificou-se que o mesmo Adam tem na cidade acima mencionada bens no valor de 32 xelins, que Ralph Wyk, executor do senhor rei, confiscou em nome deste etc.*"[11]

Adam Clymme foi enforcado. Milhares de outros camponeses também o foram. As revoltas diminuíram. Mas por mais que tentassem, os senhores feudais não podiam sustar o processo de desenvolvimento agrário. A velha organização feudal rompeu-se sob a pressão de forças econômicas que não podiam ser controladas. Em meados do século XV, na maior parte da Europa ocidental, os arrendamentos pagos em dinheiro haviam substituído o trabalho servil, e, além disso, muitos camponeses haviam conquistado a emancipação completa. (Nas áreas mais afastadas, longe das vias de comércio e da influência libertadora das cidades, a servidão perdurava.) O trabalhador agrícola passou a ser algo mais do que um burro de carga. Podia começar a levantar a cabeça com um ar de dignidade.

Transações que haviam sido raras na sociedade feudal tornaram-se habituais. Em lugares onde a terra, até então, só era cedida ou adquirida à base de serviços mútuos, surgiu uma nova concepção de propriedade agrária. Grande número de camponeses teve liberdade de se movimentar e vender ou legar sua terra, embora tivessem de pagar certa importância para isso. Os Anais do Tribunal de Stevenage, relativos a 1385, registram que um vilão que *"tinha uma casa e seis hectares de terra por toda a sua vida, e pagando, por todos os outros serviços devidos, 10 sólidos, apresentou-se à corte e concedeu a terra acima mencionada [a outro] para toda a sua vida e dá ao senhor uma taxa de 6 dinares pelo registro dessa declaração nos tribunais"*.[12]

O fato de que a terra fosse assim comprada, vendida e trocada livremente, como qualquer outra mercadoria, determinou o fim do antigo mundo feudal. Forças atuando no sentido de modificar a situação varriam toda a Europa ocidental, dando-lhe uma face nova.

---

[11]Bland, Brown e Tawney, op. cit., p. 105.
[12]Page, op. cit., p. 85.

# 6

# "E NENHUM ESTRANGEIRO TRABALHARÁ..."

*Modifica-se Também a Indústria.*
*Surge o Artesanato Profissional.*
*O Regime das Corporações. O Justo Preço.*
*O Burguês Começa a Substituir o Senhor Feudal.*

Também a indústria se modificara. Anteriormente, era realizada na casa do próprio camponês, qualquer que fosse seu gênero. A família precisava de móveis? Não se recorria ao carpinteiro para fazê-los, nem eram comprados numa loja da rua do comércio. Nada disso. A própria família do camponês derrubava a madeira, limpava-a, trabalhava-a até ter os móveis de que necessitava. Precisavam de roupa? Os membros da família tosquiavam, fiavam, teciam e costuravam – eles mesmos. A indústria se fazia em casa, e o propósito da produção era simplesmente o de satisfazer as necessidades domésticas. Entre os servos domésticos do senhor havia os que se ocupavam apenas dessa tarefa, enquanto os outros trabalhavam no campo. Nas casas eclesiásticas também havia artesãos que se especializavam numa arte, e com isso se tornavam bastante hábeis em suas tarefas de tecer ou de trabalhar na madeira ou no ferro. Mas isso nada tinha da indústria comercial que abastece um mercado – era simplesmente um serviço para atender às necessidades de casa. O mercado tinha de crescer, antes que os artesãos, como tais, pudessem existir em suas profissões isoladas.

O progresso das cidades e o uso do dinheiro deram aos artesãos uma oportunidade de abandonar a agricultura e viver de seu ofício. O açougueiro, o padeiro e o fabricante de velas foram então para a cidade e abriram uma loja. Dedicaram-se ao negócio de carnes, padaria e fabrico de velas, não para satisfazer suas necessidades, mas sim para atender à procura. Dedicavam-se a abastecer um mercado pequeno, mas crescente.

Não era necessário muito capital. Uma sala da casa em que morava servia ao artesão como oficina de trabalho. Tudo de que precisava era habilidade em sua arte e fregueses que

## 42 | Capítulo 6

lhe comprassem a produção. Se fosse bom trabalhador e se tornasse conhecido entre os moradores da cidade, seus produtos seriam procurados e ele poderia aumentar a produção contratando um ou dois ajudantes.

Estes podiam ser de dois tipos, aprendizes ou jornaleiros. Os aprendizes eram jovens que viviam e trabalhavam com o artesão principal, e aprendiam o ofício. A extensão do aprendizado variava de acordo com o ramo. Podia durar um ano ou prolongar-se por 12 anos. O período habitual de aprendizado variava entre dois e sete anos. Tornar-se aprendiz era um passo sério. Representava um acordo entre a criança, seus pais e o mestre artesão, segundo o qual em troca de um pequeno pagamento (em alimento ou dinheiro) e a promessa de ser trabalhador e obediente, o jovem era iniciado nos segredos da arte, morando com o mestre durante o aprendizado.

Concluído este, quando o aprendiz era aprovado no exame, e tinha recursos, podia abrir sua própria oficina. Se não os tivesse, podia tornar-se jornaleiro e continuar a trabalhar para o mesmo mestre, recebendo um salário, ou tentar conseguir emprego com outro mestre. Trabalhando duramente e poupando cuidadosamente seus salários ele muitas vezes conseguia, depois de alguns anos, abrir oficina própria. Naquela época não era necessário grande capital para dar início a um negócio e começar a produzir. A unidade industrial típica da Idade Média era essa pequena oficina, tendo um mestre como empregador em pequena escala, trabalhando lado a lado com seus ajudantes. E não só esse mestre artesão produzia os artigos que tinha de vender, como também era ele mesmo quem realizava a venda. Numa parede da oficina costumava haver uma janela aberta para a rua, onde se penduravam os artigos à venda, a qual se realizava na própria oficina.

É importante compreender essa nova fase da organização industrial. As mercadorias, que antes eram feitas não para serem vendidas comercialmente, mas apenas para atenderem às necessidades da casa, passaram a ser vendidas num mercado externo. Eram feitas por artesãos profissionais, donos tanto da matéria-prima como das ferramentas utilizadas para trabalhá-las, que vendiam o produto acabado. (Hoje os trabalhadores na indústria não são donos nem da matéria-prima nem das ferramentas. Não vendem o produto acabado, mas a força do trabalho.)

Esses artesãos seguiram o exemplo dado pelos comerciantes, e formaram corporações próprias. Todos os trabalhadores dedicados ao mesmo ofício numa determinada cidade formavam uma associação chamada corporação artesanal. Hoje em dia, quando um político ou industrial faz um discurso sobre a "associação de capital e trabalho", o trabalhador experimentado pode, com justiça, dar de ombros e exclamar: "Isso não existe!" Não pode acreditar nessa afirmação, pois aprendeu pela experiência que há um abismo entre o homem que paga e o que é pago. Sabe que seus interesses não são os mesmos e que toda a conversa do mundo sobre a sociedade entre ambos não modificará a situação. É por isso que suspeita das associações patrocinadas pelas companhias. Não deseja, sempre que possível, participar de uma organização de empregados em que o empregador tenha grande influência.

Mas as corporações de artesãos na Idade Média eram diferentes. Todos os que se ocupavam de um determinado trabalho – aprendizes, jornaleiros, mestres artesãos – pertenciam à mesma corporação. Tanto mestres como ajudantes podiam fazer parte da mesma organização e lutar pelas mesmas coisas. Isso porque a distância entre trabalhador e patrão não era muito grande. O jornaleiro vivia com o mestre, comia a mesma comida, era educado da mesma forma, acreditava nas mesmas coisas e tinha as mesmas ideias. Era regra, e não exceção, tornar-se o aprendiz, com o tempo, um mestre. Assim sendo, empregador e empregado podiam ser membros da mesma corporação. Mais tarde, quando aumentaram os abusos e as relações já não eram idênticas, encontramos jornaleiros formando corporações próprias. Mas, no princípio dessas organizações a corporação dos arreeiros congregava todos os fabricantes de arreios, a dos armeiros, todos os fabricantes de armas etc. Os aprendizes tinham direitos iguais, o mesmo ocorrendo com os jornaleiros e mestres artesãos. Havia classes variadas, mas dentro de cada uma delas predominava a igualdade. E os degraus da escada da ascensão, de aprendiz a mestre, não estavam fora do alcance dos trabalhadores.

O leitor talvez não tenha ouvido falar de curtidores de couro branco. É uma profissão fora de moda. No século XIV, em Londres, representava um negócio de grandes proporções; organizou-se, então, uma corporação desses curtidores. Pelos seus estatutos, datados de 1346, podemos aprender algo sobre as corporações artesanais:

> *"[1] ... se qualquer pessoa do dito ofício sofrer de pobreza pela idade ou porque não possa trabalhar... terá toda semana 7 dinheiros para seu sustento, se for homem de boa reputação.*
> *[2] E nenhum estrangeiro trabalhará no dito ofício... se não for aprendiz ou homem admitido à cidadania do dito lugar.*
> *[3] E ninguém tomará o aprendiz de outrem para seu trabalho durante o aprendizado, a menos que seja com a permissão de seu mestre. E se alguém do dito ofício tiver em sua casa trabalho que não possa completar... os demais do mesmo ofício o ajudarão, para que o dito trabalho não se perca.*
> *[4] E se qualquer aprendiz se comportar impropriamente para com seu mestre, e agir de forma rebelde para com ele, ninguém do dito ofício lhe dará trabalho até que tenha feito as reparações perante o alcaide e os intendentes.*
> *[5] Também a boa gente do mesmo ofício uma vez por ano escolherá dois homens para serem supervisores do trabalho e de todas as outras coisas relacionadas com as transações daquele ano, pessoas que serão apresentadas ao alcaide e intendentes... prestando perante eles o juramento de indagar e pesquisar, e apresentar lealmente ao dito alcaide e intendentes os erros que encontrarem no dito comércio, sem poupar ninguém, por amizade ou ódio.*
>   *Todas as peles falsas e mal trabalhadas serão denunciadas.*
> *[6] Ninguém que não tenha sido aprendiz e não tenha concluído seu termo de aprendizado do dito ofício poderá exercer o mesmo."*[1]

É pelo estudo de milhares desses documentos que os historiadores podem reconstruir, centenas de anos mais tarde, a história das corporações artesanais.

---
[1] Bland, Brown e Tawney, op. cit., p. 136.

## 44 | Capítulo 6

O item n.º 1 mostra que as corporações se preocupavam com o bem-estar de seus membros. Era uma espécie de irmandade que tomava conta dos membros em dificuldades. Muitas corporações provavelmente começaram com esse objetivo – o da ajuda mútua em períodos difíceis. Incidentalmente, é interessante notar que a assistência ao desempregado e a aposentadoria, que constituem notícias hoje, eram proporcionadas pelas corporações artesanais a seus membros há quase seiscentos anos!

O item n.º 3 é outra prova de que as corporações eram regulamentadas de modo a estabelecer um espírito de fraternidade, e não de concorrência, entre seus membros. Veja-se, particularmente, a determinação de que os demais membros deviam ajudar aquele que se atrasasse numa encomenda, para que não perdesse o negócio. Evidentemente, os interesses comerciais dos membros da corporação eram uma das principais preocupações da organização.

É claro que os membros de uma corporação se uniam para reter em suas mãos o controle direto da indústria. Veja o leitor o item n.º 2 novamente. É importante porque mostra como as corporações artesanais, tal como as corporações comerciais, antes delas, desejavam o monopólio de todo o trabalho do gênero na cidade. Para realizar qualquer negócio, era preciso ser membro da corporação artesanal. Ninguém que dela estivesse fora podia exercer o comércio sem permissão expressa. Até mesmo os mendigos da Basileia e Frankfurt tinham suas corporações, que não permitiam aos mendigos de fora mendigar ali, exceto um ou dois dias por ano![2] As corporações não toleravam qualquer interferência nesse monopólio. Era vantajoso para elas, e lutaram para conservá-lo. Até mesmo a Igreja, poderosa como era, tinha de conformar-se com os regulamentos das corporações. Em 1498 os chefes da igreja de São João, numa cidade alemã, desejavam fazer pão com trigo e o fermento que cultivavam em suas terras. Para tanto, necessitavam da aprovação da corporação dos padeiros, que num ato de consideração a concedeu graciosamente. *"Os principais da corporação dos padeiros e todos os membros da corporação... permitiram com boa intenção que os diáconos e cônegos... tomem e mantenham um padeiro fora da corporação, que lhes faça o pão com a cevada, o trigo e o centeio que têm... [e como os membros da corporação deixarão de vender pão à Igreja, o que é uma perda para eles, a Igreja] fez o pagamento de 16 marcos."*[3]

As corporações lutaram para manter o monopólio dos respectivos artesanatos, e não permitiam aos estrangeiros que se imiscuíssem em seu mercado. Quando lemos na história medieval o relato de guerras sangrentas entre uma cidade e outra, devemos lembrar que frequentemente se travavam apenas porque os membros das corporações não toleravam a concorrência de estrangeiros.

Hoje em dia, o inventor de um novo processo ou de um processo melhor patenteia sua invenção, e ninguém mais poderá usá-la. Mas na Idade Média não havia leis sobre patentes, e as corporações, ansiosas de manter o monopólio, se preocupavam naturalmente em ocultar seus segredos artesanais. No entanto, como impedir que eles fossem conhecidos? Como impedir que outros viessem a saber das manhas do ofício? Uma lei veneziana de 1454 nos

---

[2] Cf. J. Kulischer, op. cit., v. I, p. 192.
[3] F. Philippi, *Die Aeltesten Osnabruckischen Gildeunrkden (bis 1500)*. Kisling, Osnabruck, 1890, pp. 75-6.

indica pelo menos um dos métodos: *"Se um trabalhador levar para outro país qualquer arte ou ofício em detrimento da República, receberá ordem de regressar; se desobedecer, seus parentes mais próximos serão presos, a fim de que a solidariedade familiar o convença a regressar; se persistir na desobediência, serão tomadas medidas secretas para matá-lo, onde quer que esteja."*[4]

Assim como se precaviam da interferência estrangeira em seu monopólio, as corporações tinham também o cuidado de evitar, entre si, práticas desonestas que pudessem causar prejuízos a terceiros. Nada de competição mortal entre amigos, é o que realmente significa o item 3 dos estatutos dos curtidores. O membro da corporação não podia aliciar um jornaleiro ou aprendiz de seu mestre. Também era tabu a prática comercial, hoje muito difundida, de obsequiar o cliente ou suborná-lo para conseguir realizar um negócio. Em 1443, a corporação dos padeiros de Corbie, na França, determinou que *"ninguém dará bebidas ou fará qualquer outra gentileza a fim de vender seu pão, sob pena de pagar uma multa de 60 soldos."*[5]

Leiamos novamente os itens 5 e 6. Deixam claro que, em troca do monopólio, as corporações prestavam bons serviços preocupando-se com a qualidade do trabalho de seus associados. Impondo a regra de que cada associado devia passar por um aprendizado, garantiam o conhecimento do ofício. Por outro lado, supervisionando cuidadosamente seu trabalho, protegiam o comprador contra o uso de material inferior. A corporação se orgulhava de seu bom nome, e os artigos vendidos tinham a sua garantia de um padrão mínimo de qualidade. As corporações obedeciam a mil e uma regras para impedir o trabalho inferior e para a manutenção de alto padrão qualitativo, sendo severas as penas para os infratores. O regulamento dos armeiros de Londres, de 1322, dizia: *"E se forem encontradas em qualquer casa... armaduras à venda de qualquer tipo que não sejam de boa qualidade... essas armaduras serão imediatamente confiscadas e levadas ao alcaide e intendentes, e por eles julgadas como boas ou más, segundo sua opinião."*[6]

Supervisores das corporações faziam viagens regulares de inspeção, nas quais examinavam os pesos e medidas usados pelos membros, os tipos de matérias-primas e o caráter do produto acabado. Todo artigo era cuidadosamente inspecionado e selado. Essa fiscalização rigorosa era considerada necessária para que a honra da corporação não fosse manchada, prejudicando com isso os negócios de todos os seus membros. As autoridades municipais, por sua vez, a exigiam como proteção ao público. Para maior proteção desse público, algumas corporações marcavam seus produtos com o "justo preço".

Para compreender o que se considerava "justo preço" de um artigo, é necessário lembrar a noção medieval sobre a doutrina da usura, e como as noções do bem e do mal participavam do pensamento econômico com muito mais intensidade do que hoje. No regime de troca da velha economia natural, o comércio não tinha objetivos de lucros, mas

---

G. Renard, *Gilds in the Middle Ages*. G. Bell & Sons Ltd., Londres, 1918, p. 36.
Thierry, op. cit., p. 540.
*Memorials of London and London Life in the XIIIth, XIVth and XVth Centuries*. Longmans Green & Co., Londres, 1868, p. 146. Seleção, tradução e organização de H. T. Riley.

sim de beneficiar tanto o comprador como o vendedor. Nenhum dos dois esperava obter mais vantagem do que o outro. Um casaco podia ser trocado por cinco galões de vinho sem prejuízo para ninguém, porque o custo da lã e os dias de trabalho necessários para fazer o casaco eram iguais ao custo das vinhas e o tempo necessário para preparar o vinho. Quando surgiu o dinheiro, eram ainda apenas esses os fatores que predominavam. O artesão sabia o que lhe custavam o material e o trabalho, e estes determinavam o preço pelo qual era vendido o produto acabado. Os artigos feitos e vendidos pelo artesão tinham seu preço justo, calculado honestamente à base do custo real, e eram vendidos exatamente por essa soma, sem qualquer aumento. Santo Tomás de Aquino foi enfático sobre tal ponto: *"Ora, o que foi instituído para o bem comum [ou seja, o comércio] não deve ser mais pesado a um do que a outro... Portanto, se o preço exceder o valor de uma coisa ou o contrário, estará faltando a igualdade exigida pela justiça. Consequentemente, vender mais caro ou comprar mais barato uma coisa é em si injusto e ilegal."*[7]

O que acontecia aos entalhadores que tentavam vender os artigos por mais que o justo preço? O que podiam fazer os cidadãos medievais para se protegerem contra o comerciante que queria enriquecer depressa? Conhecemos um caso disso: *"Assim, quando o preço do pão se eleva ou quando os vendedores de frutas, convencidos por um espírito mais ousado de que são 'todos pobres... devido à sua simplicidade, e que se agissem de acordo com ele seriam ricos e poderosos', formam uma empresa única, para grande prejuízo e dificuldade do povo, os burgueses e camponeses não se consolam com a esperança maior de que as leis da oferta e procura possam reduzi-lo novamente. Com a forte aprovação de todos os bons cristãos, é o moageiro levado ao pelourinho, e argumenta-se com os fruteiros no tribunal do alcaide. E o padre da paróquia prega um sermão sobre o sexto mandamento, escolhendo como tema as palavras do* **Livro de provérbios**: *'Não me sejam dadas riquezas nem pobreza, mas o bastante para o meu sustento'."*[8]

O fato de que esses cidadãos revoltados levassem os fruteiros gananciosos à presença do alcaide mostra que não deixavam apenas à consciência dos membros das corporações a atribuição de cumprir o preceito do justo preço. Apesar de a Igreja condenar a ambição do lucro, o 'espírito ousado' que prometia enriquecer os fruteiros não era apenas um, e sim muitos. Não se depositava confiança total nos mercadores. É bem sintomático que a palavra alemã para troca – *tauschen* – tenha a mesma raiz da palavra correspondente a engano – *täuschen*. Dessa forma, tornou-se hábito na época incluírem as autoridades municipais entre suas principais funções a atribuição de impedir que as mercadorias fossem vendidas por preços excessivos. O bailio de Carlisle, por exemplo, ao tomar posse no cargo teve de proferir o seguinte juramento: *"Fiscalizarei para que toda sorte de mercadorias que venham a este mercado sejam boas e integrais, e vendidas por preço razoável."*[9] Quando, em vez de usar seu monopólio para manter o justo preço, as corporações dele se aproveitavam para auferir lucros excessivos, as autoridades municipais tinham o direito de abolir seus privilégios.

---

[7]Monroe, op. cit., pp. 54-5.
[8]R. H. Tawney, op. cit., p. 55.
[9]W. J. Ashley, *An Introduction to English Economic History and Theory*, Livro II, p. 60. G. P. Putnam's Sons, Nova York, 1913.

A noção do que constituía o justo preço das mercadorias era natural, antes que o comércio se ampliasse ou as cidades crescessem. O desenvolvimento do mercado, porém, e a produção em grande escala disso consequente provocaram uma modificação das ideias econômicas, e o justo preço acabou sendo substituído pelo preço de mercado. Lembra-se o leitor de como as forças econômicas modificaram o conceito da usura? O mesmo ocorreu com a ideia do justo preço. Também ela foi arrastada pelas novas forças econômicas.

No início do período medieval, o mercado tinha âmbito apenas local, reunindo os habitantes da cidade e dos campos imediatamente vizinhos. Não era afetado pelo que ocorria nas partes distantes do país ou nas cidades longínquas e, portanto, seus preços eram determinados apenas pelas condições locais. Mas mesmo nesse mercado local as condições se modificavam, e com elas os preços. Se uma praga atacasse as vinhas da vizinhança, haveria muito menos vinho do que o habitual, talvez insuficiente para o consumo. Nesse caso seria vendido às pessoas que desejassem e pudessem pagar por ele o alto preço provocado pela escassez. Isso difere muito naturalmente da elevação no preço provocado por um determinado grupo desejoso de maiores lucros, que tranca a produção e eleva as cotações. Havia uma grande diferença entre uma alta de preços provocada por condições imprevistas e incontroláveis e outra provocada pela ambição de um negociante. Aceitava-se, geralmente, que o aumento ocorresse em épocas de fome, mas isso era considerado uma ocorrência "anormal" e inteiramente provocada por condições excepcionais. Não interferia no justo preço, o "natural", e não justificava lucros excessivos. Era legítimo que o camponês, num ano de más colheitas, procurasse pelo seu produto pagamento melhor do que num ano de fartura, já que o número de sacos à venda era menor. A noção do justo preço se enquadrava na economia do mercado pequeno, local e estável.

Mas não se enquadrava na economia do mercado grande, exterior e instável. As modificações das condições econômicas provocaram uma modificação das ideias econômicas. Quando o mercado passou a constituir-se em algo mais que compradores e vendedores de mercadorias feitas na cidade e dos produtos das vizinhanças, e quando compradores e vendedores de uma área maior trouxeram ao mercado novas influências, abalou-se a estabilidade das condições locais. Isso ocorreu nas feiras, que não estavam sujeitas aos regulamentos sobre o justo preço. Com a ampliação do comércio, as condições relativas ao mercado passaram a ser muito mais variáveis, deixando aquele preço de ser praticável. Ele deu lugar, finalmente, ao preço do mercado. Mas embora esse processo estivesse em evolução, foi necessário um longo prazo para que as pessoas o compreendessem, e um prazo ainda maior para que concordassem com ele. Ideias e hábitos costumam permanecer muito tempo após o desaparecimento das condições que os originaram. Quando era hábito andar de cadeirinha, os uniformes dos carregadores eram feitos com alças especiais para sustentar o cabo do veículo; no entanto, mesmo depois de desaparecida a última cadeirinha tais uniformes continuaram a ser feitos. As alças eram consideradas parte necessária do equipamento de um carregador, e os alfaiates continuavam a fazê-las, mesmo quando sua utilidade desaparecera inteiramente.

É isso o que ocorre com as ideias, e foi o que ocorreu com a noção do justo preço. Essa noção surgira nas velhas condições estáveis, quando tudo o que delimitava o preço tinha origem e era bem conhecido na comunidade, e a ideia persistiu mesmo quando várias influências distantes e desconhecidas passaram a pressionar o mercado local. Na época, é evidente que as novas condições provocaram uma nova atitude. Essa atitude se reflete na obra de Jehan Buridan, reitor da Universidade de Paris no século XIV: *"O valor de uma coisa não deve ser medido por sua validade intrínseca... é necessário levar em conta as necessidades do homem e avaliar as coisas em suas relações com essa necessidade."*[10]

Buridan falava, nesse caso, da oferta e procura. Argumentava que as mercadorias não tinham valor fixo, independente das condições. O justo preço foi, portanto, derrubado, e substituído pelo preço de mercado.

Tal como se modificou o conceito de preço, modificou-se também a organização das corporações. Na verdade, a história é uma série de modificações. É por isso que este capítulo se inicia com a descrição do funcionamento das corporações e termina com o colapso desse sistema.

O sistema de corporações tivera duas características fundamentais: a igualdade entre os senhores e a facilidade com que os trabalhadores podiam passar a mestres. Em geral, isso ocorreu até os séculos XIII e XIV, período áureo dessas instituições. Depois disso ocorreram modificações inevitáveis.

A igualdade entre mestres tornou-se, em certas corporações, algo do passado. Certos mestres prosperaram, chamaram a si maior parcela do poder, começaram a olhar com superioridade para seus irmãos menos afortunados e acabaram formando corporações exclusivamente suas. Surgiram então as corporações "superiores" e "inferiores", e os mestres das inferiores trabalharam até mesmo como assalariados para os senhores das primeiras! As anteriores corporações de mercadores, que, como o leitor se lembrará, tinham o monopólio de comércio da cidade, foram suplantadas pelas artesanais, cada qual comerciando em seus artigos. Em certos casos, porém, as corporações comerciais abandonaram o comércio em geral e passaram a se especializar num artigo determinado, e, em vez de morrerem, floresceram como grandes corporações. Em outros casos, os membros abastados das corporações abandonavam a produção, concentrando-se no comércio e tornando-se assim organizações fechadas que não admitiam artesãos, tal como ocorreu com as doze companhias de fornecimentos de Londres, os seis *Corps de Métier* em Paris e a *Arti Maggiori* em Florença. Eram organizações selecionadas, poderosas e ricas – e davam as ordens. Antigamente, a direção de uma corporação podia caber a qualquer de seus membros, rico ou pobre; agora passava a haver discriminação. *"Assim, entre os vendedores de roupas usadas em Florença nenhum dos que apregoavam nas ruas, e, entre os padeiros, nenhum dos que levavam o pão de casa em casa, às costas ou à cabeça, poderia ser eleito para reitor."*[11]

Do controle das corporações exclusivistas ao controle do governo municipal bastava um passo, que foi dado pelos membros dessas grandes organizações. Tornaram-se os verdadeiros administradores da cidade, e quase em toda parte os mais ricos e influentes eram mais

---

[10] V. Brants, *Les Théories Économiques aux XIIIE et XIVCᵉ Siècles*, p. 69. Peeters, Louvain, 1895.
[11] G. Renard, op. cit., p. 29.

ou menos identificados com o governo municipal. No campo, a aristocracia de nascimento constituía a classe dominante; nas cidades, a aristocracia do dinheiro predominava. *"No século XV, em Drodrecht, e em toda parte nas cidades da Holanda o governo municipal tornou-se uma pura aristocracia de dinheiro e uma oligarquia de família... O poder na cidade ficava com os chamados Rijkheit e Vroedschap, riqueza e sabedoria, tal como se os dois estivessem sempre juntos, a corporação consistindo em pequeno número fixo de membros que tinham o direito de nomear as autoridades municipais e eleger o prefeito e, com isso, controlar a administração da cidade."*[12]

E o que ocorria "em toda parte nas cidades da Holanda" ocorria também na Alemanha. Em Lubeck, os *"mercadores e os burgueses ricos dominavam sozinhos a cidade... O Conselho controlava a legislação, a mais alta corte da justiça e os impostos dos cidadãos; governava a cidade com poderes ilimitados"*.[13]

Outra causa do colapso do sistema de corporações foi o aumento da distância entre mestres e jornaleiros. O ciclo, que até então havia sido aprendiz-jornaleiro-mestre, passou a ser apenas aprendiz-jornaleiro. Passar de empregado a patrão tornava-se cada vez mais difícil. À medida que um número sempre maior de pessoas procurava as cidades, os mestres tentavam preservar seu monopólio, tornando mais difícil a ascensão, exceto a uns poucos privilegiados. A prova necessária para tornar-se mestre ficava cada vez mais rigorosa, e a taxa em dinheiro que era necessário pagar para isso foi elevada – exceto para uns poucos privilegiados. Para a maioria, aumentaram as obrigações, sendo mais difícil galgar a posição de mestre. Para os poucos privilegiados foram concedidos favores, tornando mais fácil a conquista daquele posto. Assim, na cidade de Amiens os estatutos das corporações dos pintores e escultores, no ano de 1400, exigiam do aprendiz fazer um curso de três anos, apresentar sua obra-prima e pagar 25 libras, mas se *"os filhos dos mestres desejarem iniciar e continuar sua atividade na referida cidade poderão fazê-lo, se tiverem experiência, e pagarão apenas a soma de 10 libras"*.[14] Esse exclusivismo foi levado às últimas consequências nos estatutos dos fabricantes de toalhas e guardanapos de Paris, onde se estabelecia que "ninguém pode ser mestre-tecelão, se não for filho de um mestre."[15]

Como se sentiriam os jornaleiros, vendo que as oportunidades de melhorar sua posição, tornando-se mestres, desapareciam? Ressentiam-se, naturalmente. Tornou-se cada vez mais claro que seus direitos e interesses chocavam-se com os dos mestres. Que poderiam fazer? Formaram associações próprias. *"Tentaram assegurar um monopólio do trabalho, tal como os mestres tentavam assegurar o monopólio deste ou daquele ramo. Dessa forma, entre os fabricantes de pregos de Paris era proibido contratar um trabalhador de outro lugar enquanto houvesse trabalhador local precisando de emprego... Os trabalhadores nas padarias de Toulouse e os trabalhadores em sapatos de Paris organizaram associações em oposição às correspondentes sociedades de mestres..."*[16]

---

[12]K. von Hegel, *Städte und Gilden der germanischen Volker im Mittelalter*, v. II, p. 315. Leipzig, 1891.
[13]Ibid., p. 452.
[14]Thierry, op. cit., v. II, p. 5.
[15]Renard, op. cit., p. 39.
[16]Ibid., p. 19.

Essas associações, tal como os sindicatos de hoje, procuravam conseguir maiores salários para seus membros, e, como os sindicatos, enfrentavam a resistência dos patrões. Queixaram-se estes às autoridades municipais, que declararam ilegais as associações de trabalhadores ou jornaleiros. Isso ocorreu em Londres, em 1396, segundo um velho documento que narra a disputa entre os mestres seleiros e seus trabalhadores: *"e sob uma falsa aparência de santidade, muitos dos trabalhadores no ramo influenciaram os jornaleiros seus companheiros [hoje, seriam chamados 'comunistas'] e formaram associações próprias, com o objetivo de elevar muito os salários... sendo por isso determinado [pelo alcaide e intendentes] que os trabalhadores no mencionado ofício estejam sob governo e controle dos mestres do ofício; o mesmo se aplica a todos os trabalhadores em outros ofícios na mesma cidade; e, no futuro, não terão associação, reuniões ou grupos ou outras coisas proibidas, sob pena de castigo."*[17]

Na França ocorreu a mesma coisa. Em 1541 os cônsules, intendentes e habitantes de Lyon queixaram-se a Francisco I de que *"nos últimos três anos certos trabalhadores e jornaleiros do ofício de impressores levaram a maioria dos outros jornaleiros a se unirem para obrigar os mestres impressores a pagar-lhes salários maiores e dar-lhes melhor comida do que até então tinham, segundo os costumes antigos. Em consequência disso, a arte da impressão desapareceu totalmente da dita cidade de Lyon..."*[18] Os irritados signatários da petição não só reclamaram como também sugeriram um remédio, que Francisco graciosamente transformou em lei, determinando que *"os ditos jornaleiros e aprendizes do ofício de impressão não farão juramento, monopólios, nem terão entre si nenhum capitão ou chefe, nem qualquer bandeira ou insígnia, nem se reunirão fora das casas e cozinhas de seus senhores, nem em parte alguma em número superior a cinco, exceto com a autorização e o consentimento do tribunal, e sob pena de serem presos, banidos e punidos como monopolistas..."*

*"Os ditos jornaleiros têm de terminar qualquer trabalho iniciado, e nada deixarão incompleto para entrar em greve."*[19]

Como era natural, a disputa sobre salários mais altos foi bem mais intensa no período imediatamente posterior à Peste Negra. Com a maior procura do trabalho, a tendência foi de grande elevação dos salários. E tal como se baixaram leis nas aldeias, tentando mantê-los nos níveis anteriores à peste, leis semelhantes foram baixadas nas cidades. Na Inglaterra, a Lei dos Trabalhadores de 1349 determinava que *"nenhum homem pagará ou prometerá pagar maiores salários que os habituais... nem de qualquer forma receberá ou pedirá o mesmo, sob pena de ter de pagar o dobro do que pede... Seleiros, poleiros, curtidores, sapateiros, alfaiates, ferreiros, carpinteiros, pedreiros, tecelões e outros artífices e trabalhadores não receberão por seu trabalho e ofício mais do que costuma lhes ser pago."*[20]

Na França, uma lei semelhante foi aprovada em 1351: *"Os que colheram uvas nos anos passados devem cuidar das vinhas e receber por esse trabalho um terço a mais do que recebiam antes da Peste, e nada mais, mesmo que maiores somas lhes tenham sido prometidas... E quem lhes*

---

[17]Bland, Brown e Tawney, op. cit., pp. 139-41.
[18]Jourdan, Decrusy e Isambert, *Recueil général des anciennes Lois Françaises*, v. XII, Parte 2, pp. 763-65. Plon Frères, Paris.
[19]Idem.
[20]Bland, Brown e Tawney, op. cit., pp. 165, 166.

der por um dia de trabalho mais do que se determina aqui, e quem receber mais... o recebedor e o pagador terão, cada qual, de pagar sessenta soldos... e se não tiverem com que pagar a multa em dinheiro, serão aprisionados por quatro dias, a pão e água..."[21] Observe-se que, embora nesse caso a lei fosse aparentemente justa, é certo que a sentença de prisão consequente ao não pagamento da multa mais provavelmente recairia sobre os trabalhadores sem dinheiro do que sobre o mestre. Observe-se também que lançar homens à prisão não contribuiria para aliviar a escassez do trabalho.

Essas leis não tiveram êxito. Os mestres pagavam e os trabalhadores exigiam e recebiam mais. Embora as associações de trabalhadores tivessem sido dissolvidas e seus membros multados ou aprisionados, outras associações surgiram e continuaram as greves em prol de melhores salários e condições de trabalho. Os jornaleiros, de fato, estavam em melhor situação do que muitos outros trabalhadores que não tinham permissão para ingressar nessas associações, trabalhadores que não tinham quaisquer direitos em nenhuma corporação e estavam à mercê dos industriais mais ricos, para os quais trabalhavam em condições miseráveis e por salários de fome. Essas pessoas viviam em buracos miseráveis e doentios, não tinham nem a matéria-prima nem as ferramentas com que trabalhavam, e foram elas as precursoras do proletariado moderno, tendo apenas seu trabalho e dependendo do empregador e de condições favoráveis de mercado para a sua sobrevivência. As cidades revelavam, portanto, ambos os extremos – os miseráveis (Florença, em seus grandes dias, contava com mais de 20.000 mendigos, segundo consta) e, no alto, os muito ricos, que viviam no luxo.

Na luta para libertar a cidade de seus senhores feudais, todos os cidadãos, ricos e pobres, mercadores, mestres e trabalhadores, haviam unido forças. Mas os frutos da vitória foram para as classes superiores. As classes inferiores verificaram que haviam simplesmente mudado de senhor – antes, o governo estava formalmente nas mãos de um senhor feudal, e agora passava às mãos dos burgueses mais ricos. O descontentamento dos pobres, aliado ao ressentimento e ao ciúme dos pequenos artesãos para com esses poderosos, deu origem a uma série de levantes na última metade do século XIV, que, como as revoltas camponesas, espalharam-se por toda a Europa ocidental. Era uma luta de classes – os pobres contra os ricos, os desprivilegiados contra os privilegiados. Em alguns lugares os pobres venceram, e por breves anos dominaram algumas cidades, introduzindo reformas necessárias, antes de serem derrubados. Em outros, embora a vitória fosse deles, as lutas internas provocaram sua queda imediata. Na maioria dos lugares a vitória foi, desde o início, dos ricos, mas não sem que tivessem experimentado momentos de ansiedade, num sincero receio da força conjunta das classes oprimidas.

Depois desse período de desordem, as corporações começaram a decair. O poder das cidades livres enfraqueceu. Mais uma vez, passaram a ser controladas de fora – dessa feita, por um duque, um príncipe ou um rei mais forte do que os até então existentes, e que estivesse unificando num Estado nacional regiões até então desorganizadas.

---
[21]*Ordonnances*, op. cit., p. 367.

# 7

# AÍ VEM O REI!

*Universalismo e Nacionalismo: Desponta o Sentimento Nacional.
A Burguesia Sustenta o Rei.
Decadência das Grandes Corporações.
A Igreja e a Reforma.*

Se este livro fosse escrito no século X ou XI teria sido muito mais fácil para o autor. Grande parte do material aqui exposto é baseado no estudo de escritores muito antigos, frequentemente em língua estrangeira – latim, francês antigo ou moderno, alemão antigo ou moderno. O historiador medieval, porém, folheando os documentos do passado, verificaria serem todos escritos na língua que melhor conhecia – o latim. Não faria diferença nenhuma se ele morasse em Londres, Paris, Hamburgo, Amsterdã ou Roma. O latim era a língua universal dos eruditos. As crianças naquela época não estudavam inglês, alemão, holandês ou italiano. Estudavam latim. Falava-se inglês, alemão etc., mas essas línguas só mais tarde passaram a ser escritas. O monge espanhol com sua Bíblia na Espanha lia as mesmas palavras latinas que eram lidas pelos monges de um mosteiro inglês.

Nas universidades do período encontravam-se estudantes de toda a Europa ocidental conversando e estudando juntos sem a menor dificuldade. As universidades eram instituições verdadeiramente internacionais.

A religião também era universal. Quem se considerasse cristão nascia na Igreja Católica. Não havia outra. E, espontaneamente ou a contragosto, era necessário pagar impostos a essa Igreja e sujeitar-se às suas regras e regulamentos. Os serviços religiosos em Southampton muito se assemelhavam aos de Gênova. Não havia limites estatais à religião.

Muita gente pensa hoje que as crianças nascem com o instinto do patriotismo nacional. Evidentemente isso não é verdade. O patriotismo nacional vem em grande parte de se ler e ouvir falar constantemente nos grandes feitos dos heróis nacionais. As crianças do século X não encontravam em seus livros de leitura desenhos de navios de seu país afundando os de um país inimigo. Por uma razão muito simples: não havia países tais como os que conhecemos hoje.

A indústria, como o leitor se lembrará de ter lido no capítulo anterior, deixou de ser doméstica e passou à cidade. Tornou-se local, embora não fosse nacional. Para os comerciantes de Chester, na Inglaterra, as mercadorias londrinas que pudessem interferir no seu monopólio eram tão 'estrangeiras' como as procedentes de Paris. O mercador em grande escala sentia o mundo como sua província e tentava com o mesmo interesse fincar pé onde pudesse.

Mas em fins da Idade Média, no decorrer do século XV, tudo isso se modificou. Surgiram nações, as divisões nacionais se tornaram acentuadas, as literaturas nacionais fizeram seu aparecimento e regulamentações nacionais para a indústria substituíram as regulamentações locais. Passaram a existir leis nacionais, línguas nacionais e até mesmo igrejas nacionais. Os homens começaram a se considerar não como cidadãos de Madri, de Kent ou de Paris, mas como da Espanha, Inglaterra ou França. Passaram a dever fidelidade não à sua cidade ou ao senhor feudal, mas ao rei, que é o monarca de toda uma nação.

Como ocorreu essa evolução do Estado nacional? Foram muitas as razões – políticas, religiosas, sociais, econômicas. Livros inteiros foram escritos sobre esse interessante assunto. Temos espaço para examinar apenas algumas causas – principalmente econômicas.

A ascensão da classe média é um dos fatos importantes desse período que vai do século X ao século XV. Modificações nas formas de vida provocaram o crescimento dessa nova classe, e seu advento trouxe novas modificações no modo de vida da sociedade. As antigas instituições, que haviam servido a uma finalidade na velha ordem, entraram em decadência; novas instituições surgiram, tomando seu lugar. É uma lei da História.

O mais rico é quem mais se preocupa com o número de guardas que há em seu quarteirão. Os que se utilizam das estradas para enviar suas mercadorias ou dinheiro a outros lugares são os que mais reclamam proteção contra assaltos e isenção de taxas de pedágio. A confusão e a insegurança não são boas para os negócios. A classe média queria ordem e segurança.

Para quem se poderia voltar? Quem, na organização feudal, lhe podia garantir a ordem e a segurança? No passado, a proteção era proporcionada pela nobreza, pelos senhores feudais. Mas fora contra as extorsões desses mesmos senhores que as cidades haviam lutado. Eram os exércitos feudais que pilhavam, destruíam e roubavam. Os soldados dos nobres, não recebendo pagamento regular pelos seus serviços, saqueavam cidades e roubavam tudo o que podiam levar. As lutas entre os senhores guerreiros frequentemente representavam a desgraça para a população local, qualquer que fosse o vencedor. Era a presença de senhores diferentes em diferentes lugares ao longo das estradas comerciais que tornava os negócios tão difíceis. Necessitava-se de uma autoridade central, um Estado nacional. Um poder supremo que pudesse colocar em ordem o caos feudal. Os velhos senhores já não podiam preencher sua função social. Sua época passara. Era chegado o momento oportuno para um poder central forte.

Na Idade Média, a autoridade do rei existia teoricamente, mas de fato era fraca. Os grandes barões feudais eram praticamente independentes. Seu poderio tinha de ser controlado, e realmente o foi.

Os passos dados pela autoridade central para tornar-se capaz de exercer o poder nacional foram lentos e irregulares. Não se assemelharam a uma escada, com um degrau sobre outro, levando firmemente a uma direção definida, mas sim a uma estrada acidentada, com muitas curvas e brechas. O processo não levou um, dois, ou cinquenta ou cem anos. Levou séculos – mas, finalmente, tornou-se realidade.

Os senhores começaram a se enfraquecer por terem perdido grande parte de seus bens em terras e servos. Sua força havia sido desafiada e parcialmente controlada pelas cidades. E em certas regiões, em constantes guerras interiores, processava-se o extermínio mútuo.

O rei fora um aliado forte das cidades na luta contra os senhores. Tudo o que reduzisse a força dos barões fortalecia o poder real. Em recompensa pela sua ajuda, os cidadãos estavam prontos a auxiliá-lo com empréstimos em dinheiro. Isso era importante, porque com dinheiro o rei podia dispensar a ajuda militar de seus vassalos. Podia contratar e pagar um exército pronto, sempre a seu serviço, sem depender da lealdade de um senhor. Seria também um exército melhor, porque tinha uma única ocupação: lutar. Os soldados feudais não tinham preparo, nem organização regular que lhes permitisse atuar em conjunto, com harmonia. Por isso, um exército pago para combater, bem treinado e disciplinado, e sempre pronto quando dele se necessitava, constituía um grande avanço.

Além disso, o progresso técnico nas armas militares também exigia um novo tipo de exército. A pólvora e o canhão estavam começando a entrar em uso, e seu emprego eficiente demandava preparo. E ao passo que o guerreiro feudal podia levar sua armadura, não lhe seria fácil carregar canhão e pólvora.

O rei foi grato aos grupos comerciais e industriais que lhe possibilitaram contratar e pagar um exército permanente, bem equipado com as últimas armas. Repetidas vezes recorreu à nascente classe de homens de dinheiro, para empréstimos e doações. Eis aqui um exemplo, tomado ao século XIV, quando o rei da Inglaterra pediu ajuda à cidade de Londres: *"Sir Robert de Asheby, representando o rei, foi à Municipalidade de Londres e em nome do rei convocou o alcaide e os intendentes da cidade... a comparecerem perante o rei nosso senhor e o seu conselho... E o rei então fez oralmente menção das despesas que realizara em sua guerra em países além do mar, e que ainda teriam de ser feitas, e pediu-lhes um empréstimo de vinte mil libras esterlinas... Unanimemente eles se prontificaram a emprestar-lhe cinco mil marcos, soma que, segundo disseram, não poderiam ultrapassar. Ao que o rei nosso senhor rejeitou imediatamente, ordenando ao alcaide, intendentes e outros que se lembrassem do voto de lealdade que lhe deviam, e pensassem melhor sobre o assunto em questão... E embora isso fosse difícil, eles concordaram em emprestar cinco mil libras ao rei nosso senhor, o que foi por este aceito. Doze pessoas foram escolhidas e juradas para procurar todos os homens da cidade mencionada e seus subúrbios, e todos segundo sua condição, para levantar a dita soma de cinco mil libras e emprestá-la ao rei nosso senhor."*[1]

---
[1] *Memorials of London and London Life*, op. cit., pp. 208-10.

**56** | *Capítulo 7*

Não se pense nem por um minuto que os donos do dinheiro dele se apartavam com satisfação. Nada disso. Fizeram esse empréstimo, e outros, ao rei porque dele recebiam em compensação vantagens bem definidas. Assim, por exemplo, era realmente uma vantagem para o comércio ter leis, como a seguinte, aprovadas por uma autoridade central (1389): *"Determinamos que uma medida e um peso sejam aceitos em todo o reino da Inglaterra... e todo aquele que usar qualquer outro peso e medida será aprisionado por metade de um ano."*[2]

Além disso, o simples fato de se verem livres dos soldados assaltantes do pequeno barão feudal valia o dinheiro que davam. Estavam dispostos a pagar seu apoio a uma autoridade que os libertasse das exigências irritantes e da tirania de numerosos superiores feudais. No final das contas, era econômico ligar-se a um chefe forte, que podia impor leis como a seguinte, aprovada na França em 1439:

> *"Para eliminar e remediar e pôr fim aos grandes excessos e pilhagens feitas e cometidas por bandos armados, que há muito vivem e continuam vivendo do povo...*
>
> *O rei proíbe, sob pena de acusação de lesa-majestade e perda para sempre, para si e sua posteridade, de todas as honras e cargos públicos, e o confisco da sua pessoa e suas posses, a qualquer pessoa, de qualquer condição, que organize, conduza, chefie ou receba uma companhia de homens em armas sem permissão, licença e consentimento do rei...*
>
> *Sob as mesmas penalidades, o rei proíbe a todos os capitães e homens de guerra que ataquem mercadores, trabalhadores, gado ou cavalos ou bestas de carga, seja nos pastos ou em carroças, e não perturbem nem às carruagens, mercadorias e artigos que estiverem transportando, não exigindo deles resgate de qualquer forma; mas sim tolerando que trabalhem, andem de uma parte a outra e levem suas mercadorias e artigos em paz e segurança, sem nada lhes pedir, sem criar-lhes obstáculos ou perturbá-los de qualquer forma."*[3]

Anteriormente, a renda do soberano consistira em proventos oriundos de seus domínios pessoais. Não havia sistema nacional de impostos. Em 1439, na França, o rei introduziu a *taille*, imposto regular em dinheiro. No passado, como o leitor se lembrará, os serviços dos vassalos haviam sido pagos com a doação de terras. Com o crescimento da economia monetária, isso deixou de ser necessário. Os impostos podiam ser recolhidos em dinheiro, em todo o reino, por funcionários reais pagos não em terras, mas em dinheiro. Funcionários assalariados, distribuídos por todo o país, podiam realizar a tarefa de governar em nome do rei – coisa que no período feudal tinha de ser feita pela nobreza, paga em terras. A diferença era importante.

Era evidente aos soberanos que seu poder dependia das finanças. Tornava-se cada vez mais claro também que o dinheiro só fluía para as arcas reais na medida em que o comércio e a indústria prosperavam. Por isso, os reis começaram a preocupar-se com o progresso do

---

[2] *The Statutes of the Realm from Original Records and Authentic Manuscripts*, v. II, Londres, 1816, p. 63.
[3] *Ordonnances des Roys de France de la Troisième Race*, op. cit., v. XI, 1782, pp. 306-313.

comércio e da indústria. Os regulamentos das corporações, que pretendiam criar e manter um monopólio para um pequeno grupo em cada cidade, passaram a ser considerados como obstáculos à expansão daqueles dois ramos de atividade.

Em função da nação como um todo, as excessivas e contraditórias regulamentações locais teriam de ser postas de lado, terminando com isso o ciúme entre as cidades. Era ridículo, por exemplo, que "fosse necessária uma ordem do príncipe em 1443 para abrir a Feira de Couro de Frankfurt aos sapateiros de Berlim".[4] Com o crescente poder da monarquia nacional, os reis começaram a derrubar os monopólios locais, no interesse de toda a nação. Uma das disposições do reino da Inglaterra, de 1436, diz: "*Considerando que os mestres, responsáveis e membros das corporações, fraternidades e outras associações... se avocam muitos regulamentos ilegais e absurdos... cujo conhecimento, execução e correção pertencem exclusivamente ao rei... O mesmo rei nosso senhor, a conselho e com permissão dos conselheiros espirituais e temporais, e a pedido dos mencionados comuns, ordena, pela autoridade do mesmo Parlamento, que os mestres, responsáveis e membros de todas as corporações, fraternidades ou companhias... apresentem... todas as suas cartas patentes e estatutos para serem registrados perante os juízes de paz... e ainda ordena e proíbe, pela autoridade acima mencionada, que doravante tais mestres, responsáveis ou membros façam uso de regulamentos que não tenham sido primeiramente discutidos e aprovados como bons e justos pelos juízes de paz.*"[5]

Uma lei de muito maior alcance, aprovada pelo rei da França, mostra o crescente poder do monarca naquele país: "*Carlos, pela graça de Deus rei da França... depois de demorada deliberação de nosso grande conselho... ordena que em nossa dita cidade de Paris não haverá, doravante, mestres de ofício ou comunidades de qualquer tipo... Mas desejamos e ordenamos que em todo ofício serão escolhidos pelo nosso preboste... certos elementos antigos do dito ofício... e que portanto estão proibidos de realizar qualquer reunião como associação de oficiais ou outras... a menos que tenham o nosso consentimento, permissão e licença, ou consentimento de nosso preboste... sob pena de serem tratados como rebeldes e desobedientes de nós e de nossa coroa da França, e de perda de direitos e possessões.*"[6]

Não foi tarefa pequena reduzir os privilégios monopolistas de cidades poderosas. Nos países em que elas eram realmente fortes, como na Alemanha e na Itália, somente séculos depois se estabelecia uma autoridade central com poder bastante para controlar tais monopólios. É essa uma das razões pelas quais as comunidades mais poderosas e ricas da Idade Média foram as últimas a atingir a unificação necessária às novas condições econômicas. Em outros territórios, embora algumas cidades resistissem a essa limitação de seu poderio, indo ao ponto de lutarem, o ciúme e o ódio impediram que se unissem contra as forças na-

---
[4] G. Schmoller, *The Mercantile System and Its Historical Significance*. The Macmillan Company, Nova York, 1910, p. 22.
[5] *Statutes of the Realm*, op. cit., v. II, pp. 298-9.
[6] *Documents Relatifs à l'Histoire de l'Industrie et du Commerce en France*, v. II, pp. 123-124. Publicados por M. G. Faignez, Picard, Paris, 1898 e 1900.

cionais reunidas – e, felizmente para elas, foram derrotadas. Na Inglaterra, França, Holanda e Espanha, o Estado substituiu a cidade como unidade de vida econômica.

É certo que muitas cidades e corporações tentaram com empenho conservar seus privilégios exclusivistas. Quando o conseguiram, foi sob a supervisão da autoridade real. O Estado nacional predominava porque as vantagens oferecidas por um governo central forte, e por um campo mais amplo de atividades econômicas, eram do interesse da classe média como um todo. Os reis sustentavam-se com o dinheiro recolhido da burguesia, e dependiam, cada vez mais, de seu conselho e ajuda no governo de seus crescentes reinos. Os juízes, ministros e funcionários vinham, em geral, dessa classe. Na França do século XV, Jacques Coeur, banqueiro de Lyon e um dos homens mais ricos da época, tornou-se conselheiro real. Na Inglaterra dos Tudor, Thomas Cromwell, advogado, e Thomas Gresham, merceeiro, chegaram a ministros da Coroa. "*Um pacto tácito foi concluído entre ela [a realeza] e a burguesia manufatureira de empreendedores e empregadores. Colocavam a serviço do Estado monárquico sua influência política e social, os recursos de sua inteligência e sua riqueza. Em troca, o Estado multiplicava seus privilégios econômicos e sociais. Subordinava a ela os trabalhadores comuns, mantidos nessa posição e obrigados a uma obediência rigorosa.*"[7]

Era um exemplo perfeito do provérbio "Uma mão lava a outra".

Um interessante sinal dos tempos, na Inglaterra, foi o afastamento dos venezianos e dos mercadores alemães da Liga Hanseática, que tinha uma "estação" em Londres. Os estrangeiros haviam sempre controlado a importação e a exportação do país. Haviam comprado a vários reis, sucessivamente, seus lucrativos privilégios comerciais. Mas nos séculos XV e XVI os comerciantes ingleses começaram a levantar a cabeça. O grupo denominado Mercadores Aventureiros, principalmente, era uma associação particularmente ativa, que desejava arrancar das mãos dos estrangeiros esse comércio proveitoso. A princípio não realizaram grandes progressos, porque o rei queria dinheiro em troca de concessões, e porque medidas drásticas poderiam provocar problemas com outros governos. Mas os Mercadores Aventureiros ingleses insistiram, e em 1534 os venezianos perderam seus privilégios, e seis anos mais tarde a Liga Hanseática reclamava ao rei: "*Muito embora a concessão tivesse sido feita há muito tempo aos mercadores da Liga Hanseática, e essa mesma concessão tivesse sido renovada e permitida por Vossa Excelsa Majestade, para que nenhuma forma de imposto, pensão ou pagamento indevido seja cobrado das pessoas, mercadorias ou produtos dos ditos mercadores, não obstante tudo isso, a favor dos pisoeiros e tosquiadores de Londres adotaram-se medidas tais que nenhum mercador da Hanseática ousará embarcar ou retirar do reino da Inglaterra quaisquer roupas, tecidas ou não, sob pena de perda das mesmas.*"[8]

Como a Liga Hanseática levasse a lã inglesa para ser transformada em roupas em Flandres e na Alemanha, a florescente indústria de roupas inglesa apoiou os Mercadores Aventureiros. Lutando unidos (com a ajuda de Gresham, merceeiro, em boa hora colocado como ministro da Coroa), ganharam a parada. Os privilégios da Hanseática Alemã foram

---

[7]P. Boissonnade, *Le Socialisme d'État (1453-1661)*. Champion, Paris, 1927, pp. 9-10.
[8]*Tudor Economic Documents*, op. cit., v. II, p. 31.

gradualmente reduzidos, e em 1597 a sede londrina da antes poderosa Hansa foi finalmente fechada.

Os camponeses que desejavam cultivar seus campos, os artesãos que pretendiam praticar seu ofício e os mercadores que ambicionavam realizar seu comércio – pacificamente – saudaram essa formação de um governo central forte, bastante poderoso para substituir os numerosos regulamentos locais por um regulamento único e transformar a desunião em unidade. Entre as causas que contribuíram para essa união está o sentimento de nacionalidade então surgido. Isso se evidencia na vida, luta e morte de Joana d'Arc. Na França os senhores feudais eram particularmente fortes, e durante a Guerra dos Cem Anos com a Inglaterra o mais poderoso, o duque de Borgonha, aliou-se aos ingleses e impôs várias derrotas sérias ao rei francês. Joana, que desejava ver a Borgonha como parte da França, escreveu ao duque: *"Joana, a Donzela, deseja que estabeleçais... longa, boa e segura paz com o rei de França... em toda a humildade vos peço, imploro e exorto a que não façais mais guerras no sagrado reino de França."*[9]

Foi inspirando ao exército francês entusiasmo e confiança, e uma crença no sentimento de serem todos *franceses*, tornando a causa do rei a causa de todos os *franceses*, que Joana prestou serviço à sua pátria, incitando muitos a serem tão fanáticos pela causa da França quanto ela. O soldado a serviço do senhor feudal que ouvisse Joana afirmar que *"nunca vi correr sangue francês, mas meu cabelo se eriça de horror"*,[10] podia ver além do seu senhor e pensar em sua fidelidade à França, ao "meu país". Assim, o localismo foi suplantado pelo nacionalismo, e teve início a era de um soberano poderoso à frente de um reino unido.

Bernard Shaw, em sua *Santa Joana*, excelente peça sobre a donzela, tem um trecho importante sobre os efeitos desse nascente espírito de nacionalismo. Um clérigo e um senhor feudal ingleses estão discutindo as habilidades militares de um senhor francês:

*"– O Capelão: Ele é apenas um francês, meu senhor.*
*– O Nobre: Um francês! Onde arranjou você essa expressão? Então esses borgonheses, bretões, picardos e gascões começam a se intitular franceses, tal como nossos companheiros estão começando a se chamar ingleses? Falam da França e da Inglaterra como de seus países. Imagine, país deles! Que vai ser de nós, se essas ideias se generalizarem?*
*– O Capelão: Por que, senhor? Poderá isso nos prejudicar?*
*– O Nobre: O homem não pode servir a dois senhores. Se essa ideia de servir ao país tomar conta do povo, adeus autoridade dos senhores feudais, e adeus autoridade da Igreja."*[11]

Esse nobre de visão ampla estava, evidentemente, certo. O único rival poderoso que o soberano tinha pela frente era a Igreja, e seria inevitável o choque dos dois. Para os monarcas nacionais, não havia possibilidade de dois chefes de um mesmo Estado. E o poder de que dispunha o papa tornava-o muito mais perigoso do que qualquer senhor feudal.

---
[9]Lang, *The Maid of France*. Longmans, Green & Co., Londres, 1929, p. 165.
[10]Ibid., p. 110.
[11]G. B. Shaw, *Santa Joana*, cena 4.

## Capítulo 7

O papa e o rei brigaram várias vezes. Houve, por exemplo, a questão de saber quem teria o direito de nomear bispos e abades quando ocorresse uma vaga. Isso tinha grande importância, porque tais cargos eram compensadores – o dinheiro vinha, naturalmente, da grande massa popular que pagava tributos à Igreja. Era muito dinheiro, e tanto o rei como o papa desejavam que fosse parar nas mãos de amigos. Os reis, evidentemente, lançavam olhares cobiçosos sobre esses cargos rendosos – e disputavam aos papas o direito de fazer tais indicações.

A Igreja era tremendamente rica. Calcula-se que possuía entre um terço e metade de toda a terra – e, não obstante, recusava-se a pagar impostos ao governo nacional. Os reis necessitavam de dinheiro, parecia-lhes que a fortuna da Igreja, já então enorme e aumentando sempre, devia ser taxada para ajudar a pagar as despesas da administração do Estado.

Outra razão de luta foi o fato de que certos casos eram julgados nos tribunais religiosos, e não nos tribunais normais. Frequentemente, a decisão da Igreja era contrária à decisão do rei. Outro ponto importante era saber a quem cabia o dinheiro de multas e de suborno: à Igreja ou ao Estado?

Houve também a dificuldade provocada pelo direito que o papa se arrogava de poder interferir até mesmo nos assuntos internos de um país. A Igreja era, com isso, um rival político do soberano.

Existia, portanto, um poder supernacional dividindo a fidelidade dos súditos do rei, e fabulosamente rico em terras e dinheiro; as rendas dessas propriedades, em vez de serem encaminhadas ao tesouro real, deixavam o país como pertencentes a Roma. O rei não estava só nessa resistência à Igreja. O Papa Bonifácio VIII escrevia em 1296: *"Que o laicato seja amargamente hostil ao clero é questão de tradição antiga, plenamente confirmada pela experiência dos tempos modernos."*[12]

Os muitos abusos da Igreja não podiam passar despercebidos. A diferença entre seus ensinamentos e seus atos era bastante grande, e até os mais broncos podiam percebê-la. A concentração do dinheiro obtido por todos os métodos, quaisquer que fossem, era comum. Enéias Sílvio, mais tarde papa Pio II, escreveu: "Nada se consegue em Roma sem dinheiro."[13] E Pierre Berchoire, que viveu na época de Chaucer, escreveu também: *"Não é com os pobres que o dinheiro da Igreja é gasto, mas com os sobrinhos favoritos e os parentes dos padres."*[14]

Uma canção do século XIV mostra o sentimento popular em relação a todos os tipos de sacerdotes, de alto a baixo:

*Seu santo ofício trair vejo o papa*
*Pois enquanto os ricos suas bênçãos sempre têm*
*seus favores os pobres nunca veem*
*Toda riqueza que puder juntar, a isso se aplica*

---

[12]G. G. Coulton, Encyclopaedia Britannica, v. XIX, p. 34 (14. ed.). Artigo sobre a Reforma.
[13]Idem.
[14]Idem.

*O povo de Cristo deve obedecer, se certifica*
*Para que em vestes suntuosas se apresente.*
*E assim age cada honrado cardeal*
*Da aurora ao pôr do sol*
*Tudo que faz é maquinar os meios*
*Para ver concretizar seus cúpidos anseios.*
*Nossos bispos não cometem pecado diferente*
*Sacrificar a pele de seus padres lhes é insuficiente*
*Se desejarem fartura de fato e aparente*
*Em troca de ouro seu selo episcopal apõem*
*Em qualquer documento, não importa o que contém.*
*Deus é o único que pode dar fim a essa roubalheira*
*Pois para tantos padres e servos da igreja*
*Há também muitos cuja obra e vida*
*Dos sagrados ensinamentos são uma mentira desmedida*
*Deseducados ou refinados, estão sempre voltados*
*A tornar cada sacramento algo traficado*
*Nem a santa eucaristia é poupada*
*Monges e frades dão grande mostra*
*Da austeridade da regra que lhes é imposta*
*Mas essa é a mais vã das aparências*
*Na verdade, duas vezes eles pecam,*
*em sua origem, quando seu voto quebram*
*E fazer cena falsa de pureza e abstinências...*[15]

Os muitos escândalos e abusos da Igreja eram públicos e notórios muitos séculos antes que Martinho Lutero pregasse as suas *Noventa e cinco teses* à porta da Igreja, em Wittenberg, em 1517. Houve reformadores religiosos antes da Reforma protestante. Por que, então, a separação da Igreja Católica ocidental e o estabelecimento de igrejas nacionais, em lugar da Igreja universal única, ocorreram nesse momento, e não antes?

Os primeiros reformadores religiosos, ao contrário de Lutero, Calvino e Knox, cometeram o erro de tentar reformar mais do que a religião. Wycliffe fora, na Inglaterra, o

---

[15] J. H. Robinson, op. cit., v. I, pp. 375-77. (I see the pope his sacred trust betray / For while the rich his grace can gain alway, / His favours from the poor are aye withholden. / He strives to gather wealth as best he may, / Forcing Christ's people blindly to obey, / So that he may repose in garments golden ... / No better is each honoured cardinal. / From early morning's dawn to evening's fall / Their time is passed in eagerly contriving / To drive some bargain foul with each and all... / Our bishops, too, are plunged in similar sin, / For pitilessly they flay the very skin / From all their priests who chance to have fat livings. / For gold their seal official you can win. / To any writ, no matter what's therein. / Sure God alone can make them stop their thievings... / Then as for all the priests and minor clerks, / There are, God knows, too many of them whose works / And daily life belie their daily teaching... / For, learned or ignorant, they're ever bent / To make a traffic of each sacrament / The mass's holy sacrifica included... / Tis true lhe monks and friars make ample show / Of rules austere which they all undergo, / But this vainest is of all pretences. / In sooth, they full twice as wel we know, / As e'er they did at home, desquite their vow / And all their mock parade of abstinences...)

líder espiritual da Revolta Camponesa, e Hus, na Boêmia, não só protestara contra Roma, como também inspirara um movimento camponês de caráter comunista, ameaçando o poder e os privilégios da nobreza. Isso significava, decerto, que tais movimentos foram combatidos não só pela Igreja, mas também pelas autoridades seculares e, portanto, foram esmagados. Lutero e os reformadores que o seguiram não comprometeram o apoio da classe dominante pregando doutrinas perigosas de igualdade. Lutero não era um radical. Não comprometeu sua oportunidade de êxito colocando-se ao lado dos oprimidos. Pelo contrário, quando, pouco depois de iniciada sua reforma, irrompeu na Alemanha uma revolta generalizada de camponeses, em parte sob a influência de seus ensinamentos, ele ajudou a sufocá-la. Esse rebelde da Igreja podia dizer: *"Estarei sempre ao lado dos que condenam a rebelião e contra os que a provocam."*[16] Esse reformador tão indignado contra os órgãos governamentais da Igreja escreveu: *"Deus prefere que existam os governos, por piores que sejam, do que permitir à ralé que se amotine, por mais razão que tenha."*[17] Enquanto os camponeses revoltados de 1525 gritavam: "Cristo fez livres todos os homens", Lutero estimulava os nobres a aniquilá-los com estas palavras: *"Aquele que mata um rebelde... faz o que é certo... Portanto, todos os que puderem devem punir, estrangular ou apunhalar, secreta ou publicamente... Os que perecerem nessa luta devem realmente ser considerados felizes, pois nenhuma morte mais nobre poderia ocorrer a ninguém."*[18]

Uma das razões, portanto, do êxito de Lutero foi não cometer o engano de tentar derrubar os privilegiados. Outra razão importante para o advento da Reforma naquele preciso momento está no fato de que Lutero, Calvino e Knox apelavam para o espírito nacionalista de seus adeptos, num período em que esse sentimento crescia. Como a oposição religiosa a Roma coincidia com os interesses do nascente Estado nacional, tinha possibilidades de êxito.

Naquela época, quando a luta do Estado nacional contra a autoridade papal se estava tornando cada vez mais aguda, o *Manifesto à nobreza alemã* de Lutero encerrava este conselho caro aos príncipes: *"Porquanto o poder temporal foi concedido por Deus para a punição dos maus e a proteção dos bons, devemos permitir que ele cumpra seu dever em toda a cristandade, sem respeito a pessoas, quer atinja papas, bispos, padres, monges, freiras ou quem quer que seja."*[19] Parte desse dever, sugere astutamente, é acabar com o controle pelos estrangeiros, e – insinua – tomar os tesouros e terras da Igreja. Esse último ponto é importante. *"Acredita-se que mais de trezentos mil florins são enviados da Alemanha a Roma todo ano, sem qualquer razão... Há muito os imperadores e príncipes da Alemanha permitiram ao papa recolher **annates** de todos os feudos alemães, ou seja, a metade da renda do primeiro ano de todos os feudos... e como os **annates** estão sofrendo vergonhosos abusos... eles [os príncipes] não devem permitir que suas terras e seu povo sejam tão lamentável e injustamente despojados e arruinados: por meio de uma lei imperial ou nacional, devem conservar no país os **annates**, ou aboli-los totalmente."*[20]

---

[16] J. S. Shapiro, *Social Reform and the Reformation*. Columbia University Press, 1909, p. 78.
[17] Ibid., p. 80.
[18] Ibid., pp. 85-6.
[19] Lutero, *Manifesto à nobreza alemã*.
[20] Idem.

Diga-se a um grupo de pessoas que não só têm o direito como o dever de expulsar o estrangeiro poderoso que vem desafiando sua autoridade, em seu próprio país; acene-se para tal grupo a enorme riqueza do estrangeiro como prêmio a ser colhido quando ele for expulso – e certamente haverá fogo. A Igreja teria perdido seu poder mesmo que a Reforma protestante não tivesse ocorrido. De fato, a Igreja já havia perdido esse poder, pois sua utilidade se reduzia. Antes era bastante forte para propiciar à sociedade um certo alívio das guerras feudais, impondo a Trégua de Deus; agora o rei estava em melhores condições para sustar essas pequenas guerras. Antes a Igreja tinha controle total da educação; agora, surgiam escolas independentes fundadas por mercadores que haviam prosperado. Antes o direito da Igreja fora supremo; agora o velho direito romano, mais adequado à necessidade de uma sociedade comercial, fora ressuscitado; antes a Igreja era a única que dispunha de homens cultos, capazes de conduzir os negócios do Estado; agora o soberano podia confiar numa nova classe de pessoas treinadas no movimento comercial e conscientes das necessidades do comércio e da indústria do país.[21]

Esse novo grupo, a nascente burguesia, sentia que havia um obstáculo no caminho do seu desenvolvimento: o ultrapassado sistema feudal. Ela compreendia que seu progresso estava bloqueado pela Igreja Católica, que era a fortaleza de tal sistema. A Igreja defendia a ordem feudal, e foi em si mesma uma parte poderosa da estrutura do feudalismo. Era dona, como senhor feudal, de cerca de um terço da terra, e sugava ao país grande parte de suas riquezas. Antes que a burguesia pudesse apagar o feudalismo em cada país, tinha de atacar a organização central – a Igreja. E foi o que fez.[22]

A luta tomou um disfarce religioso. Foi denominada Reforma protestante. Em essência, constituiu a primeira batalha decisiva da nova classe contra o feudalismo.

---

[21] Cf. W. Cunningham, *Western Civilisation in Its Economic Aspects (Medieval and Modern Times)*. Cambridge University Press, 1913.
[22] Cf. Engels, *Socialismo de utopia a ciência*.

# 8

# "HOMEM RICO..."

*A Desvalorização da Moeda pelos Reis.*
*Acumulação de Ouro e Prata.*
*As Grandes Viagens e Descobertas.*
*A Revolução Comercial. Os Grandes Banqueiros.*

Quando o presidente dos Estados Unidos, às três e dez da tarde de 31 de janeiro de 1934, assinou uma proclamação decretando que o número de grãos de ouro num dólar fosse reduzido de 25 8/10 para 15 5/21, estava seguindo um velho costume espanhol. Era também um velho costume inglês, francês e alemão. A desvalorização da moeda é um recurso que tem séculos de idade. Os reis da Idade Média que desejavam ter o dom de Midas, de transformar tudo em ouro, recorriam à desvalorização da moeda como substitutivo adequado para conseguir dinheiro.

Quando o presidente Roosevelt reduziu a percentagem de ouro do dólar, seu objetivo primordial foi o de elevar os preços. O fato de que essa redução tivesse dado ao Tesouro dos Estados Unidos um lucro de cerca de 2 bilhões e 150 milhões de dólares foi apenas incidental. Para os reis da Idade Média, porém, o objetivo principal era o lucro. Não queriam elevar os preços, mas estes se elevavam assim mesmo, devido à desvalorização.

O que significa a desvalorização da moeda, e como provoca lucro imediato para o soberano e aumento dos níveis de preço?

A desvalorização significa simplesmente menor quantidade de ouro ou prata nas moedas. Quando o rei determinava que a prata antes empregada em uma moeda fosse dividida por duas, com o acréscimo de um metal de base ou sem valor, tinha duas moedas em vez de uma. Nominalmente, o valor era o mesmo. A moeda continuava a ser chamada coroa, libra, mas na prática seu valor era de apenas a metade do valor anterior. Ora, se doze ovos são trocados habitualmente por um pedaço de pão, não devemos esperar continuar a receber um pedaço do mesmo tamanho, se oferecermos apenas seis ovos – mesmo que chamemos a essa meia dúzia de dúzia inteira. Da mesma forma, não seria possível continuar recebendo pelo dinheiro desvalorizado o mesmo que se recebia antes pelo dinheiro mais forte. A prata nele contida era menor, portanto o pedaço de pão dado em troca teria de ser menor também. O valor das moedas em circulação dependia do valor de seu conteúdo metálico, e assim, quanto menos ouro ou prata houvesse numa moeda, tanto menor o seu valor, apesar de continuar a ter o mesmo nome. Dizer que a moeda vale menos é dizer simplesmente que ela compra menos coisas. Em outras palavras, os preços sobem.

Tudo que os reis viam, porém, era o lucro imediato que lhes advinha da desvalorização da moeda. A verdade, entretanto, é que quando o dinheiro muda de valor o comércio é afetado; quando os preços se elevam, os pobres e os que têm renda fixa são prejudicados – isso podia ter pouca importância para o rei, mas era fundamental para alguns de seus súditos. A maioria das pessoas, frequentemente até mesmo o rei, não via essa ligação entre a desvalorização da moeda e a elevação dos preços. Mas houve quem visse. Depois de 17 modificações no valor das moedas de prata, na França, no período de também 17 meses – outubro de 1358 a março de 1360 – escrevia um parisiense: *"Em consequência da taxa excessiva das moedas de ouro e prata, mercadorias, alimentos e outros artigos de que todos necessitam para consumo tornaram-se tão caros que as pessoas comuns não têm como viver."*[1]

Nicholas Oresme, bispo de Lisieux em 1377, escreveu um livro famoso sobre o dinheiro, mostrando que a desvalorização da moeda – fonte de lucro temporário para o rei – de certa forma era um roubo ao povo: *"as medidas do trigo, vinho e outras coisas menos importantes são frequentemente marcadas com selo público do rei, e se alguém as fraudar é considerado como falsificador infame. Da mesma forma, as inscrições colocadas numa moeda indicam a exatidão de seu peso e qualidade. Quem, portanto, terá confiança num príncipe que diminua o peso ou a qualidade do dinheiro que tem seu próprio selo?... Há três modos, na minha opinião, pelos quais é possível obter lucros com dinheiro, além de seu uso natural. O primeiro é a arte da troca, a guarda ou movimentação do dinheiro; o segundo é a usura; e o terceiro é a alteração do dinheiro. O primeiro é vil, o segundo é mau e o terceiro é pior ainda."*[2]

Richard Cantillon, cidadão inglês, escrevendo quase 400 anos depois, resumiu claramente o efeito que tem sobre os preços a desvalorização da moeda: *"A história de todos os tempos mostra que, quando os príncipes desvalorizaram seu dinheiro, conservando-lhe porém o valor nominal, todas as matérias-primas e produtos manufaturados tiveram seus preços aumentados proporcionalmente ao menor valor da moeda."*[3]

O leitor provavelmente conhece o nome de Copérnico como sendo o grande cientista que primeiro formulou, em 1530, a teoria de que a Terra gira em torno do Sol. Mas Copérnico foi também um estudioso das questões do dinheiro. Advogava a modificação do sistema monetário do seu país, a Polônia. Percebia que muitas moedas diferentes constituíam um obstáculo ao comércio, e por isso defendia a adoção de um sistema monetário unificado, em vez de se permitir que qualquer baronete fundisse suas próprias moedas. E,

---

[1] F. Levasseur, *Histoire des Classes Ouvrières et de l'Industrie en France avant 1789*, v. 1, p. 685. Rousseau, Paris, 1900/1901.
[2] Monroe, pp. 92, 95.
[3] Cantillon, *Essai sur la Nature du Commerce en Général*, 1755.

acima de tudo, defendia a estabilização do dinheiro: *"Por inúmeras que sejam as desgraças que habitualmente levam à decadência os reinados, principados e repúblicas, as quatro principais são, na minha opinião, as lutas, as pestes, a terra estéril e a deterioração do dinheiro."*[4]

Algumas das principais razões da oposição desses estudiosos à desvalorização do dinheiro foram assim resumidas por Oresme: *"É escandaloso e desonroso para um príncipe permitir que o dinheiro do seu reino não tenha valor fixo, flutuando dia a dia... Em consequência dessas alterações, as pessoas ficam frequentemente sem saber quanto vale uma moeda de ouro ou prata, de forma que têm de discutir tanto sobre o seu dinheiro como sobre os seus salários, o que é contrário à natureza. E o que devia ser tido como certo se torna incerto e confuso. O total de ouro e prata de um reino decresce em consequência de tais alterações e reduções e, apesar das precauções, são levados para lugares onde têm maior valor... Assim, a oferta do material para o dinheiro decresce nos países em que a desvalorização é praticada... Em consequência das alterações e reduções deixam de vir dos países estrangeiros boas mercadorias para os países onde sabem que o dinheiro é mau. Além disso, no próprio país onde essas modificações ocorrem o intercâmbio de mercadorias é de tal forma perturbado que mercadores e artesãos não sabem como negociar entre si."*[5]

Os conselheiros do rei muito se preocupavam com os efeitos da desvalorização da moeda. Desejavam o desenvolvimento do comércio e não queriam que o suprimento já inadequado do metal se reduzisse ainda mais através da exportação do ouro e prata a outros países, por mercadores e banqueiros. Enquanto o pobre é geralmente vítima das flutuações nos preços, porque está sempre tão atarefado em seu trabalho que não tem tempo ou meios de se proteger, os entendidos, os negociadores de dinheiro, cuidam de sua riqueza e até mesmo lucram nessas ocasiões. Em alguns países elaboraram-se frequentemente leis de proibição à exportação do ouro e prata, tão necessários eram, na época, ao desenvolvimento do comércio. Em 1477 instituiu-se a seguinte lei na Inglaterra: *"E considerando o estatuto elaborado no ano segundo de... o falecido rei Henrique VI, ordena-se, entre outras coisas, que nem ouro nem prata sejam transportados para fora deste reino... Contrariando esse estatuto e lei, e diversas outras leis sobre o mesmo... dinheiro de ouro e prata, as vasilhas e bandejas de ouro e prata desta terra, que como mercadorias são levadas para fora deste reino, para grande empobrecimento do dito reino, e até a destruição final do Tesouro do mesmo reino, se pronto remédio não for adotado: Ordena-se, pela autoridade acima mencionada, que nenhuma pessoa leve ou faça levar para fora deste reino... qualquer forma de dinheiro da moeda deste reino, nem da moeda de qualquer outro reino, terra ou senhoria, nem qualquer bandeja, vasilha, barra ou joia de ouro... ou prata, sem a licença do rei."*[6]

Os reis não só tentaram, por todos os meios, reter todo ouro e prata existentes no país, mas também aumentar sua quantidade, concedendo privilégios especiais aos mineiros: *"Todo e qualquer mineiro, mestre ou operário, que trabalhe continuamente nas minas já*

---

[4] *Traité de la Première Invention des Monnaies* de Nicholas Oresme e *Traité de la Monnaie* de Copérnico, publicados e anotados por M. L. Wolowski, p. 49. Guillaumin, Paris, 1864.
[5] Monroe, op. cit., pp. 97-98.
[6] *Statutes of the Realm*, op. cit., v. III, p. 454.

*abertas ou para abrir ainda em nosso reino... tem nossa permissão, à sua própria custa, e não de outro modo, de abrir minas e nelas trabalhar livremente, sem impostos, e ninguém o perturbará, molestará ou intervirá em seus assuntos, em qualquer hipótese, nem os senhores espirituais ou temporais, nem mercadores, nem nossos próprios funcionários, que dizem ter direitos nas mencionadas minas."*[7]

Nessa época, quando o ouro e a prata eram tão necessários à expansão do comércio, essa mesma expansão levou à descoberta de grandes jazidas desses metais que, por sua vez, conduziram a uma expansão ainda maior do comércio. Hoje, com a nossa perspectiva de 400 anos, podemos apreciar o valor exato da descoberta de Colombo; mas, para o povo do século XV, Colombo, que não tivera êxito em sua viagem às Índias, representava um fracasso. Foi somente no século XVI, com o afluxo da prata das minas do México e do Peru para a Espanha, que se deu a essa descoberta o devido valor.

Se as mercadorias forem transportadas por milhares de quilômetros através de montanhas e desertos, sobre camelos, cavalos e mulas; se em parte do caminho forem carregadas nas costas de homens; se ao longo de toda a rota houver perigo constante de ataque de tribos cruéis; se pela via marítima houver perigo das tempestades destruidoras e dos piratas assassinos; se aqui e ali, por qualquer via, os diferentes governos exigirem elevados impostos de portagem; se no último porto a tocar as mercadorias forem vendidas a um grupo de mercadores que tenham o monopólio do comércio naquele terminal e, assim, possam acrescer de um proveitoso lucro o já então elevado preço – claro está que o custo dessas mercadorias será exorbitante. E foi o que aconteceu às mercadorias muito procuradas do Oriente, no século XV. Quando as especiarias orientais, pedras preciosas, drogas, perfumes e peles chegavam a esses portos, onde os barcos venezianos os aguardavam para embarque, já custavam um dinheirão; depois que os venezianos as revendiam aos mercadores das cidades do sul da Alemanha, que eram os principais distribuidores através da Europa, seus preços alcançavam cifras astronômicas.

Mercadores de outros países não se conformavam em ver os lucros enormes do comércio com o Oriente ficarem apenas nas mãos dos venezianos – desejavam deles participar. Sabiam que podiam ganhar muito dinheiro com as mercadorias orientais, mas não conseguiam romper o monopólio de Veneza. O Mediterrâneo oriental era um lago veneziano, e nada havia que pudessem fazer contra – não ali.

Mas podiam tentar atingir as Índias por outra rota não controlada por Veneza. Agora que a bússola, a princípio usada pelos marinheiros italianos, no século XII, fora montada na rosa dos ventos; agora que se tornara possível determinar a latitude pelo uso do astrolábio; agora que os marujos italianos haviam começado a traçar cartas com base em observações locais, em vez de contar apenas com as feitas na imaginação ou fundamentadas em boatos; agora finalmente não era mais necessário seguir nas proximidades da costa. Talvez, se os homens fossem bastante ousados, poder-se-ia encontrar um novo caminho para o Oriente, o guardião do tesouro em especiarias, ouro e pedras preciosas.

---

[7] *Recueil Générall*, op. cit., v. XII, parte I, pp. 179-183.

Navios se fizeram mar adentro, bravamente, em todas as direções. A viagem de Colombo rumo ao Ocidente foi apenas uma do sem-número de viagens semelhantes que se empreenderam. Outros marinheiros ousados desviaram sua rota em direção norte, ao mar Ártico, na esperança de ali encontrar uma via. Outros ainda se fizeram ao mar pelo sul, ao longo da costa da África. Finalmente, em 1497, Vasco da Gama, por essa rota do sul, circunavegou o continente africano, e em 1498 ancorou no porto de Calecute, Índia. Descobrira-se o caminho marítimo para as Índias.

Significava esse acontecimento que a busca nas demais direções fora paralisada? Nem por sombra. Colombo tentou muitas vezes – fez outras viagens, num esforço para ultrapassar a barreira em que se constituíra o continente americano. Outros, pela via ocidental, se defrontaram com a mesma barreira, navegavam rumo norte, ainda outros navegavam rumo sul, procurando... procurando... E muitos anos depois, em 1609, Henry Hudson ainda procurava um caminho para o Oriente.

E agiam muito bem. Havia muito dinheiro – enorme quantidade – numa rota para o Oriente. Na primeira viagem de Vasco da Gama à Índia os lucros atingiram 6.000%! Pouco surpreende que os outros navios tenham empreendido a mesma perigosa e lucrativa viagem. O comércio se intensificou aos saltos. Se Veneza comprava 420 mil libras de pimenta por ano ao sultão do Egito, agora um único navio, em sua viagem de regresso a Portugal, transportava um carregamento de 200 mil libras! Não mais importava que a antiga rota para o Oriente tivesse sido conquistada pelos turcos; não mais importava que os venezianos cobrassem preços exorbitantes; o caminho para o Oriente, via cabo da Boa Esperança, tornou os mercadores independentes da benevolência com que os turcos os tratavam e rompeu o monopólio veneziano.

Modificou-se, então, a direção das correntes de comércio. Se anteriormente a posição geográfica de Veneza e das cidades do sul da Alemanha lhes proporcionava vantagens sobre os demais países situados mais a oeste, agora eram esses países da costa atlântica que contavam com vantagens. Veneza e as cidades que a ela se ligavam comercialmente passam, então, a ficar fora da principal via de comércio. O que antes constituía a estrada principal agora não é senão um atalho. O Atlântico tornou-se a nova rota mais importante, e Portugal, Espanha, Holanda, Inglaterra e França elevaram-se a potências comerciais.

Por boas razões é este período da História chamado "Revolução Comercial". O comércio que, como já vimos, crescia paulatinamente, passou a dar passos gigantescos. Não só o velho mundo da Europa e as regiões da Ásia se abriram aos comerciantes empreendedores, mas também os novos mundos da América e África. Não mais se limitava o comércio aos rios e mares bloqueados por terras, como o Mediterrâneo e o Báltico. Se anteriormente a expressão "comércio internacional" queria apenas dizer comércio europeu com uma parte da Ásia, agora a expressão se aplicava a uma área muito mais extensa, abrangendo quatro continentes, tendo rotas marítimas como estradas. As descobertas iniciaram um período de expansão sem par em toda a vida econômica da Europa ocidental. A expansão dos mercados constituiu sempre um dos incentivos mais fortes à atividade econômica. A expansão dos mercados, nessa época, foi maior do que nunca. Novas regiões com as quais comerciar, novos mercados para os produtos de todos os países, novas mercadorias a trazer de volta

70 | *Capítulo 8*

– tudo apresentava um caráter de contaminação e estímulo e anunciou um período de intensa atividade comercial, de descobertas posteriores, exploração e expansão.

Formaram-se companhias de mercadores a fim de aproveitar as perigosas mas emocionantes – e altamente lucrativas – oportunidades. Basta conhecer o nome de uma das primitivas e mais famosas das novas companhias: "Mistério e Companhia dos Aventureiros Mercadores para a descoberta de regiões, domínios, ilhas e lugares desconhecidos." Ora, isso por si só dá o que pensar. Mas tal nome não conta nem mesmo a metade da história. Porque, uma vez realizada a "descoberta", era necessário erguer fortalezas, estabelecer guarnições de homens no 'posto', efetuar acordos com os nativos, levar a cabo o comércio, descobrir métodos de manter afastados os estranhos, isso para não falar dos preparativos longos e dispendiosos, como comprar ou construir navios, engajar tripulações e fornecer alimentação e equipamento durante as jornadas incertas e perigosas.

Tudo isso custava dinheiro – e muito dinheiro. Custava muito mais dinheiro do que era possível alguém, sozinho, ter ou desejar arriscá-lo em tão perigosa aventura.

A organização tradicional das associações que se haviam criado para negociar com as velhas rotas de comércio não se adaptava às novas condições. O comércio a uma distância considerável, em terras desconhecidas, com povos estranhos e sob condições pouco familiares requeria um novo tipo de associação – e, como sempre acontece, surgiu esse novo tipo, para atender às necessidades.

O que uma, ou duas, ou três pessoas, separadamente, não podiam realizar, muitas, unidas num único órgão, agindo como um todo, sob uma única direção, podiam. A sociedade por ações foi a resposta dada pelos mercadores nos séculos XVI e XVII ao problema que era levantar os enormes capitais necessários a tão vastos empreendimentos como o comércio com a América, África e Ásia. A primeira sociedade por ações inglesa foi a dos Aventureiros Mercadores. Contava com 240 acionistas que entraram, cada um, com 25 libras – soma de certa importância, na época. Era pela venda de ações a muitas pessoas que se mobilizava o considerável capital necessário às grandes expedições comerciais, marítimas e colonizadoras. Essas companhias por ações foram as precursoras de nossas grandes empresas de hoje. Então, como agora, qualquer pessoa – com capital – podia tornar-se sócia de uma sociedade anônima, comprando ações. Mesmo as expedições de corsários foram organizadas em bases de sociedade por ações. Em uma das expedições de Drake contra os espanhóis, a própria rainha Elisabete possuía ações, em troca do empréstimo de alguns navios. Os lucros, apenas nessa expedição, se elevaram a 4.700%, dos quais a boa rainha Bess recebeu cerca de 250 mil libras, como sua cota![8]

Que a participação secreta da rainha nessas expedições de pilhagem não era assim tão secreta demonstrara-o uma carta de Fugger, de Sevilha, datada de 7 de dezembro de 1569: *"E a parte mais aborrecida deste caso está em que esse Hawkins não poderia aprontar uma frota tão numerosa e bem equipada sem o auxílio e consentimento secreto da rainha. Isso contraria*

---

[8] Cf. W. R. Scott, *The Constitution and Finance of English, Scottish and Irish Joint Stock Companies*, 3 v., v. I, p. 81. Cambridge, 1910-1912.

*o acordo para o qual o rei enviou um emissário especial à rainha da Inglaterra. É natureza e costume dessa nação faltar ao prometido, e assim a rainha finge que tudo foi feito sem seu conhecimento e desejo."*[9]

Os nomes de algumas dessas companhias organizadas nos séculos XVI e XVII mostram onde realizaram suas empresas de comércio ou de colonização, ou ambas. Havia sete companhias das "Índias Orientais", sendo as mais famosas a britânica e a holandesa; havia quatro companhias das "Índias Ocidentais", organizadas na Holanda, França, Suécia e Dinamarca; companhias do "Levante" e companhias "Africanas" também eram populares; e de interesse particular para nós, na América, eram as companhias "Plymouth" e "Virginia", organizadas na Inglaterra.

Fácil é adivinhar que qualquer companhia criada com o objetivo de levar a cabo essas aventuras dispendiosas e arriscadas estava certa de receber, de seu governo, todas as vantagens comerciais possíveis. Uma das mais importantes, sem dúvida, era o direito a um monopólio do comércio. A companhia não desejava a intromissão de comerciantes estrangeiros em seu território. Acreditou-se, durante algum tempo, que a ampla expansão do comércio fora, em grande parte, provocada pelo ousado pioneirismo dessas companhias comerciais. Hoje, muitos historiadores duvidam disso. Argumentam que a existência de tantos mercadores fora das companhias que tentavam penetrar no comércio é prova de que, se não houvesse esses monopólios, o volume do comércio podia ter sido ainda maior.

De qualquer forma, sabemos que as companhias se lançaram aos negócios, principalmente visando lucros para seus acionistas. Quando eles podiam ser obtidos pelo aumento da produção e maiores vendas, elas o faziam; quando os lucros se conseguiam através da limitação da produção, elas também o faziam. Os programas de "colonização" da Agricultural Adjustment Agency, dos EUA, parecem velharia à luz do que se segue: os holandeses *"pagavam pensões de cerca de 3.300 libras aos dirigentes nativos, a fim de exterminar o cravo-da-índia e a noz-moscada nas demais ilhas, e concentravam seu cultivo em Amboyna, onde eles próprios podiam manter o controle. No que se relaciona ao comércio com a Índia Oriental, não se mostravam ansiosos por desenvolvê-lo, preferindo mantê-lo dentro de certos limites que lhes asseguravam um elevado índice de lucro"*.[10]

Apesar do fato de que, neste exemplo, o "elevado índice de lucro" era obtido pela restrição, e não pelo desenvolvimento da produção, de modo geral registravam-se lucros altos no desenvolvimento do comércio. Essa foi a época áurea do comércio, quando se fizeram fortunas – o capital acumulado – que formariam o alicerce para a grande expansão industrial dos séculos XVII e XVIII.

Os livros de História discorrem longamente sobre as ambições, conquistas e guerras deste ou daquele grande rei. É um erro a ênfase que dão a tais fatos. As páginas que consagram à história desses reis deveriam antes ser dedicadas aos poderes verdadeiros que se escondiam atrás dos tronos – os ricos mercadores e financistas da época. Constituíam o

---

[9] *The Fugger News Letter*. Compilação de V. von Klarwill. Traduzido por P. de Chary, 1ª série, 1924; 2ª série, 1926; 2ª série, nº II. Bodley Head, Londres.
[10] W. Conningham, op. cit., v. II, p. 175.

## 72 | *Capítulo 8*

poder atrás do trono, porque os reis, a cada passo, necessitavam de sua ajuda financeira. Durante os duzentos anos dos séculos XVI e XVII as guerras foram quase contínuas. E alguém tinha que pagá-las. Com efeito, eram financiadas pelos que tinham dinheiro – mercadores e banqueiros.

Foi um pequeno banqueiro alemão, Jacob Fugger, chefe da grande casa bancária de Fugger, quem decidiu a questão de a quem caberia usar a coroa do Sagrado Império Romano: se Carlos V da Espanha ou Francisco I da França. A coroa custou a Carlos 850 mil florins, dos quais 543 mil foram emprestados por Fugger. Podemos fazer uma ideia do quanto era influente Jacob Fugger, o homem por trás dos bastidores, pelo tom de uma carta que escreveu a Carlos quando este atrasou o pagamento da dívida. E apenas devido ao tremendo poder que lhe provinha de sua fortuna, teve Fugger a audácia de escrever tal carta: *"... Além disso, adiantamos aos emissários de Vossa Majestade uma grande quantia, parte da qual nós mesmos tivemos que levantar, através de amigos. É bem sabido que Vossa Majestade Imperial não teria obtido a coroa do Império Romano sem a minha ajuda, e posso prová-lo com os documentos que me foram entregues pelas próprias mãos dos enviados de Vossa Majestade. Nesse negócio, não dei importância à questão de meus próprios lucros. [Não acredite nisso!] Porque, tivesse eu deixado a Casa da Áustria e me decidido em favor da França, muito mais teria obtido em dinheiro e propriedades, tal como, então, me ofereceram. Quão graves desvantagens teriam, nesse caso, resultado para Vossa Majestade e a Casa da Áustria, bem o sabe Vossa Real Inteligência."*[11]

Pouca coisa de importância se passou no século XVI sem que a sombra dos Fugger se projetasse, de uma forma ou de outra. Iniciaram seus negócios no século XV com um estabelecimento comercial de lã e especiarias. Mas foi como banqueiros que fizeram fortuna. Emprestavam capital a outros mercadores, a reis e príncipes e, em troca, recebiam proventos de minas, de especulações comerciais, de terras da Coroa, de praticamente todo tipo de empreendimento que desse lucro. Quando os empréstimos não eram repostos, tornavam-se donos de propriedades, minas, terras – o que tivesse sido dado como garantia. Até o Papa devia dinheiro aos Fugger. Estes tinham ramificações e agentes em toda parte. O balancete dos Fugger, em 1546, mostra débitos do imperador alemão, da cidade de Antuérpia, dos reis da Inglaterra e Portugal, e da rainha da Holanda. Seu capital, naquele ano, se elevou a 5 milhões de florins. A História que datasse esse período, não como o reinado do rei Fulano de Tal, mas como a Idade dos Fugger, estaria muito mais próxima da verdade.

Embora os Fugger constituíssem a casa bancária mais importante da época, havia muitas outras quase tão grandes. A Welser, outra casa bancária alemã, prestou um auxílio a Carlos V de nada menos de 143 mil florins; também ela fazia grandes investimentos em empresas comerciais, minas e terras. A Hochstetter, a Haug e a Imhof realizavam mais ou menos a mesma espécie de negócios comerciais e financeiros. Entre os financistas italianos desse período, os Frescobaldi, os Gualterotti e os Strozzi começavam a agigantar-se. Um ou dois séculos antes, os Peruzzi e os Medici haviam sido os nomes de importância. Uma das melhores medidas do tremendo aumento registrado na escala da atividade financeira e

---

[11]R. Ehrenberg, *Capital and Finance in the Age of the Renaissance*, p. 80. Harcourt, Brace and Company, Inc., Nova York.

comercial é a seguinte comparação das fortunas dessas grandes famílias de banqueiros com a dos Fugger:

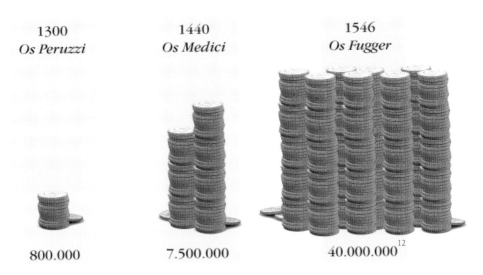

Antuérpia era o centro de toda essa atividade financeira e comercial. Quando a corrente do comércio se deslocou do Mediterrâneo para o Atlântico, as outrora grandes cidades italianas entraram em declínio e Antuérpia tomou seu lugar. Não era o tamanho que a tornava grande – tinha apenas uma população de cerca de 100 mil habitantes. Era sobretudo o fato de estar livre das restrições de toda natureza. Enquanto as demais cidades na Idade Média dificultavam aos mercadores estrangeiros a prática de negócios dentro de seus muros, a Antuérpia os recebia de braços abertos. Era realmente um centro livre de comércio internacional – todos ali podiam comerciar, e todos comerciavam. Sua municipalidade, onde mercadores, corretores e banqueiros se reuniam para efetuar seus negócios, tinha gravada em seus muros a seguinte epígrafe: *"Para uso de mercadores de qualquer nacionalidade e idioma."* O convite foi aceito por mercadores de toda parte do mundo. O comércio de tecidos ingleses estava centralizado em Antuérpia, e Antuérpia era também o mercado mais importante das especiarias da Índia. Quando os venezianos perderam o monopólio do comércio das especiarias, perderam-no para os portugueses, e estes praticamente realizavam todos os seus negócios através de Antuérpia. Aí se desenvolveu um hábito de tremenda importância – o que provam os passos gigantescos dados pela indústria e pelo comércio. Trata-se da venda feita através de amostras de mercadorias padronizadas e reconhecidas. Em vez de ter à mão toda a mercadoria, para passá-la ao comprador, o tipo moderno de corretor e agente entrou em cena. Vendia suas mercadorias através de uma amostra-padrão. As feiras, que deviam sua importância principalmente à suspensão temporária das costumeiras restrições

---
[12]C. J. Hayes, *A Political and Social History of Modern Europe*, 2 v., p. 66, nota. The Macmillan Company, Nova York. Edição revista, 1921.

74 | *Capítulo 8*

ao comércio, receberam o golpe de morte de um mercado que era sempre livre. O antigo mercado fora superado pelo intercâmbio em bases modernas.

E como Antuérpia era de tão grande importância comercial, tornou-se também o centro financeiro principal. Aí as grandes casas bancárias alemãs e italianas tinham seus depósitos principais, e as transações com dinheiro passaram a ser mais importantes do que o verdadeiro comércio. Foi por essa época, em Antuérpia, que o moderno instrumental de finanças entrou em uso diário. Os banqueiros inventavam formas e meios de efetuar pagamentos para que o intercâmbio de mercadorias se fizesse fácil e rápido. Quando o mercador de um país, a Inglaterra, por exemplo, compra mercadorias de um mercador de um país distante, digamos a Itália, como pagá-las? Enviará o inglês ouro ou prata ao italiano? É perigoso e caro. Algum sistema de crédito devia ser concedido para tornar desnecessários tais embarques de ouro. Assim, concordava-se em que o inglês, em pagamento de sua dívida ao italiano, lhe entregasse um pedaço de papel estipulando a quantia devida pelas mercadorias compradas. Ou ainda, numa outra transação, talvez algum mercador italiano devesse dinheiro a um mercador inglês por mercadorias pelas quais igualmente enviara ao mercador inglês um pedaço de papel acusando o débito. Com uma câmara de compensação central os dois débitos seriam cancelados – sem que qualquer quantia tivesse sido enviada a longas distâncias, quer da Inglaterra para a Itália ou da Itália para a Inglaterra. Tal sistema foi projetado séculos atrás. Assim o descreve um escritor do século XVI: *"Quanto aos pagamentos dos mencionados países, entre os mercadores de Lyon [centro financeiro semelhante à Antuérpia] e outros países e cidades, a maioria se faz através de documentos, isto é: de um lado você me deve, de outro lado eu devo a você; cancelamos as dívidas e nos proporcionamos compensações mútuas; e raramente utilizamos dinheiro para efetuar os ditos pagamentos."*[13]

E esse milagre de fazer negócios sem ser preciso transferir dinheiro também é explicado por Cantillon: *"Se a Inglaterra deve à França 100 mil onças de prata, para o balanço do comércio, se a França deve 100 mil onças à Holanda, e se a Holanda deve 100 mil onças à Inglaterra, essas três quantias poderão ser encaminhadas através de letras de câmbio entre os respectivos banqueiros desses três Estados, sem necessidade de enviar dinheiro a qualquer deles."*[14]

Tudo isso, por si só, não constitui informação de importância. É importante apenas por mostrar que a maquinaria financeira para enfrentar as necessidades do comércio em expansão foi posta em movimento no século XVI por mercadores e banqueiros. Sem dúvida, métodos novos e melhores foram acrescidos desde então, de acordo com as novas condições reinantes, mas o alicerce havia sido construído há centenas de anos. Com novas terras abertas à exploração, com o comércio avançando aos saltos, mercadores e banqueiros aumentando suas fortunas, era de esperar que esta Idade dos Fugger passasse à História como uma época áurea de prosperidade e felicidade para a humanidade. Mas estaríamos enganados se assim pensássemos.

---

[13]Levasseur, op. cit., v. II, p. 45.
[14]Cantillon, op. cit., p. 257.

# 9

# "...HOMEM POBRE, MENDIGO, LADRÃO"

*A Influência Prejudicial das Guerras.
Influxo de Metais Preciosos e Elevação dos Preços.
Lucram os Mercados, Perdem os Governos e os Trabalhadores.
Consequências na Agricultura.*

A idade dos Fugger foi também a Idade dos Mendigos. Os dados sobre o número de mendigos nos séculos XVI e XVII são surpreendentes. Um quarto da população de Paris na década de 1630 era constituído de mendigos, e nos distritos rurais seu número era igualmente grande. Na Inglaterra, as condições não eram melhores. A Holanda estava cheia deles, e na Suíça, no século XVI, *"quando não havia outra forma de se livrar dos mendigos que sitiavam suas casas ou vagavam em bandos pelas estradas e florestas, os homens de bens organizavam expedições contra esses desgraçados **heimatlosen** (desabrigados)"*.[1]

Qual a explicação dessa miséria generalizada entre as massas, num período de grande prosperidade para uns poucos? A guerra, como sempre, foi uma das causas. A Primeira Guerra Mundial, de 1914-1918, para muitos, bateu todos os recordes de ruínas e misérias nas regiões da Europa onde a luta se travou. Mas as guerras do período que estudamos foram ainda mais devastadoras – e talvez não tenhamos experimentado nunca algo tão terrível como a Guerra dos Trinta Anos na Alemanha (1618-1648). Cerca de dois terços da população total desapareceram, a miséria dos que sobreviveram era extremamente grande. Cinco sextos das aldeias do império foram destruídos. Lemos de uma delas, no Palatinado, que em dois anos foi saqueada 28 vezes. Na Saxônia, alcateias vagavam livremente, pois ao norte cerca de um terço da terra havia sido abandonado.[2]

---

[1] G. Renard e G. Weulersse, *Life and Work in Modern Europe (Fifteenth to Eighteenth Centuries)*. Alfred A. Knopf, Nova York, 1926, p. 287.
[2] Citado em Hayes, op. cit., p. 229.

A guerra, portanto, foi uma das causas da intensa miséria e sofrimento do povo. Havia outra. A América. O Novo Mundo teve um papel indireto, mas importante, na criação da Idade dos Mendigos. Como?

Enquanto os mercadores da Inglaterra, Holanda e França amontoavam fortunas enormes no comércio, os espanhóis haviam descoberto uma forma mais simples de aumentar as somas de dinheiro de seu tesouro. Embora seus exploradores não tivessem conseguido descobrir uma rota para as Índias que lhes proporcionasse lucros comerciais, esbarraram com os continentes das Américas do Norte e do Sul. E no México e no Peru havia minas de ouro e prata de grande valor – à disposição deles, para o roubo. Os porões dos galeões espanhóis não eram carregados de mercadorias para serem vendidas com lucro, mas com ouro e prata – especialmente prata. As minas da Saxônia e Áustria há muito produziam grandes quantidades desse metal, mas eram realmente muito pequenas comparadas com a riqueza que se derramava sobre a Espanha, vinda de suas possessões no Novo Mundo. Em 55 anos, de 1545 a 1600, calcula-se que anualmente cerca de dois milhões de libras esterlinas eram levados da América para os tesouros espanhóis. E parecia que, ao se esgotar uma mina, descobria-se sempre um novo veio, para assegurar o fluxo. A casa da moeda espanhola produziu apenas 45.000 quilos de prata no período de 1500 a 1520; no período de 15 anos, porém, que foi de 1545 a 1560, sua produção aumentou seis vezes, passando a 270.000 quilos; no período de 20 anos, entre 1580 e 1600, essa produção pulou para 340.000 quilos, ou seja, quase oito vezes o que fora em 1520!

Produção de ouro da casa da moeda espanhola:

E esse enorme suprimento de prata, levado da América para a Espanha, ali ficava? De forma alguma. Circulava por toda a Europa tão logo era desembarcado. Os reis da Espanha travaram uma série de guerras tolas, uma após outra – e pagavam em dinheiro pelo abastecimento e pelos soldados. Os espanhóis compravam mais do que vendiam – não podiam comer prata – e o dinheiro lhes fugia das mãos para os bolsos dos mercadores que os abasteciam.

Que efeito teve sobre a Europa esse afluxo de prata sem precedente? Provocou um aumento sensacional dos preços. Não apenas um tostão ou dois neste ou naquele artigo, mas um aumento espetacular no preço de tudo. Houve uma verdadeira revolução nos preços, tal como ocorrera apenas três ou quatro vezes nos últimos mil anos da história mundial. Os preços das mercadorias em 1600 eram mais de duas vezes superiores ao que foram em 1500, e em 1700 estavam ainda mais altos – mais de três vezes e meia o que haviam sido quando a revolução dos preços teve início.

Explicamos como uma moeda desvalorizada reduz a capacidade aquisitiva do dinheiro ou, vendo a coisa de outro ângulo, eleva os preços. O aumento no total de dinheiro em circulação teve o mesmo efeito. O dinheiro é como tudo o mais que o povo deseja, e para o qual não há oferta ilimitada. Todos queremos ar, mas ele é tão abundante que não tem valor econômico – não temos de pagar para usá-lo. Não pensamos em comprar e vender água, mas em países secos e quentes, em áreas desertas, a água é vendida porque a oferta é limitada em relação à procura. Se, quando a troca era usada como método de comércio, a colheita da uva fosse boa e a do trigo má, seria compreensível que tivéssemos de dar mais vinho do que antes para conseguir igual volume de trigo. O mesmo se aplica ao dinheiro. Quando ele se torna abundante em relação às coisas pelas quais é trocado, seu valor cairá em termos dessas coisas – ou seja, os preços se elevarão. Uma queda no valor do dinheiro significa um aumento nos preços, e um aumento no valor do dinheiro representa uma queda nos preços. Essa modificação é provocada pela abundância ou escassez do dinheiro em circulação.

Portanto, em consequência do influxo de metais preciosos para a Europa, os preços se elevaram – e quanto! – até que o assunto favorito para as conversas passou a ser: *"Lembro-me dos bons dias em que podíamos comprar manteiga por um quarto do que temos de pagar hoje, e os ovos... eram praticamente de graça!"*

Os tesouros americanos chegavam primeiro à Espanha, e foi ali que o aumento dos preços se fez sentir primeiro. Nicolas Cleynaerts, holandês que viajou pela Espanha e Portugal em 1536, assustou-se com os altos preços ali vigentes. O custo de uma barba era tão alto que o levou a escrever para casa a seguinte nota alegre: *"Em Salamanca, tive de pagar meio real para fazer a barba, e por isso não me espantei com o fato de haver na Espanha maior número de homens barbados do que em Flandres."*[3]

Depois que a prata americana se espalhou da Espanha por toda a Europa, os preços altos que surpreenderam tanto os turistas de Flandres vigoravam por toda parte. O homem comum não compreendia a razão. Não sabia que a revolução dos preços era internacional e que não se limitava à sua região. Protestava e procurava uma causa, culpando a maldade desta ou daquela pessoa avarenta. Assim, num *Discurso sobre o bem comum deste reino da Inglaterra*, escrito no século XVI, o autor mostra como o lavrador atribui os altos preços aos arrendamentos exorbitantes exigidos pelos donos de terras, ao passo que os cavaleiros alegam serem os arrendamentos elevados devidos aos preços exorbitantes pedidos pelos produtos agrícolas:

*"Agricultor: Creio que é culpa vossa, senhores, dessa escassez, porque atribuís às vossas terras tal preço que os homens que nela vivem precisam vender caro, ou não poderão pagar o arrendamento.*

*"Cavaleiro: E eu digo que é culpa vossa, agricultores, de sermos obrigados a elevar nossos arrendamentos, pois temos de comprar tão caro tudo o que nos forneceis, como milho, gado, gansos, porcos, capões, frangos, manteiga e ovos. O que há com todas essas coisas, que são*

---

[3]*La Réponse de Jean Bodin à M. de Malestroit* (1568). Colin, Paris, 1932. Introdução, p. 16.

## 78 | Capítulo 9

*agora vendidas mais caro, com um aumento de mais de metade do preço pelo qual foram vendidas nestes últimos oito anos? Não se recordam os vizinhos desta cidade de que, dentro desses oito anos, podíamos comprar o melhor porco ou ganso por apenas 4 dinheiros, e que hoje me custam 8 dinheiros? E um bom capão por três ou quatro dinheiros, um frango por um dinheiro, uma galinha por dois dinheiros, e hoje me custam o dobro dessa importância; e o mesmo ocorre com artigos maiores, como carneiro ou carne de boi."*[4]

Houve, sem dúvida, pensadores da época que desprezaram o hábito medieval de tratar das questões econômicas em termos apenas do pecado humano. Homens como Jean Bodin e Cantillon tinham consciência de que atrás da elevação dos preços estava a força de uma lei impessoal, não influenciada pelas pessoas 'boas' ou 'más'. Bodin escreveu na segunda metade do século XVI: *"Considero que a alta de preços que observamos vem de três causas: a causa principal e quase única (que ninguém até agora descobriu) é a abundância de ouro e prata, que neste reino hoje é maior do que foi nos últimos quatrocentos anos..."*[5]

A ligação entre a elevação dos preços e o influxo de ouro e prata começou a se tornar clara a outros, pouco depois que Bodin escreveu seu grande trabalho. No *Tratado do cancro da comunidade da Inglaterra*, escrito em 1601 por Gerrard de Malynes, mercador, há o seguinte trecho: *"... a abundância de dinheiro geralmente encarece as coisas, e a escassez de dinheiro, da mesma forma, faz que as coisas em geral se tornem baratas. De acordo, portanto, com a escassez ou a plenitude do dinheiro, as coisas em geral se tornam mais caras ou baratas, e por isso a grande abundância de dinheiro ou metal em barras que nos últimos anos têm vindo das Índias Ocidentais para a cristandade encareceu tudo."*[6]

O que foi motivo de candente controvérsia nos séculos XVI e XVII tornou-se evidente a todos no século XVIII, segundo Cantillon: *"Se forem encontradas minas de ouro ou prata e quantidades consideráveis de minério delas forem extraídas, todo esse dinheiro, seja emprestado ou gasto, entrará em circulação e não deixará de elevar o preço dos produtos e mercadorias em todos os canais da circulação em que penetrar... Todos concordam em que a abundância de dinheiro aumenta o preço de tudo. A quantidade de dinheiro trazida da América para a Europa nos dois últimos séculos justifica essa verdade pela experiência."*[7]

Quais os resultados desse aumento de preços? Quem se beneficia e quem sofre? Os beneficiados foram os mercadores. Embora suas despesas se elevassem, os lucros de seus negócios aumentaram ainda mais. Pagavam mais pelo que compravam, mas cobravam muito mais pelo que vendiam. Outro grupo beneficiado foi o das pessoas cujas despesas permaneciam fixas, mas cujos produtos aumentavam de preço – os que tinham um arrendamento a longo prazo, sob quantia há muito fixada, e que podiam vender sua manteiga, ovos, trigo, cevada etc., por preços muito maiores.

Por outro lado, houve vários grupos severamente prejudicados pela revolução nos preços. Os governos, por exemplo, tinham dificuldades cada vez maiores em equilibrar a re-

---

[4]*A Discourse of the Common weal of this Realm of England* (1581).
[5]Bodin, op. cit., p. 9.
[6]*Tudor Economic Documents*, op. cit., v. III, pp. 386-7.
[7]Cantillon, op. cit., p. 159.

ceita e a despesa. A renda era fixa, ao passo que as despesas aumentavam sempre. Foi um período de transição, quando o Estado nacional despontava – e a organização financeira dos governos estava desatualizada, sem corresponder às novas condições. Modificava-se lentamente, mas enquanto isso rompia-se seriamente em muitos lugares, e a revolução dos preços aumentava suas dificuldades. Os problemas monetários lançavam os reis, cada vez mais, nos braços da classe dos homens ricos, que obtiveram muitas concessões nessa época. As revoluções do período, que trouxeram novo poder político à burguesia, estavam intimamente ligadas à revolução dos preços.

Os salários dos trabalhadores também sofreram. Um período de alta de preços é quase sempre também um período de elevação de salários, e portanto seria de esperar que no fim tudo desse certo. Mas há um senão importante nisso: é que os salários jamais acompanham a elevação dos preços. Os aumentos de salários geralmente têm de ser conquistados com luta. São obtidos por uma ação coletiva deliberada que encontra resistência, ao passo que os preços são elevados pelas operações do mercado. O trabalhador era contra isso. Em fins do século XV o salário de um dia do trabalhador na França correspondia a 4,3 quilos de carne; um século depois valia apenas 1,8 quilo. Um hectolitro de trigo, que lhe custava quatro francos no primeiro período, não poderia ser comprado por menos de 20 francos no segundo. Rogers calcula que na Inglaterra um camponês em 1495 podia, em 15 semanas, ganhar o bastante para abastecer sua casa por um ano; em 1610, porém, não poderia comprar o mesmo volume de provisões nem que trabalhasse todas as semanas sem exceção! E *"em 1610... um artesão de Rutland (Inglaterra) teria de trabalhar 43 semanas para ganhar o mesmo que um artesão obtinha em 1495 com dez semanas de trabalho"*.[8] Para o trabalhador isso significa a necessidade de apertar o cinto ou lutar por salários mais altos, para atender ao custo de vida maior, ou tornar-se mendigo. Ocorreram as três coisas, em consequência da revolução dos preços.

Outro grupo que sofreu foi o de rendas fixas, a classe dos proprietários, dos que viviam de anuidades, pensões ou da renda de bens que produziam um juro fixo. Tal foi, por exemplo, o caso de uma Srta. Reynerses, que em fins do século XIV empregou seu dinheiro na compra de uma pensão anual vitalícia:

> *"Nós, o Conselho, alcaide e mestres de corporações da cidade de Halberstadt pelo presente declaramos ter vendido à donzela Altheyde Reynerses uma renda anual de cem marcos... pela soma de 500 marcos, que nos foi paga."*[9]

Talvez a Srta. Reynerses tivesse contado com essa soma para viver tranquila na velhice. Muito bem. Mas se tivesse vivido nesse período de preços em ascensão, teria a infeliz experiência de passar fome, porque, enquanto sua renda permanecia a mesma (cem marcos, no caso), as coisas que podia comprar subiam de preço, diminuindo assim a sua capacidade

---

[8] J. E. Thorold Rogers, *Six Centuries of Work and Wages*. G. P. Putnam's Sons, Nova York, 1884, p. 389.
[9] *Urkundenbuch der Stadt Halberstadt*, v. I. p. 523. Bearbeitet von G. Schmidt, Halle, 1878.

aquisitiva. A renda nominal continuava a mesma, mas a renda real teria decrescido. Isso sempre ocorre aos que dependem de renda fixa, em períodos de elevação de preços.

Da mesma forma, as pessoas com rendas fixas proporcionadas pela terra sofreram muito. O leitor se lembrará de como o pagamento dos arrendamentos em dinheiro substituiu o costume da prestação de serviços. Isso foi interessante para a nobreza latifundiária até que ocorreu a revolução nos preços. A partir de então, os donos de terra continuavam a receber os mesmos arrendamentos baixos, embora tivessem de pagar os novos preços altos. Estavam num beco sem saída. Que poderiam fazer? Que poderiam fazer os senhores e os ricos, que haviam recebido ou comprado as terras da Igreja confiscadas pelo rei, para impedir que os preços continuassem subindo e as rendas permanecessem as mesmas? Sentiam que era necessário arrancar mais dinheiro da terra. Mas como?

Havia duas formas – o fechamento das terras e a elevação dos arrendamentos.

O fechamento ocorreu em certas proporções na Europa, principalmente na Inglaterra. O leitor deve lembrar-se do sistema de campo aberto, que descrevemos no primeiro capítulo. Era um sistema prejudicial, pois o lavrador empreendedor e dinâmico não podia trabalhar num ritmo próprio ou tentar experiências novas; tinha de se adaptar ao ritmo dos que trabalhavam faixas de terras contíguas à sua. Uns poucos lavradores ignorantes podiam impedir o progresso de toda uma aldeia. Surgiu, por isso, em alguns lugares, o hábito de trocar as faixas, o que permitiu a vários lavradores passar suas propriedades, de 12 hectares de faixas espalhadas em terras de outros, a 4 ou 5 propriedades compactas de dois ou três hectares. Um homem de sorte ou esperto poderia conseguir unificar todas as suas faixas, reunindo-as numa única propriedade compacta. A medida seguinte era colocar uma cerca em volta da propriedade ou propriedades. O que antes era campo aberto tornava-se um campo fechado – isto é, cercado. Quem tenha viajado pela Nova Inglaterra lembrar-se-á das paredes de pedra que cercam os campos de cada lavrador. Na velha Inglaterra, onde a pedra era fácil de achar, também se construíram cercas de pedra. E quando não havia pedra, cercavam os campos com sebes. As cercas desse tipo, atrás das quais a terra continuava a ser lavrada, não prejudicavam ninguém e levavam a um melhoramento na produção. Ninguém levantou objeções, e tanto o agricultor pobre como o rico se beneficiaram com o processo.

Mas havia uma cerca de outro tipo, que prejudicou milhares de pessoas: a cerca para a criação de ovelhas. Como o preço da lã subira (a lã era a principal exportação da Inglaterra), muitos senhores viram uma oportunidade de ganhar mais dinheiro da terra transformando-a de terra cultivada em pasto de ovelhas. Isso ocorrera antes da revolução dos preços, mas esta veio estimular o movimento, e maior número de senhores cercavam suas terras para criar ovelhas. Enquanto para o senhor isso significava mais dinheiro, significava também a perda do emprego e do meio de vida dos lavradores que haviam ocupado a terra que passara a ser cercada. Para cuidar de ovelhas é necessário um número de pessoas menor do que para cuidar de uma fazenda – e os que sobravam ficavam desempregados. Muitas vezes, o senhor achava que para reunir numa só área as várias propriedades espalhadas tinha de expulsar os arrendatários de cujas terras necessitava. Assim fazia, e mais gente perdia seu meio de vida. Pelo veemente protesto dos panfletários da época, ficamos sabendo das dificuldades que a cerca para criação trouxe ao lavrador pobre.

Por vezes, o senhor simplesmente cercava a terra em servidão de pastagem. Isso significava que o gado do arrendatário pobre não tinha onde pastar, o que provocava sua ruína. Não tinha direitos o arrendatário? Não podia recorrer à justiça? Sim, podia. Mas recorrer à justiça sempre foi mais fácil para os ricos, que podem pagar as custas; mesmo nos casos em que os arrendatários pudessem ter ganho, faltavam-lhes os meios para continuar a luta. O senhor, que tinha dinheiro, podia manter o processo em tramitação até que o arrendatário fosse obrigado a desistir – e podia então comprar-lhe a terra e acrescentá-la à sua propriedade contínua. É essa a história encerrada na seguinte petição feita à Câmara dos Comuns pelos lavradores de Wootton Bassett "pela restauração dos direitos dos comuns":

*"Que embora o alcaide e os arrendatários livres do dito burgo... conservassem um pasto livre para uso comum de toda sorte de animais... um certo Sir Francis Englefield... fechou o dito parque e isso há muito tempo, e sendo ele muito poderoso, os ditos arrendatários livres não puderam servir-se da lei; pois um certo John Rous, um dos arrendatários livres, foi obrigado a vender toda a sua terra (pelo valor de quinhentas libras) em consequência das despesas com a lei, e muitos outros se empobreceram igualmente... Ficamos assim privados de toda a terra comum que sempre tivemos, e não nos resta nem meio metro dela... Ficamos, portanto, reduzidos a tamanha pobreza, e assim continuaremos a menos que agrade aos céus moverem os corações dessa Honrada Câmara para que se compadeça de nós e aprove alguma lei que nos faça gozar novamente de nossos direitos... [seguem-se vinte e três assinaturas]. Muitas outras assinaturas poderíamos ter conseguido, mas muitos arrendatários temem perder suas terras com isso e não ter de que viver... e de outra forma teriam assinado também."*[10]

Nem todas as cercas destinavam-se ao pasto de ovelhas. Como era mais fácil e mais barato administrar uma fazenda grande do que um grupo de fazendas pequenas, os senhores frequentemente cercavam as propriedades também para obter melhores colheitas. Os infelizes arrendatários que tinham faixas de terra ambicionadas pelo senhor viam-se logo entre as fileiras cada vez maiores de pessoas sem-teto.

Embora saibamos hoje mais sobre fechamento de terras do que sobre a elevação dos arrendamentos do período, esta última teve maior importância. Os arrendamentos e as taxas pagas quando um novo arrendatário tomava conta de uma propriedade estavam praticamente estacionados. Haviam sido fixados pelo hábito – e, no passado, o hábito tinha força de lei. Mas agora que a revolução dos preços exigia maior renda da sua terra, o senhor pôs de lado o hábito que constituíra, no passado, a proteção do camponês. Quando o arrendamento terminava, em vez de renová-lo nos mesmos termos do arrendamento antigo, de acordo com a tradição, o senhor elevava seu preço, a tal ponto que os arrendatários frequentemente não podiam pagar e tinham de abandonar a terra. Foi o que aconteceu. Mas embora o arrendamento de uma terra mais tarde se tornasse importante, naquela época a maioria dos camponeses era de foreiros. Isso significava que ocupavam a terra segundo o

---

[10] Bland, Brown e Tawney, op. cit., pp. 255-258.

costume da propriedade, "pela vontade do senhor de acordo com o registro". Infelizmente para muitos, o costume da propriedade era considerado pelo senhor como a expressão de sua vontade num determinado momento, e o que ele desejava acima de tudo era o dinheiro da terra ou a terra em si para ser arrendada a algum outro que por ela pagasse mais. Quando um arrendamento mudava de mãos – digamos, pela morte do chefe da família – então o filho deveria tomar conta, pagando pequena taxa habitual. Essa taxa, porém, deixou de ser pequena. O senhor elevou-a tão alto que o camponês não podia pagar, sendo forçado a abandonar seus direitos. O senhor, então, vendia a terra ou a arrendava a alguém que podia e queria pagar a nova escala de preços.

Uma petição, datada de 1553, feita pelos moradores de Whitby mostra como os arrendamentos e taxas foram elevados:[11]

|  | Arrendamento antigo | Arrendamento novo | Taxa |
|---|---|---|---|
| De Henry Russel | £2    2 s 11,5 p | £4    7 s 3 p | £3    6 s 8 p |
| De Thomas Robynson | 12 s 11,5 p | 40 s 7 p | 33 s 4 p |
| De Thomas Coward | 14 s   9   p | 31 s | 2 s 6 p |
| De William Walker | 7 s   3   p | 17 s | 5 s |
| De Robert Baker | 14 s   6   p | 30 s | 2 s 8 p |

Num sermão pregado ante os cortesãos de Eduardo VI, o bispo de Latimer teve a coragem de dar nome aos bois: *"Vós, donos de terras, vós que viveis de rendas ... vós, senhores não naturais, tendes pelas vossas possessões uma renda anual excessiva. Pois o que até então era arrendado por 20 ou 40 libras por ano (que é uma proporção honesta de se ter, de graça, a parte do senhor do suor e trabalho de outro homem) agora passou a custar 50 ou 100 por ano."*[12]

Latimer não foi o único a denunciar a ambição dos senhores de terras. Outros oradores e autores da época também se opuseram ao fechamento de terras, à elevação dos arrendamentos, multas ou taxas maiores e aos latifundiários que, pelas expulsões, estavam fazendo aumentar o enorme número de desocupados e mendigos. Na *Oração dos senhores de terras*, surgida na época, encontramos o seguinte: *"Sinceramente pedimos que eles (que possuem terras, pastos e locais de residências) não possam elevar os arrendamentos de suas casas e terras, nem impor taxas ou pagamentos absurdos... Fazei que se possam contentar com o que é suficiente e não juntar casa com casa ou terra com terra para o empobrecimento dos outros..."*[13]

Mas apesar das orações, os senhores continuaram a fechar as terras e a elevar arrendamentos. Aldeias inteiras foram evacuadas, com os habitantes expulsos morrendo de fome, roubando ou mendigando na estrada. Tentou-se, porém, algo mais do que orações. Foram

---

[11]Ibid., pp. 252-3.
[12]Citado em E. P. Cheyney, *Social Changes in England in the 16th Century*. Ginn and Company, Boston, 1895, p. 45.
[13]R. Crowley, *Select Works*, Introdução, p. XXII. Compilação de J. M. Cowper. Londres, 1872.

baixadas leis. A Coroa realmente se preocupava. Queria sustar o despovoamento das aldeias. Estava atemorizada, porque o exército era recrutado principalmente entre os camponeses e os pequenos proprietários. Por outro lado, os camponeses cujos meios de vida estavam desaparecendo haviam até então pago impostos e eram uma boa fonte de renda para a Coroa. Esses grupos de mendigos constituíam, ainda, um verdadeiro perigo – ocorreram incêndios, derrubadas de cercas, motins. Foram aprovadas, por isso, leis contra o fechamento de terras. A primeira foi baixada em 1489 e as demais durante todo o século XVI. Mas a frequência com que tais leis apareciam mostra que não eram cumpridas, pois do contrário não haveria necessidade de reiterá-las. Embora alguns dos piores abusos tivessem sido atenuados, o fato é que os senhores locais eram também os juízes locais, de forma que a lei não era imposta com rigor. É interessante lembrar que quando os camponeses se levantaram contra o fechamento das terras, não foram eles que violaram a lei – mas sim os latifundiários. Isso não quer dizer, porém, que esses motins não fossem severamente reprimidos. Foram. Sempre o são.

Observe o leitor uma modificação importante nesse período. A velha ideia de que a terra era importante em relação ao total de trabalho sobre ela executado desapareceu. O desenvolvimento do comércio e indústria, e a revolução dos preços, tornaram o dinheiro mais importante do que os homens, e a terra passou a ser considerada fonte de renda. As pessoas haviam aprendido a tratá-la como tratam a propriedade em geral – tornou-se um brinquedo de especuladores que compravam e vendiam pela oportunidade de fazer dinheiro.

O movimento de fechamento das terras provocou muito sofrimento, mas ampliou as possibilidades de melhorar a agricultura. E quando a indústria capitalista teve necessidade de trabalhadores, encontrou parte da mão de obra entre esses infelizes desprovidos de terra, que haviam passado a ter apenas a sua capacidade de trabalho para ganhar a vida.

# 10

# PRECISA-SE DE TRABALHADORES – CRIANÇAS DE DOIS ANOS PODEM CANDIDATAR-SE

*Expansão do Mercado.*
*O Intermediário e o Industrial Incipiente.*
*Reação das Corporações. Os Três Sistemas de Produção.*

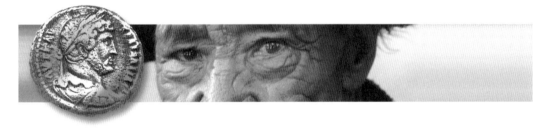

A expansão do mercado. Repita a frase várias vezes, na ponta da língua. Grave-a em seu cérebro. É uma chave importante para a compreensão das forças que produziram a indústria capitalista tal como a conhecemos.

Produzir mercadorias para um mercado pequeno e estável, onde o produtor fabrica o artigo para o freguês que vem ao seu local de trabalho e lhe faz uma encomenda, é uma coisa. Mas produzir para um mercado que ultrapassou os limites de uma cidade, adquirindo um alcance nacional ou mais, é outra coisa inteiramente diferente. A estrutura das corporações destinava-se ao mercado local; quando este se tornou nacional e internacional, a corporação deixou de ter utilidade. Os artesãos locais podiam entender e realizar o comércio de uma cidade, mas o comércio mundial era coisa totalmente diversa. A ampliação do mercado criou o intermediário, que chamou a si a tarefa de fazer com que as mercadorias produzidas pelos trabalhadores chegassem ao consumidor, que podia estar a milhares de quilômetros de distância.

O mestre artesão fora mais do que um simples fabricante de produtos. Tinha também quatro outras funções. Era cinco pessoas numa só. Quando procurava e negociava a matéria-prima que utilizava, era negociante ou mercador; tendo jornaleiros e aprendizes sob seu mando, era empregador; ao supervisionar o trabalho deles, era capataz; e como vendia ao consumidor, no balcão, o produto acabado, era também um comerciante lojista.[1]

---
[1] Cf. G. Unwin, *Industrial Organization in the Sixteenth and Seventeenth Centuries.* Clarendon Press, Oxford, 1904, p. 10.

Entra em cena o intermediário, e as cinco funções do mestre artesão se reduziram a três – trabalhador, empregador, capataz. Os ofícios de mercador e comerciante deixaram de ser atribuição sua. O intermediário lhe entrega a matéria-prima e recebe o produto acabado. O intermediário coloca-se entre ele e o comprador. A tarefa do mestre artesão passou a ser simplesmente produzir mercadorias acabadas tão logo recebe a matéria-prima.

Esse método, pelo qual o intermediário emprega certo número de artesãos para trabalhar seu material em suas respectivas residências, é denominado sistema de produção "doméstica". Note-se que na técnica de produção o sistema "doméstico" não difere do sistema de corporações. Deixa o mestre artesão e seus ajudantes em casa, trabalhando com as mesmas ferramentas. Mas embora o método de produção permanecesse o mesmo, a forma de negociar as mercadorias foi organizada em novas bases, pelo intermediário, atuando como negociante.

Embora o intermediário não modificasse a técnica de produção, reorganizou-a para aumentar a produção das mercadorias. Viu, sem demora, as vantagens da especialização. William Petty, famoso economista do século XVII, pôs em palavras aquilo que o intermediário estava fazendo na prática. *"A fabricação da roupa deve ficar mais barata quando um carda, outro fia, outro tece, outro puxa, outro alinha, outro passa e empacota, do que quando todas as operações mencionadas são canhestramente executadas por uma só mão."*[2] Quando se emprega um grande número de pessoas para fazer certo produto, podemos dividir o trabalho entre elas. Cada trabalhador tem uma tarefa particular a fazer. Executa-a repetidamente e, em consequência, se torna perito nela. Isso poupa tempo e acelera a produção. Outras modificações se impuseram, para atender às necessidades do mercado em expansão. Foi o que pensou o intermediário.

Mas o pessoal das corporações pensava de modo diverso. O leitor se lembrará de como as corporações eram zelosas do monopólio na manufatura e na venda de seus produtos. Tão atentas estavam na defesa de seus "direitos" que a Corporação de Mecânicos de Glasgow tentou proibir James Watt de continuar experiências sobre a máquina a vapor – pela única razão de não ser ele membro da corporação! É evidente que os membros das corporações, há muito acostumados a acreditar que a manufatura deste ou daquele produto era privilégio seu, haviam de protestar quando os intermediários ousavam introduzir modificações nos velhos processos. A tradição era lei para as corporações. Os velhos métodos, o velho mercado, o velho monopólio, os negócios de sempre – isso agradava à maioria de seus membros. Mas não servia ao intermediário dinâmico, que não tinha tempo para a tradição, num período de crescente procura. Queria modificar os métodos antigos, fornecer para o novo mercado e lutar contra o velho monopólio das corporações. Estas, com suas numerosas regras e regulamentos, estavam fora de moda, fora do tempo, e impediam o desenvolvimento da indústria. Tinham de ser derrubadas, e o foram.

Não de uma só vez, nem às claras. (As corporações só foram abolidas legalmente na França depois da Revolução; na Inglaterra, somente em princípios do século XIX perderam seus privilégios.) Os intermediários frequentemente trabalhavam dentro da estrutura do sistema de corporações, aceitando-o aparentemente, mas na realidade procurando miná-lo. Os mestres ricos de uma corporação tornavam-se, às vezes, empregados de outros mestres, em outras corporações; uma corporação de determinada indústria podia gradualmente assumir

---

[2] W. Petty, *Economic Writings*, v. I, p. 260. Compilação de C. H. Hull. Cambridge University Press, 1899.

as funções de mercador e encomendar artigos às outras corporações da mesma indústria. Desaparecera a antiga igualdade entre os mestres, que fora fundamental para o sistema.

Sempre que preciso, o intermediário contornava os regulamentos e regras colocando sua indústria fora da jurisdição da corporação, fora das cidades, nos distritos rurais, onde o trabalho podia ser executado pelos métodos que melhor lhe conviessem, sem se preocupar com as restrições das corporações quanto a salários, número de aprendizes etc. Foi assim que Ambrose Crowley, ferrageiro de Greenwich, Inglaterra, mudou-se para Durham e ali organizou a produção em grande escala de artigos de ferro, pelo sistema doméstico. *"No que fora antes uma pequena aldeia, Crowley plantou uma florescente cidade industrial de 1.500 habitantes e nela organizou a fabricação de pregos, fechaduras, ferrolhos, talhadeiras, pás e outras ferramentas de aço. As casas, ao que tudo indica, eram de propriedade de Crowley, sendo os instrumentos e materiais entregues por ele aos trabalhadores depois que estes depositassem "um bônus de considerável importância". Esse depósito dava direito de manter uma oficina e ser mestre operário, trabalhando com sua própria família e empregando um ou dois jornaleiros e um aprendiz. O local de trabalho era a oficina do mestre, que recebia por tarefa executada... Feito cavaleiro em 1706, Sir Ambrose Crowley mais tarde tornou-se membro do Parlamento, representando Andover. Nessa época já possuía uma fortuna de 200.000 libras."*[3]

É evidente que os membros das corporações se opuseram a essa modificação orgânica da indústria. Tentaram conservar seus velhos monopólios. Mas os dias áureos das corporações haviam-se acabado. Travavam uma batalha perdida. A expansão do mercado tornara seu sistema antiquado, incapaz de competir com a crescente procura de mercadorias. *"Numa reclamação datada de 4 de fevereiro de 1646, eram feitas objeções ao crescimento da indústria de fitas fora dos limites da cidade... Os responsáveis por essa indústria replicaram que a situação se havia modificado totalmente desde 1612. O comércio aumentara bastante... o número de sócios das corporações era muito pequeno para fornecer até mesmo a metade da mercadoria necessária ao movimento de um ano."*[4]

Os intermediários que se ocupavam da venda de tecidos estavam ansiosos para acelerar a produção porque, durante muito tempo, os tecidos constituíam a principal exportação europeia para o Oriente. Um número cada vez maior de empregados era necessário para atender à crescente procura, e por isso tais intermediários levavam sua matéria-prima não apenas aos membros das corporações que, nas cidades, estavam dispostos a trabalhar para eles, mas também para os homens, mulheres e crianças das aldeias.

Para os camponeses que haviam sido prejudicados com o fechamento de terras, essa difusão da indústria pelo campo foi uma oportunidade de aumentar em alguns xelins a sua reduzida renda. Muitos aldeões, que de outra forma teriam deixado a aldeia, puderam permanecer nela porque o mercador lhes trazia trabalho. Daniel Defoe, que os leitores conhecem como autor de *Robinson Crusoé*, escreveu em 1724 outro livro famoso, denominado *A Tour Through the Whole Island of Great Britain*. Descreve alguns desses aldeões empenhados na execução das tarefas que lhes haviam sido confiadas pelo intermediário. *"Entre as residên-*

---
[3]M. Dobb, *Capitalist Enterprise and Social Progress*. Rutledge & Sons, Londres, 1925, p. 310.
[4]E. Thurkauf, *Verlang und Heimarbeit in der Basler Seidenbandindustrie*. Kohlhammer, Stuttgart, 1909, pp. 12-13.

*cias dos patrões estão espalhadas, em grande número, cabanas ou pequenas moradias, nas quais residem os trabalhadores empregados, cujas mulheres e filhos estão sempre ocupados em cardar, fiar etc., de forma que, não havendo desempregados, todos podem ganhar seu pão, desde o mais novo até o mais velho. Quase todos os que têm mais de quatro anos ganham o bastante para si. É por isso que vemos tão pouca gente nas ruas; mas se batemos a qualquer porta, vemos uma casa cheia de pessoas ocupadas, algumas mexendo com tintas, outras dobrando os tecidos, outras no tear... todas trabalhando, empregadas pelo fabricante e aparentemente tendo bastante o que fazer..."*[5]

E tal como Crowley, o negociante em artigos de ferro que enriqueceu fornecendo com êxito, para o mercado em crescimento, os artigos procurados, também os industriais dos tecidos enriqueceram. Defoe informa ainda a seus leitores:

> *"Disseram-me em Bradford que não era difícil haver fabricantes de tecidos naquela região com dez mil a quarenta mil libras cada, e muitas das grandes famílias tiveram sua origem e evoluíram graças a essa nobre indústria... E em Newbury conta-se que o famoso Jack de Newbury era um industrial tão grande, que, quando o rei Jaime encontrou seus vagões carregados de tecidos indo para Londres, e soube de quem eram, disse – se a história é verdadeira – que esse Jack de Newbury era mais rico do que ele, rei..."*[6]

Esse famoso Jack de Newbury era uma figura importante porque, ao contrário dos outros, que levavam matéria-prima para os artesãos trabalharem em suas casas, ergueu um edifício próprio, com mais de 200 teares, no qual cerca de 600 homens, mulheres e crianças trabalhavam. Isso ocorreu em princípios do século XVI. Foi ele o precursor do sistema de fábricas que surgiria três séculos mais tarde.

Newbury e os intermediários que levavam a matéria-prima para os artesãos trabalharem em suas próprias casas eram capitalistas. A eles pertencia o tecido; vendiam-no no mercado e guardavam os lucros. O mestre artesão e os jornaleiros por ele empregados eram assalariados. Trabalhavam em suas casas; dispunham de seu tempo. Eram os donos das ferramentas (embora isso nem sempre ocorresse). Mas já não eram independentes – não tinham a matéria-prima, que lhes era trazida pelos industriais (também havia exceções – alguns mestres faziam sua própria matéria-prima). Eram apenas trabalhadores tarefeiros, que não negociavam diretamente com o consumidor. Essa função lhes fora tomada pelos capitalistas industriais; estavam reduzidos apenas a manufatores, no sentido preciso da palavra (*manu*, a mão + *factura*, ação de fazer = fazer com a mão).

No sistema de corporações, que surgira com a economia urbana, o capitalista tinha apenas um pequeno papel. Com o sistema de produção doméstica, surgido com a economia nacional, o capital passou a ter papel importante. Era necessário muito dinheiro para comprar a matéria-prima para muitos trabalhadores. Era necessário muito dinheiro para organizar a distribuição dessa matéria-prima e sua venda como produto acabado, mais tarde. Era o homem do dinheiro, o capitalista, que se tornava o orientador, o diretor do sistema de produção doméstica.

---

[5] Daniel Defoe, *A Tour Through the Whole Island of Great Britain* (1724-1726). Peter Davies, Londres, 1927, v. II, p. 602.
[6] Defoe, op. cit., v. I, pp. 282, 290.

*Precisa-se de Trabalhadores – Crianças de Dois Anos Podem Candidatar-se* | 89

A maior procura significava a reorganização, em bases capitalistas, das indústrias pesadas que necessitavam de instalações caras. Um bom exemplo disso está na mineração de carvão no século XVI, na Inglaterra. Os veios superficiais se esgotaram e foi necessária a mineração profunda. Isso representava o investimento de grande soma de dinheiro, e deu oportunidade à entrada em cena do capitalista.

Também na mineração de metais foi preciso muito dinheiro para atender à procura de ferro, cobre etc. necessários à indústria, bem como para o fornecimento aos exércitos em guerra. Tão grandes eram as somas requeridas pelas indústrias do metal que grupos de capitalistas organizaram companhias por ações para levantá-las. Isso se fizera antes para as aventuras comerciais; agora, começava a ser feito na indústria.

Com a descoberta de terras até então desconhecidas, era natural que surgissem indústrias completamente novas, como a refinação de açúcar, a do tabaco etc. Os governos concediam monopólios aos que ousavam arriscar seu dinheiro nessas novas empresas. As novas indústrias foram, desde o início, organizadas em bases capitalistas.

Do século XVI ao XVIII os artesãos independentes da Idade Média tendem a desaparecer, e em seu lugar surgem os assalariados, que cada vez dependem mais do capitalista-mercador-intermediário-empreendedor.

É útil fazermos um sumário das fases sucessivas da organização industrial:

1. *Sistema familiar*: os membros de uma família produzem artigos para seu consumo, e não para a venda. O trabalho não se fazia com o objetivo de atender ao mercado. Princípio da Idade Média.
2. *Sistema de corporações*: produção realizada por mestres artesãos independentes, com dois ou três empregados, para o mercado, pequeno e estável. Os trabalhadores eram donos tanto da matéria-prima que utilizavam como das ferramentas com que trabalhavam. Não vendiam o trabalho, mas o produto do trabalho. Durante toda a Idade Média.
3. *Sistema doméstico*: produção realizada em casa para um mercado em crescimento, pelo mestre artesão com ajudantes, tal como no sistema de corporações. Com uma diferença importante: os mestres já não eram independentes; tinham ainda a propriedade dos instrumentos de trabalho, mas dependiam, para a matéria-prima, de um empreendedor que se interpusera entre eles e o consumidor. Passaram a ser simplesmente tarefeiros assalariados. Do século XVI ao XVIII.
4. *Sistema fabril*: produção para um mercado cada vez maior e oscilante, realizada fora de casa, nos edifícios do empregador e sob rigorosa supervisão. Os trabalhadores perderam completamente sua independência. Não possuíam a matéria-prima, como ocorria no sistema de corporações, nem os instrumentos, tal como no sistema doméstico. A habilidade deixou de ser tão importante como antes, devido ao maior uso da máquina. O capital tornou-se mais necessário do que nunca. Do século XIX até hoje.

Um sinal de advertência:

**90** | *Capítulo 10*

O sumário acima é uma orientação, não um evangelho infalível. Seria perigoso aceitá-lo como completo. Não é. Utilizado com reservas, poderá ser útil. Tomado como verdade absoluta, poderá levar a muitos erros.

Seria um erro, por exemplo, acreditar – como o sumário sugere – que todas as indústrias atravessaram essas quatro fases sucessivas. Isso ocorreu a algumas, mas não a todas. Novas indústrias surgiram já na terceira fase. Outras pularam etapas.

As épocas mencionadas são apenas aproximações. Quando uma fase predominava, já mostrava indícios de decadência, e as sementes da nova fase começavam a brotar. Assim, no século XIII, quando as corporações estavam no auge, surgiram exemplos do sistema doméstico no norte da Itália. Da mesma forma, exemplos do sistema fabril, quase tal como o conhecemos hoje, já eram evidentes no período que o sumário atribui ao sistema doméstico. Lembre-se o leitor de Jack de Newbury no século XVI.

O contrário também ocorreu. O predomínio de qualquer estágio de desenvolvimento industrial não significa o desaparecimento total do estágio precedente. O sistema de corporações perdurou muito tempo depois de ter aparecido o sistema doméstico. A melhor prova de que uma fase continua existindo durante muito tempo dentro da fase seguinte talvez nos seja proporcionada por esta citação sobre o trabalho doméstico, ou seja, o sistema doméstico. *"Um levantamento do trabalho doméstico realizado para a indústria de metal pré-fabricado... Os produtos incluem ganchos, colchetes, alfinetes de segurança, alfinetes de cabeça e botões de metal. A colocação de cordões ou arames às etiquetas é a outra operação realizada por alguns dos trabalhadores domésticos pesquisados.*

| Distribuição dos trabalhadores segundo o salário-hora médio / centavos de dólar | Número de famílias |
|:---:|:---:|
| 1–2 | 5 |
| 2–3 | 9 |
| 3–4 | 15 |
| 4–5 | 9 |
| 5–6 | 14 |
| 6–7 | 8 |
| 7–8 | 5 |
| 8–9 | 15 |
| 9–10 | 14 |
| 10–11 | 13 |
| 11–12 | 5 |
| 12–13 | 2 |
| 13–14 | 5 |
| 14–15 | 3 |
| 15 ou mais | 7 |
| | 129 |

... A família média trabalha, portanto, um total de 35 homens/hora por semana, pelo que recebe $1,75...

Casas superlotadas, sujas e em mau estado, roupas esfarrapadas e reclamações frequentes sobre a comida insatisfatória, tanto na quantidade como na qualidade, caracterizam os lares pesquisados...

Crianças de menos de 16 anos trabalhavam em 96 das 129 famílias estudadas... Metade delas tinha idade inferior a 12 anos. Trinta e quatro tinham 8 anos e menos, e doze tinham menos de 5 anos..."

Distribuição das crianças empregadas, segundo a idade:

| Idade (em anos) | Número de crianças empregadas |
|---|---|
| 2-3 | 2 |
| 3-4 | 2 |
| 4-5 | 8 |
| 5-6 | 2 |
| 6-7 | 7 |
| 7-8 | 13 |
| 8-9 | 15 |
| 9-10 | 19 |
| 10-11 | 23 |
| 11-12 | 21 |
| 12-13 | 40 |
| 13-14 | 26 |
| 14-15 | 29 |
| 15-16 | 35 |
| Desconhecida | 4 |
| Total | 246[7] |

Chocante, não é? Pensar em crianças de dois e três anos trabalhando! Será isso um relatório sobre o sistema doméstico entre os séculos XVI e XVIII? Na verdade, não. Qual a época e o local das condições acima descritas?

Época: agosto de 1934.
Local: Connecticut, Estados Unidos.

---

[7] Report on Homework in the Fabricated Metal Industry in Connecticut, State Department of Labor, Minimum Wage Division, Hartford, Connecticut, setembro de 1934. [Foram mantidos os valores da época. (N.R.T.)]

# 11

# "OURO, GRANDEZA E GLÓRIA"

*O que Faz a Riqueza de um País? Acumulação de Tesouros.
Estímulo à Indústria. Migração de Trabalhadores.
Riqueza pelo Transporte Marítimo. Colônias.
A Política Mercantilista.*

O que é que torna rico um país? O leitor tem alguma sugestão? Faça uma lista desses elementos e veja se correspondem ao que pensavam os homens inteligentes dos séculos XVII e XVIII. Estavam eles muito interessados no assunto porque pensar em termos de um Estado nacional, de todo um país em vez de uma cidade, apresentava novos problemas. Era preciso considerar não o que seria melhor para a cidade de Southampton ou a cidade de Lyon ou a cidade de Amsterdã, mas o que seria melhor para a Inglaterra, a França ou a Holanda. Queriam transferir para o plano nacional os princípios que haviam tornado as cidades ricas e importantes. Tendo organizado o Estado político, voltaram suas atenções para o Estado econômico. As coisas que escreveram e as leis que defenderam tinham, todas, um conteúdo nacional. Os governos aprovaram leis que, no seu entender, trariam riqueza e poder a toda a nação. Na busca de tal objetivo, mantinham o olho em todos os aspectos da vida diária e modificavam, moldavam e regulavam todas as atividades de seus súditos. As teorias expressas e as leis baixadas foram classificadas pelos historiadores como "sistema mercantil". Na verdade, porém, não constituíam um sistema. O mercantilismo não era um sistema no atual sentido da palavra, mas antes diversas teorias econômicas aplicadas pelo Estado em um momento ou outro, num esforço para conseguir riqueza e poder. Os estadistas ocupavam-se do problema não porque lhes agradasse pensar nele, mas porque seus governos estavam sempre extremamente interessados na questão – sempre quebrados e precisando de dinheiro. O que torna rico um país não era, portanto, uma pergunta ociosa. Era coisa real. E tinha de ser respondida.

A Espanha foi, no século XVI, talvez o mais rico e poderoso país do mundo. Quando os homens inteligentes de outros países perguntavam a razão disso, julgavam encontrar

## 94 | Capítulo 11

a resposta nos tesouros que ela recebia das colônias. Ouro e prata. Quanto mais tivesse, tanto mais rico o país seria – o que se aplicava às nações e também às pessoas. O que fazia as rodas do comércio e indústria girarem mais depressa? Ouro e prata. O que permitia ao monarca contratar um exército para combater os inimigos de seu país? Ouro e prata. O que comprava a madeira necessária para fazer navios, ou o cereal para as bocas famintas, ou a lã que vestia o povo? Ouro e prata. Que fatores tornavam um país bastante forte para conquistar um país inimigo – e eram os 'nervos da guerra'? Ouro e prata. A posse de ouro e prata, portanto, a quantidade desses metais que um país possuísse era o índice de sua riqueza e poder.

A maioria dos autores da época apegava-se à ideia de que *"um país rico, tal como um homem rico, deve ser um país com muito dinheiro; e juntar ouro e prata num país deve ser a mais rápida forma de enriquecê-lo".*[1]

Já em 1757 Joseph Harris, no *An Essay Upon Money and Coins*, escrevia: *"Ouro e prata, por muitas razões, são os metais mais adequados para acumular riqueza; são duráveis, podem ser transformados de qualquer modo sem prejuízo, e têm grande valor em proporção ao volume. Sendo o dinheiro do mundo, representam a forma de troca mais imediata para todas as coisas, e a que mais rápida e seguramente se aceita em pagamento de todos os serviços."*[2]

Como os governos acreditavam nessa teoria de que quanto mais ouro e prata houvesse num país tanto mais rico este seria, o passo seguinte era óbvio. Baixaram-se leis proibindo a saída desses metais. Um governo após outro tomou essa mesma medida, e as *"Leis contra a exportação de ouro e prata"* tornaram-se comuns. Eis uma delas, na Inglaterra: *"Ordena-se pela autoridade do Parlamento que ninguém leve, ou faça levar, para fora deste reino ou de Gales ou outra parte do mesmo, qualquer forma de dinheiro da moeda deste reino, ou de dinheiro e moedas de outros reinos, terras ou senhorias, nem bandejas, vasilhas, barras ou joias de ouro guarnecidas ou não, ou de prata, sem a licença do rei."*[3]

As notícias enviadas pelos agentes dos Fugger ao banco central da Casa podem ser comparadas às da Associated Press, hoje. Em todos os pontos importantes eram colocados correspondentes que transmitiam notícias sobre os grandes acontecimentos tão logo deles tomavam conhecimento. Eis algumas amostras do noticiário dos Fugger:

> *"Veneza, 13 de dezembro de 1596. O rei da Espanha ordenou severamente que nenhum ouro ou prata seja exportado do reino ou usado com objetivos de comércio."*
>
> *"Roma, 29 de janeiro de 1600. O camarista papal mandou avaliar novamente todas as moedas de prata, locais e estrangeiras, decretando que no futuro ninguém poderá levar para fora daqui mais de cinco coroas."*[4]

---

[1] Adam Smith, *Inquiry Into the Nature and Causes of the Wealth of Nations* (1776), v. I, p. 396. Methuen & Co., Londres, 1930. Há tradução em português.
[2] Citado por J. Viner, "English Theories of Foreign Trade Before Adam Smith", em *The Journal of Political Economy*, v. 38, junho, 1930.
[3] *Tudor Economic Documents*, op. cit., v. II, p. 177.
[4] *The Fugger News Letter*, op. cit., 1ª série, n.º 176, p. 209.

Tais medidas podiam conservar no país o ouro e a prata já existentes nele. E países que dispunham de minas dentro de suas fronteiras ou que, como a Espanha, tinham a sorte de possuir colônias com ricas minas de ouro e prata podiam aumentar constantemente suas reservas de metais. Mas como fariam os países que não dispunham de nenhum desses recursos? Como poderiam enriquecer – supondo, como asseveravam alguns mercantilistas, que o dinheiro significava riqueza?

Para tais países, os mercantilistas ofereciam uma solução feliz. Uma "balança de comércio favorável" era a sua resposta. O que se entendia por "balança de comércio favorável"?

Num trabalho de 1549, intitulado *Policies to Reduce this Realm of England unto a Prosperous Wealth and Estate*, encontramos a resposta: *"A única maneira de fazer com que muito ouro seja trazido de outros reinos para o tesouro real é conseguir que grande quantidade de nossos produtos seja levada anualmente além dos mares e menor quantidade de seus produtos seja para cá transportada... Se isso puder ser feito, não será impossível nem improvável mandar para além-mar anualmente, em mercadorias, o valor de um milhão e cem mil libras, e receber de volta, em todos os tipos de mercadorias, apenas o valor de seiscentas mil libras. Não se segue necessariamente que receberíamos então as outras quinhentas mil libras, seja em ouro ou em moeda inglesa?"*[5]

Os países poderiam aumentar sua reserva de ouro dedicando-se ao comércio exterior – diziam os mercantilistas –, tendo sempre a cautela de vender aos outros mais do que deles comprar. A diferença no valor de suas exportações, em relação às importações, teria de ser paga em metal.

A Companhia Inglesa das Índias Orientais tinha em seus estatutos uma cláusula que lhe dava o direito de exportar ouro. Quando, no século XVII, muitos panfletários a atacaram por enviar riquezas para fora da Inglaterra, Thomas Mun, um dos diretores, defendeu a companhia num livro famoso, *A riqueza da Inglaterra pelo comércio exterior*. O título indica a essência da defesa. Mun argumentava que embora a companhia realmente enviasse ouro e prata ao Oriente para a aquisição de mercadorias, essas mercadorias eram reexportadas da Inglaterra para outros países, ou nela trabalhadas e mais tarde revendidas além-mar. Em ambos os casos, mais dinheiro voltava à Inglaterra, o que justificava a exportação dos metais preciosos. Argumentava ainda que o modo realmente importante de aumentar a riqueza do Estado era vender aos países estrangeiros mais do que deles se comprava, mantendo uma balança de comércio favorável. *"O recurso comum, portanto, para aumentar nossa riqueza e tesouro é pelo comércio exterior, no qual devemos observar esta regra: vender mais aos estrangeiros, anualmente, do que consumimos de seus artigos... porque a parte de nosso estoque que não nos for devolvida em mercadorias deverá necessariamente ser paga em dinheiro... Qualquer medida que tomemos para obter a entrada de dinheiro neste Reino, este só permanecerá conosco se ganharmos na balança de comércio."*[6]

O negócio, portanto, era exportar mercadorias de valor e importar apenas o que fosse necessário, recebendo o saldo em dinheiro sonante. Isso significa estimular a indústria por

---

[5] *Tudor Economic Documents*, op. cit., p. 321.
[6] T. Mun, *England's Treasure by Foreign Trade* (1664). The Macmillan Company, Nova York, 1895, pp. 7-8, 52.

todos os meios possíveis, porque seus produtos valiam mais que os da agricultura, e portanto obteriam mais dinheiro nos mercados estrangeiros. E o que era também importante, ter indústria produzindo as coisas de que o povo precisava equivalia a não ser necessário comprá-las do estrangeiro. Era um passo na direção da balança de comércio favorável, bem como no sentido de tornar o país autossuficiente, independente de outros países.

Os países começaram, portanto, a se ocupar de dois importantes problemas: qual a melhor forma de ajudar as velhas indústrias a prosperarem e como estimular a organização de novas. Na Baviera de Maximiliano I, em 1616, uma comissão especial foi nomeada para examinar a questão: *"Resolve-se que pessoas especiais sejam nomeadas, que em dias fixos da semana se reunirão para diligentemente discutir e deliberar... os meios pelos quais mais comércio e ofício serão exercidos no país, e como poderão continuar existindo com utilidade."*[7]

Quais os meios imaginados por essa comissão, e outras semelhantes em vários países, para fomentar a indústria? Foram muitos.

Houve, por exemplo, os prêmios dados pelo governo pelos produtos manufaturados para exportação. Se o leitor fosse fabricante de facas e recebesse de seu governo uma soma de dinheiro para cada dúzia de facas exportada, naturalmente tentaria fabricar um número sempre maior desse artigo. E os fabricantes de chapéus, mantas, munições, linho etc., provavelmente pensariam da mesma forma. Os prêmios governamentais sobre a produção destinavam-se a estimular a manufatura.

O mesmo ocorre com a tarifa protetora. Essa tarifa, cuja finalidade foi proteger as indústrias nascentes e ainda na "infância", é um recurso tão antigo como os mercantilistas, provavelmente mais velho ainda. Eis aqui um pedido de ajuda de uma indústria nascente, feito na Inglaterra muito antes de nascer o criador dessas tarifas na América, Alexander Hamilton: *"Creio ter, senhor, demonstrado que a manufatura do linho... está apenas em sua infância na Grã-Bretanha e Irlanda, e portanto é impossível para nosso povo vender tão barato... como os que têm essa manufatura há muito estabelecida, e que, por essa razão, não podemos realizar qualquer progresso grande ou rápido nessa manufatura sem estímulo público."*[8]

O estímulo público solicitado veio na forma de proteção contra a competição estrangeira, através de altos impostos sobre produtos manufaturados importados. Em certos casos, os governos chegaram mesmo a proibir a importação de determinados artigos, em quaisquer circunstâncias.

Não só se estimulava a indústria pelos prêmios e pelas tarifas elevadas, como também se procurava, de todos os modos possíveis, atrair os trabalhadores estrangeiros habilidosos, capazes de introduzir no país novos ofícios ou novos métodos. Eram eles tentados com privilégios como a isenção de impostos, moradia de graça, monopólio por determinado número de anos no ramo a que se dedicassem ou empréstimos de capital para adquirir o

---

[7]L. Memmert, *Die offentliche Forderung der gowerblichen Produktionsmethoden zur Zeit des Merkantilismus in Bayern*. Leipzig, 1930.
[8]Citado por J. Viner, op. cit., agosto, 1930, p. 417.

equipamento necessário. Quando não podiam ser induzidos a mudar de país voluntariamente, os governos costumavam recorrer à prática do rapto. Colbert, que foi o Mussolini* de sua época, ocupando vários postos do gabinete na França do século XVII, interessava-se particularmente em atrair artesãos estrangeiros para viver e trabalhar na França. Colocava agentes em outros países com a tarefa exclusiva de recrutar trabalhadores – por qualquer meio. A 28 de junho de 1669, escrevia ele a M. Chassan, embaixador francês em Dresden: *"Continue a ajudá-lo [o agente recrutador] de todas as formas possíveis para que sua missão seja coroada de êxito, e fique certo de que o bom tratamento dispensado aos ferreiros que já trouxe para a França lhe permitirá atrair outros para os nossos fabricantes."*[9]

Medidas rigorosas eram tomadas para evitar que voltassem à pátria, tal como se tomavam precauções para impedir que os artesãos locais procurassem outros países e revelassem ou vendessem seus segredos comerciais. Uma compensação dramática dessa política era, no entanto, a expulsão por motivos religiosos de grupos inteiros de pessoas industriosas, capazes, habilitadas em vários ofícios e comércios. De um lado, a França fazia todos os esforços para atrair trabalhadores capacitados e, no entanto, de outro, a expulsão dos huguenotes no século XVII afastava, pela força, muitos dos seus melhores artesãos.

Uma prova interessante de que os governos realmente se preocupavam com o bem-estar dos trabalhadores estrangeiros nos é dada por uma carta da rainha Elisabete, escrita em 1566 para os juízes de Cumberland e Westmoreland. Numa época em que marcar com ferro em brasa, cortar orelhas, pernas e braços ou enforcar eram castigos comuns para delitos vulgares – numa época em que a vida era desprezada, vejam os leitores como a rainha se preocupava com o assassinato de um único alemão: *"Considerando que alguns alemães, a quem outorgamos cartas patentes nossas com nosso selo da Inglaterra, com seu grande trabalho, habilidade e gasto de dinheiro, conseguiram, para seu grande mérito, recuperar recentemente das montanhas e rochas de nossos condados de Cumberland e Westmoreland grande quantidade de minerais, com o propósito de continuarem a fazê-lo. Foram, entretanto, recentemente assaltados, em violação de nossas leis e paz, por grande número de desordeiros dos ditos condados, o que provocou o assalto e morte de um dos ditos alemães, com desestímulo para todo o grupo, ordenamos, por isso, que prendais, conservando-os presos, todos os que provocaram tais distúrbios ou morte. E também que cuidadosamente façais com que todos os ditos alemães, doravante, sejam tratados cordial e pacificamente... O não cumprimento desta ordem representará um grande risco para vós."*[10]

Assim como os estrangeiros cujos conhecimentos seriam úteis à indústria deviam ser protegidos, também os inventores de novos processos eram amparados pelo governo. Quando Jehan de Bras de Fer inventou um novo tipo de moinho, em 1611, o

---

*Benito Mussolini (1883-1945), líder do fascismo italiano, foi nomeado chefe de governo italiano em 1922 e, por meio da ação violenta e do terror político praticado por seus adeptos, todas as formas de oposição foram suprimidas; os candidatos a postos eletivos passaram a ser indicados pelas associações fascistas; as corporações profissionais, diretamente controladas pelo governo, substituíram os sindicatos; os códigos judiciários foram revistos; e a polícia ganhou plenos poderes, estabelecendo assim uma ditadura. (N.R.T.)
[9] P. Boissonnade, *Colbert*. Rivière, Paris, 1932, p. 292.
[10] *Tudor Economic Documents*, op. cit., I, p. 249.

governo concedeu-lhe monopólio por 20 anos, semelhante às patentes de hoje: *"Permitimos que ele e seus associados construam os moinhos de acordo com sua dita invenção, em todas as cidades e aldeias de nosso reinado. Proibimos a todos, de qualquer qualidade ou condição, construir moinhos dessa invenção, seja no todo ou em parte, sem sua permissão expressa e seu consentimento, sob pena de pagar uma multa de 10.000 libras e ter os ditos moinhos confiscados."*[11]

Certos países não só concediam o monopólio aos inventores como também ofereciam prêmios aos que se dedicassem ao estudo do problema de fomentar a indústria pela descoberta de métodos novos e melhores. Na França, Colbert organizou institutos de educação técnica, mantidos pelo Estado, bem como fábricas administradas também pelo Estado. Na Baviera, em fins do século XVI, as fábricas estatais de tecidos empregavam dois mil operários. Tais fábricas deviam servir de modelo, inspiração, laboratório. Era nessas empresas em grande escala, não sujeitas a restrições das corporações, que se podiam realizar livremente experiências e progressos difíceis para o artesão isolado.

Mas embora difícil, não era impossível. E o Estado estava sempre pronto a estimular a indústria, subsidiando-a diretamente ou de qualquer um dos modos já mencionados. As indústrias têxteis francesas, quando Colbert estava no governo, receberam cerca de oito milhões de libras de subsídios, de um tipo ou de outro. A um grupo que pretendia fundar uma fábrica para manufatura de seda e tecido de ouro e prata, na França do século XVII, o governo concedeu muitos privilégios de valor, bem como ajuda direta em dinheiro: *"Um dos principais meios de atingir essa finalidade [o bem-estar comum de nossos súditos] é o estabelecimento de artes e manufaturas, com a esperança de que proporcionem enriquecimento e progresso a este reino, para que não tenhamos mais de procurar nossos vizinhos como se fôssemos mendigos... buscando aquilo que não temos, e também porque é um meio fácil e bom de limparmos nosso reino dos vícios da ociosidade, e a única forma pela qual deixaremos de ter que mandar para fora do reino o ouro e a prata para enriquecer nossos vizinhos... [Faz uma relação de nomes, estipulando o prazo de 12 anos]... durante o dito tempo ninguém mais, na mencionada cidade de Paris, pode ter ou montar as ditas fábricas... a menos que seja com sua permissão e consentimento... e a fim de ajudá-los no grande investimento necessário a esse estabelecimento, concedemos aos ditos industriais... a soma de 180.000 libras, que lhes será atribuída... sem qualquer demora, soma essa que conservarão por 12 anos sem pagamento de juros, e no fim desse tempo serão chamados a nos devolver apenas 150.000 libras, e as 30.000 restantes lhes serão dadas como prêmio em consideração das enormes despesas que compreendemos serem necessárias e que terão de fazer, por seu risco, a fim de montar o dito estabelecimento."*[12]

Esse edito apresenta outra vantagem ressaltada pelos mercantilistas em seus argumentos a favor do fomento da indústria. Assinalam continuamente que o crescimento da indústria não só representava um aumento nas exportações, que por sua vez ajudava uma balança

---

[11] Recueil Général, op. cit., v. 16, pp. 18-21.
[12] Recueil Général, op. cit., v. 15, pp. 283-7.

de comércio favorável, mas também provocava aumento de emprego. T. Manley, escrevendo em 1677, dizia que *"uma libra de lã, manufaturada e exportada, é mais interessante para nós, porque emprega nossa gente, do que dez libras exportadas em bruto por duas vezes o preço atual"*.[13] Num período em que os mendigos e desempregados constituíam problema e custavam boas somas na assistência social, tal argumento tinha valor considerável. Para o rei, que se preocupava com o bem de seu povo, para os pensadores mercantilistas, que acima de tudo estavam interessados em consolidar o poder e a riqueza nacionais, a necessidade de manter em boa forma os homens do país – a carne de canhão – era evidente. Portanto, a indústria que lhes desse emprego devia ser estimulada. Dedicou-se também grande atenção à produção de cereais, para assegurar alimento ao povo, para que estivesse forte – quando chegasse a guerra. Era evidente a todos que um abastecimento adequado de alimentos tinha a maior importância no caso de uma guerra, e por isso a Inglaterra concedia prêmios para estimular a produção de cereais. Uma nação autossuficiente em alimentos durante uma guerra, e dispondo de combatentes fortes e bem alimentados, era um dos principais objetivos das várias leis sobre cereais baixadas nos diferentes países.

Combatentes. Tempos de guerra. Quem pensasse nesses termos naturalmente se preocuparia com o número e a qualidade dos navios, necessários tanto para defender a pátria como para atacar um país inimigo. E assim como julgavam que o fomento da indústria era vital para uma balança de comércio favorável, os mercantilistas também consideravam essencial a construção de uma marinha mercante, pelo mesmo motivo.

Os governos davam ênfase, na proporção de seu interesse pelo comércio exterior, à importância de recursos marítimos adequados para transportar seus produtos industriais a outros países. Voltavam sua atenção, portanto, para o estímulo à navegação com o mesmo zelo demonstrado no fomento da indústria. Os construtores de navios recebiam prêmios governamentais; os produtos necessários à indústria naval, alcatrão, piche, madeiras fortes etc., eram buscados e podiam entrar no país sem pagar taxas; os homens eram obrigados a ingressar na marinha – na França, os juízes deviam condenar os criminosos às galés, sempre que possível. Na Inglaterra, a indústria da pesca era estimulada por constituir uma escola de treinamento para os homens do mar. Convencia-se o povo a comer mais peixe e, sem dúvida, a máquina de propaganda da época funcionava para convencer a todos de que o peixe continha elementos que não só eram bons para a saúde, como absolutamente necessários para assegurar uma existência prolongada.

Com o declínio da Espanha em fins do século XVI, a pequena Holanda passou ao primeiro lugar como potência da época. Era pequena, mais rica e forte, e uma das razões de sua força era a capacidade marítima. Os habitantes da Holanda, como os de Veneza, eram obrigados, pelas suas condições geográficas, a saber tudo sobre embarcações. O mar do Norte, com seu maravilhoso tesouro de peixes, atraía constantemente o holandês. A corrente de produtos do norte que ia para o Mediterrâneo, e vice-versa, passava quase exatamente no meio da Holanda – e sem dúvida os dinâmicos holandeses aproveitaram a oportunidade.

---

[13] T. Manley, *A Discourse Showing that the Exportation of Wooll Is Destructive to this Kingdom*. Londres, 1677.

Lançaram-se ao mar e tornaram-se os transportadores das mercadorias mundiais. Barcos holandeses iam a toda parte – levando mercadoria de todo mundo a todo lugar.

Mas Inglaterra e França não estavam satisfeitas de ver as mercadorias inglesas e francesas sendo transportadas pelos navios holandeses. Parte de seu plano de autossuficiência incluía a construção de frotas próprias. Não lhes agradava pagar bom dinheiro aos marinheiros holandeses para servir de transportadores de seus produtos. As Leis de Navegação inglesas, tão famosas, tinham como um dos objetivos principais tomar aos holandeses o controle dos serviços de transportes marítimos. Esse objetivo é evidente numa das leis, datada de 1660, que diz: *"Para o andamento dos navios e estímulo à navegação desta nação... fica estipulado... que a partir do primeiro dia de dezembro de 1660... nenhum artigo ou mercadoria de qualquer espécie será importado ou exportado de nossas terras, ilhas, plantações ou territórios de propriedade ou posse de Sua Majestade... na Ásia, África ou América, em qualquer outro navio ou navios de qualquer tipo, mas nos navios que realmente e sem fraude pertencerem apenas ao povo da Inglaterra ou Irlanda [ou] Domínio de Gales ou... construídos e pertencentes a qualquer das ditas terras, ilhas, plantações ou territórios, como verdadeiros proprietários, e dos quais o mestre e três quartos dos marinheiros pelo menos sejam ingleses."*[14]

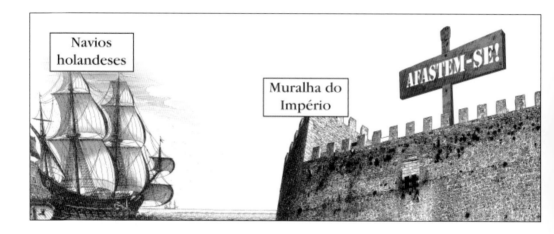

Nessa política, a metrópole e as colônias deviam agir como um todo, unidas na luta comum contra o estrangeiro intruso. Foi para os colonos americanos uma grande vantagem ter essa defesa contra os interesses marítimos holandeses, mais fortes. Esse aspecto das Leis de Navegação ajudou os americanos a construir sua marinha mercante, de modo que os barcos ianques tornaram-se, sem demora, familiares a todos os portos do mundo. Ter parte do monopólio do transporte marítimo do crescente Império britânico deu riqueza aos construtores, armadores e marinheiros norte-americanos.

---
[14] Bland, Brown e Tawney, op. cit., pp. 670-1.

Mas havia outros aspectos das Leis de Navegação que não eram vantajosos para as colônias. Fazia parte do pensamento mercantilista a crença de que as colônias eram outra fonte de renda *para a metrópole*.

Baixaram-se, portanto, leis proibindo aos colonos iniciar qualquer indústria que pudesse competir com a indústria da metrópole. Os colonos não podiam fabricar gorros, chapéus ou artigos de lã ou ferro. A matéria-prima desses produtos existia na América, mas os colonos deviam mandá-la para a Inglaterra, onde seria beneficiada, e comprá-la de volta na forma de produtos acabados.

> Matéria-prima colonial → para a Inglaterra, era manufaturada ali, e → mandada de volta para a América, em vez de matéria-prima → manufaturada na América.

Essa a atitude da Inglaterra – não apenas para com a América, mas para com todas as suas colônias. A Irlanda, por exemplo, era colônia inglesa. Quando os irlandeses começaram a transformar a lã em tecido, foi baixada uma lei proibindo sua indústria têxtil. Poderiam eles, então, exportar livremente a lã bruta? Não, tinham de vendê-la à Inglaterra apenas, que usaria o necessário e reexportaria o resto. Como a Inglaterra podia, com isso, ditar o preço, grande número de irlandeses empobreceu. Dessa forma, a política mercantilista teve seu papel na luta dos irlandeses pela independência do domínio britânico, tal como ocorreu na América.

Certos produtos americanos, como tabaco, arroz, anil, mastros, terebintina, alcatrão, piche, pele de castor, ferro em bruto (a lista aumentava com o tempo), tinham de ser enviados apenas para a Inglaterra. Os ingleses desejavam tais coisas para si, para suas indústrias. E quando não podiam consumi-las, reexportavam-nas – com lucro.

> Tabaco da Virgínia → Mercadores ingleses → Fabricantes franceses de rapé
>
> em vez de
>
> Tabaco da Virgínia → Fabricantes franceses de rapé.

A chave para compreender o atrito surgido entre a metrópole e as colônias está no fato de que enquanto a metrópole julgava que as colônias existiam para ela, estas julgavam que existiam para si mesmas. Sir Francis Bernard, governador real de Massachusetts, deixou bem clara a noção da relação entre metrópole e colônias: *"Os dois grandes objetivos da Grã-Bretanha em relação ao comércio americano devem ser: 1) obrigar seus súditos americanos a comprar apenas na Grã-Bretanha todas as manufaturas e mercadorias europeias que ela lhes puder fornecer; 2) regular o comércio exterior dos americanos de tal forma **que os lucros gerados por ele se centralizem finalmente na Grã-Bretanha**, ou sejam aplicados à melhoria de seu próprio império."*[15]

---

[15]Citado por Charles e Mary Beard, *The Rise of American Civilization*. The Macmillan Company, Nova York, 1933, v. I, p. 115. (O grifo é meu.)

## 102 | *Capítulo 11*

Eis uma afirmação clara de que as colônias existiam apenas para ajudar a metrópole em sua luta pela riqueza e pelo poderio nacional. O que ocorria não só na Inglaterra, mas na França, na Espanha, em toda metrópole da era mercantilista. É importante lembrar isso.

É também importante lembrar que "riqueza nacional" e "poderio nacional" são frases ocas. É uma coincidência interessante serem as medidas sugeridas por muitos autores como as melhores para tornar "nosso país" rico, também as mais indicadas para torná-los, e à sua classe, ricos. Isso não significa que auferissem lucros diretos. Nada disso. Era natural, apenas, que identificassem seus interesses com os de todo o país. Em nenhuma época, talvez, foi mais evidente a ligação entre o interesse econômico e a política nacional.

O leitor se lembrará das dores de cabeça que os reis tiveram para levantar dinheiro. Não havendo um sistema de impostos amplo e bem desenvolvido, não podiam nunca ter certeza de conseguir o dinheiro de que precisavam, no momento justo. O tesouro não podia contar com o afluxo permanente de dinheiro. Era por isso que o rei arrendava sua receita a coletores de impostos que lhe pagavam adiantadamente (e arrancavam todo o centavo que podiam dos pobres contribuintes). Era por isso que o rei vendia postos aos mais ricos e concedia monopólio por altas somas. Era por isso que, por menos que quisesse, era obrigado a vender terras da Coroa. Era por isso que se via obrigado a pedir empréstimos aos banqueiros e mercadores. Era por estarem sempre em dificuldades monetárias que os governos davam tamanha importância ao amontoamento de metais preciosos. E como acreditavam também que o tesouro podia ser obtido pelo comércio, era natural considerarem os interesses do Estado e da classe de mercadores ou comerciantes como idênticos. Foi assim que o Estado tomou como sua tarefa principal o apoio e o estímulo ao comércio e a tudo que se relacionasse com ele.

Foi pelo comércio que o Estado se tornou grande, e conseguiu sua cota na expansão dos negócios e territórios. O mercantilismo era o regime dos mercadores.

Os mercantilistas acreditavam que, no comércio, o prejuízo de um país era lucro de outro – isto é, um país só podia aumentar seu comércio a expensas de outro. Não consideravam o comércio como algo que proporciona benefício mútuo – uma troca vantajosa – mas como uma quantidade fixa, da qual todos procuravam tirar a maior parte. O autor que, no século XVIII, escreveu *The Dictionary of Trade and Commerce* assim se expressou sobre o assunto: *"Parece haver apenas uma limitada quantidade de comércio na Europa. Suponhamos que no comércio da indústria de lã... a Inglaterra seja o canal exportador e fornecedor no valor de 15 milhões; se, em qualquer ano, ela fornecer 20 milhões, isso se fará a expensas e diminuição das vendas dos outros."*[16]

E Colbert escreveu a M. Pomponne, embaixador francês em Haia, em 1670: *"Como o comércio e a manufatura não podem diminuir na Holanda sem passar às mãos de algum outro país... não há nada mais importante e necessário para o bem geral do Estado que, ao mesmo tem-*

---

[16]Savary des Bruslons, *Universal Dictionary of Trade and Commerce Translated from the French with Additions and Improvement by Malachy Postelthwayt*, v. II, p. 6. Londres, 1757. (Disponível em meio digital na Biblioteca Nacional de Portugal – versão em português.)

*po em que vemos crescer nosso comércio e indústria dentro do nosso reino, vejamos também sua diminuição real e efetiva nos Estados da Holanda.*"[17]

Vemos que a crença de que "não há nada mais importante e necessário para o bem geral do Estado" do que a redução do comércio e indústria de um Estado rival só poderia levar a uma coisa: guerra. O fruto da política mercantilista é a guerra. A luta pelos mercados, pelas colônias – tudo isso mergulhou as nações rivais numa guerra após outra. Algumas foram travadas abertamente como guerras comerciais. O objetivo de outras foi disfarçado com nomes pomposos, como acontece frequentemente ainda hoje. Mas dizia o Arcebispo de Canterbury, em 1690, que "em todas as lutas e disputas que nos últimos anos ocorreram nesta parte do mundo, julgo que, embora alegassem objetivos altos e espirituais, o fim e o objetivo verdadeiro era o Ouro, a Grandeza e a Glória secular".[18]

Tomemos a última frase do Arcebispo – Ouro, Grandeza e Glória – como um resumo preciso do que buscavam os mercantilistas.

---

[17] A. J. Sargent, *Economic Policy of Colbert*. Longmans, Green and Co., Londres, 1899, pp. 78-9.
[18] Citado em C. J. H. Hayes, *Essays on Nationalism*, p. 37. The Macmillan Company, Nova York, 1926.

# 12

# DEIXEM-NOS EM PAZ!

*Revolta contra o Mercantilismo.
A Doutrina do Laissez-faire. Os Fisiocratas.
O Conceito de Renda Nacional. O Comércio Livre.*

Mil setecentos e setenta e seis foi um ano de revolta. Ano notável. Aos norte-americanos, ele lembra a Declaração da Independência, a revolta contra a política colonial mercantilista da Inglaterra; aos economistas de todo o mundo, lembra a publicação da *A riqueza das nações*, de Adam Smith – súmula da nascente rebelião contra a política mercantilista – restrição, regulamentação, contenção. Um número cada vez maior de pessoas discordava da teoria e da prática mercantilistas. Não concordava porque sofria com elas. Os comerciantes queriam uma parte dos enormes lucros das companhias monopolizadoras privilegiadas. Quando tentaram participar delas, foram excluídos como intrusos. Os homens que tinham dinheiro desejavam usá-lo como, quando e onde lhes aprouvesse. Queriam aproveitar todas as oportunidades proporcionadas pela expansão da indústria e do comércio. Sabiam o poder que lhes dava o capital e desejavam exercê-lo livremente. Estavam cansados do "podem fazer isso, não podem fazer aquilo". Estavam fartos das "Leis contra... Impostos sobre... Prêmios para..." Queriam o comércio livre.

Os governos desejavam ajudar a indústria. Muito bem. Parecia, porém, que não podiam ajudar uma classe sem prejudicar a outra. E a classe prejudicada não gostava disso. Protestava. Na Prússia, em 1700, os produtores de lã não podiam exportar seu produto. Isso tinha por objetivo estimular a manufatura de tecidos, assegurando aos fabricantes bastante matéria-prima – a preço barato. Os industriais viam com bons olhos essa proibição de exportar lã. Mas os produtores de lã protestavam. Em 1721 fizeram uma petição ao rei solicitando que a lei fosse abolida: "... *segundo confessam os manufatores, os armazéns estão cheios de grandes estoques de lã... É também evidente que a produção de lã deste ano... não terá nem sua metade vendida. A graciosa intenção de Vossa Real Majestade de fazer com que não haja falta de lã para os industriais, que com isso a indústria seja estimulada... já está plenamente realizada; por outro lado, no entanto, o prejuízo causado aos que criam ovelhas aumenta, pois com o abarrotamento dos estoques têm de vender sua lã ao preço que lhes impõe o comprador... O país, em sua totalidade, está sofrendo com essa redução legal dos preços da lã (que baixará ainda mais se a proibição de exportar continuar)... As ovelhas dão mais despesas do que lucro, e muitos criadores poderão ter a ideia de deixar que seus rebanhos desapareçam."*

Mas o rei Frederico Guilherme I apegou-se à política de restrição. Eis como respondeu à petição: *"Sua Majestade o rei da Prússia... considera necessário manter a proibição da exportação de lã... pois a experiência mostra que outras potências, particularmente a Inglaterra, que também não permitem a exportação de sua lã, com isso estão agindo bem, e o país enriquece."*[1]

Talvez o rei da Prússia tivesse razão quanto ao enriquecimento da Inglaterra. Mas os mercadores daquele país teriam discordado da razão por ele atribuída ao enriquecimento. Sabemos que também os mercadores não estavam satisfeitos com as restrições mercantilistas. Queriam modificações que melhorassem seus negócios. Tomaram aos mercantilistas o processo de expor seus argumentos – ou seja, diziam defender a política que melhor traria riqueza e prosperidade *ao país*. Um erro antigo e imperdoável, esse de confundir os interesses pessoais com os interesses do país. Na ata da Câmara dos Comuns, do dia 8 de maio de 1820, encontramos sua defesa do comércio livre: *"Uma petição dos mercadores da cidade de Londres foi apresentada e lida; dizia ela que o comércio exterior conduz acentuadamente à riqueza e à prosperidade do país, permitindo-lhe importar as mercadorias para cuja produção o solo, o clima, o capital e a indústria de outros países são aptos, e exportar em pagamento os artigos que melhor produz; que a liberdade de qualquer limitação se destina a dar a maior expansão ao comércio exterior, e a melhor direção ao capital e indústria do país; que a máxima de comprar no mercado mais barato e vender no mais caro, bússola de todo comerciante em seus negócios individuais, é rigorosamente aplicável, como melhor regra de comércio, a toda a nação; que uma política baseada nesses princípios tornaria o comércio do mundo um intercâmbio com vantagens mútuas, e difundiria o aumento de fortuna e melhor vida entre os habitantes de todos os países... que os preconceitos existentes em favor do sistema de proteção, ou restritivo, podem ser atribuídos à suposição errônea de que toda importação de mercadorias estrangeiras provoca uma diminuição ou desestímulo de nossa própria produção, na mesma proporção – de forma que se o raciocínio em que se baseiam tais regulamentos fosse seguido com coerência, acabaríamos excluídos de todo o comércio com o estrangeiro."*[2]

*A riqueza das nações: investigação sobre sua natureza e suas causas*, de Adam Smith, foi um desses livros que dominam a imaginação do público e varrem país após país. Ao contrário de autores anteriores, para os quais o Estado devia seguir esta ou aquela política para tornar-se poderoso, Adam Smith se ocupava mais do estudo das causas que influenciam a produção e a distribuição da riqueza. A maioria dos mercantilistas tinha interesses a defender, mas os ocultava dizendo que o país se tornaria mais rico defendendo precisamente

---

[1] G. Hinrichs, *Die Wollindustrie in Peussen*, pp. 377-8, Parey, Berlim, 1933.
[2] *Journals of the House of Commons*, v. 75, 1819-1820, 8 de maio de 1920.

esses interesses. Smith, ao contrário, interessou-se mais pela análise do que pelas sugestões práticas, e abordou o assunto de forma científica. Parte de seu famoso livro é dedicada ao estudo da doutrina mercantilista, que desmascarou.

Houve outros, antes dele, que a desmascararam também. Nos dias áureos do mercantilismo alguns pensadores atacaram seus princípios. Toda medida mercantilista teve seus críticos.

Vejamos, por exemplo, o imposto e a proibição de importação de mercadorias estrangeiras. Já em 1690 Nicholas Bardon, no *A Discourse of Trade*, escrevia: "*A proibição do comércio é a causa de sua decadência, pois todos os produtos estrangeiros são trazidos pela troca com as mercadorias locais, assim, proibindo-se qualquer mercadoria estrangeira, impedem-se o fabrico e a exportação de parte correspondente da mercadoria nacional, que pela primeira costumava ser trocada. Os artífices e mercadores que trabalham em tais mercadorias perdem seu comércio...*"[3]

Ou tomemos o conhecido argumento da "balança de comércio". Em 1691 Dudley North se lançava contra ele, num famoso livro denominado *Discourses Upon Trade*. "*Não há muito, houve grande agitação com pesquisas sobre a balança de exportação e importação, e com a balança de comércio, como diziam. Imaginava-se que, se trouxéssemos mais mercadorias do que mandávamos para fora, estaríamos a caminho da ruína. Pode parecer estranho ouvirmos dizer, hoje, que todo o mundo é, quanto ao comércio, apenas uma nação ou um povo, e que as nações são como pessoas... Que não pode haver comércio sem lucros para o público, pois quando não há lucros o comércio é abandonado... Que nenhuma lei pode estabelecer prêmios ao comércio, pois estes devem vir por si mesmos. E, quando essas leis são baixadas em qualquer país, constituem um empecilho ao comércio, e, portanto, são prejudiciais.*"[4]

Também Joseph Tucker, em 1749, combateu a política mercantilista dos monopólios: "*Nossos monopólios, companhias públicas e companhias por ações são um prejuízo e destruição para o comércio livre... Toda a Nação sofre em seu comércio, e fica privada do comércio com mais de três quartos do Globo, para enriquecer alguns diretores ambiciosos. Eles se enriquecem dessa forma, ao passo que a população se torna pobre.*"[5]

Tucker também atacou a política colonial mercantilista: "*Nossa condenada política e o ciúme natural do comércio e das manufaturas da Irlanda é outro enorme empecilho à expansão do nosso comércio. Se a Irlanda enriquecer, que acontecerá? A Inglaterra também será rica, e a França mais pobre. A lã, que agora é contrabandeada da Irlanda para a França e ali manufaturada, e mandada ao mercado para competir com o nosso produto, será manufaturada na Irlanda. As rendas das propriedades dos senhores irlandeses aumentarão, e o dinheiro encontrará, sem demora, o caminho da Inglaterra.*"[6]

---

[3] N. Bardon, *A Discourse of Trade* (1690). Baltimore, 1905.
[4] D. North, *Discourses Upon Trade* (1691). Baltimore, 1907.
[5] J. Tucker, *Brief Essay on the Advantages and Disadvantages Which Respectively Attend France and Great Britain with Regard to Trade*, p. 25. Londres, 1749.
[6] Ibid., p. 28.

E a noção mercantilista da importância que para um país tinha o estoque de ouro e prata? David Hume, amigo de Adam Smith, destruiu-a em 1742. Mostrou que um grande tesouro não traz vantagens duradouras para o país. Sua teoria era que, em consequência do comércio internacional, todo país com um dinheiro metálico consegue o volume de ouro que estabelece seus preços de modo a equilibrar as importações e as exportações. Como?

O leitor se lembrará da explicação sobre a elevação e a redução de preços de acordo com a quantidade do dinheiro em circulação. Hume partiu desse ponto. *"Se considerarmos qualquer reino em si, é evidente que a maior ou menor abundância de dinheiro não tem importância: pois o preço das mercadorias é sempre proporcional à abundância do dinheiro."*[7]

O que acontece ao comércio de um país quando os preços se elevam? Evidentemente, os consumidores noutro país comprarão menos suas mercadorias, porque estas se tornam mais caras. Isso significa que o país exportará menos. Portanto, suas exportações não corresponderão às importações. O país comprará de outros quantidade de mercadoria maior do que estes lhe compram. Mas a diferença tem de ser paga de uma forma ou de outra. Se suas exportações não pagam as importações, a diferença terá que ser paga em dinheiro, o que implica a perda de ouro para o país cujos preços se elevaram. Essa perda reduzirá o total de dinheiro em circulação, e os preços, portanto, cairão novamente; os outros países verificam que podem novamente comprar barato as mercadorias, e com isso as exportações se elevam outra vez, equilibrando-se com as exportações. A recíproca é também verdadeira, evidentemente. Se os preços caem num país, devido ao decréscimo do dinheiro em circulação, outros países lhe comprarão mais mercadorias, porque serão mais baratas. O país exportará então mais do que importa, e a diferença será paga em dinheiro. Esse aumento do ouro no país elevará, ainda uma vez, os preços.

Essas são apenas, é claro, as linhas mestras da situação. Na realidade, a coisa não se processa com essa rapidez, e leva bastante tempo – a exposição só é válida "como tempo". Mas a explicação de Hume realmente derrubou a importância dada pelos mercantilistas às grandes reservas de metais preciosos.

Uma após outra, as teorias mercantilistas foram atacadas por vários autores no momento mesmo em que estavam sendo formuladas. A questão do comércio livre, particularmente, foi defendida pelos fisiocratas na França.

Era de esperar que a oposição à restrição e à regulamentação mercantilista surgisse mais acentuadamente na França, pois foi nesse país que o controle estatal da indústria atingiu o máximo. A indústria estava ali cerceada por uma tal rede de "pode" e "não pode" e por um exército de inspetores abelhudos que impunham os regulamentos prejudiciais que é difícil compreender como se conseguia fazer qualquer coisa. As regras e regulamentos das corporações já eram bastante prejudiciais. Continuaram em vigor, ou foram substituídos por outros regulamentos governamentais, ainda mais minuciosos, e que se destinavam

---

[7] D. Hume, Essays, *Moral, Political and Literary*. Organizados por T. H. Green e T. H. Grose, Londres, 1875. Ensaios originalmente publicados em 1742. Em português, *Ensaios morais, políticos e literários*. Rio de Janeiro: Topbooks, 2006.

a proteger e ajudar a indústria da França. De certa forma, ajudaram. Mas ainda quando tinham utilidade, aborreciam os industriais. Podia o fabricante de tecidos, por exemplo, fabricar o tipo de fazenda que lhe agradasse? Não. Os tecidos tinham de ser de uma qualidade determinada, e nada mais. Podia o fabricante de chapéus atrair a procura do consumidor, produzindo chapéus feitos de uma mistura de castor, pele e lã? Não. Só podia fazer chapéus todos de castor ou todos de lã, e nada mais. Podia o fabricante usar uma ferramenta nova e talvez melhor na produção de suas mercadorias? Não. As ferramentas tinham que ser de determinado tamanho e forma, e os inspetores apareciam sempre para verificar isso.[8]

O resultado natural desse avanço excessivo numa direção seria um movimento igualmente profundo na outra. O controle demasiado da indústria estimulou a luta pela ausência total de controle. Um dos pioneiros dessa luta foi um comerciante francês chamado Gournay. Dele escreveu Turgot, famoso ministro das Finanças da França: *"Espantou-se ele ao verificar que um cidadão não podia fazer nem vender nada sem ter comprado o direito disso, conseguindo, por alto preço, sua admissão numa corporação... Nem havia imaginado que um reino onde a ordem de sucessão fora estabelecida apenas pela tradição... o governo teria condescendido em regulamentar, por leis expressas, o comprimento e a largura de cada peça de tecido, o número de fios de que deve ser formada, e consagrar com o selo da legislatura quatro volumes* in quarto *cheios desses detalhes importantes, bem como baixar numerosas leis ditadas pelo espírito monopolista. Não o surpreendeu menos ver o governo ocupar-se da regulamentação do preço de cada mercadoria, proibindo um tipo de indústria com a finalidade de fazer florescer outro... e julgar que assegurava a abundância do cereal, tornando a situação do agricultor mais incerta e desgraçada do que a de todos os outros cidadãos."*[9]

Gournay estava mais do que surpreendido com essa regulamentação excessiva. Queria que a França se livrasse dela. Imaginou a frase que se tornaria o grito de batalha de todos os que se opunham às restrições de toda sorte: "*Laissez-faire!*" Uma tradução livre dessa frase famosa seria: "Deixem-nos em paz!"

*Laissez-faire* tornou-se o lema dos fisiocratas franceses que viveram na época de Gournay. Eles são importantes porque constituem a primeira "escola" de economistas. Formavam um grupo que, a partir de 1757, se reunia regularmente sob a presidência de François Quesnay para examinar problemas econômicos. Os membros da escola escreveram livros e artigos pedindo a eliminação das restrições, defendendo o comércio livre, o *laissez-faire*. Quando Mirabeau, fisiocrata famoso, recebeu de Carlos Frederico, governador de Baden em 1770, pedido de conselho sobre como administrar o reino, escreveu: *"Ah, meu senhor, sede o primeiro a dar a vossos Estados a vantagem de um porto livre e um comércio justo, e que as primeiras palavras ouvidas em vosso território, depois de vosso amado e respeitado nome, sejam as três palavras nobres: Independência, Imunidade, Liberdade! Vossos Estados se tornarão rapidamente a habitação privilegiada do homem, a rota natural do comércio, o ponto de encontro do universo."*[10]

---

[8]Cf. Renard e Weulerse, op. cit., pp. 180-182.
[9]E. Cannan, *A Review of Economic Theory*. P. S. King & Co., Londres, 1929, pp. 26-27.
[10]*Carl Friedrichs von Baden brieflicker Verkehr mit Mirabeau und Du Pont*, v. I, Heidelberg, 1892, p. 27.

Os fisiocratas chegaram à sua fé no comércio livre por um caminho indireto. Acreditavam, acima de tudo, na inviolabilidade da propriedade privada, particularmente na propriedade privada da terra. Por isso, acreditavam na liberdade – o direito de o indivíduo fazer de sua propriedade o que melhor lhe agradasse, desde que não prejudicasse a outros. Atrás de sua argumentação a favor do comércio livre está a convicção de que o agricultor devia ter permissão para produzir o que quisesse, para vender onde desejasse. Naquela época, não só era proibido mandar cereais para fora da França sem pagar imposto como o próprio trânsito do produto de uma parte do país para outra era taxado. A isso se opunham os fisiocratas. Mercier de la Rivière, autor da melhor exposição dos princípios defendidos pelos fisiocratas, assinalou que a liberdade completa era essencial ao gozo dos direitos de propriedade: *"Não poderá haver grande abundância de produção sem grande liberdade... Não é verdade que um direito que não pode ser exercido deixa de ser um direito? Portanto, é impossível pensar nos direitos de propriedade sem liberdade... O homem não empreende nada se não tiver o estímulo do desejo de desfrutar do que faz; ora, esse desejo não nos pode atingir, se for separado da liberdade de desfrutar."*[11]

Os fisiocratas abordavam todos os problemas sob o ângulo de seus efeitos na agricultura. Argumentavam ser a terra a única fonte de riqueza, e o trabalho na terra o único trabalho produtivo. Em sua correspondência com Carlos Frederico, Mirabeau disse: *"Nosso camponês, em sua capacidade de lavrador, dedica-se ao trabalho produtivo e é apenas desse trabalho que procuramos lucro, descontadas as despesas; em sua qualidade de tecelão, o trabalho que executa é estéril; desempenha uma parte na totalidade dos serviços, mas nada produz."*[12]

Diziam os fisiocratas que somente a agricultura fornece as matérias-primas essenciais à indústria e ao comércio. Embora concordassem que os artesãos podiam ter um papel útil na transformação da matéria-prima em produto acabado, julgavam que ele não contribuía para aumentar a riqueza. Depois de trabalhada, a matéria-prima valia mais, mas o seu aumento de valor não era igual ao total gasto para pagar ao artesão seu trabalho. Não havia aumento de riqueza. Isso não ocorria com a agricultura, diziam eles. Enquanto a indústria era estéril, a agricultura era proveitosa. Muito acima do custo do trabalho agrícola e do lucro do dono da terra, havia um produto líquido – devido à generosidade da Natureza – que representava um verdadeiro aumento de riqueza. O excedente agrícola superior aos gastos, o produto líquido, diziam, podia variar de ano para ano. Era grande ou pequeno, segundo as estações.

Embora os economistas de hoje discordem de muitos aspectos da teoria fisiocrata, atribuem-lhe o mérito de mostrar que a riqueza de um país não deve ser estimada como uma soma fixa de mercadorias acumuladas, mas sim pela sua renda, não como um estoque, mas como um fluxo.

Adam Smith tinha o seguinte a dizer sobre as teorias dos fisiocratas: *"Esse sistema, porém, com todas as suas imperfeições, é talvez o que mais se aproxima da verdade, dentre os já pu-*

---

[11] Mercier de la Rivière, *L'Ordre Naturel et Essentiel des Sociétés Politiques* (1767). Geuthner, Paris, 1910, p. 24.
[12] C. Knies, op. cit., p. 32.

blicados sobre a questão da Economia Política... Embora ao representar o trabalho da terra como o único produtivo, as noções que inculca são talvez demasiado restritas e confinadas; no entanto, ao representar a riqueza das nações como formada não das riquezas de dinheiro, que não podem ser consumidas, mas pelos bens consumíveis anualmente reproduzidos pelo trabalho da sociedade, e ao representar a liberdade perfeita como o único recurso eficiente para aumentar a produção anual da melhor forma possível, sua doutrina parece ser, sob todos os pontos de vista, tão exata quanto generosa e liberal."[13]

Embora os fisiocratas se tivessem antecipado a Adam Smith na defesa da "liberdade perfeita", a influência deste último foi muito maior. Sua *A riqueza das nações* teve edições consecutivas. Foi muito lida durante sua vida, e continuou a ser depois que ele morreu. Na derrubada da teoria mercantilista, seus golpes foram os decisivos. Assim liquidou ele os partidários do muito ouro: *"O país que não tem minas próprias deve, sem dúvida, obter seu ouro e prata dos países estrangeiros, tal como o país que não tem vinhas precisa obter seu vinho. Não parece necessário, porém, que a atenção do governo se deva voltar mais para um problema do que para outro. O país que tiver meios para comprar vinho terá sempre o vinho que desejar; e o país que tiver meios de comprar ouro e prata terá sempre abundância desses metais. Eles são comprados por determinado preço, como todas as outras mercadorias."*[14]

Sua opinião sobre a política colonial dos mercantilistas resumiu-se na frase seguinte: *"O monopólio do comércio da colônia, portanto, como todos os outros expedientes mesquinhos e malignos do sistema mercantilista, deprime a indústria de todos os outros países, mas principalmente a das colônias, sem que aumente em nada – pelo contrário, diminui – a indústria do país em cujo benefício é adotado."*[15]

A primeira frase do livro de Smith começa com uma defesa do comércio livre. Diz-nos que *"o maior melhoramento na capacidade produtiva do trabalho... parece ter sido o efeito da divisão do trabalho"*. E por divisão do trabalho Smith entendia, já em 1776, o mesmo que entendemos hoje: especialização. Manter o trabalhador na mesma função, até que se torne um perito nela:

*"Tomemos o exemplo de uma manufatura sem importância, mas na qual a divisão do trabalho tem sido observada: a manufatura de alfinetes. O trabalhador não preparado para esse ramo ... nem conhecedor das máquinas nele utilizadas... talvez não pudesse, com toda a sua indústria, fazer um alfinete por dia, e certamente não faria vinte. Mas na forma pela qual a indústria funciona, não só todo o trabalho adquire uma forma peculiar como é dividido em certo número de ramos, que também se tornam peculiares em sua maioria. Um homem puxa o fio, outro o endireita, um terceiro o corta, um quarto o afina, um quinto prepara-lhe a cabeça; para esta última ação são necessárias diversas operações; encaixá-la é tarefa distinta, pratear o alfinete é outra; até colocá-los no papel constitui uma ocupação própria. E, dessa forma, a tarefa importante de fazer um alfinete é dividida em 18 operações distintas, que em algumas*

---

[13]*Wealth of Nations*, op. cit., v. II, p. 176.
[14]Ibid., v. I, p. 407.
[15]Ibid., v. II, p. 111.

*fábricas são realizadas por diferentes mãos, embora em outras o mesmo homem realize duas ou três delas. Vi uma pequena fábrica desse tipo em que dez homens apenas trabalhavam, e consequentemente alguns executavam duas ou três operações diferentes... Podiam, quando desejavam, fazer entre eles cerca de seis quilos de alfinetes por dia. Há em cada quilo mais de oito mil alfinetes de tamanho médio. Essas dez pessoas podiam fazer, em conjunto, 48 mil alfinetes diariamente. Cada pessoa, portanto, fazendo a décima parte de 48 mil alfinetes, pode ser considerada como produtora de 4.800 alfinetes. Mas se tivessem trabalhado separada e independentemente, e sem que nenhuma delas estivesse preparada para a sua tarefa, certamente não faria, cada uma, nem 20, talvez nem um alfinete por dia. Ou seja, nem uma parte infinitesimal do que são capazes de fazer em consequência da adequada divisão e combinação de suas diferentes operações."*[16]

E daí? Suponhamos que concordemos com Adam Smith em que a divisão do trabalho, devido à maior habilidade, economia de tempo, eficiência geral etc., aumenta a produtividade do trabalho. Que tem isso a ver com o comércio livre?

Tem muito. Porque a divisão do trabalho é determinada pelo tamanho do mercado, disse Adam Smith: *"Como é a capacidade de troca que dá ocasião à divisão do trabalho, assim essa divisão deve ser sempre limitada pelas proporções dessa capacidade ou, em outras palavras, pelo tamanho do mercado. Quando este é muito pequeno, ninguém terá estímulo para se dedicar inteiramente a um emprego, por não haver meios de trocar toda a parte excedente do produto de seu trabalho, que esteja acima de seu consumo, pelas partes do produto do trabalho de outro homem, segundo a oportunidade."*[17]

Se a maior produtividade é proporcionada pela divisão do trabalho, e a divisão do trabalho é limitada pelo tamanho do mercado, então, quanto maior este, tanto maior o aumento da produtividade – isto é, tanto maior a riqueza da nação. E como com o comércio livre os mercados se ampliam ao máximo, temos também a máxima divisão do trabalho possível, e, portanto, um aumento da produtividade elevado também ao máximo. Daí se conclui que o comércio livre é desejável.

Isto está meio complicado. Eis uma simplificação:

1. O aumento da produtividade ocorre com a divisão do trabalho.
2. A divisão do trabalho aumenta ou diminui segundo o tamanho do mercado.
3. O mercado se amplia ao máximo possível pelo comércio livre. *Portanto,* o comércio livre proporciona a maior produtividade.

Mais uma coisa. O comércio livre entre países representa a divisão do trabalho levada ao seu ponto mais alto. Apresenta as mesmas vantagens em escala mundial que a divisão observada na fábrica de alfinetes de Adam Smith. Permite a cada país especializar-se nas mercadorias que pode produzir ao menor custo, e com isso aumenta a riqueza total do mundo.

---

[16] Ibid., v. I, pp. 6-7. Existe versão digitalizada em português, Biblioteca Nacional de Portugal, nas coleções digitalizadas.
[17] Ibid., v. I, p. 19.

Mas foi como um revoltado contra a restrição, a regulamentação e a contenção que apresentamos Adam Smith no começo deste capítulo. Que disse ele sobre a interferência na indústria? Na citação seguinte, condena a interferência governamental e pede a liberdade:

*"Cada sistema que procura, seja por estímulos especiais, atrair para determinada espécie de indústria uma parte maior do capital da sociedade do que seria natural; ou pelas restrições extraordinárias, afastar de uma espécie de indústria parte do capital que de outro modo nela seria empregado, é em realidade subversivo ao grande propósito que pretende realizar. Retarda, em vez de acelerar, o progresso da sociedade no sentido da verdadeira riqueza e grandeza; e diminui, em vez de aumentar, o verdadeiro valor do produto anual de sua terra e trabalho.*

*Todos os sistemas, portanto, sejam de preferência ou contenção, devem ser afastados, estabelecendo-se o simples e óbvio sistema de liberdade natural. Todo homem, desde que não viole as leis da justiça, fica perfeitamente livre de procurar atender aos seus interesses da forma que desejar, e colocar tanto sua indústria como o capital em concorrência com os de outros homens, ou ordem de homens."*[18]

Releiamos a última frase e veremos prontamente por que *A riqueza das nações* tornou-se a Bíblia dos homens de negócios num período em que os negócios eram muitos, mas prejudicados a todo momento pelos regulamentos restritivos.

---

[18]Ibid., v. II, p. 184.

# 13

# "A VELHA ORDEM MUDOU..."

*Só os Pobres Pagavam Impostos.*
*O Progresso Abre os Olhos do Camponês.*
*A Revolução Francesa. A Burguesia: Quem Era?*
*A Burguesia Lidera, Camponeses e Trabalhadores Lutam.*
*O Código Napoleônico, Vitória Burguesa.*

Que pensaria o leitor de um governo que taxasse os pobres, mas não os ricos? Totalmente louco, seria seu primeiro pensamento; refletindo, poderia ocorrer-lhe que, de certa forma, é o que o governo dos Estados Unidos está fazendo hoje. Haverá naturalmente muita gente para discordar disso – gente que procuraria provar que os ricos nos EUA pagam uma proporção de impostos mais do que justa. Mas quanto ao fato de que o governo francês do século XVIII realmente cobrava impostos dos pobres, e não dos ricos, não pode haver discordância.

E não pode haver porque as próprias classes privilegiadas admitiam estar isentas praticamente de todas as taxas da época. O clero e a nobreza julgavam que seria o fim do país se, como a gente comum, tivessem de pagar impostos. Quando o governo da França estava em má situação financeira, com as despesas se acumulando rapidamente e deixando muito longe a receita, ocorreu a alguns franceses que a única saída dessa dificuldade era cobrar impostos dos privilegiados. Turgot, ministro das Finanças em 1776, tentou pôr em prática algumas reformas – muito necessárias – do sistema fiscal. Mas os privilegiados não queriam saber disso. Cerraram fileiras em torno do Parlamento de Paris, que assim definiu, claramente, sua posição: *"A primeira regra da justiça é preservar a alguém o que lhe pertence: essa regra consiste não apenas na preservação dos direitos de propriedade, mas ainda mais na preservação dos direitos da pessoa, oriundos de prerrogativas de nascimento e posição... Dessa regra de lei e equidade segue-se que todo sistema que, sob a aparência de humanitário e beneficente, tenda a estabelecer igualdade de deveres e destruir as distinções necessárias, levará dentro em pouco à desordem (resultado inevitável da igualdade) e provocará a derrubada da sociedade civil. A monarquia francesa, pela sua constituição, é formada de vários Estados distintos. O serviço pessoal do clero é atender às funções relacionadas com a instrução e o culto. Os nobres consagram seu sangue à defesa do Estado e ajudam o soberano com seus conselhos. A classe mais baixa da nação, que não pode prestar ao rei serviços tão destacados, contribui com seus tributos, sua indústria e seu serviço corporal. Abolir essas distinções é derrubar toda a constituição francesa."*[1]

O clero e a nobreza eram as classes privilegiadas. Chamavam-se de Primeiro Estado e Segundo Estado, respectivamente. O clero tinha cerca de 130.000 membros, e a nobreza aproximadamente 140.000. Embora constituíssem as classes privilegiadas, nem sempre eram ricos ou viviam na ociosidade. Havia bispos muito ricos e nobres muito ricos. Havia sacerdotes que trabalhavam muito e nobres também. Como havia ociosos na Igreja e na nobreza. E, no meio destes, havia também outros grupos.

A classe sem privilégios era o povo, a gente comum, que tinha o nome de Terceiro Estado. Da população de 25 milhões de habitantes da França, representavam mais de 95%. E, tal como havia diferença de riqueza e modo de vida entre as classes privilegiadas, também havia diferença entre os sem privilégios. Cerca de 250.000 destes, constituindo a classe média superior ou burguesa, estavam relativamente bem, em comparação com o restante dos membros do Terceiro Estado. Outro grupo consistia em artesãos vivendo em pequenas aldeias e cidades. Seu número se elevava a 2 milhões e meio. Todo o resto, cerca de 22 milhões, eram camponeses que trabalhavam na terra. Pagavam impostos aos Estados, dízimos ao clero e taxas feudais à nobreza.

Eu e o leitor organizamos nossa vida de maneira que nossos gastos são determinados pela nossa renda. Os governos, de modo geral, procuram fazer o mesmo. Mas o governo da França no século XVIII agia de modo oposto. Gastava o dinheiro todo, em extravagâncias, sem sistema e corruptamente. Um exemplo mostrará isso. O *Livre Rouge* era um Livro Vermelho contendo a lista de todas as pessoas a quem o governo dava pensões. Entre elas estava o nome de Ducrest, um barbeiro. Por que tinha ele direito a uma pensão de 1.700 libras anuais? Porque havia sido o cabeleireiro da filha do conde d'Artois. O fato de que essa filha tivesse morrido cedo, antes de ter cabelos para pentear, não tinha importância. Ducrest recebia sua pensão.[2]

Esse é um exemplo da forma insensata pela qual as finanças francesas eram administradas. Há milhares de outros. Em vez de regular a despesa pela receita, a receita era determinada pela despesa. Gastos ociosos, sem finalidades, significavam a necessidade de recolher maior quantidade de dinheiro através de impostos. E como as classes privilegiadas não contribuíam com sua parte (pelo contrário, impunham aos plebeus taxas próprias), e como os membros mais ricos do Terceiro Estado conseguiam, por tortuosos caminhos, isentar-se dos impostos diretos, todo o peso recaía sobre os pobres. Era um peso difícil. Um quadro verdadeiro do período mostraria o camponês curvado carregando em suas costas o rei, o padre e o nobre.

---

[1] C. D. Hazen, *The French Revolution*, v. I, pp. 128-9. Henry Holt and Company, Inc., Nova York, 1932.
[2] Cf. *Cambridge Modern History*, v. VIII, p. 72.

Um francês famoso, Tocqueville, mostrou o que representava esse peso dos impostos na vida diária do camponês:

*"Imagine o leitor um camponês francês do século XVIII... apaixonadamente enamorado da terra, a ponto de gastar todas as suas economias para adquiri-la... Para completar essa compra, ele tem primeiro de pagar um imposto... Finalmente, a terra é dele; seu coração nela está enterrado, com as sementes que semeia... Mas novamente seus vizinhos o chamam do arado, obrigam-no a trabalhar para eles sem pagamento. Tenta defender sua nascente plantação contra as manobras dos senhores de terra; estes novamente o impedem. Quando ele cruza o rio, esperam-no para cobrar uma taxa. Encontra-os no mercado, onde lhe vendem o direito de vender seus produtos; e quando, de volta a casa, ele deseja usar o restante do trigo para sua própria alimentação... não pode tocá-lo enquanto não o tiver moído no moinho e cozido no forno dos mesmos senhores de terras. Uma parte da renda de sua pequena propriedade é gasta em pagar taxas a esses senhores... Tudo o que fizer, encontra sempre esses vizinhos em seu caminho... e quando estes desaparecem, surgem outros com as negras vestes da Igreja, para levar o lucro líquido das colheitas... A destruição de parte das instituições da Idade Média tornou cem vezes mais odiosa a parte que ainda sobrevivia."*[3]

Isso parece a descrição do sistema feudal do século XI. Não houve, então, modificações nos sete séculos que se seguiram? Sim, houve. Dos 22 milhões de camponeses existentes na França em 1700, havia apenas 1 milhão de servos, no sentido antigo. Os outros se haviam elevado na escala, desde a servidão até a liberdade total. Mas isso não significava que as velhas taxas e serviços feudais tivessem desaparecido. Algumas, sim, mas outras continuavam. Continuavam, apesar de ter desaparecido há muito tempo a causa que lhe dera origem. Os nobres que recebiam taxas e serviços feudais pelo fato de darem proteção militar já não constituíam o exército real – sua função militar acabara. Não ajudavam o governo como um grupo – apenas individualmente – nem tinham qualquer função política ou administrativa. Não trabalhavam a terra, não se dedicavam aos negócios – não tinham função econômica. Recebiam sem dar. Na maioria dos casos, tornavam-se ociosos, parasitas, passando o tempo na corte, muito longe de suas propriedades. Não obstante, ainda exigiam e ainda recebiam pagamentos e serviços dos camponeses. Eram um peso morto que os camponeses carregavam. E como Tocqueville mostra na última frase da citação acima, o simples fato de que algumas das antigas taxas haviam desaparecido apenas tornava as remanescentes mais odiadas. Exatamente que proporção da sua renda o camponês pagava em impostos? A resposta surpreenderá. Calculou-se que nada menos de 80% dos seus ganhos eram pagos aos vários coletores de impostos! Dos 20% que restavam, ele tinha que alimentar, abrigar e vestir sua família. Não é de espantar que o camponês reclamasse. Não é de espantar que uma colheita má o deixasse à beira da fome. Nem que muitos de seus vizinhos vagassem pelas estradas como mendigos famintos.

A Revolução Francesa eclodiu em 1789. Mas não se conclua com isso que os camponeses estivessem, no século XVIII, em pior situação do que no século XVII. Não estavam.

---

[3] A. de Tocqueville, *The State of Society in France before the Revolution of 1789*. Traduzido para o inglês por H. Reeve. Murray, Londres, 1856, pp. 54-55.

**118** | *Capítulo 13*

Talvez estivessem até melhor. Na verdade, de uma forma ou de outra os camponeses haviam poupado bastante de sua insignificante renda, depois de pagas as muitas taxas, para comprar a terra. Por cem anos ou mais antes da Revolução os camponeses compraram propriedades, de forma que, quando o ano de 1789 chegou, cerca de um terço das terras da França estava em suas mãos. Isso, porém, apenas os deixou mais descontentes do que antes. Por quê?

Eram famintos de terra. Puderam satisfazer um pouco dessa fome. O que impedia seu avanço? O peso esmagador que lhes impunham o Estado e as classes privilegiadas. Passaram a ver, com maior clareza, que, se atirassem fora o fardo, poderiam ficar eretos – elevar-se da situação de animal para a de homem. O simples fato de ter sua posição melhorada um pouco abriu-lhes os olhos para o que poderiam ser, se...[4]

Isso não queria dizer que os camponeses da França (e de outros países da Europa ocidental) não tivessem pensado em acabar com os pagamentos e restrições feudais. Pensaram. Houvera, antes, outras revoltas camponesas. Embora não tivessem conseguido derrubar todas as regulamentações feudais, melhoraram a sorte dos camponeses. Mas para se libertarem totalmente, eles precisavam de auxílio e liderança.

Encontraram-nos na nascente classe média.

Foi essa classe média, a burguesia, que provocou a Revolução Francesa, e que mais lucrou com ela. A burguesia provocou a Revolução porque tinha de fazê-lo. Se não derrubasse seus opressores, teria sido por eles esmagada. Estava na mesma situação do pinto dentro do ovo que chega a um tamanho em que tem de romper a casca ou morrer. Para a crescente burguesia os regulamentos, restrições e contenções do comércio e indústria, a concessão de monopólios e privilégios a um pequeno grupo, os obstáculos ao progresso criados pelas obsoletas e retrógradas corporações, a distribuição desigual dos impostos continuamente aumentados, a existência de leis antigas e a aprovação de novas sem que a burguesia fosse ouvida, o grande enxame de funcionários governamentais bisbilhoteiros e o crescente volume da dívida governamental – toda essa sociedade feudal decadente e corrupta era a casca que devia ser rompida. Não desejando ser asfixiada até morrer penosamente, a classe média burguesa que surgia tratou de fazer com que a casca se rompesse.

Quem era a burguesia? Eram os escritores, os doutores, os professores, os advogados, os juízes, os funcionários – as classes educadas; eram os mercadores, os fabricantes, os banqueiros – as classes abastadas, que já tinham direitos e queriam mais. Acima de tudo, queriam – ou melhor, *precisavam* – lançar fora o jugo da lei feudal numa sociedade que realmente já não era feudal. Precisavam deitar fora o apertado gibão feudal e substituí-lo pelo folgado paletó capitalista. Encontraram a expressão de suas necessidades no campo econômico, nos escritos dos fisiocratas de Adam Smith; e a expressão de suas necessidades, no campo social, nos trabalhos de Voltaire, Diderot e dos enciclopedistas. O *laissez-faire* no comércio e indústria teve sua contrapartida no "domínio da razão" na religião e na ciência.

---

[4]Cf. L. Madelin, *The French Revolution*. William Heinemann, Londres, 1922, p. 11.

Nada mais enlouquecedor do que ver alguém que não dispõe de nossa capacidade de trabalho colher os frutos desse trabalho simplesmente porque teve um "impulso" qualquer. A burguesia estava mais ou menos nessa posição. Tinha o talento. Tinha a cultura. Tinha o dinheiro. Mas não tinha na sociedade a situação legal que tudo isso lhe devia conferir. *"Barnave tornou-se revolucionário no dia em que sua mãe teve de deixar o camarote que ocupava no teatro em Grenoble para dar lugar a um nobre. Mme. Roland queixa-se de que ao ser convidada para jantar no castelo de Fontenay com sua mãe, serviram-lhe a comida na mesa dos empregados. Quantos se tornaram inimigos do velho regime por terem seu orgulho ferido!"*[5]

A burguesia quase não possuía terras, mas tinha o capital. Emprestara dinheiro ao Estado. Queria-o, agora, de volta. Conhecia o bastante das questões do governo para ver que a estúpida e perdulária administração do dinheiro público poderia levar à bancarrota. Alarmava-se com a perspectiva de perder suas economias.

A burguesia desejava que seu poder político correspondesse ao poder econômico que já tinha. Era dona de propriedades – queria agora os privilégios. Queria ter certeza de que sua propriedade estaria livre das restrições aborrecidas a que estivera sujeita na decadente sociedade feudal. Queria ter certeza de que os empréstimos feitos ao governo seriam pagos. Para isso, tinha de conquistar não somente uma voz, mas a voz no governo. Sua oportunidade chegou – e ela soube aproveitá-la.

A oportunidade chegou porque a França estava em tamanho caos que já não era possível as coisas continuarem como antes. Com isso concordava até um membro da nobreza, o conde de Calonne. Sua posição no importante posto de ministro das Finanças permitia-lhe ver claramente a situação. *"A França é um reino composto de Estados e países separados com administrações mistas, cujas províncias nada sabem umas das outras, onde certos distritos estão completamente livres de fardos cujo peso total recai sobre outros, onde a classe mais rica é a que menos imposto paga, onde o privilégio perturbou todo o equilíbrio, onde é impossível ter um governo constante ou uma vontade unânime: necessariamente, é um reino muito imperfeito, cheio de abusos, e, na sua condição presente, impossível de governar."*[6]

Observem-se particularmente as três últimas palavras. Um membro da classe dominante admite ser impossível continuar governando: acrescente-se a isso as massas descontentes, e ainda uma classe inteligente e em ascensão, ansiosa de tomar o poder, e teremos dessa mistura uma revolução, que rebentou em 1789. Seu nome: Revolução Francesa.

Uma descrição simples dos objetivos dos revolucionários foi feita por um de seus líderes, o abade Sieyès, num folheto popular intitulado *O que É o Terceiro Estado?*:

> *"Devemos formular três perguntas:*
> *Primeira: O que é o Terceiro Estado? Tudo.*
> *Segunda: O que tem ele sido em nosso sistema político? Nada.*
> *Terceira: O que quer ele? Ser alguma coisa."*[7]

---

[5] A. Mathiez, *The French Revolution*. Alfred A. Knopf, Nova York, 1928, p. 13.
[6] L. Madelin, op. cit., pp. 11-12.
[7] E. J. Sieyès, *Qu'Est-ce Que Le Tiers Etat?* (1789). Paris, 1888.

## 120 | *Capítulo 13*

Embora seja verdade que todos os membros do Terceiro Estado, artesãos, camponeses e burguesia, estivessem tentando "ser alguma coisa", foi principalmente o último grupo que conseguiu o que queria. A burguesia forneceu a liderança, enquanto os outros grupos realmente lutaram. E foi a burguesia quem mais lucrou. Durante o curso da revolução, teve várias oportunidades para enriquecer e fortalecer-se. Especulou nas terras tomadas da Igreja e da nobreza, e amontoou fortunas imensas por meio de contratos fraudulentos com o exército.

Marat, o porta-voz da classe trabalhadora mais pobre, descreveu o que ocorria durante a Revolução com as seguintes palavras:

> *"No momento da insurreição o povo abriu caminho através de todos os obstáculos pela força do número; mas, por muito poder que tenha conseguido inicialmente, foi por fim derrotado pelos conspiradores da classe superior, cheios de astúcia, artimanhas e habilidade. Os integrantes educados e sutis da classe superior a princípio se opuseram aos déspotas; mas isso apenas para voltar-se contra o povo, depois de se ter insinuado na confiança e usado seu poder, para se colocarem na posição privilegiada da qual os déspotas haviam sido expulsos. A revolução é feita e realizada por intermédio das camadas mais baixas da sociedade, pelos trabalhadores artesãos, pequenos comerciantes, camponeses, pela plebe, pelos infelizes a que os ricos desavergonhados chamam de canalha e a que os romanos desavergonhadamente chamavam de proletariado. Mas o que as classes superiores ocultam constantemente é o fato de que a Revolução acabou beneficiando somente os donos de terras, os advogados e os trapaceiros."*[8]

É uma descrição exata do que ocorreu. Depois que a Revolução acabou, foi a burguesia quem ficou com o poder político na França. O privilégio de nascimento foi realmente derrubado, mas o privilégio do dinheiro tomou seu lugar. "Liberdade, Igualdade, Fraternidade" foi uma frase popular gritada por todos os revolucionários, mas que coube principalmente à burguesia desfrutar.

O exame do Código Napoleônico deixa isso bem claro. Destinava-se evidentemente a proteger a propriedade – não a feudal, mas a burguesa. O código tem cerca de 2.000 artigos, dos quais apenas 7 tratam do trabalho e cerca de 800 da propriedade privada. Os sindicatos e as greves são proibidos, mas as associações de empregadores permitidas. Numa disputa judicial sobre salários, o código determina que o depoimento do patrão, e não do empregado, é que deve ser levado em conta. O código foi feito pela burguesia e para a burguesia: foi feito pelos donos da propriedade para a proteção da propriedade.

Quando o fumo da batalha se dissipou, viu-se que a burguesia conquistara o direito de comprar e vender o que lhe agradasse, como, quando e onde quisesse. O feudalismo estava morto.

E morto não só na França, mas em todos os países conquistados pelo exército de Napoleão. Este levou consigo o mercado livre (e os princípios do Código Napoleônico) em

---

[8]*History of the Working Class*, Lesson I, Course 2. International Publishers, Nova York.

"*A Velha Ordem Mudou...*" | 121

suas marchas vitoriosas. Não é de surpreender que fosse bem recebido pela burguesia das nações conquistadas! Nesses países, a servidão foi abolida, as obrigações e pagamentos feudais foram eliminados, e o direito dos camponeses proprietários, dos comerciantes e industriais, de comprar e vender sem restrições, regulamentos ou contenções, se estabeleceu definitivamente.

Um excelente sumário dessa fase da Revolução Francesa foi escrito por Karl Marx:

> *"Desmoulins, Danton, Robespierre, Saint-Just, Napoleão, os heróis e os partidos e massas da grande Revolução Francesa... terminaram a tarefa da época – que foi a libertação da burguesia e o estabelecimento da moderna sociedade burguesa. Os jacobinos revolveram o terreno no qual o feudalismo tinha raízes e abalaram a estabilidade dos magnatas feudais que nelas se apoiavam. Napoleão estabeleceu por toda a França as condições que tornaram possível o desenvolvimento da livre concorrência, a exploração das terras depois da divisão das grandes propriedades e a plena utilização da capacidade de produção industrial do país. Através das fronteiras, por toda parte, fez uma derrubada das instituições feudais..."*[9]

As revoluções são geralmente sangrentas. Muita gente se choca com a violência e o terror do modelo francês. É interessante que os mais fortes adversários da Revolução Francesa teriam sido os ingleses. O fato é especialmente notável porque a luta da burguesia inglesa para conquistar o poder político correspondente ao seu poder econômico ocorrera um século antes da Revolução Francesa, e a violência que a acompanhara já estava esquecida.

Houve, porém, uma diferença. Enquanto na França o comércio teve de dar no nascimento um violento golpe, do qual este jamais se recobrou, na Inglaterra a vitória foi conquistada por uma decisão, e não com luta. Parece que na Inglaterra, comércio e nascimento se conheciam bem e se entendiam melhor do que nos outros países. A burguesia inglesa pôde tornar-se uma aristocracia rural, e a aristocracia rural dedicou-se aos negócios sem se preocupar muito com o preconceito de "estar acima dessas coisas". Não obstante, os anos de 1640-1688 marcam, na história inglesa, um período de luta – que só cessou quando a burguesia conquistou o direito de participar do governo.

O leitor se lembrará do nome de Edmund Burke, o grande estadista britânico que tão habilidosamente defendeu os colonos americanos na questão da "taxação sem representação". Quando escreveu uma série de artigos condenando amargamente os revolucionários franceses, outro inglês lembrou-lhe a Gloriosa Revolução da própria Inglaterra, cem anos antes: *"Em nome da humanidade, em nome do homem, em nome do bom senso... qual a ofensa irremediável, o crime imperdoável, que o povo da França cometeu contra este país? Terá sido pela modificação feita em seu governo pela Revolução de 1789? Ele difere de nós nessa questão apenas pelo fato de estar com um século de atraso. Será por sujeitarem o monarca ao controle? A nação britânica deu o exemplo."*[10]

---

[9] Karl Marx, *O dezoito brumário de Luís Bonaparte* (1852).
[10] Ralph Broome, *Strictures on Mr. Burke's Two Letters*, Filadélfia, 1797.

Na Inglaterra, em 1689, e na França, em 1789, a luta pela liberdade do mercado resultou numa vitória da classe média. O ano de 1789 bem pode ser considerado como o fim da Idade Média, pois foi nele que a Revolução Francesa deu o golpe mortal no feudalismo. Dentro da estrutura da sociedade feudal de sacerdotes, guerreiros e trabalhadores surgira um grupo da classe média. Através dos anos, ela foi ganhando força. Havia empreendido uma luta longa e dura contra o feudalismo, marcado particularmente por três batalhas decisivas. A primeira foi a Reforma protestante; a segunda foi a Gloriosa Revolução na Inglaterra, e a terceira, a Revolução Francesa. No fim do século XVIII era pelo menos bastante forte para destruir a velha ordem feudal. Em lugar do feudalismo, um sistema social diferente, baseado na livre troca de mercadorias com o objetivo primordial de obter lucro, foi introduzido pela burguesia.

A esse sistema chamamos – capitalismo.

# Parte II

# Do Capitalismo ao....?

# 14

# DE ONDE VEM O DINHEIRO?

*Dinheiro que É Capital e Dinheiro que Não É.*
*O Capital e os Meios de Produção.*
*Como os Impérios Acumulam Capital para a Indústria Moderna.*
*Novas Formas de Produção, Nova Religião.*

Dois homens esperam na fila para comprar entradas para o espetáculo. Cada um paga $9,90 por três poltronas. Ao se afastar da bilheteria, um deles se reúne a seus dois amigos. Entram no teatro, sentam-se e esperam que o pano se levante. O outro homem deixa a bilheteria, coloca-se na calçada em frente ao teatro e, com as entradas na mão, aborda os transeuntes. "Quer um lugar no centro para hoje?" – pergunta. Pode ser que acabe vendendo as entradas (por $4,40 cada) ou pode ser que não venda. Não importa.

Há alguma diferença entre os seus $9,90 e os do outro homem? Há, sim. O dinheiro do Sr. Cambista é capital, o dinheiro do Sr. Frequentador do Teatro, não. Onde está a diferença?

O dinheiro só se torna capital quando é usado para adquirir mercadorias ou trabalho com a finalidade de vendê-los novamente, com lucro. O Cambista não queria ver o espetáculo. Pagou $9,90 com a esperança de tê-los de volta – com acréscimo. Portanto, seu dinheiro tinha a função de capital. O Sr. Frequentador do Teatro, por outro lado, pagou seus $9,90 sem pensar em consegui-los de volta – simplesmente desejava ver o espetáculo. Seu dinheiro não tinha a função de capital.

Da mesma forma, quando o pastor vendia sua lã a dinheiro, a fim de comprar pão para comer, não estava usando esse dinheiro como capital. Mas quando o negociante pagava o dinheiro da compra de lã com a esperança de vendê-la novamente a um preço mais elevado, usava o dinheiro como capital. Quando o dinheiro é empregado num empreendimento ou transação que dá (ou promete dar) lucro, esse dinheiro se transforma em capital. É a diferença entre comprar para uso (fase pré-capitalista) e comprar para vender com o objetivo de ganhar (fase capitalista).

## Capítulo 14

Mas o que é que o capitalista compra para vender com lucro? Entradas de teatro? Lã? Carros? Chapéus? Casas? Não. Não é nenhuma dessas coisas, e ao mesmo tempo é parte de todas elas. Converse com um trabalhador na indústria. Ele lhe dirá que o patrão lhe paga salário pela sua capacidade de trabalhar. É a força de trabalho do operário que o capitalista compra para vender com lucro, mas é evidente que o capitalista não vende a força de trabalho de seu operário. O que ele realmente vende – e com lucro – são as mercadorias que o trabalho do operário transformou de matérias-primas em produtos acabados. O lucro vem do fato de receber o trabalhador um salário menor do que o valor da coisa produzida.

O capitalista é dono dos meios de produção – edifícios, máquinas, matéria-prima etc.; compra a força de trabalho. É da associação dessas duas coisas que decorre a produção capitalista.

Observe o leitor que o dinheiro não é a única forma de capital. Um industrial de hoje pode ter pouco ou nenhum dinheiro, e não obstante ser possuidor de grande volume de capital. Pode ser dono de meios de produção. Isso, o seu capital, aumenta na medida em que ele compra a força de trabalho.

Uma vez iniciada uma indústria moderna, ela obtém seus lucros e acumula seu capital muito depressa. Mas de onde veio inicialmente o capital – antes de começar a indústria moderna? É uma pergunta importante, porque, sem a existência do capital acumulado, o capitalismo industrial, tal como o conhecemos, não teria sido possível. Nem teria sido possível sem a existência de uma classe trabalhadora livre e sem propriedades – gente que tinha de trabalhar para outros a fim de viver. Como se criaram essas duas condições?

Poderíamos dizer que o capital necessário para iniciar a produção capitalista veio das almas cuidadosas que trabalharam duro, gastaram apenas o indispensável e juntaram as economias aos poucos. Houve sempre quem economizasse, é verdade, mas não foi dessa forma que se concentrou a massa de capital inicial. Seria bonito se assim fosse, mas a verdade é bem diversa. A verdade não é tão bonita.

Antes da era capitalista, o capital era acumulado principalmente através do comércio – termo elástico, significando não apenas a troca de mercadorias, mas incluindo também conquista, pirataria, saque, exploração.

Não foi em vão que as cidades-Estados italianas se prontificaram a ajudar a Europa ocidental nas Cruzadas. O término dessas guerras "religiosas" encontrou Veneza, Gênova e Pisa controlando um rico império. E os conquistadores italianos aproveitaram ao máximo sua oportunidade. Uma corrente de riqueza do Oriente para as mãos de seus comerciantes e banqueiros. Uma das melhores autoridades no assunto, John A. Hobson, disse sobre esse comércio italiano com o Oriente: *"Assim, muito cedo foram lançadas as bases do comércio lucrativo que proporcionou à Europa ocidental a riqueza necessária para a posterior expansão dos métodos capitalistas de produção."*[1]

---

[1] J. A. Hobson, *The Evolution of Modern Capitalism* (1894). Ed. revista. Walter Scott Publishing Co., Ltd., Londres, 1926, p. 11. Em português, consta da Coleção *Os Economistas*, Abril Cultural, 1983.

*De Onde Vem o Dinheiro?* | 127

Se Hobson está certo, devemos então procurar o início da organização capitalista na península italiana. E ali, nos séculos XIII e XIV, e mesmo antes, é exatamente onde vamos encontrar esse início.

Mas por maior que fosse esse tesouro do Oriente, não era bastante. Um afluxo novo e maior de capital era necessário antes que a idade da produção capitalista realmente pudesse começar a existir. Foi a partir do século XVI que se começou a reunir capital em volume bastante grande para satisfazer a essa necessidade. Karl Marx, outra eminente autoridade sobre a questão da evolução do capitalismo moderno, assim a resume: *"A descoberta de ouro e prata na América, a extirpação, escravização e o sepultamento, nas minas, da população nativa, o início da conquista e saque das Índias Orientais, a transformação da África num campo para a caça comercial aos negros assinalaram a aurora da produção capitalista. Esses antecedentes idílicos constituem o principal impulso da acumulação primitiva."*[2]

É verdade que Cortez e Pizarro, os conquistadores do México e Peru, eram espanhóis, e que os espanhóis são conhecidos há muito pelo tratamento impiedoso que dão às suas colônias. Mas, e os holandeses? Sem dúvida seus métodos eram diferentes?

Sir T. S. Rafles, que foi vice-governador da ilha de Java, diz que "não". Descreve sua história da administração colonial da Holanda como *"uma das mais extraordinárias relações de traições, subornos, massacres e mesquinharias".*[3] Calculou ele que os lucros da Companhia Holandesa das Índias Orientais, de 1613 a 1653, foram de cerca de 640.000 florins, anualmente.

Eis um exemplo dos métodos holandeses de acumular capital. *"Para conseguir Malaca, os holandeses subornaram o governador português. Ele os deixou entrar na cidade em 1641. Correram à sua casa e o assassinaram para "abster-se" do pagamento de 21.875 libras, o preço da traição. Onde punham o pé, provocavam a devastação e o despovoamento. Banjuwangi, província de Java, tinha em 1750 mais de 80.000 habitantes, e em 1811 apenas 18.000. Belo comércio!"*[4]

Assim a Holanda acumulou o dinheiro que precisava para se tornar a principal nação capitalista do século XVII.

Depois da Holanda, a Inglaterra era o mais importante país capitalista. Onde e como conseguiram os ingleses o capital necessário para isso? Pelo trabalho árduo, vida comedida e longa poupança? Nem pense nisso.

W. Howitt, em seu *Colonização e cristianismo*, publicado em Londres em 1838, cita um colaborador do *Oriental Herald* que disse o seguinte sobre os britânicos na Índia:

*"Nosso império não é um império de opinião, não é nem mesmo um império de leis; foi conquistado e ainda é governado... pela influência direta da força. Nenhum pedaço do país foi voluntariamente cedido... permitiram-nos a princípio desembarcar no litoral para vender*

---
[2] Karl Marx, *O capital*, v. I.
[3] Citado por Karl Marx, op. cit.
[4] Karl Marx, op. cit.

*nossos produtos pela fraude... derrubamos os antigos soberanos da terra, tomamos aos nobres todo o seu poder, e, por um saque contínuo na indústria e nos recursos do povo, tomamos deles toda a riqueza excedente e disponível."*[5]

O autor disso parece irritado, não? Bem, é provável que o leitor também se irritasse, se tivesse vivido na Índia em 1769-1770. Teria visto, nessa época, milhares de nativos morrendo de fome. Por que, não havia bastante arroz? Absolutamente; o arroz era abundante. Então, por que a fome? Simplesmente porque os ingleses haviam comprado todo o arroz e não se dispunham a vendê-lo – senão por preços fabulosos, que os miseráveis nativos não podiam pagar.

O comércio com as colônias trouxe riqueza à metrópole. Fez as primeiras fortunas dos comerciantes europeus. Particularmente interessante como fonte de acumulação de capital foi o comércio de seres humanos, os negros nativos da África. Em 1840 o professor H. Merivale pronunciou uma série de conferências em Oxford sobre Colonização e Colônias. No curso de uma dessas conferências, formulou duas perguntas importantes, e deu-lhes uma resposta igualmente importante: *"O que transformou Liverpool e Manchester de cidades provincianas em cidades gigantescas? O que mantém hoje sua indústria sempre ativa e sua rápida acumulação de riqueza?... Sua presente opulência se deve ao trabalho e ao sofrimento do negro, como se suas mãos tivessem construído as docas e fabricado as máquinas a vapor."*[6]

É moda hoje fazer pouco dos pronunciamentos dos professores. Estaria então o professor Merivale exagerando? Não. Provavelmente havia lido a petição encaminhada à Câmara dos Comuns pelos comerciantes de Liverpool em 1788, em resposta a algumas pessoas mal orientadas que haviam tido o mau gosto de sugerir que esse comércio horrível de seres humanos vivos era indigno de um país civilizado: *"Os suplicantes veem, portanto, com real preocupação, as tentativas que estão sendo feitas atualmente para obter a abolição total do comércio de escravos da África, que... há muitos anos vem constituindo e ainda continua a formar um ramo bem grande do comércio de Liverpool... Os suplicantes pedem humildemente que sejam ouvidos... contra a abolição dessa fonte de riqueza."*[7]

Os portugueses iniciaram o comércio de escravos negros em princípios do século XVI. As outras nações civilizadas da Europa cristã seguiram-lhes imediatamente o exemplo. (O primeiro escravo negro levado para os Estados Unidos chegou num navio holandês, em 1619.) O primeiro inglês a ter a ideia de que podia ganhar muito dinheiro apoderando-se, pela traição, de negros africanos e os vendendo como "matéria-prima" para trabalhar até estourar nas plantações do Novo Mundo foi John Hawkins. A "boa rainha Bess" achou tão excelente a ideia desse assassino e raptor que o fez cavalheiro após sua segunda expedição

---

[5]W. Howitt, *Colonization and Christianity*. Longman, Orme, Brown, Green and Longmans, Londres, 1838, pp. 296-7.
[6]H. Merivale, *Lectures on Colonization and Colonies* (feitas em 1839, 1840 e 1841). Oxford University Press, 1928, p. 302.
[7]*Documents Illustrative of the History of the Slave Trade to America*. Elizabeth Donnan, Carnegie Institute of Washington, 1930/2 v. II, pp. 574-5.

negreira. Foi, portanto, como Sir John Hawkins, que escolhera por brasão um negro em cadeias, que ele orgulhosamente se gabava a Richard Hakluyt de sua exploração desse tráfico inumano. Eis aqui como Hakluyt reproduz as palavras de Hawkins sobre sua primeira viagem, em 1562-1563: *"E além de outras coisas, que os negros eram mercadoria muito boa na Holanda, e que podiam ser facilmente obtidos na costa da Guiné, razão pela qual resolveu fazer uma experiência, e comunicou a decisão aos seus amigos de Londres... E todas as pessoas gostaram tanto da intenção que se tornaram contribuintes e liberais participantes da ação. Para tal objetivo arranjaram três navios imediatamente abastecidos... Dirigiu-se então a Serra Leoa, na costa da Guiné, onde permaneceu algum tempo, entrando na posse, em parte pela força e em parte por outros meios, de 300 negros pelo menos, além de outras mercadorias do país. Com essa carga velejou para o oceano... e [vendeu] o número total de seus negros: pelo que recebeu em troca tal quantidade de mercadorias que não só encheu seus três navios com couros, gengibre, açúcar e quantidades de pérolas, mas fretou ainda mais dois navios... E assim, com próspero êxito e muito lucro para si e para os acima mencionados aventureiros, retornou à pátria."*[8]

A rainha Elisabete impressionou-se com "seu próspero êxito e muito lucro". Quis ser sócia de quaisquer lucros, no futuro. Por isso, na segunda expedição aprestou um navio para o negreiro Hawkins. O nome desse navio era *Jesus*.

Comércio – conquista, pirataria, saque, exploração – essas as formas, portanto, pelas quais o capital necessário para iniciar a produção capitalista foi reunido. Não é sem razão que Marx escreveu: *"Se o dinheiro... "vem ao mundo com uma mancha congênita de sangue numa das faces, o capital vem pingando da cabeça aos pés, de todos os poros, sangue e lama."*[9] Comércio – conquista, pirataria, saque, exploração – esses os recursos eficientes. Produziram lucros enormes, somas fabulosas – um suprimento de riqueza que aumentava cada vez mais.

Era preciso, porém, algo mais do que o capital acumulado, antes que a produção capitalista em grande escala pudesse começar. O capital não pode ser usado como capital – isto é, para dar lucro – enquanto não houver o trabalho necessário para proporcionar esse lucro. Portanto, era necessária também uma oferta de trabalho adequada.

No século XX, com o desemprego em toda parte, com trabalhadores ansiosos e dispostos a aceitar qualquer emprego, é difícil compreender que houve um tempo no qual arranjar trabalhadores para a indústria constituía um verdadeiro problema. Parece-nos "natural" que exista uma classe de pessoas ansiosa para entrar numa fábrica, a fim de trabalhar em troca de salários. Mas isso não é absolutamente "natural". Um homem só trabalha para outro quando é obrigado. Se tiver acesso à terra, na qual possa produzir para si, não trabalhará para mais ninguém. A história dos Estados Unidos prova isso. Enquanto houve terra barata ou de graça no oeste houve uma Marcha para Oeste, de gente ansiosa por terra, o que significava dificuldade de arranjar braços no leste. A mesma coisa ocorreu na Austrália: *"Quando a colônia de Swan River foi fundada... o Sr. Peel levou consigo 50.000 libras e 300 pessoas das classes trabalhadoras; mas estas estavam fascinadas pela perspectiva de obter terra... e em pouco*

---
[8]*Documents of the Slave Trade*, op. cit., v. I, pp. 45-47, nota.
[9]Karl Marx, *O capital*, v. I.

*tempo ele ficou sem um criado para fazer-lhe a cama ou trazer-lhe água do rio."*[10] Lamentemos o Sr. Peel, que teve de fazer sua cama simplesmente por não compreender que, quando os trabalhadores têm acesso aos seus próprios meios de produção – no caso, a terra – não trabalham para outra pessoa.

O que ocorre com os trabalhadores para os quais a terra é o meio de produção ocorre também para aqueles cujo meio de produção é a oficina e suas ferramentas. Enquanto esses trabalhadores puderem usar as ferramentas para fabricar artigos que possam ser vendidos por uma quantia suficiente para atender às suas necessidades, não trabalharão para outro. Por que trabalhariam?

Somente quando os trabalhadores não são donos da terra e das ferramentas – somente quando foram separados desses meios de produção – é que procuram trabalhar para outra pessoa. Não o fazem por gosto, mas porque são obrigados, a fim de conseguir recursos para comprar alimentos, roupa e abrigo, de que necessitam para viver. Destituídos dos meios de produção, não têm escolha. Devem vender a única coisa que lhes resta – sua capacidade de trabalho, sua força de trabalho.

A história da criação de uma oferta necessária à produção capitalista deve, portanto, ser a história de como os trabalhadores foram privados dos meios de produção:

*"O processo que abre caminho para o sistema capitalista não pode ser senão o processo que toma ao trabalhador a posse de seus meios de produção; um processo que transformará, de um lado, os meios sociais de subsistência e produção no capital, e, do outro, os produtos imediatos em trabalhadores assalariados... O produtor imediato, o trabalhador, só podia dispor de sua pessoa depois de libertado do solo e depois que deixasse de ser escravo ou servo, dependendo de outrem. Para tornar-se um livre vendedor de sua força de trabalho, que leva sua mercadoria a qualquer lugar onde encontre mercado, ele precisava livrar-se antes do regime de corporações, de suas regras para aprendizes e jornaleiros, e de restrições dos regulamentos de trabalho... Esses novos libertos só se tornaram vendedores do próprio trabalho quando se viram destituídos de seus meios de produção e de todas as garantias de vida proporcionadas pela velha organização feudal. E a história disso, de sua expropriação, é escrita nos anais da humanidade em letras de sangue e fogo."*[11]

Foi na Inglaterra que o capitalismo em grande escala se desenvolveu a princípio, e por isso suas origens ali são mais evidentes. Vimos nos capítulos anteriores como o fechamento de terras e a elevação dos arrendamentos, no século XVI, expulsaram muitos camponeses de suas plantações para as estradas, onde se tornaram mendigos, vagabundos, ladrões. Assim criou-se cedo uma classe trabalhadora livre e sem propriedades.

O fechamento de terras ocorreu novamente no século XVIII e em princípios do século XIX. Foi então muito mais amplo, e dessa forma o exército de infelizes sem terra, que tinham de vender sua força de trabalho em troca de salário, aumentou tremendamente.

---
[10] Marivale, op. cit., p. 256.
[11] Karl Marx, op. cit., v. I.

Enquanto os fechamentos do século XVI encontraram muita resistência, não só dos prejudicados, mas também do governo, receoso da violência de parte das massas levadas à fome, os fechamentos do século XVIII foram realizados com a proteção da lei. Leis de Fechamento baixadas por um governo de latifundiários e para os latifundiários eram a ordem do dia. O trabalhador com terra tornou-se o trabalhador sem terra – pronto, portanto, a ir para a indústria como assalariado.

Embora o movimento de fechamento seja mais típico na Inglaterra, ocorreu em proporções menores também no continente europeu. Prova disso é a queixa seguinte dos camponeses de Cheffes, na França, feita aos seus deputados nos Estados-Gerais em 1790: *"Os camponeses de Cheffes, em Anjou, tomam a liberdade de vos apresentar... seus desejos, necessidades e reclamações em relação às terras comuns de sua região, de que certos indivíduos, ricos e poderosos ou ambiciosos se apropriaram injustamente... A comunidade desta aldeia... foi delas privada pelo julgamento do conselho, que se manifestou a favor dos senhores de Cheffes... Os camponeses só têm as ditas terras para o pastoreio do gado, e, delas privados presentemente, não têm recursos, ficando reduzidos à extrema pobreza. Um novo sistema criado pelos economistas procura fazer crer ao povo que as terras comuns não são boas para a agricultura; senhores poderosos, homens com dinheiro, se enriqueceram com os espólios das regiões invadindo suas terras comuns... Nada é mais preciso a certas aldeias do que as terras de pasto; sem elas, os agricultores não podem ter gado, sem gado não podem arar, e como poderão esperar boa colheita sem arar?"*[12]

A perda dos direitos comuns, de que se queixam esses camponeses franceses, também atingiu duramente os ingleses. Para uma boa plantação é necessário prover a manutenção de animais. Quando os camponeses perderam o direito às terras comuns, isso para eles foi um desastre. Naturalmente sentiram-se irritados contra os senhores que lhes roubavam esse direito, e contra o governo que impunha medidas para expulsá-los da terra. Seu ressentimento se evidencia nesta canção, popular na época:

> As leis prendem o ladrão
> Que rouba um ganso aos comuns.
> Mas deixam solto o outro
> Que rouba a terra do ganso.

Não se pense que os donos de terra estavam expulsando os camponeses para proporcionar uma força de trabalho à indústria. Isso jamais lhes ocorreu. Estavam interessados apenas em arrancar maiores lucros da terra. Se pudessem ganhar mais dinheiro não fechando as propriedades, não teriam fechado. Ocorria, porém, o contrário. Arthur Young, em sua viagem por Shropshire em 1776, assinala isso: *"As rendas, com o fechamento, geralmente duplicam... A cinco quilômetros de Daventry, perto de Bramston, foi feito um fechamento que tem*

---

[12]*Collections de Documents Inédits sur l'Histoire Economique de la Révolution Française. Les Comités de Droits Féodaux et la Législation et l'Abolition du Régence Seigneurial, 1789-1793.* Documentos publicados por P. Sagnac e P. Caren. Imprimerie Nationale, Paris, 1907.

## 132 | *Capítulo 14*

*apenas um ano... O campo aberto dava 6 a 19 xelins o acre; agora, a renda é (por arrendamento) de 20 a 30 xelins.*"[13]

Talvez o mais impressionante exemplo de expulsão dos desgraçados trabalhadores da terra que se conheça seja o da duquesa de Sutherland, na Escócia. Marx nos conta sua história:

> *"Quando não há mais camponeses independentes para expulsar, começa a 'limpeza' das casas; assim, os trabalhadores agrícolas não encontram no solo por eles cultivado nem o lugar necessário à sua própria casa... Como exemplo do método, no século XIX, a 'limpeza' feita pela duquesa de Sutherland nos basta. Essa pessoa, conhecendo economia, resolveu... transformar todo o campo, cuja população já fora, por processos semelhantes, reduzida a 15.000 habitantes, numa pastagem de ovelhas. De 1814 a 1820 esses 15.000 habitantes, cerca de 3.000 famílias, foram sistematicamente caçados e expulsos. Todas as suas aldeias foram destruídas e incendiadas, e seus campos transformados em pastagens. Soldados britânicos impuseram essa expulsão, e entraram em choque com os habitantes. Uma velha que se recusara a abandonar sua cabana foi queimada. Dessa maneira, a duquesa se apropriou de 794.000 acres de terra que, desde épocas imemoriais, pertenciam ao clã."*[14]

Do século XVI até princípios do século XIX, na Inglaterra, o processo de privar o camponês da terra foi contínuo. Na França cresceu a classe do pequeno camponês proprietário, mas na Inglaterra, onde o capitalismo industrial se desenvolveu mais rapidamente do que em qualquer outro lugar, o pequeno proprietário desapareceu quase totalmente. O Dr. R. Price, autor inglês do século XVIII, conta-nos o que lhe ocorreu: *"Quando essa terra cai nas mãos de uns poucos grandes fazendeiros, a consequência é que os pequenos fazendeiros são transformados num grupo de homens que ganham o sustento trabalhando para outros... Cidades e indústrias aumentam, porque mais pessoas irão à procura delas, em busca de lugares e emprego... No todo, as circunstâncias das classes mais baixas são modificadas, para pior, sob quase todos os aspectos. De pequenos ocupantes da terra são reduzidos à condição de trabalhadores diaristas e assalariados."*[15]

É uma descrição exata da situação. Expulsas da terra, "as classes mais baixas" tiveram de se tornar assalariadas. O fechamento foi, portanto, uma das principais formas de obter o necessário suprimento de mão de obra para a indústria.

Houve outros meios. Um deles não foi tão espetacular nem tão evidente, mas atingiu muito maior número de pessoas. Foi o próprio sistema fabril, que finalmente divorciou o trabalhador dos meios de produção na indústria, tal como já o divorciara da terra.

Nos anais da Câmara dos Comuns, relativos ao ano de 1806, o relatório da comissão nomeada para "examinar o estado da manufatura da lã na Inglaterra" afirma que *"há algumas fábricas na vizinhança... Essas vêm sendo há algum tempo objeto de grande ciúme dos tecelões domésticos. Tem-se manifestado grande apreensão de que o sistema fabril venha a acabar gradualmente com o doméstico; e que o pequeno mestre manufator independente, que trabalha por sua conta, venha a se tornar um jornaleiro, trabalhando por salário".*[16]

---

[13]Arthur Young, *Tours is England and Wales* (1768-1808). Londres, 1932.
[14]Karl Marx, *O capital*, v. 1.
[15]Ibid., v. I.
[16]*Journals of the House of Commons*, 1806, v. 61, p. 698.

O que nesse relatório de 1806 era "grande apreensão" tornou-se realidade mais tarde. Podemos ver facilmente por quê. O sistema fabril, com suas máquinas movidas a vapor e a divisão do trabalho, podia fabricar os produtos com muito mais rapidez e mais barato do que os trabalhadores manuais. Na competição entre trabalho mecanizado e trabalho manual, a máquina tinha de vencer. E venceu – milhares de "pequenos mestres manufatores independentes" (independentes porque eram donos dos instrumentos do meio de produção) decaíram à situação de "jornaleiros, trabalhando por salário". Muitos passaram fome durante longo tempo, antes de se resignarem, mas no fim tiveram de ceder.

Outro relatório da Câmara dos Comuns, do assistente da Comissão dos Tecelões Manuais, contém outra prova, mostrando por que era inútil aos tecelões manuais insistirem em seus obsoletos meios de produção: *"A concorrência, a grande causa da redução de salários, provocada... na tentativa de conquistar os fregueses vendendo mais barato do que os outros, tem provocado grandes modificações. Os negócios do tecelão, que, ajudado por sua família e outros, fabricava apenas algumas peças, foi absorvido pelos grandes industriais. Muitos dos antigos mestres foram reduzidos a jornaleiros. A pobreza a isso os obrigou."*[17]

Talvez a prova mais convincente do fato de que o trabalhador manual foi liquidado pela queda dos preços provocada pela concorrência da máquina esteja neste trecho do famoso livro de Philip Gaskell, publicado em 1836: *"Desde a época da introdução da máquina a vapor, ocorreu uma extraordinária e dolorosa modificação das condições do tecelão manual, e seu trabalho bem se pode dizer que foi esmagado pela máquina a vapor... Os preços pagos para tecer um determinado tecido, como se vê pela tabela seguinte, mostram a depreciação extraordinária que ocorreu no valor desse tipo de trabalho:*

| 1795 | 39/9 |
| 1810 | 15/0 |
| 1830 | 5/0  |

*Não se trata de um exemplo isolado: é um exemplo de todo trabalho ligado à indústria do tear."*[18]

Esse declínio nos preços pagos pelo trabalho manual nos conta a triste história. Não podendo ganhar a vida, o tecelão vendia (se possível) seu tear, seu meio de produção. O passo seguinte tinha de ser a fila, em frente ao escritório de uma fábrica, à procura de trabalho. Ali se reuniam trabalhadores de outros ramos, que haviam sofrido a mesma experiência. Assim a produção mecanizada, que não pode ser exercida sem um grande suprimento de força de trabalho, assegurou por sua própria influência esse suprimento, arruinando o trabalhador manual.

Dessa forma, começou a existir a classe trabalhadora, sem propriedades, que com a acumulação do capital torna-se essencial ao capitalismo industrial.

Quando ocorreu a revolução dos modos de produção e troca, que denominamos transição do feudalismo para o capitalismo, o que aconteceu à velha ciência, ao velho direito,

---

[17] Ibid., v. 75, 1819-1820, p. 217.
[18] Gaskell, *Artisans and Machinery*. Parker, Londres, 1836, pp. 35-38.

à velha educação, ao velho governo, à velha religião? Também se modificaram. Tinham de modificar-se. O direito do ano 1800 era totalmente diferente do direito do ano 1200. O mesmo ocorreu com o ensino religioso. O mundo dominado pelos comerciantes, fabricantes, banqueiros exigiu um conjunto de preceitos religiosos diferentes dos do mundo dominado pelos sacerdotes e guerreiros. Numa sociedade em que o objetivo do trabalho era apenas conseguir um sustento adequado para si e para a família, a Igreja podia denunciar os aproveitadores. Mas numa sociedade em que o principal objetivo do trabalho era o lucro, a Igreja tinha de adotar uma linguagem diferente. E se a Igreja Católica, engrenada numa economia feudal e manual, em que o artesão trabalhava simplesmente para viver, não podia modificar seus ensinamentos de forma bastante rápida para enquadrar-se na economia capitalista, onde o industrial trabalhava para ter lucro, então a Igreja protestante podia. Ela dividiu-se em muitas seitas diferentes, mas em todas, e em graus variados, o capitalista interessado nos bens materiais podia encontrar consolo.

Tomemos por exemplo os puritanos. Enquanto os legisladores católicos advertiam que o caminho da riqueza podia ser a estrada do inferno, o puritano Baxter dizia a seus seguidores que se não aproveitassem as oportunidades de fazer fortuna não estariam servindo a Deus. *"Se Deus vos mostra o caminho pelo qual podeis ganhar mais, legalmente, do que em qualquer outro (sem dano para a nossa alma ou para qualquer outra) e se recusais, escolhendo o caminho menos lucrativo, estareis faltando a uma de vossas missões, e rejeitando a orientação divina, deixando de aceitar Seus dons para usá-los quando Ele o desejar; podeis trabalhar para serdes ricos para Deus, embora não para a carne e o pecado."*[19]

Ou tomemos os metodistas. Wesley, seu famoso líder, escreveu: *"Não devemos impedir as pessoas de serem diligentes e frugais; devemos estimular todos os cristãos a ganhar tudo o que puderem, e a economizar tudo o que puderem; ou seja, na realidade, a enriquecer."*[20]

Ou tomemos os calvinistas. A Reforma protestante ocorreu no século XVI, período em que as oportunidades para acumulação de capital, tão necessária para a posterior produção capitalista em grande escala, foram maiores do que nunca. Os ensinamentos de Calvino estavam particularmente dentro do espírito da empresa capitalista. Ao passo que a Igreja Católica vira antes com suspeita o comerciante, como alguém cuja "ambição de ganho" era um pecado, o protestante Calvino escrevia: *"Por que razão a renda com os negócios não deve ser maior do que a renda com a propriedade da terra? De onde vêm os lucros do comerciante, senão de sua diligência e indústria?"*[21]

Nos Estados Unidos conhecem-se melhor os puritanos, os adeptos de Calvino que se instalaram na Nova Inglaterra. Os livros de história americana cantam louvores àquele bando disposto que tinha como objetivo na vida a glorificação de Deus. Sabemos como trabalharam para esse objetivo levando uma vida disciplinada, na qual a poupança e o trabalho árduo eram louvados, e o luxo, a extravagância e a ociosidade, condenados. Ve-

---

[19] Max Weber, *The Protestant Ethic and the Spirit of Capitalism*. Allen and Unwin, Londres, 1930, p. 162. Em português, *A ética protestante e o espírito do capitalismo*. São Paulo: Pioneira.
[20] Ibid. p. 175.
[21] R. H. Tawney, op. cit., p. 105.

*De Onde Vem o Dinheiro?* | 135

jamos isso agora de um outro ângulo. Que qualidades poderiam ser mais propícias a um sistema econômico – no qual a acumulação de riqueza, por um lado, e os firmes hábitos de trabalho, por outro, constituíam as pedras fundamentais – do que esses mesmos ideais religiosos transformados em prática quotidiana pelos adeptos de Calvino? Era melhor cristão o homem cujas atividades fossem mais adequadas à aquisição de fortuna – ao espírito do capitalismo. Uma união perfeita.

Benjamin Franklin é um exemplo destacado de pessoa em que esse espírito estava bem vivo. Em seu *Almanaque do Pobre Ricardo* colocou em frases simples e triviais a chave puritana para a melhor vida justa:

> *"Não houve homem glorioso que não fosse trabalhador.*
> *Esperança do ganho minora a dor.*
> *Mantém tua oficina e ela te manterá."*[22]

E no *Conselhos para um Jovem Comerciante*:

> *"Em suma, o caminho da riqueza, para quem o deseja, é tão fácil como o caminho do mercado. Depende principalmente de duas palavras, **indústria** e **frugalidade**; ou seja, não desperdice **tempo nem dinheiro**... aquele que, honestamente, ganha tudo o que pode, e poupa tudo o que pode, certamente se tornará rico."*[23]

Esse é o espírito capitalista. Para o calvinista, tal ensinamento não era um conselho, no sentido comum, mas um ideal de conduta cristã. A melhor forma de trabalhar para a glória de Deus era colocá-lo em prática.

Da próxima vez que alguém lhe disser que é da "natureza humana" o desejo de lucro, o leitor poderá mostrar como tal desejo se transformou em natureza humana. Mostrar que a poupança e o investimento, praticamente desconhecidos na sociedade feudal, se tornaram um dever na sociedade capitalista, para a glória de Deus. Quando o século XIX teve início, *"Economizar e investir tornaram-se ao mesmo tempo o dever e o prazer de uma grande classe. As economias raramente eram desfalcadas e, com a acumulação do juro composto, foi possível o triunfo material que todos hoje conhecemos. A moral, a política, a literatura e a religião reuniram-se numa grande conspiração para promoção da poupança. Deus e Mamon se reconciliaram. Paz na terra aos homens de bons recursos. O rico podia, no final das contas, entrar no reino dos céus – apenas se economizasse".*[24]

A acumulação de capital, que veio do comércio primitivo, mais a existência de uma classe de trabalhadores sem propriedades, prenunciavam o início do capitalismo industrial. O sistema fabril em si proporcionou a acumulação de uma riqueza ainda maior. Os donos dessa nova riqueza, educados na crença de que o reino dos céus era deles, se economizassem e reinvestissem suas economias, empregavam novamente seu capital em fábricas. Assim, o sistema moderno, tal como o conhecemos, começou a existir.

---

[22] B. Franklin, *Poor Richard's Almanack* (1732-1757), Nova York, 1898, p. 70.
[23] Idem, *The Way to Wealth. To Which Are Added his Advice to Young Tradesmen* (1757). Windsor, Vt., 1826, p. 30.
[24] J. M. Keynes, *A Tract on Monetary Reform*. Macmillan & Co., Ltd., Londres, 1923, p. 7.

# 15

# REVOLUÇÃO – NA INDÚSTRIA, AGRICULTURA, TRANSPORTE

*A Máquina a Vapor. O Crescimento Demográfico.
O Novo Tipo de Vida no Século XVIII.*

Os jornais de 150 anos atrás não tinham seções de "O Impossível Acontece", com suas histórias de acontecimentos incríveis. Se tivessem, a *Birmingham Gazette*, de 11 de março de 1776, teria sabido imediatamente onde colocar esta surpreendente notícia: "Na última sexta-feira, uma máquina a vapor construída segundo os novos princípios do Sr. Watt foi posta em funcionamento em Bloomfield Colliery... na presença de alguns homens de ciência cuja curiosidade fora estimulada pela possibilidade de ver os primeiros movimentos de uma máquina tão singular e poderosa... Com esse exemplo, as dúvidas dos inexperientes se dissipam e a importância e utilidade da invenção se firmam decididamente. ... [Foi] inventada pelo Sr. Watt, após muitos anos de estudo e grande variedade de experiências custosas e trabalhosas."[1]

Em 1800 a "importância e utilidade da invenção" do Sr. Watt se havia tornado tão evidente aos ingleses que ela estava em uso em 30 minas de carvão, 22 minas de cobre, 28 fundições, 17 cervejarias e 8 usinas de algodão.[2]

A invenção de máquinas para fazer o trabalho do homem era uma história antiga, muito antiga. Mas com a associação da máquina à força do vapor ocorreu uma modificação importante no método de produção. O aparecimento da máquina movida a vapor foi o nascimento do sistema fabril em grande escala. Era possível ter fábricas sem máquinas, mas não era possível ter máquinas a vapor sem fábricas.

---

[1] *A Century of Birmingham Life from 1741-1841*. Compilado e organizado por J. A. Langford. Osborne, Birmingham, 1868, v. I, p. 221.
[2] Cf. J. Lord, *Capital and Steam Power*, 1750-1800. P. S. King and Son, Londres, 1923, p. 175.

**138** | *Capítulo 15*

O sistema fabril, com sua organização eficiente em grande escala e sua divisão de trabalho, representou um aumento tremendo na produção. As mercadorias saíam das fábricas num ritmo intenso. Esse aumento da produção foi em parte provocado pelo capital, abrindo caminho na direção dos lucros. Foi, em parte, uma resposta ao aumento da procura. A abertura de mercados das terras recém-descobertas foi uma causa importante desse aumento. Houve outra. As mercadorias produzidas nas fábricas encontravam também um mercado interno simultaneamente com o mercado externo. Isso devido ao crescimento da população da própria Inglaterra.

Os historiadores costumavam discutir se o maior crescimento da população da Inglaterra, no século XVIII, foi devido a um aumento na taxa de natalidade ou a uma queda na taxa de mortalidade. Embora ambas as causas tivessem importância, acredita-se hoje que a segunda teve maior influência. Mas por que aconteceu isso? Possivelmente porque os médicos teriam aprendido mais sobre sua profissão, o que significava, entre outras coisas, que conservavam vivas pessoas que antes não escapariam da morte. O registro da Maternidade de Londres mostra uma redução na mortalidade de mães e crianças quase incrível:

| Proporção de mortes | 1749-1758 | 1799-1800 |
|---|---|---|
| Mulheres | 1 em 42 | 1 em 914 |
| Crianças | 1 em 15 | 1 em 115[3] |

Esses números contam a história. Antes de 1700, o aumento da população na Inglaterra, em cada cem anos, era de cerca de um milhão; entre 1700 e 1800, porém, esse aumento foi de três milhões!

Talvez outra causa do crescimento da população estivesse no fato de que as pessoas se alimentavam melhor, graças a progressos surpreendentes na agricultura. (Esses progressos foram, em parte, resultado do crescimento da população.) Tal como houve uma revolução industrial, houve também uma revolução agrícola.

Se dissermos "1649" a um estudante inglês, ele responderá: "Morte de Carlos II". Não pensaria em dizer: "Introdução de nabos e outras raízes alimentícias na Holanda". Por que haveria de pensar? Por que seriam os nabos tão importantes?

Basta olharmos a tabela do sistema de três campos, no início do Capítulo 1, para termos a resposta. Um terço da terra em pousio representava um desperdício tremendo. A introdução de nabos e trevos significava que o problema de recuperar o solo estava resolvido. Um sistema quádruplo de

1º ano – trigo
2º ano – nabos
3º ano – cevada
4º ano – trevo

---

[3] Cf. D. George, *London Life in the 18th Century*. Kegan, Paul, Trench, Trubner and Co., Ltd., Londres, 1930, p. 336.

*Revolução — Na Indústria, Agricultura, Transporte* | 139

foi um melhoramento muito necessário. Significava que o solo já não precisava "ser cansado" com a plantação sucessiva de duas roças de cereais. Significava também que o desperdício de deixar a terra em pousio era evitado.

A introdução de nabos e trevos não só limpava o solo como também resolvia o problema de proporcionar alimento de inverno ao gado. Onde antes o gado teria sido abatido e salgado para servir de alimento durante o inverno, era possível agora mantê-lo vivo.

Experiências para melhorar a qualidade das raças também foram realizadas nessa época. Seu êxito se comprova pelo quadro seguinte, mostrando o peso médio dos animais vendidos no mercado de Smithfield antes e depois do início da criação científica de animais.

|  | *Início do século XVIII* | *Fins do século XVIII* |
|---|---|---|
| Bois | 185 quilos | 400 quilos |
| Novilhos | 25 quilos | 74 quilos |
| Carneiros | 14 quilos | 40 quilos[4] |

E tal como houve melhoramento nas ferramentas e máquinas usadas na indústria, assim o século XVIII viu novos e melhores arados, enxadas etc., usados na agricultura.

Foi o movimento de fechamento de terras, de efeitos tão terríveis nos pobres, que possibilitou todo esse melhoramento notável na técnica, ciência e ferramentas agrícolas, em grande escala. Teria sido impossível com os velhos sistemas de campos abertos, de terras comuns a todos.

O crescimento da população tornou lucrativa a agricultura. Grandes donos de terras em busca de lucro fizeram investimentos de capital em suas fazendas, e o resultado foi uma alimentação melhor – que, por sua vez, levou a um aumento da população.

A revolução na indústria e na agricultura foi acompanhada pela revolução nos transportes. A produção de mais mercadorias com maior velocidade, e as colheitas cada vez maiores e melhores, são inúteis a menos que possam ser levadas às pessoas que delas necessitam. As estradas eram más. Eram tão ruins que o marquês de Downshire, em meados do século XVIII, teve de levar consigo um grupo de trabalhadores para fazer os reparos necessários na estrada, e arrancar da lama sua carruagem, para que pudesse concluir a viagem. O que era apenas aborrecido para o marquês constituía uma impossibilidade para o fabricante ansioso de atender à procura de um mercado em desenvolvimento. Transporte barato, rápido e regular era necessário. Também para os fabricantes que desejavam aproveitar a vantagem oriunda da concentração da produção numa área especialmente adequada – por exemplo, o algodão em Lancashire.

---

[4] Cf. A. Toynbee, *Lectures on the Industrial Revolution of the 18th Century in England* (1884). Longmans, Green and Co., Londres, 1913.

Foi, portanto, no século XVIII que tiveram início os melhoramentos na construção de estradas, abertura de canais etc. A estrada de macadame\* (John McAdam, engenheiro) que conhecemos surgiu no começo do século XIX, e a ela se seguiram a ferrovia e o navio a vapor. Enquanto isso, os leitos dos rios haviam sido aprofundados, os canais abertos. A revolução nos transportes não só possibilitou a ampliação do mercado interno em todas as direções, como também possibilitou ao mercado mundial tornar-se igual ao mercado interno.

O crescimento da população, as revoluções nos transportes, agricultura e indústria – tudo isso estava correlacionado. Agiam e reagiam mutuamente. Eram forças abrindo um mundo novo.

---

\*Macadame: tipo de estrada com camadas de cascalho e possibilidade de drenagem. Com o aumento do fluxo de veículos automotores tornou-se ultrapassado, por produzir muita poeira. (N.R.T.)

# 16

# "A SEMENTE QUE SEMEAIS, OUTRO COLHE..."

*A Situação dos Trabalhadores Durante e Depois
da Revolução Industrial do Século XIX.
O Regime Fabril. O Trabalho das Crianças.
A Revolta contra as Máquinas. Os Sindicatos e o Voto.*

O uvi dizer num ônibus da Quinta Avenida: *"Meu Deus! Mais piquetes! Já estou cansada desses grevistas andando de um lado para outro na frente de lojas e fábricas, com seus cartazes de protesto. Por que o governo não mete todos eles na cadeia?"* A senhora indignada que fez essa observação não conhecia bem a história. Pensava ter uma solução fácil para um problema simples. Mas estava totalmente errada. Sua solução fora tentada repetidas vezes, sem que resolvesse nada. Na Inglaterra, há mais de cem anos um magistrado comunicou ao Ministério do Interior seus planos para esmagar uma greve: *"As medidas que proponho são simplesmente prender esses homens e mandá-los ao trabalho forçado."*[1]

Exatamente o que sugeria a senhora – e, no entanto, essa proposta foi feita em 1830. Com que resultados? Deixemos que a senhora responda.

O magistrado do século XIX e a senhora do século XX parecem não compreender que os trabalhadores não fazem piquetes porque gostam de andar de um lado para outro carregando cartazes, e não fazem greve porque não desejam trabalhar. As causas são mais profundas. Para descobri-las, devemos voltar à história inglesa, porque ali ocorreu primeiro a Revolução Industrial.

É fato bem conhecido que as estatísticas podem provar qualquer coisa. Nunca nos proporcionaram um quadro mais falso do que o relativo ao período de infância da Revolução

---

J. L. e B. Hammond, *The Town Labourer*, 1760-1832. Longmans, Green and Co., Londres, 1932.

Industrial na Inglaterra. Toda tabela de números mostrava progressos tremendos. A produção de algodão, ferro, carvão, de qualquer mercadoria multiplicou-se por dez. O volume e o total de vendas, os lucros dos proprietários – tudo isso subiu aos céus. Lendo tais números ficamos surpreendidos. A Inglaterra, ao que tudo indica, devia ter sido então o paraíso que os autores de canções mencionam sempre. Foi, realmente – para uns poucos.

Para muitos, podia ser qualquer coisa, menos um paraíso. Em termos de felicidade e bem-estar dos trabalhadores, aquelas estatísticas róseas diziam mentiras horríveis. Um autor mostrou isso num livro publicado em 1836: "*Mais de um milhão de seres humanos estão realmente morrendo de fome, e esse número aumenta constantemente... É uma nova era na história que um comércio ativo e próspero seja índice não de melhoramento da situação das classes trabalhadoras, mas sim de sua pobreza e degradação: é a era a que chegou a Grã-Bretanha.*"[2]

Se um marciano tivesse caído naquela ocupada ilha da Inglaterra teria considerado loucos todos os habitantes da Terra. Pois teria visto de um lado a grande massa do povo trabalhando duramente, voltando à noite para os miseráveis e doentios buracos onde moravam, que não serviam nem para porcos; de outro lado, algumas pessoas que nunca sujaram as mãos com o trabalho, mas não obstante faziam as leis que governavam as massas, e viviam como reis, cada qual num palácio individual.

Havia, na realidade, duas Inglaterras. Disraeli acentuou isso em sua *Sybil*:

> "*Duas nações, entre as quais não há intercâmbio nem simpatia, que ignoram os hábitos, ideias e sentimentos uma da outra, como se habitassem zonas diferentes, são alimentadas com comida diferente, têm maneiras diferentes, e não são governadas pelas mesmas leis.*
> *O Senhor fala de... disse Egremont, hesitante.*
> *DOS RICOS E POBRES.*"[3]

Essa divisão não era nova. Mas com a chegada das máquinas e do sistema fabril, a linha divisória se tornou mais acentuada ainda. Os ricos ficaram mais ricos, e os pobres, desligados dos meios de produção, mais pobres. Particularmente ruim era a situação dos artesãos, que ganhavam antes o bastante para uma vida decente e que agora, devido à competição das mercadorias feitas pela máquina, viram-se na miséria. Temos uma ideia de como era desesperada a sua situação pelo testemunho de um deles, Thomas Heath, tecelão manual:

> "*Pergunta: Tem filhos?*
> *Resposta: Não. Tinha dois, mas estão mortos, graças a Deus!*
> *Pergunta: Expressa satisfação pela morte de seus filhos?*
> *Resposta: Sim. Agradeço a Deus por isso. Estou livre do peso de sustentá-los, e eles, pobres criaturas, estão livres dos problemas desta vida mortal.*"[4]

---

[2] P. Gaskell, op. cit., Londres, 1836, Prefácio.
[3] B. Disraeli, *Sybil or the Two Nations* (1845). Macmillan & Co., Ltd., Londres, 1895, p. 74.
[4] *Reports from Assistant Hand-Loom Weaver's Commissioners*, op. cit., Parte II, p. 232, 1840.

"*A Semente que Semeais, Outro Colhe...*" | 143

O leitor há de concordar que, para falar desse modo, o homem devia realmente estar deprimido e na miséria.

O que acontecia aos homens que, reduzidos ao estado de fome absoluta, já não podiam lutar contra a máquina, e finalmente iam buscar emprego na fábrica? Quais eram as condições de trabalho nessas primeiras fábricas?

As máquinas, que podiam ter tornado mais leve o trabalho, na realidade o fizeram pior. Eram tão eficientes que tinham de fazer sua mágica durante o maior tempo possível. Para seus donos, representavam tamanho capital que não podiam parar – tinham de trabalhar, trabalhar sempre. Além disso, o proprietário inteligente sabia que arrancar tudo da máquina, o mais depressa possível, era essencial porque, com as novas invenções, elas podiam tornar-se logo obsoletas. Por isso os dias de trabalho eram longos, de 16 horas. Quando conquistaram o direito de trabalhar em dois turnos de 12 horas, os trabalhadores consideraram tal modificação uma bênção.

Mas os dias longos, apenas, não teriam sido tão maus. Os trabalhadores estavam acostumados a isso. Em suas casas, no sistema doméstico, trabalhavam durante muito tempo. A dificuldade maior foi adaptar-se à disciplina da fábrica. Começar numa hora determinada, para, noutra, começar novamente, manter o ritmo dos movimentos da máquina – sempre sob as ordens e a supervisão rigorosa de um capataz – isso era novo. E difícil.

Os fiandeiros de uma fábrica próxima de Manchester trabalhavam 14 horas por dia numa temperatura de 26 a 29°C, sem terem permissão de mandar buscar água para beber. Estavam *"sujeitos às seguintes penalidades ou multas:*

|  | s | p |
|---|---|---|
| *Por deixar a janela aberta* | 1 | 0 |
| *Por estar sujo* | 1 | 0 |
| *Por se lavar no trabalho* | 1 | 0 |
| *Por consertar o tambor com o gás aceso* | 2 | 0 |
| *Por deixar o gás aceso além do tempo* | 2 | 0 |
| *Por assobiar* | 1 | 0.*"[5]

Parece fantástico, mas era verdade, e não constitui caso isolado. A maioria dos males hoje só existentes em companhias exploradoras ou em comunidades atrasadas, como, por exemplo, receber em bônus ou ter de comprar no armazém da companhia ou ainda morar numa casa da companhia, era familiar aos trabalhadores no período inicial do industrialismo.

Os capitalistas achavam que podiam fazer como bem entendessem com as coisas que lhes pertenciam. Não distinguiam entre suas "mãos" e as máquinas. Não era bem assim – como as máquinas representavam um investimento, e os homens não, preocupavam-se mais com o bem-estar das primeiras.

Pagavam os menores salários possíveis. Buscavam o máximo de força de trabalho pelo mínimo necessário para pagá-las. Como mulheres e crianças podiam cuidar das máquinas

---
[5] J. L. e Barbara Hammond, op. cit., pp. 19-20.

## Capítulo 16

e receber menos que os homens, deram-lhes trabalho, enquanto o homem ficava em casa, frequentemente sem ocupação. A princípio, os donos de fábricas compravam o trabalho das crianças pobres, nos orfanatos; mais tarde, como os salários do pai operário e da mãe operária não eram suficientes para manter a família, também as crianças que tinham casa foram obrigadas a trabalhar nas fábricas e minas. Os horrores do industrialismo se revelam melhor pelos registros do trabalho infantil naquela época.

Perante uma comissão do Parlamento em 1816, o Sr. John Moss, antigo capataz de aprendizes numa fábrica de tecidos de algodão, prestou o seguinte depoimento sobre as crianças obrigadas ao trabalho fabril:

> *"Eram aprendizes órfãos? – Todos aprendizes órfãos.*
> *E com que idade eram admitidos? – Os que vinham de Londres tinham entre 7 e 11 anos. Os que vinham de Liverpool, tinham entre 8 e 15 anos.*
> *Até que idade eram aprendizes? – Até 21 anos.*
> *Qual o horário de trabalho? – De 5 da manhã até 8 da noite.*
> *Quinze horas diárias era um horário normal? – Sim.*
> *Quando as fábricas paravam para reparos ou falta de algodão, tinham as crianças, posteriormente, de trabalhar mais para recuperar o tempo parado? – Sim.*
> *As crianças ficavam de pé ou sentadas para trabalhar? – De pé.*
> *Durante todo o tempo? – Sim.*
> *Havia cadeiras na fábrica? – Não. Encontrei com frequência crianças pelo chão, muito depois da hora em que deveriam estar dormindo.*
> *Havia acidentes nas máquinas com as crianças? – Muito frequentemente."*[6]

Em 1883 a Comissão fez novamente um relatório sobre o emprego de crianças nas fábricas. Nesse relatório, há um depoimento de Thomas Clarke, de 11 anos, ganhando 4 xelins por semana (com a ajuda do irmão) como emendador de fios. Eis parte de sua história:

> *"Sempre nos batiam se adormecíamos... O capataz costumava pegar uma corda da grossura de meu polegar, dobrá-la, e dar-lhe nós... Eu costumava ir para a fábrica um pouco antes das 6, por vezes às 5, e trabalhar até 9 da noite. Trabalhei toda a noite, certa vez... Nós mesmos escolhíamos isso. Queríamos ter algum dinheiro para gastar. Havíamos trabalhado desde as 6 da manhã do dia anterior. Continuamos trabalhando até as 9 da noite seguinte... Estou agora na seção de cordas... Posso ganhar cerca de 4 xelins... Meu irmão faz o turno comigo. Ele tem 7 anos. Nada lhe dou, mas, se não fosse meu irmão, teria de dar-lhe 1 xelim por semana... Levo-o comigo, às 6, e fica comigo até as 8."*[7]

O trabalhador infantil não era novidade. O leitor deve lembrar-se da descrição do sistema doméstico, feita por Defoe, no Capítulo 10 deste livro. Mas antes o trabalho das crianças

---

[6]*Report of the Minutes of Evidence Taken Before the Selected Committee on the State of the Children Employed in the Manufactories*, 1816, pp. 178-180.
[7]*First Report of the Central Board of His Majesty's Commissioners on Employment of Children in Factories*, 1833, pp. 31, 32.

era complemento do trabalho dos pais; agora, passara a ser a base do novo sistema. Antes, as crianças trabalhavam em casa, sob a direção dos pais, com horários e condições por estes determinados; agora, trabalhavam em fábricas, sob a direção de um supervisor cujo emprego dependia da produção que pudesse arrancar de seus pequenos corpos, com horários e condições estabelecidos pelo dono da fábrica, ansioso de lucros. Até mesmo um senhor de escravos das Índias Ocidentais poderia surpreender-se com o longo dia de trabalho das crianças. Um deles, falando a três industriais de Bradford, disse: *"Sempre me considerei infeliz pelo fato de ser dono de escravos, mas nunca, nas Índias Ocidentais, pensamos ser possível haver ser humano tão cruel que exigisse de uma criança de 9 anos trabalhar 12 horas e meia por dia, e isso, como os senhores reconhecem, como regra normal."*[8]

Esse dono de escravo poderia ter feito outra comparação. Por pior que fossem as moradias dos escravos, tanto nas Índias Ocidentais como Meridionais, poderia alegar que sob muitos aspectos não eram piores do que as residências dos trabalhadores nas novas cidades fabris. Com o advento da máquina a vapor, já não era necessário às fábricas se localizarem junto às quedas-d'água, como antes. A indústria mudou-se para as áreas de minas de carvão, e quase que da noite para o dia lugares sem importância se tornaram cidades, e antigas vilas passaram a cidades. Em 1770 a população rural da Inglaterra era de 40% do total; em 1841, a proporção caíra para 26%. Os números relativos ao crescimento das cidades revelam a história:

|            | 1801         | 1841           |
|------------|--------------|----------------|
| Manchester | 35.000 hab.  | 353.000 hab.   |
| Leeds      | 53.000 hab.  | 152.000 hab.   |
| Birmingham | 23.000 hab.  | 181.000 hab.   |
| Sheffield  | 46.000 hab.  | 111.000 hab.[9]|

Os nomes devem ser conhecidos dos leitores. Lugares famosos, produzindo artigos famosos. Artigos feitos por trabalhadores que viviam em moradias escuras, insalubres, superlotadas. Nassau Senior, economista de renome, passou por Manchester em 1837, e assim descreveu o que viu: *"Essas cidades, pois pela extensão e número de habitantes são cidades, foram construídas sem qualquer consideração pelo que não fosse a vantagem imediata do construtor especulador. ... Num lugar encontramos toda uma rua seguindo o curso de um canal, porque dessa forma era possível conseguir porões mais profundos, sem o custo de escavações, porões destinados não ao armazenamento de mercadorias ou de lixo, mas à residência de seres humanos. **Nenhuma das casas dessa rua esteve isenta do cólera**. Em geral, as ruas desses subúrbios não têm pavimentação, e pelo meio corre uma vala ou há um monturo; os fundos das casas quase se encontram, não há ventilação nem esgotos, e famílias inteiras moram num canto de porão ou numa água-furtada."*[10]

---

[8] J. L. e B. Hammond, op. cit., p. 160.
[9] Th. Rothstein, *From Chartism to Labourism*. Martin Lawrence, Ltd., 1929, p. 9.
[10] Citado por Engels, *A condição da classe trabalhadora na Inglaterra em 1844*.

Atente o leitor para a frase grifada da citação acima. O efeito dessas condições de habitação na saúde dos pobres que ali viviam é evidente. As doenças e a morte assolavam os que tinham a infelicidade de viver em ruas tão insalubres como essas. Quem nascia no outro lado da cidade era realmente de sorte, porque a média de vida era determinada pelo lugar onde se morava – segundo o relatório do Dr. P. H. Holland, que realizou uma investigação num subúrbio de Manchester, em 1844. *"Quando verificamos ser a taxa de mortalidade quatro vezes maior em algumas ruas do que em outras, e duas vezes maior em grupos de ruas do que em outros, e, ainda, que era invariavelmente maior nas ruas em más condições e quase invariavelmente menor nas ruas em boas condições, não podemos deixar de concluir que multidões de nossos irmãos, centenas de vizinhos próximos, são anualmente destruídos por falta das precauções mais simples."*[11]

Como se sentia a outra nação, a dos ricos, com essa mortandade de seus "vizinhos próximos"? Que atitude tinham as pessoas ricas em relação às condições predominantes nas fábricas, aos dias de 16 horas, ao trabalho infantil? Em sua maioria nem pensavam nisso, absolutamente. Quando pensavam, consolavam-se com o raciocínio de que tinha de ser assim. Não dizia a Bíblia: *"os pobres, sempre os tendes convosco?"*[12] Não lhes importava que a Bíblia tivesse outras coisas a dizer sobre as relações entre os homens – liam apenas o que queriam ler, e ouviam apenas o que queriam ouvir.

Algumas das coisas que hoje achamos horríveis pareciam aos ricos de então perfeitamente justas. Era mau para as crianças não irem à escola, trabalharem 14 horas por dia? Despropósito!, exclamava o Sr. G. A. Lee, dono de uma tecelagem de algodão na qual o horário das crianças era das 6 da manhã às 8 da noite. *"Nada mais favorável para a moral do que o hábito, desde cedo, da subordinação, da indústria e regularidade."*[13]

O Sr. Lee se preocupava com a moral dos pobres. Também o presidente da Royal Society, Sr. Giddy, que foi contra a proposta de se criarem escolas primárias para as crianças das classes trabalhadoras. Foi este o argumento do Sr. Giddy: *"Dar educação às classes trabalhadoras pobres... seria na realidade prejudicial à sua moral e felicidade; aprenderiam a desprezar sua sorte na vida em vez de fazer deles bons servos na agricultura e outros empregos laboriosos, a que sua posição na sociedade os destina... Permitir-lhes-ia ler folhetos sediciosos... e os tornaria insolentes para com seus superiores."*[14]

Mas se formos dar crédito a outra testemunha do período, longe de desprezar sua sorte na vida os pobres só tinham motivos para serem gratos a ela. Felizes realmente eram os que faziam parte daquela dádiva da humanidade, o sistema fabril. Pelo menos assim pensava Andrew Ure, que em 1835 escreveu: *"Em minha recente viagem vi dezenas de milhares de velhos, jovens e adultos, de ambos os sexos, ganhando alimento abundante, roupas e acomodações domésticas, sem suar por um único poro, protegidos do sol do verão e da geada do inverno em apartamentos mais arejados e saudáveis que os da metrópole nos quais se reúne nossa aristo-*

---

[11] Idem.
[12] São João, XII, 8.
[13] Hammond, op. cit., p. 163.
[14] Ibid., p. 57.

*cracia de bom tom... Edifícios magníficos, superando em número, valor, utilidade e engenhosidade de construção os gabados monumentos do despotismo asiático, egípcio e romano... Tal é o sistema fabril."*[15]

Talvez seja conveniente observar que o Dr. Ure estava passeando pelas fábricas – e não trabalhando nelas.

Muito antes que o Dr. Ure começasse a entoar loas ao sistema fabril, um homem da Igreja dava consolo e ajuda aos pobres miseráveis. Não era um sacerdote qualquer – mas sim o próprio arquidiácono Paley. Para os membros descontentes da classe trabalhadora que se consideravam em má situação, ao passo que os ricos viviam bem, esse ilustre clérigo teve palavras de otimismo. *"Algumas das necessidades que a pobreza impõe não constituem durezas, mas prazeres. A frugalidade em si é um prazer. É um exercício de atenção e controle que produz contentamento. Este se perde em meio à abundância. Não há prazer em sacar de recursos imensos. Uma vantagem ainda maior que possuem as pessoas em situação inferior é a facilidade com que sustentam seus filhos. Tudo de que o filho de um pobre necessita está encerrado em duas palavras, indústria e inocência."*[16]

E se algum dos estúpidos pobres fosse cabeçudo demais para acreditar que a pobreza era realmente um prazer, o arquidiácono tinha outro argumento no bolso. Os pobres invejavam aos ricos sua ociosidade. Que erro! Os ricos é que realmente estavam invejosos – porque a ociosidade só constitui um prazer depois do trabalho árduo. Eis a sua argumentação: *"Outra coisa que o pobre inveja no rico é sua ociosidade. Trata-se de um engano total. A ociosidade é a cessação do trabalho. Não pode, portanto, ser gozada, ou mesmo provada, exceto pelos que conhecem a fadiga. O rico vê, e não sem inveja, o prazer e a recuperação que o repouso proporciona ao pobre."*[17]

O arquidiácono Paley escreveu essas palavras confortadoras em 1793. Foi nessa época que os pobres da França estavam tentando derrubar os privilegiados. A Revolução Francesa foi um acontecimento sangrento. Os ricos, na Inglaterra, não gostaram. Odiavam o pensamento de que a horrível ideia francesa de "abaixo suas cabeças" pudesse atravessar o canal e ocorrer também aos pobres ingleses. Por isso, esse amigo dos pobres, o arquidiácono, advertiu aos ingleses que pudessem ser muito "esquentados": *"A modificação, e a única modificação a ser desejada, é o melhoramento gradual e progressivo, fruto natural da indústria bem aplicada... Isso pode ser esperado de um estado de ordem e tranquilidade pública; é absolutamente impossível em qualquer outra situação... Ambicionar a situação ou a fortuna dos ricos, e a tal ponto de desejar tomá-las pela força, ou através do tumulto e confusão públicos, não só é mau, como insensato."*[18]

Os pobres ingleses aceitaram o conselho do padre. Não "tomaram a fortuna dos ricos". Mas com o passar do tempo, começaram a desejar aquele "melhoramento gradual e pro-

---

[15] A. Ure, *The Philosophy of Manufactures* (1835). Londres, 1861, p. 17.
[16] W. Paley, *Reasons for Contentment: Addressed to the Labouring Part of the British Public*. Londres, 1793, pp. 11-12.
[17] Ibid., p. 16.
[18] Ibid., pp. 20, 22.

gressivo", por ele prometido como "o fruto natural da indústria bem aplicada". Tal melhoramento não ocorreu. Por isso lutaram para obtê-lo.

Lutaram, por exemplo, por um dia de trabalho mais curto. E a eles se uniram alguns dos ricos bastante humanos para concordar que uma jornada de 14 ou 16 horas era demasiado longa. Levaram a luta para o Parlamento. Fizeram discursos a favor da limitação do dia de trabalho a 10 horas. Convenceram alguns de seus colegas a aprovar com eles uma lei nesse sentido. Descontentaram muita gente, inclusive o Dr. Ure. Este sentiu-se ofendido – por uma razão interessante: *"Constituirá realmente uma surpresa para todos os espíritos desapaixonados que 93 membros da Câmara dos Comuns pudessem ser capazes de determinar que nenhuma classe de artesãos adultos trabalhe mais de 10 horas por dia – uma interferência na liberdade dos súditos, que nenhuma outra legislatura na cristandade teria tolerado por um momento. Os industriais de Gloucester caracterizaram, com justiça, essa proposta como digna da pior Idade Média."*[19]

O Dr. Ure, como o arquidiácono Paley, era amigo do trabalhador. Por isso, ele e os industriais de Gloucester se indignaram com essa proposta de interferir na liberdade que tinha o operário de trabalhar tanto quanto desejasse seu patrão. O que seria das históricas liberdades dos ingleses, se o Parlamento lhes tomasse o direito de estourar de trabalhar?

Esse argumento de que a limitação das horas de trabalho interferia na liberdade natural do homem era muito importante. Foi usado repetidas vezes na América e na Inglaterra. Os industriais que o levantaram (e é bastante curioso que os trabalhadores não se importassem em ter seu direito natural, sob esse aspecto, desrespeitado) inspiraram-se no grande economista Adam Smith, o apóstolo do *laissez-faire*. É certo que Smith, o violento opositor das políticas restritivas do mercantilismo, se opôs decididamente a tal interferência. Os industriais podiam citar *A Riqueza das Nações*: *"A propriedade que todo homem tem de seu próprio trabalho, constituindo a base original de todas as outras propriedades, é a mais sagrada e inviolável. O patrimônio do pobre está na força e destreza de suas mãos; e impedi-lo de empregar essa força e destreza da forma que lhe parece justa sem prejudicar seu vizinho, é uma violação evidente do mais sagrado direito... o julgamento de sua capacidade de ser empregado deve ficar a cargo dos empregadores, cujo interesse está a isso ligado."*[20]

Adam Smith escrevera isso em oposição aos regulamentos e restrições mercantilistas. Poderíamos dizer que os industriais estavam omitindo alguma coisa ao usar essa citação, escrita em 1776, para combater outro tipo de regulamentação. Mas suponhamos que agiam com imparcialidade citando Smith. Não era imparcial, porém, esquecer o que Smith disse, quando isso não era de seu interesse. O hábito de citar o que justificasse seus atos, esquecendo o que fosse contrário a eles, era útil à classe dominante – e desastroso para a classe trabalhadora. Tal processo foi empregado durante mais de cem anos.

Que poderiam fazer os trabalhadores para melhorar sua sorte? Que teria feito o leitor? Suponhamos que tivesse ganho a vida razoavelmente fazendo meias à mão. Suponhamos

---

[19]Ure, op. cit., p. 297.
[20]Adam Smith, op. cit., v. I, p. 123.

que presenciasse a construção de uma fábrica, com máquinas, que dentro em pouco produzissem tantas meias, a preços tão baratos que o leitor tivesse cada vez maior dificuldade em ganhar mais ou menos sua vida, até ficar à beira da fome. Naturalmente pensaria nos dias anteriores à máquina, e o que fora então apenas um padrão de vida decente lhe pareceria luxuoso, em sua imaginação. Olharia à sua volta, e estremeceria com a pobreza que estava atravessando. Perguntaria a si mesmo a causa, como já teria feito mil vezes, chegando à mesma conclusão – a máquina. Foi a máquina que roubou o trabalho dos homens e reduziu o preço das mercadorias. A máquina – eis o inimigo.

Quando homens desesperados chegavam a essa conclusão, o passo seguinte era inevitável.

Destruir as máquinas.

Máquinas de tecer renda, de tecer meias, máquinas de fiar – todas as máquinas que pareciam a certos trabalhadores em certos lugares terem provocado a miséria e a fome – foram destruídas, esmagadas ou queimadas. Os destruidores de máquinas, chamados luditas, ao lutarem contra a maquinaria sentiam que lutavam por um padrão de vida. Todo seu reprimido ódio à máquina libertou-se, ao se lançarem aos seus motins cantando canções como esta:

> *Cercar e bloquear nós vamos*
> *Destruir nós juramos*
> *Engrenagens romper, janelas partir*
> *Enquanto o tear no fogo lançamos.*[21]

É fácil imaginar o resultado dessa violência. Foram destruídas propriedades, máquinas foram desmontadas pela multidão irada. Os homens que eram donos das máquinas agiram com rapidez. Recorreram à lei. E a lei não tardou em responder ao seu apelo. Em 1812 o Parlamento aprovou uma lei tornando passível de pena de morte a destruição das máquinas. Mas antes da aprovação da lei, durante os debates, um membro da Câmara dos Lordes fez seu discurso inaugural opondo-se à medida. Lembrou aos legisladores que a causa da destruição das máquinas fora a destruição dos homens:

> *"Mas embora devamos admitir que esse mal existe em proporções alarmantes, não podemos negar que surgiu de circunstâncias provocadas pela miséria sem paralelo. A perseverança desses miseráveis em suas atitudes mostra que apenas a carência absoluta poderia ter levado um grupo de pessoas, antes honestas e industriosas, a cometer excessos tão prejudiciais a si, a suas famílias e à comunidade... Na ingenuidade de seus corações acreditaram que a manutenção e o bem-estar dos pobres industriosos eram questões mais importantes do que o enriquecimento de algumas pessoas por quaisquer melhoramentos nos instrumentos do comércio, que lançavam os trabalhadores no desemprego e tornavam desnecessário o seu uso...*

---

[21] F. Peel, *The Risings of the Luddites, Chartists and Plugdrawers*. Heckmondwike, 1888, p. 284. (Around and around we all will stand, / And sternly swear we will, / We'll break the shears and windows too, / And set fire to the tazzling mill!)

*"Chamais a esses homens de horda, desesperada, perigosa e ignorante... Estaremos conscientes de nossas obrigações para com essa horda? É a horda que trabalha nossos campos, serve em nossas casas – que constitui vossa marinha e vosso exército, que vos permitiu desafiar a todo o mundo e pode também desafiar-vos, quando a negligência e a calamidade a tiverem levado ao desespero."*[22]

O nome do homem que fez esse discurso, a 27 de fevereiro de 1812, é conhecido dos leitores. Foi lorde Byron.

Destruir máquinas não era um plano bom. Mesmo que tivesse êxito, não teria resolvido os problemas dos trabalhadores. Investiam contra um objetivo errado. A máquina não era a causa de seus males – mas sim o dono dela que, embora sem a mesma ostensividade do latifundiário que fechava sua terra, mas com igual eficiência, os estava afastando dos meios de produção.

Os trabalhadores verificaram logo que a destruição das máquinas não era a solução. Tentaram outros métodos. Eis, por exemplo, a petição de um grupo humilde, que se assinava "Tecelões Pobres". Foi endereçado a seus empregadores em Oldham, Inglaterra, em 1818: *"Nós, os tecelões desta cidade e vizinhanças, respeitosamente pedimos vossa atenção para a difícil situação que há muito estamos vivendo, devido à extrema depressão de nossos salários, e vos pedimos que convoqueis uma reunião entre vós para ver se não pode haver uma solução para aliviar nosso sofrimento com um aumento dos salários, que bem sabeis não são suficientes nem para comprar as coisas necessárias à vida. Somos de opinião de que se agísseis como um todo, isso seria possível sem afetar vossos lucros, que estamos longe de querer prejudicar."*[23]

Houve outras petições. Centenas delas. Petições enviadas não aos patrões – isso foi logo abandonado como inútil – mas ao Parlamento. Muitas foram postas de lado, mas outras receberam certa atenção. Já havia algumas leis que poderiam ajudar a aliviar a miséria da classe trabalhadora. Outras leis foram aprovadas, em consequência dessas petições, e também das investigações realizadas pelas comissões de legisladores que comprovaram, fora de dúvida, serem verídicas as afirmações dos trabalhadores sobre as miseráveis condições em que viviam.

Mas as leis nos livros são uma coisa. E as leis em ação, outra. Os trabalhadores descobriram isso. Descobriram também que a mesma lei podia ser aplicada em relação a eles de forma inteiramente diferente da que era aplicada à classe dos empregadores.

Isso ocorria por vezes quando os trabalhadores levavam suas reclamações aos tribunais, onde o magistrado que ouvia sua causa era o próprio patrão contra quem reclamavam! Nessas circunstâncias, eram precárias as possibilidades de um julgamento imparcial.

Mas a ligação nem sempre era tão íntima. Bastava, na maioria dos casos, que o magistrado pertencesse à mesma classe dos patrões. Ou, quando isso não acontecia, que pensasse da mesma forma sobre as mesmas coisas. Os trabalhadores estavam embaixo, os patrões

---

[22]Ibid., pp. 71-72, 75.
[23]J. L. e B. Hammond, *The Skilled Labourer*, 1760-1832. Longmans, Green and Co., Londres, 1919, p. 110.

em cima. Os magistrados partiam do princípio de que os trabalhadores deviam ser gratos pelas poucas migalhas que lhes eram atiradas, e deviam agradecer aos patrões por essas migalhas. Nessas condições, a situação dos trabalhadores não era nada favorável nos tribunais. Em *Os trabalhadores urbanos*, dois eminentes historiadores resumem o que estava acontecendo: *"O Parlamento não concedia grande coisa aos trabalhadores, mas essas concessões, tal como eram feitas, perdiam todo o valor pela recusa dos magistrados em pôr em prática a legislação prejudicial aos senhores... Os magistrados, em sua maioria, pareciam considerar que, se os patrões não queriam obedecer à lei, nada podiam fazer para obrigá-los a cumpri-la... Como não podiam convencer os patrões a obedecer à lei, mandavam para a cadeia os homens que tentavam obrigá-los a isso."*[24]

O arguto observador que foi Adam Smith acreditava não ser tal fato característico de um momento particular, mas uma generalização válida para todos os países capitalistas, em todas as épocas. Os patrões, ao buscarem em seu herói a sanção de tais atos, tinham o cuidado de não se deter neste trecho da *A Riqueza das Nações*: *"O governo civil, na medida em que é instituído para a segurança da propriedade, é na realidade instituído para a defesa do rico contra o pobre, ou dos que têm propriedades contra os que não têm nada."*[25]

Os trabalhadores aprenderam pela experiência essa verdade amarga. Que podiam fazer? Um remédio aparentemente óbvio surgiu. Se conquistassem o direito de voto, poderiam pressionar os legisladores a fazer um governo de e para muitos, em vez de um governo de e para poucos. Perceberam que tinham de conquistar o direito de opinar na escolha dos legisladores. Onde a lei fosse feita pelos trabalhadores seria feita para eles. A lei criava obstáculos – era uma lei feita pelos patrões – e se os trabalhadores pudessem ajudar a fazê-la, teriam uma oportunidade. Se o governo podia proteger os fazendeiros com leis sobre a importação de trigo, e os industriais com impostos, poderia também proteger os salários e horários dos trabalhadores. Portanto, lutaram pelo direito de voto.

Estamos tão acostumados hoje, nos Estados Unidos e Inglaterra, à democracia política, que nos inclinamos a acreditar que ela sempre tenha existido. Evidente que não é assim. O direito de voto para todos os cidadãos, tanto nos Estados Unidos como na Europa, não foi concedido espontaneamente – veio em consequência de uma luta. Na Inglaterra, a classe trabalhadora alinhou-se atrás do movimento cartista, que reivindicava:

1. Sufrágio universal para os homens.
2. Pagamento aos membros eleitos da Câmara dos Comuns (o que tornaria possível aos pobres se candidatarem ao posto).
3. Parlamentos anuais.
4. Nenhuma restrição de propriedade para os candidatos.
5. Sufrágio secreto, para evitar intimidações.
6. Igualdade dos distritos eleitorais.

---
[24] J. L. e B. Hammond, op. cit., pp. 66-67.
[25] Adam Smith, op. cit., v. II, p. 207.

O movimento cartista desapareceu lentamente, mas uma após outra essas reivindicações foram conquistadas (exceto a dos parlamentos anuais). Os cartistas haviam defendido a democracia política porque a consideravam uma arma na luta por melhores condições de vida. Stephens, padre metodista, disse a seus ouvintes: *"O cartismo, meus amigos, não é um movimento político que tenha por principal objetivo a conquista do voto para todos. O cartismo é uma questão de sobrevivência: a Carta significa uma boa casa, boa alimentação e bebida, prosperidade e menores dias de trabalho."*[26]

O padre Stephens era um otimista. A classe trabalhadora ganhou sua luta pela democracia política, mas as boas coisas que ele previa como resultado dessa vitória não ocorreram. Ou pelo menos ocorreram apenas em parte, e não só através do voto. Talvez o fator mais importante na conquista de melhores condições para os trabalhadores, salários mais altos e dias menores tenha sido sua própria organização, lutando na defesa de seus próprios interesses – o sindicato.

O sindicato não era novidade. Foi uma das mais antigas formas de organização dos trabalhadores, evoluindo naturalmente das antigas associações de jornaleiros. Quando, porém, a importância do capital na indústria tornou-se tão grande, as associações de trabalhadores modificaram seu caráter, passando do tipo de corporação para o do sindicato de hoje, ou seja, um corpo de trabalhadores de um determinado ramo organizado com o objetivo de conseguir melhores condições, de defender seus interesses, de depender apenas de si mesmos.

Os sindicatos não surgiram da noite para o dia. Levou muito tempo para que o sentimento de unidade do interesse de classe surgisse, e, enquanto isso não ocorreu, uma verdadeira organização em escala nacional foi impossível. Com a Revolução Industrial o sindicalismo deu passos tremendos. Isso ocorreu porque a Revolução Industrial trouxe consigo a concentração dos trabalhadores nas cidades, a melhoria dos transportes e comunicações, essencial a uma organização nacional, e as condições que fizeram tão necessário o movimento trabalhista. A organização da classe trabalhadora cresceu com o capitalismo, que produziu a classe, o sentimento de classe e o meio físico de cooperação e comunicação. O sindicalismo é mais forte nos países mais industrializados, onde o sistema fabril levou ao desenvolvimento de grandes cidades. Isso foi assinalado por Friedrich Engels em 1844: *"Se a centralização da população estimula e desenvolve a classe dos proprietários, força também o desenvolvimento dos trabalhadores, ainda mais rapidamente. Os trabalhadores começam a se sentir como uma classe, como um todo; começam a perceber que, embora fracos como indivíduos, formam um poder quando unidos. Sua separação da burguesia, a formação de ideias peculiares aos trabalhadores e correspondentes à sua situação na vida são estimuladas, desperta a consciência da opressão, e eles atingem importância social e política. As grandes cidades são o berço dos movimentos trabalhistas; nelas, os trabalhadores começam a refletir sobre sua condição, e a lutar contra ela; nelas a oposição entre proletariado e burguesia se manifestou inicialmente; delas saíram o sindicalismo, o cartismo e o socialismo."*[27]

---

[26]Citado por Engels, op. cit.
[27]Engels, op. cit.

A Revolução Industrial, iniciada na Inglaterra, espalhou-se por outros países. Em alguns, ainda está ocorrendo. E embora nem sempre siga o modelo inglês, diferindo nas condições ou na atitude dos ricos ou na reforma da legislação aprovada pelos órgãos do governo, num ponto todos os países repetiram a história da Inglaterra. Houve, em toda parte, uma guerra aos sindicatos.

É uma velha guerra. As associações de trabalhadores com o objetivo de melhorar suas condições foram declaradas ilegais já no século XIV, e em todos os séculos seguintes houve leis contra tais agremiações. Em 1776 Adam Smith escreveu a propósito:

> "Os salários habituais dos trabalhadores dependem em toda parte do contrato usualmente feito entre essas duas partes, cujos interesses não são, de forma alguma, os mesmos. Os trabalhadores desejam conseguir o máximo possível, os patrões dar apenas o mínimo. Os primeiros estão dispostos a se agrupar para elevar os salários do trabalho, os segundos também, mas com o objetivo de reduzir esses salários.
>
> Não é difícil, porém, prever qual das duas partes deve, em todas as ocasiões normais, ter vantagem na disputa... Os patrões, sendo em menor número, podem reunir-se com muito mais facilidade; e a lei, além disso, autoriza, ou pelo menos não proíbe suas associações, ao passo que proíbe a dos trabalhadores. Não temos leis do Parlamento contra uniões para reduzir o preço do trabalho; temos, porém, muitas contra as uniões para elevá-los."[28]

O que Smith escreveu em 1776 aplicava-se (e ainda se aplica) a todos os países capitalistas do mundo. Mesmo quando a lei proibia associações tanto de patrões como de empregados, seu cumprimento era imposto principalmente aos últimos. Na Inglaterra, França, Alemanha e Estados Unidos a lei foi dura para com os sindicatos.

Durante um quarto de século, na Inglaterra, a lei considerava ilegal que os trabalhadores se reunissem em associações para a proteção de seus interesses. Quando isso ocorria, agia rapidamente contra eles. "Nove chapeleiros de Stockport foram sentenciados a dois anos de prisão em 1816, acusados de conspiração. O juiz (Sir William Garrow), na sentença, observou: 'Neste feliz país onde a lei coloca o menor súdito em igualdade com a maior personagem do reino, todos são igualmente protegidos, e não pode haver necessidade de se associar. A gratidão nos devia ensinar a considerar um homem como o Sr. Jackson, que emprega de 100 a 130 pessoas, como um benfeitor da comunidade'."[29]

Para os chapeleiros que ousaram ingressar num sindicato – dois anos de prisão. Para o Sr. Jackson, que tinha a bondade de lhes dar emprego – louvor. Leiamos novamente a primeira frase do juiz. Estaria realmente dizendo aquilo a sério?

Na França, como na Inglaterra, os movimentos para elevação de salários eram considerados ilegais. Os juízes lamentavam os trabalhadores que continuavam a desrespeitar a lei. Segundo Levasseur, advertiam os operários contra as associações; estes haviam percebido

---
[28] Adam Smith, op. cit., v. I, pp. 68-69.
[29] Hammond, *The Town Labourer*, p. 209, nota.

que divididos eram fracos, mas unidos eram fortes, e por isso insistiam em suas atividades sindicais: *"Os juízes impunham sanções, sem aplicar sempre todo o rigor da lei. 'O tribunal', diziam, 'foi indulgente. Mas que isso lhes sirva de lição, e lembrem-se de que, se o trabalho traz conforto e consideração, as associações apenas os levarão à prisão e à pobreza'. Os trabalhadores... não aprenderam a lição. A única coisa que conservaram na lembrança foi que a greve de 1822 lhes elevara os salários para 35 cêntimos por hora, e que a greve de 1833 os elevara para 40 cêntimos; e em 1845 fizeram greve para obter um salário de 50 cêntimos."*[30]

Também na Alemanha os trabalhadores aprenderam que os sindicatos lhes davam a força de que tanto precisavam para melhorar sua sorte. Em 1864 os impressores de Berlim fizeram uma petição à Câmara dos Deputados prussiana: *"Convencidos de que a melhoria da condição social das classes trabalhadoras exige primeiramente a abolição das restrições impostas aos trabalhadores pelo atual código de leis, os infra-assinados jornaleiros e impressores pedem: 'Considerando... que a lei econômica da oferta e da procura nem sempre assegura ao trabalhador o mínimo necessário à simples subsistência; que o trabalhador individual não está realmente em condições de elevar seus salários, e que portanto o direito de união... é uma exigência tanto da justiça como da razão... o regulamento do código industrial de 1845, que proíbe a livre associação dos trabalhadores, deve ser abolido'."*[31]

A mesma história, por toda parte. Trabalhadores pedindo e lutando pelo direito de se organizarem num esforço para tornar menores as possibilidades contrárias a eles. Bastam dois itens de um relatório feito no ano de 1935 pela Federação Metodista do Serviço Social para mostrar como foi feroz, nos Estados Unidos, a luta pela sindicalização:

*"Weirton, W. Va. ... Uma campanha de terror foi iniciada contra os membros ativos do sindicato... Todos os dias algum dos membros do sindicato é espancado por grupos de homens mascarados. O primeiro a receber tal tratamento foi abandonado a 20 quilômetros da cidade, onde seus atacantes o deixaram como morto... Até agora, mais cinco foram seriamente espancados, o último deles o presidente da Federação das Associações.*

*Todas as provas mostram claramente que a luta entre os privilegiados e os não privilegiados neste país está degenerando rapidamente e geralmente em violência... Pelo menos 73 trabalhadores, meeiros e negros foram mortos em lutas econômicas e linchamentos durante o ano; nenhum empregador teve esse destino."*[32]

Mas apesar de todos os esforços, legais ou ilegais, para esmagá-los, os sindicatos resistiram. Não foi fácil. Os membros dos sindicatos foram presos, os bens sindicais confiscados, os sindicatos tiveram que passar à luta subterrânea – tornaram-se "associações beneficentes" ou "clubes sociais". As armas dos sindicatos, como as greves e os piquetes, foram proibidas – e, mesmo assim, os sindicatos sobreviveram. São o meio mais poderoso que têm os trabalhadores para obter o que desejam – um melhor padrão de vida.

---

[30] E. Levasseur, op. cit., vol. II, p. 241.
[31] H. Muller, *Geschichte der Deutschen Gewerkschaften bis zum Jahre 1878*. Verlag Vorwarts, Berlim, 1918.
[32] Federação Metodista de Serviço Social, *The Social Questions Bulletin*, janeiro de 1936.

"*A Semente que Semeais, Outro Colhe...*" | **155**

Há mais de um século um grande poeta se dirigiu "Aos Homens da Inglaterra". Seu poema pode servir como um sumário deste capítulo sobre as condições que se seguiram à Revolução Industrial e à reação dos trabalhadores a tais condições:

*Canção aos homens de Inglaterra*
*Percy Bysshe Shelley*

*Homens de Inglaterra, arar a terra com que fim*
*Para o senhor que sem pesar os anula?*
*Por que razão tecer laboriosamente assim*
*A rica veste que o tirano a usurpar estimula?*

*Por que razão dar o alimento, a vestimenta, o acalento,*
*Prover conforto a todo o momento,*
*aos ingratos que sem vacilar*
*sufocam seu respirar e seu sangue bebem, devagar?*

*Por que razão, gratos homens de Inglaterra, forjam*
*Vocês tantas armas, correntes, flagelos,*
*E dão assim a usurpadores a força*
*Que os submete e os açoita?*

*Há acaso para vocês lazer, sorriso, folga,*
*Abrigo, alimento, sombra alguma da vida fidalga?*
*Em troca de que fazem tanto e tão duro esforço*
*Com dor e temor e a eterna espreita do calabouço?*

*Para outros brotam as sementes que jogam à terra*
*desfrutam-nas outros as riquezas, vocês, a tapera*
*as roupas que tecem, outros as vestem*
*Sequer as armas que forjam são vocês que embrutecem.*[33]

---

[33]*Shelley Complete Poetical Works*, compilados por G. E. Woodberry, Houghton Mifflin Company, 1901, pp. 364-365. *Song to the men of England* Percy Byoshe Shelley (Men of England, wherefore plough / For the lords who lay ye low? / Wherefore weave with toil and care / The rich robes your tyrants wear? / Wherefore feed and clothe and save, / From the cradle to the grave, / Those ungrateful drones who would / Drain your sweat – nay, drink your blood? / Wherefore, Bees of England, forge / Many a weapon, chain, and scourge, / That these stingless drones may spoil / The forced produce of your toil? / Have ye leisure, comfort, calm, / Shelter, food, love's gentle balm? / Or what is it ye buy so dear / With your pain and with your fear? / The seed ye sow another reaps; / The wealth ye find another keeps; / The robes ye weave another wears; / The arms ye forge another bears.)

# 17

# "LEIS NATURAIS" DE QUEM?

*As Leis Naturais da Economia Clássica.*
*A Economia Individual e a Economia da Sociedade.*
*O Malthusianismo.*
*Ricardo e o Valor do Trabalho.*

As coisas caem para baixo, e não para cima. O leitor sabe o que lhe aconteceria se pulasse da janela. Os físicos nos fizeram um favor ao explicar isso. Newton formulou a lei da gravidade, uma de uma série de leis naturais que, segundo nos informam, descreve o universo físico. O conhecimento dessas leis naturais nos permite planejar nossas ações e atingir um objetivo desejado. Agir na ignorância delas ou sem levá-las em conta pode ter más consequências.

Do mesmo modo os economistas da época da Revolução Industrial desenvolveram uma série de leis que, diziam, eram tão válidas para o mundo social e econômico como as leis dos cientistas para o mundo físico. Formularam uma série de doutrinas que eram as "leis naturais" da Economia. Estavam convencidos de suas verificações. Não discutiam se as leis eram boas ou más. Não havia por que discutir. Suas leis eram fixas, eternas. Se os homens fossem inteligentes e agissem de acordo com os princípios que expunham, muito bem; mas se não, se agissem sem respeito às suas leis naturais, sofreriam as consequências.

Ora, pode ser ou não verídico que esses economistas, em sua busca da verdade, fossem sublimemente indiferentes aos resultados práticos de suas pesquisas. Mas eram homens de carne e osso, que viviam num certo lugar e numa certa época. Isso significa que os problemas por eles tratados eram os mesmos que surgiam naquele lugar e naquela época. E suas doutrinas atingiram poderosos grupos na sociedade, que consequentemente as aceitavam ou rejeitavam, de acordo com seus interesses, e viam a "verdade" àquela luz.

Tal como a ascensão da classe dos negociantes, após a Revolução Comercial, trouxera consigo a teoria do mercantilismo, assim como as doutrinas dos fisiocratas, acentuando a importância da terra como fonte de riqueza, se desenvolveram na França agrícola, assim a ascensão dos industriais durante a Revolução Industrial na Inglaterra trouxe consigo teorias econômicas baseadas nas condições da época. Chamamos as teorias da Revolução Industrial de "Economia clássica".

O leitor já está familiarizado com algumas das doutrinas de Adam Smith, considerado o fundador da escola clássica. Outros economistas destacados dessa corrente são Ricardo, Malthus, James Mill, McCulloch, Senior e John Stuart Mill. Nem todos concordam com Smith nem concordam entre si. Mas estão acordes sobre certos princípios gerais básicos.

E sinceramente de acordo com tais princípios estavam os homens de negócios da época. Por uma excelente razão: a teoria clássica se adequava admiravelmente às suas necessidades particulares. Dela podiam escolher, com grande facilidade, as leis naturais que justificassem completamente seus atos.

Os homens de negócios estavam atentos às grandes oportunidades. Estavam desejosos de lucros. Vieram então os economistas clássicos, dizendo que era isso exatamente o que devia acontecer. E ainda mais. Havia um conforto maior para o homem de negócios empreendedor. Diziam-lhe que, ao procurar seu lucro, estava ajudando também ao Estado. Adam Smith disse isso. Eis aqui, por exemplo, um remédio perfeito para o ambicioso negociante que pudesse passar as noites em claro, às voltas com sua consciência perturbada: *"Toda pessoa está continuamente empenhada em encontrar o emprego mais vantajoso para o capital de que dispõe. É sua vantagem pessoal, na realidade, e não a da sociedade, o que tem em vista. Mas o estudo de sua vantagem pessoal, naturalmente, ou melhor, necessariamente leva-o a preferir o emprego mais vantajoso para a sociedade."*[1]

Perceberam?

O bem-estar da sociedade está ligado ao do indivíduo. Dê a todos a maior liberdade, diga-lhes para ganharem o mais que puderem, apele para seu interesse pessoal, e veja, toda a sociedade melhorou! Trabalhe para si mesmo e estará servindo ao bem geral. Que achado para os homens de negócios, ansiosos por se lançarem na corrida dos lucros cada vez maiores! Abra os sinais para o trem especial do *laissez-faire*!

Deveria o governo regulamentar os horários e os salários dos trabalhadores? Isso seria uma interferência na lei natural, e, portanto, inútil – diziam os economistas clássicos.

Qual, então, a função do governo? Preservar a paz, proteger a propriedade, não interferir.

A concorrência devia ser a ordem do dia. Mantinha baixos os preços e assegurava o êxito dos fortes e eficientes, livrando-se ao mesmo tempo dos fracos e ineficientes. Segue-se que o monopólio – dos capitalistas para elevar os preços ou dos sindicatos para elevar os salários – era uma violação da lei natural.

Esses amplos conceitos, como o leitor se lembrará, foram delineados por Adam Smith em resposta à regulamentação, restrição e contenção mercantilista. Escreveu seu grande livro em 1776, exatamente no início da Revolução Industrial. Os economistas clássicos, que se assenhorearam dessas doutrinas, ampliando-as e popularizando-as, escreveram que a Revolução Industrial, do ponto de vista do aumento da produção de mercadorias e as-

---

[1] Adam Smith, op. cit., v. I, p. 419.

"*Leis Naturais*" *de Quem?* | 159

censão ao poder da classe capitalista, estava fazendo um grande progresso. Acrescentaram outras "leis naturais" de sua autoria, que se adaptavam às condições da época.

*Ensaio sobre o princípio da população*, de Thomas R. Malthus, foi um dos livros mais famosos do período, publicado inicialmente em 1798, em parte como resposta a um livro de William Godwin, sogro de Shelley. Godwin, em seu *Inquérito acerca da justiça política*, escrito em 1793, afirmava que todos os governos eram um mal, mas que o progresso era possível e a humanidade poderia chegar à felicidade pelo uso da razão. Malthus desejava combater as perigosas crenças de Godwin; queria provar que um grande progresso no destino da humanidade era impossível – o que seria uma boa razão para que todos vivessem contentes com o que havia, e não tentassem uma revolução como a da França.

Malthus ataca Godwin da seguinte forma:

> "*O grande erro em que elabora o Sr. Godwin em todo o seu livro está na atribuição de quase todos os vícios e misérias existentes na sociedade civil às instituições humanas. As regulamentações políticas e a administração da propriedade existente são para ele as fontes de todo o mal, o berço de todos os crimes que degradam a humanidade. Se assim realmente fosse, não seria tarefa impossível afastar totalmente o mal do mundo; a razão parece ser o instrumento próprio e adequado para realizar tão grande objetivo. A verdade, porém, é que embora as instituições humanas pareçam ser as causas evidentes e óbvias de muitos males da humanidade, na realidade são ligeiras e superficiais, são como simples penas que flutuam na superfície, em comparação com as causas profundas de impureza que corrompem as fontes e tornam turvas as águas de toda a vida humana.*"[2]

Quais são essas "causas profundas" que fazem a miséria da humanidade? A resposta de Malthus é que a população aumenta mais depressa do que o alimento para mantê-la viva. O resultado: haverá uma época em que o número de bocas será muito superior ao alimento existente para alimentá-las.

> "*A população, quando não controlada, aumenta numa razão geométrica. A subsistência aumenta apenas em proporção aritmética... Isso significa um controle forte e constante sobre a população, provocado pela dificuldade de subsistência. Essa dificuldade deve recair nalguma parte e deve necessariamente ser fortemente sentida por grande parte da humanidade...*
>
> *A população da ilha [Inglaterra] é de cerca de sete milhões. Suponhamos ser a produção atual suficiente para sustentar esse número. Nos primeiros 25 anos, a população será de 14 milhões, e o alimento dobrando também, os meios de subsistência serão iguais a esse aumento. Nos 25 anos seguintes a população será de 28 milhões; e os meios de subsistência suficientes apenas para o sustento de 21 milhões. No período seguinte, a população será de 56 milhões, e os meios de subsistência suficientes para metade desse número. E na conclusão do primeiro século, a população seria de 120 milhões, e os meios de subsistência suficientes apenas para o sustento de 35 milhões. Isso deixaria uma população de 77 milhões totalmente sem abastecimento.*"[3]

---

T. R. Malthus, *An Essay on the Principle of Population*. J. Johnson, Londres, 1798, pp. 176-177.
Ibid., pp. 14, 23, 24.

Isso, diz Malthus, não acontece na realidade. Porque a morte (na forma de "epidemias, pestes e pragas... e fome") age e recolhe sua taxa de crescimento demográfico, de forma que este se harmoniza com o suprimento de alimentos. *"O crescimento superior da população é contido, e a população real se mantém em nível com os meios de subsistência pela miséria e pelos vícios."*[4]

Assim, a razão pela qual as classes trabalhadoras eram pobres, disse Malthus, não estava nos lucros excessivos (razão humana), mas no fato de que a população aumenta mais depressa do que a subsistência (lei natural). Nada se poderia, porém, fazer para melhorar a situação dos pobres? "Nada", disse Malthus na primeira edição de seu livro: *"É sem dúvida um pensamento muito acabrunhador, o de que o grande obstáculo a qualquer melhoria extraordinária da sociedade seja uma natureza impossível de superar."*[5]

Mas na segunda edição, publicada em 1803, ele achou uma solução. Além da miséria e do vício, um terceiro controle da população era possível – o "controle moral". Greves, revoluções, caridade, regulamentações governamentais, nada disso poderia ajudar os pobres em sua miséria – eles é que deviam ser responsabilizados, porque se reproduziam tão rapidamente. Impeça-se que casem tão cedo. Pratiquem o "controle moral" – não tenham famílias tão grandes – e assim poderão ter esperanças de se ajudarem a si mesmos. Quem servia melhor à sociedade – a mulher que se casava e tinha muitos filhos, ou a solteirona? Malthus achava que era a segunda: *"A matrona que criou uma família de 10 ou 12 filhos, que talvez estejam lutando pela pátria, pode achar que a sociedade lhe deve muito... Mas se a questão for imparcialmente examinada, e a matrona respeitada tiver seu peso aferido na escala da justiça, em relação à desprezada solteirona, é possível que a matrona leve a pior."*[6]

Boa notícia para os ricos, a de que os pobres eram os únicos culpados de sua pobreza.

Depois de Adam Smith, o mais importante dos economistas clássicos foi David Ricardo. Era um judeu londrino que fizera grande fortuna nas ações da Bolsa. Seu livro *Princípios de economia política e tributação*, publicado em 1817, é considerado por muitos como o primeiro a tratar a Economia como uma ciência. *A riqueza das nações* de Adam Smith é leitura fácil, em comparação com o trabalho de Ricardo. Uma das razões: Smith é muito melhor como escritor. Outra, e talvez mais importante, é a objetividade de Smith, sua citação de exemplos familiares para ilustrar suas ideias. Ricardo, por outro lado, é abstrato e usa exemplos imaginários que podem ou não ter alguma aparência de realidade. Os livros científicos são, de modo geral, difíceis e monótonos. Ricardo não constitui exceção. Não obstante, o que tinha a dizer era tremendamente importante, e ele se classifica como um dos maiores economistas do mundo.

Em nosso limitado espaço só podemos examinar algumas de suas doutrinas, e muito rapidamente. A primeira é conhecida como "a lei férrea dos salários". O que os trabalhadores ganhavam pela sua atividade já recebera a atenção de autores antes de Ricardo. Em

---

[4]Ibid., p. 141.
[5]Ibid., p. 34.
[6]Ibid., 2. ed., p. 549.

1766, Turgot, num pequeno livro intitulado *Reflexões sobre a formação e distribuição de riquezas*, dizia: "*O trabalhador simples, que depende apenas de suas mãos e sua indústria, não tem senão a parte de seu trabalho de que pode dispor para os outros. Vende-a a um preço maior ou menor; mas esse preço alto ou baixo não depende apenas dele; resulta de um acordo que faz com a pessoa que o emprega. Esta lhe paga o menos possível, e, como pode escolher entre muitos trabalhadores, prefere o que trabalha por menos. Os trabalhadores são por isso obrigados a reduzir seu preço em concorrência uns com os outros. Em toda espécie de trabalho deve acontecer, e na realidade acontece, que os salários do trabalhador se limitam apenas ao que é necessário à mera subsistência.*"[7]

Turgot não foi além. Ricardo desenvolveu a ideia, e por isso a lei de férias dos salários está ligada a ele. Assim, afirma que o trabalhador ganha apenas o salário necessário para manter vivos a ele e à família. "*O preço natural do trabalho... depende do preço do alimento, da necessidade e conveniências necessárias à manutenção do trabalhador e sua família. Com um aumento no preço dos alimentos e das necessidades, o preço natural do trabalho se eleva. Com a queda, o preço natural do trabalho cai.*"[8]

Mas eu e o leitor sabemos que há épocas em que os trabalhadores recebem mais do que o necessário para viver, e outras em que recebem menos. Ricardo leva isso em conta. Distingue entre o "preço do mercado" do trabalho e seu preço natural: "*O preço do mercado do trabalho é o preço realmente pago por ele, resultado da operação natural da proporção entre a oferta e a procura: o trabalho é caro quando escasso, e barato quando abundante. Por mais que o preço do mercado do trabalho se possa desviar de seu valor natural, ele tem, como as mercadorias, a tendência de se conformar a ele.*"[9]

Para mostrar a exatidão dessa última frase, de que o preço do mercado tende a se conformar ao preço natural, Ricardo toma emprestada uma folha do livro de Malthus. Diz que quando o preço do mercado é alto, quando os trabalhadores recebem mais do que o bastante para a manutenção de suas famílias, então a tendência é aumentar o tamanho dessas famílias. E o aumento do número de trabalhadores reduzirá os salários. Quando o preço do mercado é baixo, quando os trabalhadores recebem menos que o necessário para manter as famílias, então seu número se reduz. E um número menor de trabalhadores eleva os salários.

Essa, pois, a lei de salários de Ricardo – com o tempo, os trabalhadores não poderão receber mais que o "*necessário para lhes permitir... viver e perpetuar a raça, sem aumentar nem diminuir*".[10]

Para melhor compreensão da lei da renda, a mais famosa das doutrinas de Ricardo, devemos examinar a controvérsia sobre as Leis do Trigo, que agitavam a Inglaterra na época

---

[7]M. Turgot, *Reflections on the Formation and Distribuition of Wealth* (1766). E. Spragg, Londres, 1793. Disponível em português, publicado pela Global Editora, na obra *Teorias da Mais-Valia: Os Fisiocratas - Karl Marx, Turgot*.
[8]D. Ricardo, *The Principles of Political Economy and Taxation*. Em português: *Principios de economia política e tributação*, Abril Cultural, Coleção Os Economistas.
[9]Idem.
[10]Idem.

em que apareceram os Princípios de Ricardo. Os antagonistas da disputa eram os donos de terras e os industriais.

As Leis do Trigo eram uma espécie de tarifa protetora do trigo. O trigo não poderia ser importado enquanto o preço do produto não atingisse, internamente, determinado nível, que variava de tempos em tempos.

A finalidade disso era estimular seu cultivo, para que a Inglaterra tivesse bastante sortimento dele, em caso de emergência. O cultivo foi estimulado assegurando-se ao agricultor inglês um bom preço. Não precisava temer a concorrência externa, porque nenhum trigo entraria no país até que o produto interno tivesse atingido certo preço. Isso significava bons lucros, a menos que a colheita interna fosse excessiva para o consumo – o que não ocorria na Inglaterra desde 1790.

Devido às guerras napoleônicas, o trigo teve seu preço elevado e uma área de terras cada vez maior foi dedicada ao seu plantio. Os agricultores queriam o preço alto, porque isso representava maior renda, e mais dinheiro no bolso. Os industriais não queriam o preço alto, porque isso representava um aumento no custo da subsistência dos trabalhadores, e, portanto, descontentamento, greves e, finalmente, salários mais altos, ou seja, menos dinheiro em seu bolso. Travou-se uma polêmica, os donos de terra pedindo proteção e os industriais defendendo o comércio livre.

Ricardo estava no meio dessa luta. Suas simpatias eram para os industriais, pois pertencia à classe da nascente burguesia. Não é de surpreender, portanto, que, entre outras coisas, as leis naturais por ele descobertas expliquem a natureza da renda, mostrem que *"todas as classes, portanto, com exceção dos donos de terras, serão prejudicadas pelo aumento do preço do trigo"*.[11]

Como chegou a essa conclusão? Provando que quanto mais alto o preço do trigo, tanto mais altas as rendas. Aumentam estas, argumenta Ricardo, porque o solo é limitado e sua fertilidade difere. *"Se toda a terra tivesse as mesmas propriedades, se fosse ilimitada em quantidade e uniforme em qualidade, não seria possível cobrar pelo seu uso... portanto, somente porque a terra não é de quantidade ilimitada nem de qualidade uniforme e porque, devido ao aumento da população, terra de qualidade inferior... é posta em cultivo, que se paga renda pela sua utilização. Quando, na evolução da sociedade, terras de segundo grau de fertilidade são postas em cultivo, a renda imediatamente começa a ser cobrada pela terra de primeira qualidade, e o total dessa renda dependerá da diferença de qualidade nessas duas partes da terra.*

*Quando a terra de terceira qualidade é posta em cultivo, a renda imediatamente começa na segunda, e é determinada, como antes, pela diferença em sua capacidade produtiva... Com os aumentos da população, que obrigarão o país a recorrer a terras da pior qualidade para que consiga o volume de alimentos de que necessita, a renda sobre a terra mais fértil começará a ser cobrada."*[12]

---

[11]Idem.
[12]Idem.

Segundo Ricardo, as Leis do Trigo, elevando o preço do produto, fizeram os agricultores procurar terras mais pobres para seu plantio. Quando isso ocorreu, pagaram-se arrendamentos pelas terras mais férteis. Com o passar do tempo, o solo mais pobre foi sendo cada vez mais cultivado e os arrendamentos subiram. Tal renda ia para os donos da terra, não porque trabalhassem; nada faziam – e mesmo assim a renda subia. *"O interesse do dono da terra está sempre em oposição ao do consumidor e do fabricante. O trigo só pode desfrutar permanentemente um preço alto porque um trabalho adicional é necessário para produzi-lo, porque seu custo de produção aumenta. O mesmo custo invariavelmente aumenta a renda; é portanto do interesse do dono da terra que o custo da produção do trigo aumente. Isso, porém, não interessa ao consumidor; para ele é desejável que o trigo seja barato em relação ao dinheiro e às mercadorias, pois é sempre com mercadorias ou dinheiro que o trigo é comprado. Nem é do interesse do fabricante que o trigo tenha preço alto, pois o alto preço provocará aumento de salários, mas não aumentará o preço de suas mercadorias."*[13]

Esse último ponto é que era o problema, naturalmente. Enquanto os trabalhadores fossem obrigados a um salário de subsistência, segundo a lei mesma de salários de Ricardo, não lhes importava que o preço do trigo fosse alto ou baixo – seus salários subiam quando o trigo subia, caíam quando o trigo caía. Mas importava aos industriais que não podiam vender suas mercadorias por mais apenas por ser mais caro o trigo, e com isso se elevarem os salários. Ricardo continua, comparando os serviços prestados pelos industriais e pelos donos de terra, constatando a inutilidade destes: *"Os negócios entre o dono de terra e o público não são iguais às relações do comércio, pelas quais tanto vendedor como comprador têm de ganhar, pois no caso deles a perda recai totalmente sobre uma das partes, e o lucro totalmente sobre a outra."*[14]

Os industriais acrescentaram as leis naturais de Ricardo a suas armas contra a proteção. Queriam a abolição das Leis do Trigo e o comércio livre. O Parlamento, porém, era controlado pelos donos de terra, e por isso aquelas leis duraram muito, até 1846. Enquanto isso, alguns donos de terra, que não viam qualquer vantagem para o país em ter trigo barato, começaram a se preocupar com as condições de trabalho e os horários das fábricas. Humanitários, que gritavam pela correção dos males do industrialismo, viram-se ajudados pelos poderosos latifundiários, que desejavam vingar-se dos industriais pela sua hostilidade às Leis do Trigo. Nomearam-se comissões parlamentares para examinar as condições fabris e apresentar relatórios. Houve tentativas de aprovar leis, reduzindo as horas de trabalho. A oposição por parte dos industriais foi, naturalmente, tremenda, pois previam a ruína se seus trabalhadores não continuassem presos às máquinas, tal como antes. Mas os esforços conjuntos dos trabalhadores, humanitaristas e donos de terra tiveram êxito, e Leis Fabris,

---

[13] Idem.
[14] Idem.

## Capítulo 17

limitando as horas e regulando as condições, foram aprovadas. E a agitação em prol de mais restrições e regulamentos continuou.

Um dos economistas clássicos, Nassau Senior, elaborou uma doutrina provando que as horas não podiam ser mais reduzidas, porque o lucro obtido pelo empregador vinha da última hora de trabalho – tirada esta, estaria eliminado o lucro e destruída toda a indústria. *"Sob a lei atual, nenhuma fábrica que emprega pessoas com menos de 18 anos pode trabalhar mais do que 12 horas por 5 dias na semana, e 9 aos sábados. Ora, a análise seguinte mostrará que numa fábrica sob tal regime o lucro líquido é obtido da última hora."*[15]

A análise de Senior baseava-se num exemplo puramente imaginário, no qual a aritmética estava certa, mas as conclusões erradas. Isso se provou sempre que uma fábrica reduzia suas horas de trabalho – e continuava em funcionamento.

Muito mais prejudicial aos trabalhadores do que a última hora de Senior foi a doutrina do fundo de salário. Tornou-se mais prejudicial porque foi adotada e ensinada pela maioria dos economistas. O princípio da última hora foi empregado para combater a agitação em favor do menor dia de trabalho; a doutrina do fundo de salário foi usada para combater a agitação em favor de salários mais altos.

Os trabalhadores formavam sindicatos e faziam greve porque desejavam um aumento de salários. "Pura tolice", diziam os economistas. Por quê? Porque havia um certo fundo posto de lado para pagamento de salários. E havia um certo número de assalariados. O total que os trabalhadores ganhavam em salários era determinado por esses dois fatores. Era isso. E os sindicatos nada podiam fazer.

John Stuart Mill assim explicou a coisa: *"Os salários não dependem apenas do total relativo de capital e população, mas não podem, no regime de concorrência, ser afetados por mais nada. Os salários... não podem elevar-se, a não ser pelo aumento dos fundos conjuntos empregados na admissão de trabalhadores ou na diminuição do número de concorrentes à admissão, nem podem cair, exceto pela diminuição do fundo de pagamento do trabalho ou pelo aumento do número de trabalhadores a serem pagos."*[16]

Muito simples. Nenhuma esperança para os trabalhadores, a menos que o fundo de salário aumentasse ou o número de trabalhadores diminuísse. Se qualquer dos trabalhadores fosse teimoso e insistisse em que salários mais altos eram necessários para que se pudessem manter vivos, podiam dar-lhe uma lição de matemática elementar: *"É inútil argumentar contra qualquer uma das quatro regras fundamentais da Aritmética. A questão dos salários é uma questão de divisão. Reclama-se que o quociente é muito pequeno. Bem, então quais são as formas de torná-lo maior? Duas. Aumente-se o dividendo, permanecendo o divisor*

---

[15]N. W. Senior, *Letters on the Factory as it Affects the Cotton Manufacture* (1837), 3. ed., Londres, 1844, pp. 4-5.
[16]J. S. Mill, *Principles of Political Economy* (1848), v. I, Parker & Son, 1842, p. 409. Em português: *Princípios da economia política*, Abril Cultural, Coleção Os Economistas.

*o mesmo, e o quociente será maior; reduza-se o divisor, permanecendo o dividendo o mesmo, e o quociente será maior.*"[17]

A ilustração dessa lição de Aritmética poderia ser mais ou menos assim:

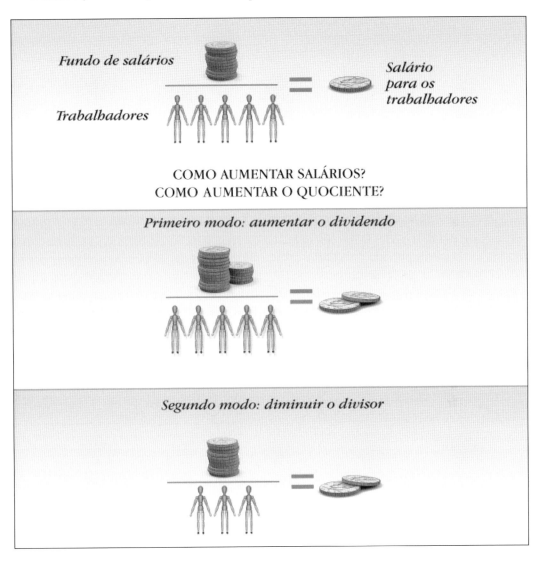

Tudo muito simples. Duas formas de conseguir maiores salários. A segunda forma, "reduza o divisor" – isto é, decresça o número de trabalhadores – era um velho conselho. Malthus lhe dera o nome de "restrição moral".

---
[17] Prof. Perry, citado em *The Wages Question*, por Francis A. Walker. Henry Holt and Company, Inc., Nova York, 1891, p. 143.

A primeira forma, "aumente o dividendo", isto é, aumente o volume do fundo de salários, poderia ser realizada, segundo Senior, *"permitindo que todos se empenhassem da forma que, pela experiência, lhes parecesse mais benéfica: libertando a indústria da massa de restrições, proibições e tarifas protetoras, com as quais a Legislatura por vezes, numa ignorância bem intencionada, por vezes com pena, e por vezes graças a um ciúme nacional, tem procurado esmagar ou dirigir mal seus esforços".*[18] Deixem os negócios em paz e o resultado será mais dinheiro no fundo reservado aos salários. Os homens de negócios concordavam.

A teoria do fundo de salários era a resposta pronta dos industriais e economistas às reclamações dos trabalhadores e sindicatos. Os trabalhadores não se importavam com ela, porque sabiam-na falsa. Sabiam que a ação dos sindicatos lhes conquistava melhores salários. Simplesmente não acreditavam haver um fundo fixo reservado antecipadamente ao pagamento de salários. O que haviam aprendido na prática foi confirmado na teoria por Francis Walker, economista norte-americano que escreveu em 1876. Walker destruiu a teoria do fundo de salários com este argumento: *"Uma teoria popular de salário... baseia-se na suposição de que os salários são pagos com o capital, com os resultados obtidos pela indústria no passado. Portanto, argumenta-se, o capital deve constituir a medida dos salários. Pelo contrário, sustento que os salários são pagos com o produto da atual indústria, e portanto que a produção constitui a verdadeira medida dos salários... Um empregador paga salários para comprar trabalho, não para gastar um fundo que possa ter... O empregador compra o trabalho com o objetivo de ter o produto desse trabalho; e o tipo e o total do produto determinam quais os salários que pode pagar... É, portanto, para a produção futura que os trabalhadores são empregados, e não porque o empregador esteja de posse de um fundo que deve gastar. E é o valor do produto que determina o total de salários que pode ser pago, e não o total de riqueza que o empregador tenha ou possa comandar. Conclui-se, pois, que é a produção, e não o capital, que fornece o motivo do emprego e a medida dos salários."*[19]

Prova excelente a favor da exatidão do argumento de Walker, de que os salários não são um adiantamento pago ao trabalhador pelo capital, é proporcionada pela prática comum hoje na indústria têxtil do Japão e da Índia, onde os salários são "retidos". No Japão, *"os salários ganhos pelas moças que trabalham na indústria da seda ou na pequena indústria do algodão são habitualmente pagos diretamente a seus pais... Esses salários podem ser pagos semestralmente ou, no caso da indústria da seda, no fim de um ano de trabalho, [e na Índia] os salários são pagos com um mês ou seis semanas de atraso... As fábricas chegam a cobrar 9% de juros no caso de fazerem pequenos adiantamentos sobre o próximo pagamento, e isso de salários já ganhos".*[20]

Mas não foi necessário aguardar a prova, dada no século XX, da falsidade da teoria do fundo salarial. A classe trabalhadora a denunciou desde o começo como contrária à sua experiência. Walker deu em 1876 numerosos exemplos da vida norte-americana para provar que não havia nenhuma exatidão na teoria. E sete anos antes que lançasse a última pá de terra no caixão do fundo salarial, até mesmo os economistas admitiam que essa lei natural não era

---

[18]N. W. Senior, *Three Lectures on the Rate of Wages*, 2. ed., prefácio, John Murray, Londres, 1831. Prefácio.
[19]Walker, op. cit., pp. 128-130.
[20]F. Utley, *Lancashire and the Far East*. Allen and Unwin, Ltd., Londres, 1931, pp. 110, 387.

absolutamente uma lei. John Stuart Mill fora o homem cujo *Princípios da economia política*, publicado em 1848, muito contribuíra para popularizar a doutrina. Ao comentar um livro para a *Fortnightly Review*, em maio de 1869, publicou sua retratação: "A doutrina até agora ensinada por todos ou pela maioria dos economistas (inclusive eu mesmo), negando a possibilidade de que as combinações comerciais pudessem elevar os salários ou que limitassem suas operações a esse respeito à obtenção, um tanto anterior, de um aumento que a concorrência do mercado teria produzido sem elas – essa doutrina é destituída de base científica e deve ser posta de lado."[21]

Foi um ato de coragem de J. S. Mill. Cometera um erro e o confessava honestamente. Mas, para os trabalhadores, vinha tarde demais essa denúncia de uma doutrina que os perseguira por mais de meio século. De pouco lhes servia uma ciência que proporcionava ao inimigo todo um arsenal, sempre que os trabalhadores procuravam conseguir algum progresso; de pouco lhes servia uma ciência que praticamente não lhes oferecia esperança de melhorar de vida; de pouco lhes servia uma ciência que a todo momento servia aos interesses da classe patronal.

Um dos mais destacados adeptos da escola clássica, o professor J. E. Cairnes, admitia que os trabalhadores têm razão de desconfiar da ciência da Economia. Em seu *Ensaios de economia política*, publicado em 1873, Cairnes assinalava que a Economia se tinha tornado uma arma da classe burguesa:

"*A Economia Política surge muito frequentemente, em especial quando aborda as classes trabalhadoras, com a aparência de um código dogmático de regras rígidas, como um sistema de promulgar decretos 'sancionando' uma disposição social, 'condenando' outra, exigindo dos homens não exame, mas obediência. Quando examinamos a espécie de decretos que são ordinariamente dados ao mundo em nome da Economia Política – decretos que julgo poder dizer constituem apenas uma ratificação da forma de sociedade existente como se fosse mais ou menos perfeita – poderemos então compreender a repugnância, e mesmo a oposição violenta, manifestada em relação a eles pelas pessoas que têm razões próprias para não participar daquela admiração ilimitada pela atual organização industrial, experimentada por alguns expoentes populares das chamadas leis econômicas. Quando se diz a um trabalhador que a Economia Política 'condena' as greves, olha com desconfiança as propostas de limitação do dia de trabalho, mas 'prova' a acumulação de capital e 'sanciona' a taxa de salários do mercado, não parece uma resposta imprevista que, 'como a Economia Política é contra o trabalhador, compete a este ser contra a Economia Política'. Não parece absurdo que esse novo código venha a ser considerado com desconfiança, como sistema possivelmente concebido no interesse dos empregadores, e que é dever dos trabalhadores esclarecidos simplesmente repudiar e negar.*"[22]

Era verdade ser a Economia Política contra o trabalhador. Era também verdade ser ela a favor do homem de negócios – particularmente o da Inglaterra. Os ensinamentos

---

[21] J. S. Mill, *Principles of Political Economy*. Longmans, Green and Co., Londres, 1909, p. 993. Edição em português: *Princípios da economia política*, Abril Cultural, Coleção Os Economistas.
[22] J. E. Cairnes, *Essays in Political Economy*, pp. 260-261. Macmillan and Company, Londres, 1873.

dos economistas clássicos difundiram-se pela França e Alemanha, e no primeiro quartel do século XIX os livros famosos de Economia publicados nesses países foram, em grande parte, traduções ou exposições dos trabalhos dos economistas clássicos ingleses. Mas tornou-se aos poucos evidente aos pensadores de ambos os países que a doutrina clássica não era apenas a doutrina do homem de negócios, mas sob certos aspectos era peculiarmente uma doutrina do homem de negócios da Inglaterra. Não que os economistas clássicos estivessem conscientemente dispostos a ajudar o homem de negócios inglês. Isso não seria necessário. Pelo fato de viverem na Inglaterra numa época determinada, suas doutrinas tinham de refletir o meio. Isso ocorreu, e os economistas e homens de negócios de outros países logo o descobriram.

Tomemos, por exemplo, o comércio livre. Adam Smith o defendera, e Ricardo e outros que o seguiram, também. Eram partidários de um comércio mundial livre; não só as barreiras internas deviam ser eliminadas, mas também as barreiras entre países. Ricardo defende muito simplesmente o intercâmbio internacional livre: *"Num sistema de comércio perfeitamente livre, cada país naturalmente dedica seu capital e trabalho aos empreendimentos que lhe são mais benéficos. Essa busca de vantagem individual está admiravelmente ligada ao bem universal do todo. Estimulando a indústria, recompensando a engenhosidade e usando da forma mais eficaz os poderes atribuídos pela natureza, ela distribui o trabalho com mais eficiência e mais economicamente: ao mesmo tempo, aumentando a massa geral de produção, difunde o bem geral e une, pelo laço do interesse comum e do intercâmbio, a sociedade universal das nações por todo o mundo civilizado. É esse princípio que determina ser o vinho feito na França e Portugal, que o trigo seja cultivado na América e Polônia, e que as mercadorias de ferro e outras sejam manufaturadas na Inglaterra."*[23]

Ricardo pode, nesse trecho, estar certo ou não quanto ao valor de troca livre e internacional de mercadorias. Mas não há dúvida de que estava absolutamente certo *para a Inglaterra, na época em que escreveu*. A Revolução Industrial ocorreu ali primeiro; os industriais ingleses começaram antes dos industriais do resto do mundo, estando à frente deles em métodos, em máquinas, em facilidades de transporte. Os ingleses podiam e estavam prontos a cobrir a terra com os produtos de suas fábricas. Portanto, o comércio internacional livre lhes servia.

Por essa mesma razão não servia aos homens de negócios de outros países. Alexander Hamilton, na América, instituiu um sistema de tarifas protetoras na administração de Washington. Outros países também tinham barreiras tarifárias, mas sob a influência da Economia inglesa clássica, estavam começando a namorar as ideias do comércio livre.

Em 1841, no momento em que os louvores ingleses às virtudes superlativas do comércio internacional livre se estavam tornando populares em outros países, Friedrich List publicou seu *Sistema nacional de economia política*, atacando-o. List era alemão, e na Alemanha da época a indústria era ainda jovem e subdesenvolvida. Passara alguns anos nos Estados Unidos, onde verificara ocorrer o mesmo na indústria americana. Viu que, se o comércio

---
[23]Ricardo, op. cit., p. 81.

internacional livre fosse estabelecido, seria necessário às indústrias dos dois países, atrasadas em relação à Inglaterra, um longo tempo para alcançá-la – se conseguissem. Disse ser a favor do comércio livre, mas somente depois que as nações menos avançadas igualassem as mais adiantadas. *"Qualquer nação que, devido a infelicidades, esteja atrás das outras na indústria, comércio e navegação, embora possua os meios mentais e materiais para desenvolver-se, deve acima de tudo fortalecer sua capacidade individual, a fim de poder entrar na concorrência livre com nações mais adiantadas."*[24]

Disse que os preços baratos não eram tudo, e que coisas baratas podiam custar caro. O que tornava grande um país não era seu estoque de valores em determinado momento, mas sua capacidade de produzir valores. *"**As causas da riqueza** são totalmente diferentes da riqueza em si. Uma pessoa pode ter riqueza... se, porém, não tem o poder de produzir objetos de valor superior aos que consome torna-se mais pobre... **O poder de produzir riqueza** é, portanto, infinitamente mais importante do que a **riqueza em si**. Isso é mais válido para as nações do que para as pessoas particulares."*[25]

List sugere que a Inglaterra, tendo atingido a grandeza antes que o comércio livre se tornasse seu lema, tentava agora tornar impossível às outras nações progredir: *"É um recurso muito comum e muito esperto que, ao se atingir o cume da grandeza, se lance fora a escada pela qual subimos, a fim de impedir aos outros os meios de subir atrás."*[26]

List, portanto, defende a proteção, as muralhas tarifárias, atrás das quais a indústria incipiente, tendo assegurado o mercado doméstico, pode crescer até ficar de pé sozinha. Somente depois que reunisse forças suficientes ela poderia aventurar-se no comércio mundial livre, para lutar. List foi um expressivo expoente do sistema nacional, em oposição ao sistema internacional, em Economia. Suas ideias tiveram grande influência, particularmente na Alemanha e nos Estados Unidos.

Ele foi, com sua forte defesa da Proteção contra o Comércio Livre de Adam Smith e seus seguidores, um dos numerosos descrentes da infalibilidade da escola clássica. A Economia clássica, tão popular e poderosa na primeira metade do século XIX, começou a perder um pouco de sua força na segunda metade. Naquela época começaram a surgir os trabalhos de um homem que, embora aceitando alguns dos princípios expostos pelos clássicos, levou-os através de caminhos diversos até uma conclusão muito diversa. Também ele era alemão. Seu nome: Karl Marx.

---

[24] F. List, Prefácio ao *Sistema nacional de economia política*, 1841.
[25] Idem.
[26] Idem.

# 18

# "TRABALHADORES DE TODO O MUNDO, UNI-VOS!"

*Os Sonhadores de Utopia.*
*O Socialismo Idealista ou Utópico.*
*Surge Marx: o Socialismo sem Utopia.*
*Por que o Socialismo É Inevitável.*
*Marx e o Trabalho: a Mais-valia.*
*As Contradições do Sistema Capitalista.*

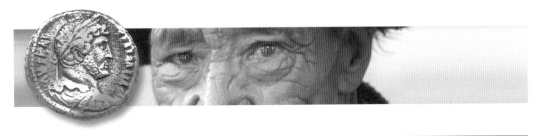

"Se eu tivesse um milhão de dólares!" Quantas vezes já brincamos com essa deliciosa ideia. Ela nos ocorre cada vez que os jornais publicam retratos dos felizes ganhadores dos grandes prêmios da loteria. De forma semelhante, sempre houve quem passasse uma boa parte do seu tempo especulando sobre sociedades melhores do que aquelas em que viveram. Frequentemente, tais especulações não vão além do sonho; ocasionalmente, porém, os sonhadores realmente se entusiasmam, trabalham muito em suas ideias e concluem suas utopias – visões da sociedade ideal do futuro.

Na verdade, a tarefa não era difícil. Quase todas as pessoas de imaginação a poderiam ter executado. Bastava olhar à volta e saberíamos o que devemos evitar. Há pobres por toda parte – na Utopia elimina-se a pobreza; há desperdício na produção e distribuição de mercadorias – na Utopia formula-se um método de produção e distribuição 100% eficiente. Há injustiça por toda parte – na Utopia estabelecem-se tribunais honestos, presididos por juízes honestos (ou organizam-se as coisas de tal modo que tribunais e juízes sejam totalmente desnecessários). Há miséria, doença, infelicidade – na Utopia há saúde, riqueza e felicidade para todos.

Talvez o princípio básico mais importante para todos os sonhadores de utopias fosse a abolição do capitalismo. No sistema capitalista viam apenas males. Era desperdiçado, injusto, desorganizado. Desejavam uma sociedade planificada, que fosse eficiente e justa.

No capitalismo, os poucos que não trabalhavam viviam com conforto e luxo, graças à propriedade dos meios de produção. Os utopistas viam na propriedade comum desses meios a forma de viverem todos bem. Por isso, em suas sociedades visionárias, planejavam que os muitos que executariam o trabalho viveriam com conforto e luxo, graças à propriedade dos meios de produção. Isso era o socialismo – e era o sonho dos utópicos.

Surgiu então Karl Marx.

Também ele era socialista. Também ele desejava melhorar as condições da classe trabalhadora. Também ele desejava uma sociedade planificada. Também ele desejava que os meios de produção fossem de propriedade de todo o povo. Mas – e isso é muito importante – não planejou nenhuma utopia. Praticamente nada escreveu sobre a sociedade do futuro. Estava tremendamente interessado na sociedade do passado, em como evoluiu, desenvolveu-se e decaiu, até se tornar a sociedade do presente. Estava tremendamente interessado na sociedade do presente porque desejava descobrir as forças que nela provocariam a modificação para a sociedade do futuro. Mas não gastou seu tempo nem se preocupou com as instituições econômicas do Amanhã. Passou quase todo o seu tempo estudando as instituições econômicas de hoje. Desejava saber o que movimentava as rodas da sociedade capitalista onde vivia. O nome de seu maior trabalho foi *O capital: análise crítica da produção capitalista*.

Por meio dessa análise da sociedade capitalista chegou à conclusão de que o socialismo viria – não sonhou seu advento, tal como fizeram os utópicos. Marx julgou que o socialismo viria como resultado de forças específicas que operavam na sociedade, sendo necessária uma classe trabalhadora revolucionária organizada para provocá-lo. Tal como a Economia clássica pode ser considerada a Economia do homem de negócios, porque nela ele encontrava ajuda e conforto, a Economia de Marx pode ser chamada de Economia do trabalhador, porque nela o trabalhador verificava seu importante lugar no esquema das coisas, e encontrava também esperanças no futuro.

O ponto fundamental da doutrina econômica de Marx é que o capitalismo se baseia na exploração do trabalho.

Era fácil ver que nos dias da escravidão o trabalhador – isto é, o escravo – fazia um péssimo negócio. Todos concordavam com isso. Os mais delicados podiam mesmo exclamar com raiva: "É chocante! Está absolutamente errado que um homem trabalhe para outro! É uma boa coisa que a escravidão tenha sido abolida."

Igualmente era fácil ver que no período feudal o trabalhador – isto é, o servo – fazia mau negócio. Não há dúvida quanto a isso. Era evidente que ele, como o escravo, tinha de trabalhar para outro homem – seu senhor. Trabalhava, digamos, quatro dias na semana na sua terra, os outros dois dias na terra do senhor. Em ambos os casos, a exploração do trabalhador era evidente.

Mas não era fácil ver que na sociedade capitalista o trabalhador continuava a fazer um mau negócio. Presumidamente, o operário é um agente livre. Ao contrário do escravo ou do servo, ele não tem de trabalhar para seu dono ou senhor. Presumidamente, ele pode trabalhar ou não, como queira. E tendo escolhido o patrão para o qual deseja trabalhar, o operário recebe pagamento pelo seu trabalho, no fim da semana. Sem dúvida, isso era diferente – isso não era exploração do trabalho.

Marx discordava. Dizia estar o trabalhador na sociedade capitalista sendo explorado tal como fora na sociedade escravocrata e na feudal. Marx dizia que a exploração na sociedade capitalista era oculta, mascarada. Arrancou-lhe a máscara com a teoria da mais-valia.

Para fazê-lo, tomou de Ricardo a teoria do trabalho defendida em graus variados pela maioria dos clássicos, desde Adam Smith até John Stuart Mill. Segundo essa doutrina, o valor das mercadorias depende do total de trabalho necessário para produzi-las. Marx cita um economista famoso, Benjamin Franklin, como partidário dessa teoria do valor-trabalho. Escreveu Marx: *"O celebrado Franklin, um dos primeiros economistas, depois de William Petty, que viu a natureza dos valores, diz: 'Sendo o comércio em geral apenas a troca do trabalho pelo trabalho, o valor de todas as coisas é exatamente medido pelo trabalho'."*[1]

Marx faz uma distinção entre os bens em geral e as mercadorias. A produção de mercadoria é típica da sociedade capitalista. *"A riqueza das sociedades nas quais predomina a forma capitalista de produção apresenta-se como 'uma imensa acumulação de mercadorias', tendo por unidade a mercadoria isolada. Nossa investigação deve, portanto, começar com a análise de uma mercadoria."*[2]

Um bem se transforma em mercadoria ao ser produzido não para o consumo direto, mas para a troca. Um paletó feito para uso próprio não é uma mercadoria. Um paletó feito para ser vendido a alguém – para ser trocado por dinheiro ou por outro artigo – é uma mercadoria. *"Quem satisfaz diretamente suas necessidades com o produto de seu próprio trabalho cria, na verdade, valores de uso, mas não mercadorias. A fim de produzi-las, deve produzir não apenas valores de uso, mas valores de uso para outros, valores de uso sociais."*[3] O homem que faz um paletó, não para usar, mas para trocar, para vender, produziu uma mercadoria.

A questão importante, a seguir, é o preço pelo qual a trocará. O que determina o valor dessa mercadoria? Compare-se esse paletó com outra mercadoria – um par de sapatos. Como artigos, como meios de satisfazer as necessidades humanas, não parece haver muito em comum entre eles. Nem entre eles e outras mercadorias – pão, lápis, salsichas etc. Mas estas só podem ser trocadas entre si por terem algo em comum, e o que têm em comum, diz Marx, é serem produtos do trabalho. Todas as mercadorias são produtos do trabalho. O valor, portanto, ou a taxa a que uma mercadoria é trocada, é determinado pelo total de trabalho nela encerrado. E esse total é medido pela extensão de sua duração, isto é, tempo de trabalho. *"Vemos, então, que o valor de qualquer artigo é determinado pela quantidade de trabalho socialmente necessária ou tempo de trabalho socialmente requerido para a sua produção... O valor de uma mercadoria está em proporção ao valor de qualquer outra, na medida do tempo de trabalho necessário à produção de uma e à produção de outra."*[4]

---

[1] Karl Marx, *O capital*, v. I.
[2] Ibid, vol. I.
[3] Idem.
[4] Idem.

## 174 | *Capítulo 18*

Se, portanto, foram necessárias 16 horas para produzir o paletó, ao passo que o par de sapatos exigiu 8 horas, o primeiro terá o dobro do valor, e um paletó será trocado por dois pares de sapatos. Marx compreendia que os dois tipos de trabalho, nos dois casos, não eram exatamente os mesmos – o paletó encerrava o trabalho do fiandeiro, do tecelão, do alfaiate etc., ao passo que outros tipos de trabalho produziam o sapato. Mas, diz Marx, todo trabalho é o mesmo, e, portanto, comparável, no sentido de que todo ele é formado pela força de trabalho humana. O trabalho simples, não especializado, e o trabalho especializado são comparáveis, sendo o segundo apenas um múltiplo do primeiro, de modo que uma hora de trabalho especializado = duas horas de trabalho simples.

Assim, o valor de uma mercadoria é determinado, diz Marx, pelo tempo de trabalho social necessário para produzi-la. *"Mas – retrucará o leitor – isso significa que a mercadoria produzida por um trabalhador lento, ineficiente, valeria mais do que a mercadoria produzida por um trabalhador mais capaz, mais rápido, já que o primeiro levaria mais tempo para completá-la."* Marx previu essa objeção e respondeu-a assim: *"Poderia parecer que se o valor de uma mercadoria é determinado pela quantidade de trabalho empregado em sua produção, o trabalhador mais lento, ou menos hábil, produziria mercadoria mais valiosa, devido ao tempo maior que necessitaria para terminar sua produção. Isso, porém, seria um terrível erro. Utilizei as palavras 'trabalho social', e muitos aspectos estão encerrados nessa qualificação de social. Ao dizer que o valor de uma mercadoria é determinado pela quantidade de trabalho nela cristalizado, significamos a quantidade de trabalho necessário à sua produção num determinado estado da sociedade, sob certas condições sociais médias de produção, com uma determinada intensidade social média e uma habilidade média do trabalhador empregado."*[5]

Numa fábrica que empregue, digamos, 200 operários, alguns trabalharão melhor do que outros. Mas há uma qualidade média de trabalho. Os que trabalham acima dessa média têm sua produção compensada pelos que trabalham abaixo dela. Suponhamos que a média do tempo de trabalho ou o tempo de trabalho socialmente necessário para fazer um paletó corresponda a 16 horas. Alguns trabalhadores precisam de menos tempo, outros de mais, mas isso constitui apenas um desvio reduzido do padrão geral. O mesmo ocorre com os meios de produção, as máquinas, que o trabalho usa na fabricação de artigos. Na indústria têxtil como um todo, algumas fábricas podem trabalhar com teares obsoletos. Outras podem operar modelos recentíssimos, ainda não adotados por todos. Mas novamente aqui teremos um nível médio de equipamento – os melhores e os piores se compensam, e portanto o tempo de trabalho socialmente necessário significa o trabalho médio usando instrumentos médios. Isso se modifica, naturalmente, em diferentes lugares e épocas, mas num determinado momento, num determinado país, há um padrão geral médio a que se conformam o trabalho e os meios de produção.

E daí? Suponhamos que o valor de uma mercadoria seja determinado pelo tempo de trabalho socialmente necessário à sua produção. O que tem isso a ver com a prova de que na sociedade capitalista o trabalho é explorado, que as classes abastadas vivem do trabalho

---

[5] Karl Marx, *Valor, preço e lucro* (1865). Pág. 35 da edição americana feita pela Internacional Publishers, Nova York, 1935.

da classe que não tem propriedades? Que tem isso a ver com a prova de que o operário, como o servo, trabalha apenas parte do tempo para si, trabalhando outra parte do seu tempo para o patrão?

Tem tudo.

O assalariado na sociedade capitalista é um homem livre. Não pertence a um dono, como na escravidão, nem está preso ao solo, como no regime feudal da servidão. Vimos no Capítulo 14 como ele foi "libertado" não só do senhor, mas também dos meios de produção. Vimos como os meios de produção (terra, instrumentos, máquinas etc.) passaram a ser propriedade de um pequeno grupo e já não eram distribuídos geralmente entre todos os trabalhadores. Os que não são donos dos meios de produção só podem ganhar a vida empregando-se – por salários – aos que são donos. É evidente que o trabalhador não se vende ao capitalista (isso faria dele um escravo), mas vende a única mercadoria que possui – sua capacidade de trabalhar, sua força de trabalho.

> "Para a conversão de seu dinheiro em capital, portanto, o dono do dinheiro deve encontrar no mercado o trabalhador livre, livre no duplo sentido de que, como homem livre, pode dispor da força de trabalho como sua mercadoria e, por outro lado, não tem outra mercadoria para vender, faltando-lhe todo o necessário para a realização de sua capacidade de trabalho."[6]

Por que preço deve esse trabalhador livre vender sua mercadoria – isto é, qual é o valor da sua força de trabalho? Seu valor é, como o de qualquer outra mercadoria, determinado pelo total de trabalho necessário para produzi-la. Em outras palavras, o valor da força de trabalho do operário é igual a todas as coisas necessárias à sua vida, e, como o suprimento do trabalho deve ser permanente, ao custo da manutenção de uma família. O que se compreende por essa soma difere segundo a época e o local. (Por exemplo, difere hoje nos Estados Unidos e na China.) O trabalhador recebe salários em troca de sua capacidade de trabalho. Esse salário tenderá sempre a ser igual à soma de dinheiro que lhe adquirirá todo o necessário para a reprodução da capacidade de trabalho, tanto em si como em seus filhos.

Marx assim apresenta a questão:

> "O valor da força de trabalho é o valor dos meios de subsistência necessários à manutenção do trabalhador... Seus meios de subsistência... devem ser suficientes para mantê-lo num estado normal de indivíduo trabalhador. Suas necessidades naturais, como alimento, roupas, combustível, abrigo, variam segundo o clima e outras condições físicas de seu país. Por outro lado, o número e a extensão das chamadas necessidades fundamentais são, em si, produto da evolução histórica, e dependem, portanto, em grande parte, do grau de civilização de um país... dos hábitos e graus de conforto em que se formou a classe dos trabalhadores livres..."

> "O dono da força de trabalho é mortal... A força de trabalho que, pelo desgaste e pela morte, deixa o mercado, deve ser continuamente substituída, no mínimo, por um volume

---
[6] Karl Marx, O capital, v. I.

## Capítulo 18

*correspondente de nova força de trabalho. Assim, a soma dos meios de subsistência requeridos para a produção da força de trabalho deve incluir os meios necessários à substituição do trabalhador – isto é, os seus filhos – a fim de que essa raça de donos de uma mercadoria peculiar possa perpetuar-se no mercado."*[7]

Isso significa simplesmente que o operário receberá, em troca da sua capacidade de trabalho, salários que serão apenas suficientes para mantê-lo, e à sua família, vivos, com um pouco mais (em alguns países) para comprar um rádio, um carro ou uma entrada de cinema, ocasionalmente.

Observe-se que no trecho acima Marx se refere a "essa raça de donos de uma mercadoria peculiar". O que há de peculiar na mercadoria do trabalho, a força de trabalho? É peculiar porque, ao contrário de todas as outras mercadorias, *pode criar um valor superior ao que encerra*. Quando o trabalhador se aluga, vende sua força de trabalho não apenas pelo tempo que leva para produzir o valor de seus salários, mas pela extensão de todo um dia de trabalho. Se o dia de trabalho for de 10 horas, e o tempo necessário para produzir o valor de seu salário for igual a 6 horas, então sobram 4 horas durante as quais o operário *não está trabalhando para si*, mas para seu patrão. Às 6 horas Marx chama *tempo de trabalho necessário*, e às 4 horas, *tempo de trabalho excedente*. Do valor do produto total de 10 horas de trabalho, seis décimos correspondem ao salário, quatro décimos são iguais à mais-valia, que fica em poder do patrão e constitui seu lucro.

> *"O valor de uma mercadoria é determinado pela quantidade total de trabalho nela encerrada. Mas parte dessa quantidade de trabalho é realizada num valor, pelo qual foi pago um equivalente na forma de salário; parte dela é realizada num valor cujo equivalente não foi pago. Parte do trabalho encerrado na mercadoria é trabalho pago; outra parte é trabalho não pago. Vendendo a mercadoria pelo seu valor, ou seja, pela cristalização da quantidade total do trabalho nela empenhado, o capitalista a está necessariamente vendendo com lucro. Vende não apenas o que ela lhe custou, embora tenha custado o trabalho de seu operário. O custo da mercadoria para o capitalista e seu custo real são coisas diversas. Repito, portanto, que o lucro normal e médio é obtido vendendo a mercadoria não acima do seu valor, mas pelo seu valor real."*[8]

A teoria da mais-valia de Marx resolve o mistério de como o trabalho é explorado na sociedade capitalista. Vamos resumir todo o processo em frases curtas:

O sistema capitalista se ocupa da produção de artigos para a venda, ou de mercadorias.

O valor de uma mercadoria é determinado pelo tempo de trabalho socialmente necessário encerrado na sua produção.

O trabalhador não possui os meios de produção (terra, ferramentas, fábricas etc.).

---

[7]Idem.
[8]Karl Marx, op. cit., pp. 44-45.

Para viver, ele tem de vender a única mercadoria de que é dono, sua força de trabalho.

O valor de sua força de trabalho, como o de qualquer mercadoria, é o total necessário à sua reprodução – no caso, a soma necessária para mantê-lo vivo.

Os salários que lhe são pagos, portanto, serão iguais apenas ao que é necessário à sua manutenção.

Mas esse total que recebe, o trabalhador pode produzir em parte de um dia de trabalho.

Isso significa que apenas em parte do tempo estará trabalhando para si.

O resto do tempo estará trabalhando para o patrão.

A diferença entre o que o trabalhador recebe de salário e o valor da mercadoria que produz é a mais-valia.

A mais-valia fica com o empregador – o dono dos meios de produção.

É a fonte do lucro, juro, renda – as rendas das classes que são donas.

A mais-valia é a medida da exploração do trabalho no sistema capitalista.

Karl Marx era um atento estudioso da história americana, e portanto é provável que conhecesse os escritos e discursos de Abraham Lincoln. Não sabemos se Lincoln teve a oportunidade de ler qualquer dos trabalhos de Karl Marx. Mas sabemos que sobre certos assuntos seus pensamentos eram idênticos. Vejamos este trecho de Abraham Lincoln: *"Nada de bom tem sido ou pode ser desfrutado sem ter primeiro custado trabalho. E como a maioria das coisas boas são produzidas pelo trabalho, segue-se que todas essas coisas pertencem, de direito, àqueles que trabalharam para produzi-las. Mas tem ocorrido, em todas as eras do mundo, que muitos trabalharam e outros, sem trabalhar, desfrutaram uma grande proporção dos frutos. Isso está errado e não deve continuar. Assegurar a todo trabalhador o produto do seu trabalho, ou o máximo possível desse produto, é o objetivo digno de qualquer bom governo."*[9]

Isso é de Abraham Lincoln. Também ele sabia que o trabalho é que faz as coisas, e que ao ter de dividi-las com o capital está sendo, de certo modo, roubado. Vai além. Leiamos novamente a última frase, e veremos que ele deseja acabar com essa situação. Tal como os utópicos. Tal como Marx. Mas havia muita divergência quanto ao método de realizar isso.

Os socialistas utópicos, *"ao elaborarem suas utopias... pouco se preocuparam em saber se as grandes forças industriais em funcionamento na sociedade permitiriam a desejada modificação"*.[10] Acreditavam que bastava formular um plano para a sociedade ideal, interessar os poderosos ou os ricos (ou ambos) no plano, experimentá-lo em pequena escala e confiar no bom senso do mundo para torná-lo realidade.

Assim, Robert Owen, famoso socialista inglês, escreveu um livro cuja tese pode ser identificada pelo título, O Livro do Novo Mundo Moral. Prega ele a revolta da classe trabalhadora para provocar a modificação que levará à nova sociedade? Não. No fim de seu livro escreve uma carta a Sua Majestade Guilherme IV, rei da Grã-Bretanha. Diz: *"Este livro... apresenta os princípios fundamentais de um **novo mundo moral**, e com isso estabelece uma nova*

---

[9] Nicolay e Hay, *Abraham Lincoln, Complete Works*. Century Company, Nova York, 1920, v. I, p. 92.
[10] H. W. Laidler, *A History of Socialist Thought*. Thomas Y. Cromwell Company, Nova York, 1927, p. 56.

*base sobre a qual reconstruir a sociedade e recriar o caráter da raça humana... A sociedade emanou de erros fundamentais da imaginação, e todas as instituições e disposições sociais do homem no mundo se basearam nesses erros... Sob vosso reinado, senhor, a modificação desse sistema, com todas as suas más consequências, para outro, baseado em verdades autoevidentes, assegurará a felicidade a todos, e com toda a probabilidade, será realizada."*[11]

E Charles Fourier, famoso socialista francês, também passou por sobre a classe trabalhadora, indo em busca de homens de dinheiro para ajudá-lo em suas experiências com uma nova ordem: *"Certa vez anunciou que ficaria em casa diariamente, a determinada hora, para esperar qualquer filantropo disposto a dar-lhe um milhão de francos para uma colônia baseada nos princípios fourierísticos. A partir de então, e por 12 anos, permaneceu em casa todos os dias, pontualmente, ao meio-dia, esperando o generoso estranho, mas nenhum milionário jamais apareceu."*[12]

Os adeptos de Saint-Simon, outro socialista francês, eram contrários às sugestões de Fourier. Mas também eles julgaram ser a colaboração da burguesia necessária para provocar uma modificação social. Seu órgão, o *Globe*, a 28 de novembro de 1831 publicava este tópico revelador: *"As classes trabalhadoras não se podem elevar a menos que as classes superiores lhes estendam a mão. É destas últimas que deve partir a iniciativa."*[13]

Marx ridicularizou essas propostas dos utópicos. Julgou-as fantásticas. No *Manifesto comunista*, escrito em 1848 em conjunto com Friedrich Engels, amigo e colaborador de toda a sua vida (Engels publicou os volumes II e III de *O capital*, inacabados quando Marx morreu), Marx e Engels mostram sua desaprovação aos socialistas utópicos.

> *"Eles desejam melhorar a condição de todos os membros da sociedade, mesmo dos mais favorecidos. Por isso, habitualmente apelam para a sociedade em conjunto, sem distinção de classes – ou antes, de preferência à classe dominante. Pois como podem as pessoas não ver, uma vez compreendido seu sistema, que ele é o melhor plano possível para o melhor estado possível da sociedade?*
>
> *Por isso, rejeitam toda ação política, e especialmente a revolucionária; querem atingir seus fins por meios pacíficos, e tentam, em experiências pequenas, necessariamente destinadas ao fracasso, e pela força do exemplo, abrir o caminho para o novo Evangelho social...*
>
> *Ainda sonham com a realização experimental de suas utopias sociais, de fundar 'falanstérios' isolados [Fourier], de estabelecer 'colônias', de fundar a 'Pequena Icária' [Etienne Cabet, outro socialista francês] – duodécimas edições da Nova Jerusalém, e para realizar todos esses castelos no ar são obrigados a apelar para os sentimentos e as bolsas do burguês."*[14]

Foi esse "apelo aos sentimentos e às bolsas do burguês que irritou particularmente Marx e Engels. Para eles, a transformação numa nova sociedade devia ser provocada não pelos

---
[11] Robert Owen, *Book of the New Moral World*. Londres, 1836, p. 58. Tradução no livro de A. Teixeira, *Utópicos, heréticos e malditos: os precursores do pensamento social de nossa época*. Rio de Janeiro: Record, 2002.
[12] H. W. Laidler, op. cit., p. 70.
[13] E. Levasseur, op. cit., v. II, p. 18.
[14] K. Marx e F. Engels, *Manifesto do partido comunista* (1848).

esforços da classe dominante, mas pela ação revolucionária da classe trabalhadora. Escrevendo a Bebel, Liebknecht e outros radicais alemães em setembro de 1879, expressaram-se claramente quanto a esse ponto: *"Por quase 40 anos vimos acentuando a luta de classes como a força motora imediata da história, e em particular a luta de classes entre a burguesia e o proletariado como a grande alavanca da moderna revolução social. É, portanto, impossível para nós cooperar com pessoas que desejam afastar essa luta de classes do movimento. Quando a Internacional\* foi formada, formulamos expressamente o grito de guerra: a emancipação da classe trabalhadora deve ser realizada pela própria classe trabalhadora. Não podemos, portanto, cooperar com pessoas que consideram os trabalhadores carentes de educação para se emanciparem sozinhos, e devem ser libertados primeiramente de cima, pelo burguês filantropo e pelo pequeno burguês."*[15]

Que queriam Marx e Engels dizer ao chamar a luta de classes de "força motora imediata da história", e a luta de classes entre a burguesia e o proletariado de "grande alavanca da moderna revolução social"? A resposta a essa pergunta só pode ser encontrada examinando-se a forma pela qual interpretavam a história.

Que filosofia da história tem o leitor? Acredita que os acontecimentos históricos são principalmente uma questão de acaso, meros acidentes sem um tema de ligação entre todos eles? Ou acredita que as modificações históricas são devidas ao poder das ideias? Ou acredita que os movimentos históricos podem ser atribuídos às influências dos grandes homens? Se o leitor acredita em qualquer dessas filosofias, não é um marxista. A escola de historiadores que tem em Marx seu fundador e mais brilhante expoente explica os movimentos, as modificações ocorridas na sociedade, como resultado – consequência – das forças econômicas da sociedade.

Para essa escola, as coisas não são independentes umas das outras, mas interdependentes. A história parece ser apenas uma sequência de atos desordenados. Mas, na realidade, conforma-se a um padrão definido de leis que podem ser descobertas.

Engels explica as raízes da filosofia de Marx nos seguintes termos: *"Nesse sistema – e aí está seu grande mérito – pela primeira vez todo o mundo, natural, histórico e intelectual, é representado como um processo, isto é, como um movimento constante, uma modificação, transformação, desenvolvimento. É a tentativa de estabelecer a ligação interna que dá continuidade a todo esse movimento e evolução. Desse ponto de vista, a história da humanidade deixa de parecer um rodopio louco de ideias sem sentido e se revela um processo de evolução do próprio homem."*[16]

A economia, política, lei, religião, educação, de cada civilização estão ligados – um depende do outro e é condicionado pelos outros. De todas essas forças a economia é o

---

\*Por *Internacional* são designadas diferentes organizações comunistas internacionais. Huberman se refere à primeira, que atuou entre 1864 e 1876, quando Marx teve importante atuação. Divergências internas – criação de partidos operários, transferência da sede, níveis de hierarquia interna, entre outras – levaram à sua extinção em uma conferência na Filadélfia. (N.R.T.)

[15] Martin Lawrence, *Karl Marx and Friedrich Engels Correspondence*, 1846-1895. Londres, 1934, pp. 376-377.
[16] F. Engels, *Socialismo, utopia e ciência*.

180 | *Capítulo 18*

mais importante – fator básico. A chave. A chave de tudo são as relações existentes entre os homens, como produtores. A forma pela qual os homens vivem é determinada pela forma de ganhar a vida – pelo modo de produção predominante dentro de qualquer sociedade, em determinado momento.

Marx assim o afirma: *"Meus estudos levaram-me à conclusão de que as relações legais, bem como as formas de Estado, não podiam ser compreendidas em si, nem explicadas pelo chamado progresso geral do espírito humano, e sim que estão enraizadas nas condições materiais da vida... na produção social que os homens realizam, entram em relações definidas... Essas relações de produção correspondem a um determinado estágio no desenvolvimento de sua capacidade material de produção. A soma total dessas relações de produção constitui a estrutura econômica da sociedade – a base real, sobre a qual se levantam as superestruturas jurídica e política, e a que correspondem formas definidas de consciência social. O modo de produção na vida material determina o caráter geral dos processos de vida social, política e espiritual. Não é a consciência dos homens que determina sua existência, mas sim o contrário, é sua existência social que determina sua consciência."*[17]

Essa filosofia nos proporciona um instrumento para a análise e interpretação da história. A forma pela qual os homens ganham sua vida – o modo de produção e troca – é a base de toda sociedade. "A maneira pela qual a riqueza é distribuída, e a sociedade dividida em classes... depende do que é produzido e de como são trocados os produtos." Da mesma forma, os conceitos de direito, justiça, educação etc. – o conjunto de ideias de cada sociedade – são adequados à fase de desenvolvimento econômico atingido por essa sociedade. E o que provoca a revolução social e política? É simplesmente uma modificação nas ideias humanas? Não. Pois tais ideias dependem de uma modificação que ocorre primeiramente na Economia – no modo de produção e troca.

O homem progride em sua conquista da natureza; descobrem-se novos e melhores métodos de produzir e trocar mercadorias. Quando essas modificações são fundamentais e de grande alcance, surgem os conflitos sociais. As relações nascidas das velhas formas de produção estão solidificadas; os modos de vida antigos se fixaram no direito, na política, na religião, na educação. A classe que estava no poder quer conservá-lo, e entra em conflito com a classe que está em harmonia com o novo método de produção. A revolução é o resultado.

Essa interpretação da história, segundo os marxistas, torna possível compreender um mundo que de outra forma seria incompreensível. Examinando os acontecimentos históricos do ponto de vista das relações de classe provocadas pelas formas de ganhar a vida, o que era ininteligível torna-se pela primeira vez inteligível. Tendo como instrumento esse conceito da história podemos compreender a transição do feudalismo para o capitalismo e deste para o comunismo.

Por terem estudado o passado desse ponto de vista, Marx e Engels puderam atribuir à burguesia seu lugar adequado na história. Não disseram que o capitalismo e os capitalistas

---

[17]K. Marx, *Contribuição à crítica da economia política* (1859).

são maldosos – explicaram como a forma de produção capitalista surgiu de condições anteriores; acentuaram o caráter revolucionário da burguesia no seu período de crescimento e luta com o feudalismo. "Vemos então: os meios de produção e troca sobre os quais a burguesia se elevou foram provocados pela sociedade feudal. Em certa fase da evolução desses meios de produção e troca... as relações feudais de propriedade deixaram de ser compatíveis com as forças produtivas já existentes; tornaram-se cadeias. Tinham de ser rompidas, e foram rompidas.

"No lugar delas surgiu a concorrência livre, acompanhada de uma constituição social e política correspondente, e do predomínio econômico e político da classe burguesa."[18]

Portanto, a transição do feudalismo para o capitalismo ocorreu porque estavam presentes novas forças produtivas e uma classe revolucionária – a burguesia. Isso ocorre sempre. A velha ordem não será substituída por uma nova sociedade porque assim o desejem os homens. Não. As novas forças produtivas devem estar presentes, e com elas uma classe revolucionária cuja função é compreender e dirigir.

Assim foi na evolução do feudalismo para o capitalismo, e assim será, disseram Marx e Engels, na transição do capitalismo para o comunismo.

Mas estudar a sociedade do passado e descrever o que ocorrera era uma coisa; examinar a sociedade do presente e descrever o que acontecerá, é outra muito diferente. Que prova tinham Marx e Engels de que o capitalismo deve, como o feudalismo, desaparecer do cenário histórico? Que prova tinham de que o capitalismo se decomporia internamente, que as forças da produção já estavam concebidas e eram impedidas de progredir e de se desenvolver livremente pelas relações de produção?

Marx e Engels, já em 1848, analisaram a sociedade capitalista e assinalaram certas características dentro do sistema de produção que, segundo eles, determinavam seu desaparecimento. Assinalaram o seguinte:

A crescente concentração da riqueza nas mãos de uns poucos.

O esmagamento de muitos pequenos produtores pelos grandes produtores.

O uso crescente da máquina, substituindo um número cada vez maior de trabalhadores e criando uma "força industrial de reserva".

A crescente miséria das massas.

A ocorrência de colapsos periódicos no sistema – crises, cada qual mais devastadora que a outra.

E o mais importante – a contradição fundamental da sociedade capitalista –, o fato de que enquanto a produção em si é cada vez mais socializada, o resultado do trabalho coletivo, a apropriação, é privado, individual. O trabalho cria, o capital se apropria. No capitalismo, a criação pelo trabalho já se tornou uma empresa conjunta, um processo cooperativo com milhares de operários trabalhando em conjunto (frequentemente para produzir apenas

---

[18]*Manifesto comunista.*

uma coisa, como, por exemplo, o automóvel). Entretanto, os produtos socialmente produzidos não ficam com os seus produtores, mas com os donos dos meios de produção – os capitalistas. E aí está o problema – a origem do conflito. A produção socializada contra a apropriação capitalista.

Isso está resumido numa notável passagem de O capital, de Marx: "*Um capitalista sempre mata muitos. Lado a lado com essa centralização, ou essa expropriação de muitos capitalistas por uns poucos, desenvolve-se, em escala sempre crescente, a forma cooperativa de processo de trabalho... a transformação dos instrumentos de trabalho em instrumentos de trabalho usáveis apenas em comum... Juntamente com a diminuição constante do número de magnatas do capital... cresce a massa da miséria, opressão, escravidão, degradação, exploração. Mas, com isso, cresce também a revolta da classe trabalhadora... disciplinada, unida, organizada pelo mecanismo mesmo do processo de produção capitalista. O monopólio do capital torna-se uma cadeia sobre os modos de produção... A centralização dos meios de produção e a socialização do trabalho chegam finalmente a um ponto em que se tornam incompatíveis com sua estrutura capitalista. A estrutura é rompida. O dobre de finados soa para a propriedade privada capitalista. Os expropriadores são expropriados.*"[19]

Marx e Engels esperavam uma época em que as forças sociais de produção já não poderiam ser contidas pelas limitações impostas pela propriedade privada e pela apropriação individual. Previam que o conflito resultante levaria ao estabelecimento de uma nova e harmoniosa sociedade, na qual a propriedade e o controle dos meios de produção seriam transferidos das mãos de uns poucos capitalistas apropriadores para os muitos produtores proletários.

Mas como se efetuaria essa modificação? Pela ação dos homens. E quais eram os homens que efetuariam essa modificação? O proletariado. Por quê? Por ser o que mais sofre as contradições do capitalismo, porque não está interessado em preservar um sistema baseado na propriedade privada, no qual não recebe a sua justa parte. A evolução do capitalismo para o comunismo é inerente ao próprio capitalismo, e o instrumento da transição é o proletariado.

Marx não era um revolucionário de gabinete, que se satisfizesse em dizer aos outros o que fazer e por que fazê-lo. Não, ele fazia o que dizia. E como suas palavras não eram apenas uma explicação do mundo, mas também um instrumento para modificar o mundo, ele mesmo, como revolucionário sincero, tinha de participar da luta. E participou.

Ao compreender que o instrumento para abolir o capitalismo era o proletariado, naturalmente dedicou sua atenção ao preparo e à organização da classe trabalhadora para suas lutas políticas e econômicas. Foi o membro mais ativo e influente da Associação Internacional dos Trabalhadores (a Primeira Internacional), estabelecida em Londres a 28 de setembro de 1864. Dois meses após sua fundação, a 29 de novembro de 1864, Marx escrevia ao

---

[19] Karl Marx, O capital, v. I.

Dr. Kugelmann, um alemão que era seu amigo: "*A Associação, ou antes, seu Comitê, é importante porque os líderes dos sindicatos de Londres dele participam... Os líderes dos trabalhadores parisienses também estão ligados a ele.*"[20]

Marx e Engels atribuíam grande importância aos sindicatos: "*a organização da classe trabalhadora como classe por meio dos sindicatos... é a verdadeira organização de classe do proletariado, na qual ele trava sua luta diária contra o capital, na qual se exercita...*"[21]

Exercita-se para quê? Para a luta por salários mais altos, menores dias de trabalho, melhores condições? Certamente. Mas para uma luta muito mais importante também – a luta pela completa emancipação da classe trabalhadora, pela abolição da propriedade privada. Como é da propriedade privada dos meios de produção que surgem todos os males do capitalismo, o ponto principal do programa de Marx e Engels era a abolição da propriedade privada, base da exploração. "*O objetivo imediato dos comunistas é a formação do proletariado como classe, a derrubada da supremacia burguesa, a conquista do poder político pelo proletariado... A característica do comunismo não é a abolição da propriedade em geral, mas a abolição da propriedade burguesa. Mas a moderna propriedade privada burguesa é a expressão final e mais completa do sistema de produção e apropriação dos produtos que se baseia no antagonismo de classes, na exploração dos muitos pelos poucos. Nesse sentido, a teoria dos comunistas pode ser resumida numa única frase: Abolição da propriedade privada...*

*A burguesia se horroriza com nossa intenção de acabar com a propriedade privada. Mas, na sociedade burguesa, a propriedade privada já não existe para nove décimos da população; sua existência para uns poucos é devida exclusivamente à sua não existência para os outros nove décimos. A burguesia nos acusa, portanto, de pretendermos acabar com uma forma de propriedade que tem como condição de existência a inexistência de qualquer propriedade para a imensa maioria da sociedade.*

*Em suma, a burguesia nos acusa de pretender acabar com a sua propriedade. Exato: é justamente isso o que pretendemos.*

*Argumentou-se que com a abolição da propriedade privada cessará todo o trabalho, e seremos dominados pela preguiça universal.*

*Segundo tal argumento, a sociedade burguesa há muito deveria ter sucumbido à ociosidade; pois seus membros que trabalham nada adquirem, e os que adquirem alguma coisa não trabalham.*"[22]

Portanto, a propriedade privada, na forma que existe na sociedade capitalista – dando à classe dos proprietários o direito de explorar os demais – deve ser abolida. Mas como? Pedindo-se aos donos de propriedades que abram mão delas? Eliminando pelo voto seus direitos de propriedade? Na verdade, não – disseram Marx e Engels.

Como, então? Qual o método advogado?

---

[20]Karl Marx, *Cartas ao Dr. Kugelmann*, trad. do Instituto Marx-Engels-Lênin, publicada em Londres, p. 26.
[21]Correspondência entre Marx e Engels.
[22]*Manifesto comunista*.

## 184 | *Capítulo 18*

A revolução.

*"Os comunistas não desejam esconder suas opiniões e seus objetivos. Declaram abertamente que seus objetivos só podem ser atingidos com a derrubada pela força de todas as condições sociais existentes. Que a classe dominante trema com a revolução comunista. Os proletários nada têm a perder, senão suas cadeias. Têm o mundo a ganhar.*
*Trabalhadores de todo o mundo, uni-vos."[23]*

Esse desafio à classe dominante, esse apelo à revolução, foi publicado pela primeira vez em fevereiro de 1848. É interessante que um mês antes de sua publicação o grande americano Abraham Lincoln tenha manifestado seu apoio às revoluções em um discurso na Câmara dos Deputados, a 12 de janeiro de 1848: *"Qualquer povo, em qualquer parte, tendo o desejo e o poder, tem o direito de levantar-se e derrubar o governo existente e formar um novo, que lhe seja melhor. É um direito muito valioso e sagrado – um direito que, acreditamos e esperamos, venha a libertar o mundo."[24]*

Por que falava Lincoln do direito de "levantar-se e derrubar o governo existente"? Por que não realizar as modificações desejadas dentro da estrutura do governo antigo?

Possivelmente por julgar que isso era impraticável. Possivelmente por acreditar, como Marx e Engels, que *"o executivo de um Estado moderno é apenas uma comissão para administrar os negócios comuns de toda a burguesia".[25]*

Isso significa simplesmente que na luta entre os que têm propriedades e os que não têm, os primeiros encontram no governo uma arma importante contra os segundos. O poderio estatal é usado no interesse da classe dominante – em nossa sociedade, isso significa nos interesses da classe capitalista.

Na verdade, segundo os marxistas, é essa a razão pela qual o Estado existe, em primeiro lugar. A sociedade moderna está dividida entre opressores e oprimidos, a burguesia e o proletariado. Há um conflito entre os dois. A classe que domina economicamente – que possui os meios de produção – também domina politicamente. E *"o poder político... é apenas o poder organizado de uma classe para a opressão de outra".[26]*

Somos levados a acreditar que o Estado está acima das classes – que o governo representa todo o povo, os ricos e os pobres, os que estão por cima e os que estão por baixo. Mas na realidade, como a sociedade econômica hoje se baseia na propriedade privada, segue-se que qualquer ataque à cidadela do capitalismo – isto é, à propriedade privada – encontrará a resistência do Estado, até a violência, se preciso for.

Na verdade, enquanto existirem classes, o Estado não pode estar acima delas – fica sempre ao lado dos dominantes. Adam Smith assim expressou esse pensamento: *"Sempre que a*

---

[23]Idem.
[24]Abraham Lincoln, *Complete Works*, v. I, p. 105.
[25]*Manifesto comunista.*
[26]Idem.

"*Trabalhadores de Todo o Mundo, Uni-vos!*" | 185

*legislatura tenta regulamentar a diferença entre os senhores e seus trabalhadores, seus conselheiros são sempre os senhores.*"[27]

E uma grande autoridade, mais próxima de nossa época, deu em termos inequívocos sua opinião de que o governo é controlado pelos que controlam a vida econômica. Em 1913 o presidente Woodrow Wilson escrevia: "*Os fatos da situação são os seguintes: um número relativamente pequeno de homens controla a matéria-prima deste país [os EUA]; um número relativamente pequeno de homens controla a força hidráulica... o mesmo número de homens controla em grande parte as ferrovias... e por acordo entre si controlam os preços... e o mesmo grupo controla os maiores créditos do país... Os donos do governo dos Estados Unidos são os capitalistas e industriais dos Estados Unidos.*"[28]

Mesmo admitindo que a máquina estatal esteja sob controle da classe dominante, segue-se daí que a única forma de o proletariado tomar esse controle é pela derrubada violenta do governo? Por que não usar as urnas? Por que não tomar o poder através de processos democráticos? Por que não concorre o proletariado às eleições?

São perguntas importantes – causa de lutas amargas entre os próprios trabalhadores. Uma resposta dada habitualmente pelos revolucionários é a de que a força *tem* de ser usada, que o sangue tem de correr, não porque desejam usar a violência, mas porque a classe dominante não cederá sem isso. Há um exemplo forte a favor de tal argumento. Se Marx estivesse vivo em 1932, poderia ter usado a seguinte notícia publicada no *New York Herald Tribune* para apoiar seu ponto de vista:

### BULGÁRIA, MONARQUIA, TEM CAPITAL COMUNISTA
### MAS O DOMÍNIO VERMELHO DO CONSELHO DE SÓFIA TERÁ VIDA CURTA

*SÓFIA, Bulgária, 26 de setembro – A esmagadora vitória dos comunistas nas eleições municipais de ontem causou grande surpresa e muito constrangimento.*

*Dos 35 assentos que tem o Conselho Municipal, os comunistas obtiveram 22, contra 10 para o bloco aliado do governo e os democratas, e 3 para o partido de Zankoff. Desde as eleições parlamentares de 1931 os comunistas dobraram seu eleitorado, ao passo que o bloco governamental perdeu 50% de seus votantes.*

*Sófia é a primeira capital europeia, fora da Rússia, a se tornar comunista, e a anomalia se torna ainda mais chocante pelo fato de ser a Bulgária uma monarquia e estar* **a residência do rei Bóris a apenas alguns minutos a pé do Conselho Municipal.**

*Por isso, e por outras razões, uma administração comunista da cidade não será tolerada. Tão logo foram conhecidos os resultados da eleição, o premier Nicolas Mushanoff anunciou sua intenção de dissolver o Conselho Municipal antes mesmo que ele se reúna. Também é provável que o Partido Comunista seja declarado ilegal e proibido em toda a Bulgária.*

---

[27]*Wealth of Nations*, v. II, p. 143.
[28]Woodrow Wilson, *The New Freedom*. Doubleday, Page and Co., Nova York, 1913, pp. 57. 189, 190.

*A vitória comunista foi provocada pela desesperada situação econômica, que levou muitas pessoas, inteiramente desligadas do bolchevismo, a votar nos comunistas como protesto.*[29]

Nesse exemplo, os comunistas obtiveram a vitória, segundo um jornal conservador republicano. Não obstante, negaram-lhes o direito de assumir os mandatos, e até mesmo o direito de existir no futuro. O que estaria pensando o repórter do jornal ao escrever "por isso, e por outras razões"? Provavelmente que a vitória dos comunistas significava uma ameaça para a propriedade privada da classe dominante.

Marx e Engels tentaram preparar a classe trabalhadora para os acontecimentos futuros. Os trabalhadores devem ter consciência de classe, devem organizar-se como classe, compreender seu papel na evolução histórica. Devem estar preparados para expropriar os expropriadores; para abolir a propriedade privada e com elas as classes e o domínio de classe.

Marx e Engels sentiam que o colapso do capitalismo se aproximava. Esse colapso, se os trabalhadores não estivessem preparados, significaria o caos; se estivessem, significaria o socialismo. "Então, pela primeira vez, o homem, num certo sentido, se distingue finalmente do resto do reino animal, e deixa as simples condições animais de existência para ingressar em condições realmente humanas ... Somente a partir de então o homem, cada vez mais conscientemente, fará sua própria história – somente a partir de então as causas sociais postas por ele em movimento terão, em sua maioria e em proporções sempre maiores, os resultados previstos. É a passagem do homem do reino da necessidade para o reino da liberdade."[30]

---

[29]*New York Herald Tribune*, 27 de setembro de 1932 (grifos meus).
[30]Engels, *Socialismo, utopia e ciência*.

# "EU ANEXARIA OS PLANETAS, SE PUDESSE..."

*Uma Nova Teoria do Valor.
A Teoria Marginal da Utilidade. As Tarifas Protetoras.
O Crescimento da Grande Indústria.
Trustes, Cartéis, Combinações.
Os Excedentes de Mercadorias e de Capital.
Solução: as Colônias.*

É claro que tudo isso era perigoso. A teoria do valor do trabalho, exposta pelos economistas clássicos no princípio da Revolução Industrial, servira a uma finalidade útil. A burguesia, então a classe progressista, transformara-a numa arma contra a classe politicamente retrógrada, mas poderosa, dos donos de terra, que denunciava como desfrutando, sem trabalhar, a atividade de outras pessoas. Nas mãos de Ricardo, que a usou juntamente com sua teoria da renda para atacar os donos de terra, a teoria do valor foi O.K.

Nas mãos de Marx, decididamente não foi O.K. Marx aceitara a teoria do valor do trabalho e a levara mais além, ao que julgou ser a sua conclusão lógica. O resultado, aos olhos da burguesia, foi desastroso. A situação se invertia totalmente. O que fora a *sua* arma na luta contra *seu* inimigo transformava-se na arma usada pelo proletariado contra *ela*!

A saída, porém, seria encontrada logo. Poucos anos depois de publicado *O Capital*, os economistas apresentavam uma teoria de valor inteiramente nova. Três homens em três países diferentes – Stanley Jevons na Inglaterra (1871), Karl Menger na Áustria (1871) e Léon Walras na Suíça (1874) – trabalhando independentemente, chegaram a esse novo conceito praticamente ao mesmo tempo. Como os economistas clássicos, e como Marx e Engels, logo encontraram adeptos para explicar e ampliar suas doutrinas. Fizeram-lhes correções, revisões e acréscimos, mas a ideia central da teoria continua até hoje como o centro da Economia ortodoxa.

## 188 | Capítulo 19

A explicação do valor dada por esses economistas é denominada teoria marginal da utilidade. Na segunda página de sua *A Teoria da Política Econômica*, Jevons anuncia o rompimento com o passado: *"A reflexão e a pesquisa levaram-me à opinião mais ou menos nova de que o valor depende inteiramente da utilidade."*[1] Utilidade é uma palavra que expressa o sentimento de quem vai comprar uma mercadoria, em relação a essa mercadoria. Se precisa muito dela, a utilidade lhe será grande; quanto maior a necessidade, tanto maior a utilidade; quanto menor a necessidade, tanto menor a utilidade. Sua utilidade para o comprador serve de medida do valor que lhe atribuirá e, portanto, do preço que estará disposto a pagar por ela.

Era um rompimento sério com o passado, com a escola clássica e também com a escola marxista. Para elas, o valor de uma mercadoria dependia do trabalho necessário para fazê-la, mas Jevons disse: *"O trabalho, uma vez empregado, não influi no valor futuro de qualquer artigo."* Isso desvia a importância, na teoria econômica, da produção para o consumo, do departamento de custos para o mercado. É uma teoria de compreensão mais difícil, pois enquanto é fácil imaginar que um artigo leva uma determinada carga de trabalho, não é tão fácil imaginar essa mesma carga de utilidade. O custo do trabalho é algo que se pode medir – ou seja, é um padrão *objetivo*. Mas a utilidade difere para cada homem, varia com a margem de satisfação que ele espera obter dela, uma vez comparada. Ou seja, é um padrão *subjetivo*.

Ora, é fácil perceber que diferentes pessoas obtêm satisfações diferentes da mesma mercadoria. Ou, em outras palavras, a mesma mercadoria tem diferente soma de utilidade para pessoas diferentes. Mas a mesma mercadoria é vendida pelo mesmo preço – isto é, tem o mesmo valor. (Para a maioria dos economistas modernos o preço é exatamente o valor expresso em dinheiro, embora para Marx não seja assim.) Portanto, se a utilidade é a medida do valor, como podem diferentes somas de utilidade ser vendidas pelo mesmo preço? É aí que entra a ideia da "margem", e é importante compreendê-la porque ao lermos qualquer livro moderno de teoria econômica encontraremos centenas de referências à "utilidade marginal", à "produtividade marginal", ao "custo marginal" etc.

Suponhamos que por uma razão ou outra há apenas cem mil carros no mercado. Haverá compradores em potencial, tão ricos e desejosos de um carro, que estão dispostos a pagar qualquer preço por ele. Haverá também outros que desejam um carro, mas talvez não sejam tão ricos, e, sendo o carro tão caro, melhor será empregar o dinheiro noutra coisa. Depois destes vêm os que estão prontos a pagar caro por um carro, mas têm de ser cuidadosos porque não dispõem de muito dinheiro, e há muitas outras coisas que podem fazer com a quantia limitada de que são donos, e que lhes darão a mesma satisfação que um automóvel. Se o carro custar mais do que outra coisa que lhes dará a mesma satisfação, é claro que não o comprarão. *"Compramos tantos quilos de chá ou qualquer outra coisa que julgamos valer o preço que temos de pagar. Se o preço fosse mais alto, compraríamos*

---

[1] W. S. Jevons, *Theory of Political Economy*. Macmillan & Company, Londres, 1871, p. 2. Tradução em português na Coleção *Os Economistas*, Abril Cultural, 1987.

menos, e se fosse mais baixo, compraríamos mais, exatamente devido a essa variação de utilidade que Jevons mostrou. Portanto, a utilidade de nossa compra final corresponde ao preço..."[2]
E assim por diante, até que os dois lados se equilibram. De uma forma ou de outra, haverá um comprador disposto a pagar o preço pedido pelo fabricante de carros; alguns compradores estariam dispostos a pagar mais, e haverá milhares que comprariam o carro se ele custasse um pouco menos. Mas há apenas 100.000 carros, e se o fabricante quer vendê-los todos, terá de ser a um preço compatível com a bolsa e os gostos do centésimo milésimo comprador. Poderia obter preço mais alto se estivesse disposto a vender menos carros. Ou poderia vender mais, se quisesse reduzir o preço. Mas se tem apenas 100.000 para vender, e quer vendê-los todos, tem de adaptar-se aos recursos do homem que pode comprá-los. Se constatar que não há 100.000 compradores dispostos a pagar o que pede, terá de retirar alguns carros do mercado e vender menor quantidade. Ou, se quiser vender todos, terá de reduzir o preço a fim de colocá-los ao alcance de pessoas com menos recursos ou gostos diferentes. Não poderia vender o mesmo carro, num mercado livre, por diferentes preços a diferentes compradores.

Evidentemente, esse centésimo milésimo comprador, ou comprador marginal, não é ninguém em particular – é qualquer um de todos os 100.000, tal como o carro que compra pode ser qualquer um dos 100.000 carros. Na explicação teórica da forma pela qual o mercado funciona, e da forma pela qual o preço do mercado é estabelecido, ele é o homem que representa a procura marginal. Se o preço fosse maior, poderia comprar outras coisas com seu dinheiro, e que lhe proporcionariam maior satisfação. Se o preço fosse mais baixo, um número maior de compradores surgiria, e a oferta seria insuficiente. O fabricante elevaria o preço até excluir do mercado os que estivessem dispostos a pagar apenas o preço mais baixo.

Passemos ao lado oposto, e comecemos a explicação do lado da procura. Digamos que há 1.000 pessoas dispostas a pagar $1.000 por uma geladeira, outras mil dispostas a pagar apenas $750. Temos então 2.000 pessoas prontas a pagar pelo menos $750. E assim vamos descendo na escala (atingindo pessoas que têm cada vez menos dinheiro) até chegarmos aos 5 milhões de pessoas prontas a pagar pelo menos $50. A questão é saber: quantas podem comprar uma geladeira e o que custará ela? (Suponhamos, para facilitar, que há apenas um tipo de geladeira.) Isso depende de considerar o fabricante que vale a pena produzir 5 milhões de unidades àquele preço. Se, mesmo com a produção em massa, uma geladeira lhe custa mais de $50, é evidente que ele não as fabricará ou, se lhe proporcionar um lucro demasiado reduzido, procurará outro negócio em que empatar o capital, com maiores lucros. Então, não serão produzidos os 5 milhões de refrigeradores. O fabricante tem um uso marginal de seu capital, exatamente como o consumidor tem um uso marginal para seu dinheiro. Não o empregará em refrigeradores, se puder ter lucros maiores noutra coisa. Só empregará no fabrico de refrigeradores a soma de capital compensadora – se empregar menos, estará perdendo uma boa oportunidade (e a existência dessa oportunidade dentro

---
[2] S. Cannan, op. cit., p. 201.

em pouco atrairá mais capital em busca de lucros), e, se colocar mais, a indústria estará "supercapitalizada", e não dará dividendos. Verifica que há 3 milhões de pessoas dispostas a pagar $150 por uma geladeira, e que isso lhe proporciona o lucro justo, e não pode ganhar mais investindo noutro ramo, e que se produzisse mais o preço cairia e seus lucros também – e que o capital se afastaria daquela indústria.

Tudo isso parece muito complicado – e é. Mas a ideia geral da "utilidade marginal" é muito simples, e podemos ver sua ilustração diariamente, à nossa volta. O total de satisfação que conseguimos de um artigo depende da quantidade que já possuímos. Quanto maior esta, tanto menor a satisfação. Suponhamos que uma equipe de futebol esteja pronta a iniciar o jogo, mas lhe falta a bola. Surge então a oportunidade de arranjar uma. Hesitará em pagar o preço dela? Não. Suponhamos, porém, que tem quatro bolas, e lhe surge a oportunidade de comprar uma quinta. Apressa-se com a mesma rapidez a pagar o preço pedido? Realmente, não. A utilidade marginal das bolas caiu, para ela, tanto que provavelmente nem se preocupa em comprar uma quinta bola.

Quanto mais temos de uma coisa, tanto menos desejamos da mesma coisa. Se tivermos dez ternos de roupa, é evidente que um novo terno significará muito menos do que um segundo terno para quem só tenha um. Jevons formula a mesma ideia, usando a água como ilustração. *"A água, por exemplo, pode ser classificada como a mais útil de todas as substâncias. Um litro de água por dia tem a grande utilidade de salvar uma pessoa de morte horrível. Vários litros por dia têm muita utilidade para cozinhar e lavar, mas depois de assegurado um abastecimento suficiente para essas utilidades, qualquer quantidade adicional é indiferente. Tudo o que podemos dizer é que a água, até certa quantidade, é indispensável; que quantidades maiores terão graus variáveis de utilidade; mas que além de certo ponto a utilidade parece cessar... Os mesmos artigos variam de utilidade segundo tenhamos mais ou menos quantidade desses artigos."*[3]

Essa ideia da utilidade marginal é usada para explicar a diferença entre pão e diamante, por exemplo. À primeira vista, poderíamos pensar que o pão deveria custar mais que os diamantes, por ser de muito mais utilidade. Mas a oferta de pão é tão grande que um ou dois pães a mais não fazem diferença, ao passo que a oferta de diamantes é tão pequena em relação ao número de pessoas ricas dispostas a pagar muito por eles que seu preço é bem alto.

O argumento de que a utilidade *não* corresponde ao valor, pois de outro modo o ferro custaria mais do que o ouro, confunde irremediavelmente a importância do todo de uma mercadoria com a média comum de avaliação, a *unidade* da mercadoria tomada isoladamente e vendida isoladamente. As finalidades a que a mercadoria útil atende são concebidas como todas as finalidades, tomando-se todas em conjunto... O mundo, diz Cairnes, viveria melhor sem ouro do que sem ferro – ou seja, melhor sem *nenhum* ouro do que sem *nenhum* ferro. Mas se tomarmos a utilidade aos montes, por assim dizer, certamente devemos tomar o valor das coisas da mesma forma. Assim fazendo, a suposta oposição

---

[3]Jevons, op. cit., p. 52.

entre utilidade e valor prontamente desaparece, já que o mundo, como um todo, teria de comprar todo o ferro de um monte ou não ter ferro algum, e comprar todo o ouro de outro monte ou não ter nenhum; e nesse caso o valor de (todo) o ferro seria maior do que o valor de (todo) o ouro.

> "A confusão... entre a mercadoria como um todo e a unidade da mercadoria comprada e vendida é mais evidente na comparação de um diamante com o **carvão**. Os semelhantes é que deviam ser comparados: o carvão como um todo não só é útil, como mais valioso do que os diamantes como um todo."[4]

Mas apesar do que dizem os economistas – e suas polêmicas são infindáveis, nesta e em outras questões – e da teoria que predomine no momento, os capitalistas compreendem que, qualquer que seja a razão, se controlarem a oferta de um artigo poderão controlar também seu preço. O valor de uma mercadoria poderia cair se ela fosse produzida em menor tempo ou se sua quantidade aumentasse, reduzindo, portanto, a sua utilidade marginal, mas não havia dúvida de que a manipulação da oferta dava o poder de fixar os preços. E o poder de fixar os preços afeta os lucros.

Se 5.000 mercadorias podem ser produzidas ao custo de $10 por unidade e vendidas a $11, isso dá um lucro total de $5.000, ou seja, 10% sobre o capital investido. Se forem produzidas apenas 4.000, o custo de produção se eleva a $10,50, mas se o preço for elevado a $12,50, o lucro total será de $8.000 ou 19%. A companhia que controlar a oferta pode, portanto, regulá-la de modo a proporcionar o maior lucro. Não se preocupará em produzir mais artigos para satisfazer uma procura maior a preços mais baixos, a menos que com isso possa aumentar os lucros. A economia da produção em massa pode produzir 100.000 artigos a $7 cada, e o mercado pode absorvê-los a $8 cada. Mas isso dá apenas 14% de lucro!

O leitor se lembrará de que os mercadores holandeses, no século XVI, reduziram a produção de especiarias a fim de manter seu preço. Esses antigos monopólios desapareceram, mas veremos como outros, muito mais poderosos, surgiram no mundo moderno quando a produção de mercadorias tornou-se tão grande que houve o perigo de se reduzirem demasiado os preços, eliminando os lucros.

Os industriais da Inglaterra se aproveitaram de seu avanço na Revolução Industrial. Na primeira metade do século XIX o problema na Inglaterra não era onde vender os artigos manufaturados, mas como produzi-los com suficiente rapidez para atender aos pedidos que vinham de todo o mundo conhecido. Mas durante o último quartel do século XIX ocorreu uma modificação importante. A política do comércio livre, defendida pela Inglaterra, não "pegou" nos Estados Unidos, onde, como o leitor estará lembrado, uma tarifa protetora foi posta em prática quase que imediatamente após a independência do país. As tarifas protetoras elevaram-se nos Estados Unidos, após a Guerra Civil. Na Rússia, uma tarifa protetora geral foi adotada em 1877; na Alemanha, em 1879; na França, em 1881. Os

---

[4]Cannan, *Review of Economic Theory*, pp. 203-204.

industriais ingleses já não tinham um campo aberto – suas mercadorias experimentavam dificuldades em pular essas barreiras tarifárias. Os melhores fregueses da Inglaterra já não precisavam comprar-lhes os produtos – podiam fabricá-los, podiam atender às próprias necessidades. Atrás dos muros tarifários, indústrias incipientes transformavam-se em indústrias "gigantescas".

Isso, literalmente. A partir de 1870 entramos num período de trustes nos Estados Unidos e de cartéis na Alemanha. A concorrência foi substituída pelo monopólio. Os pequenos negociantes foram expulsos do mercado pelos grandes. O pequeno negócio foi esmagado pelo grande negócio, ou com ele se fundiu para fazer um negócio ainda maior. Em toda parte houve crescimento, fusão, concentração – indústrias gigantescas se formavam, indústrias que buscavam o monopólio.

A substituição gradual da concorrência pelo monopólio não foi uma imposição externa, mas uma evolução da própria concorrência. O monopólio surgiu de dentro da concorrência – uma ilustração da verdade de que cada sistema ou acontecimento traz *em si* as sementes da transformação. O monopólio não foi um invasor estranho que atacasse e conquistasse a concorrência. Foi um crescimento natural da própria concorrência.

O leitor conhece a história da revolução nos meios de comunicação e transporte que se seguiu ao período da Guerra Civil nos Estados Unidos. Construíram-se novas e melhores ferrovias, navios a vapor maiores e melhores navegavam pelos rios e oceanos; o telégrafo foi aperfeiçoado e seu uso generalizou-se. Com meios de comunicação e de transporte rápidos, regulares e baratos, foi possível e econômico reunir os elementos necessários à produção e concentrá-los numa localidade. Com o tremendo avanço na tecnologia, com mais patentes de máquinas eficientes, foi possível a produção em massa e maior divisão do trabalho. Chegara a época da produção em grande escala, que levaria à redução do custo por unidade ao mesmo tempo que aumentava a produção. Foi finalmente possível à Companhia Monopolista entrar no campo da batalha – e conquistar a vitória.

O que era possível foi feito.

Negócio é luta. Pergunte aos homens de negócios. Ora, todos sabem que na luta os mais fortes vencem os mais fracos. Também nos negócios ocorreu isso. Duas companhias concorrem num certo ramo. Uma dá um golpe na outra, reduzindo seus preços. Esta reage, reduzindo-os ainda mais. E assim por diante. Golpes – na forma de redução de preços – são trocados. Dentro em pouco, os preços estão abaixo do custo de produção. Quem ganhará a luta? É evidente também que quanto maior a escala de produção, tanto menores os custos. Isso significa que as companhias maiores e mais fortes têm vantagem inicial. Mas é a capacidade de resistir que conta. E a capacidade de resistir, nessa luta, é medida pelas reservas de capital, que determinam o tempo de resistência. A firma com maior volume de capital é a mais forte. Os preços reduzidos a deixam assustada, mas deixam seu adversário tonto, e, dentro em pouco, completamente derrotado. Marx, que provavelmente nunca viu uma luta de boxe, tinha um lugar permanente nessa luta contínua entre os negócios. Assim a descreveu: *"A batalha da concorrência é disputada com o barateamento das mercadorias. O preço da mercadoria depende... da produtividade do trabalho, e essa, novamente, da escala de produção. Portanto, o capital maior derrota o capital menor... A concorrência... termina sempre com a ruína* de muitos capitalistas pequenos, cujos capitais em parte passam às mãos de seus vencedores, e em parte desaparecem."⁵

A última frase indica haver uma diferença entre as lutas comuns e as lutas de negócios. Nas primeiras, o lutador é derrotado e o vencedor deixa o ringue procurando conquistas novas e mais lucrativas. Na segunda, o vencedor faz o mesmo – mas frequentemente, antes de deixar o ringue, age como um canibal. Engole o derrotado, e se retira mais forte do que nunca, pronto a enfrentar outros.

Quanto maior ele se torna, tanto mais difícil é derrotá-lo. Outros lutadores tentam – e perdem. O vencedor se torna campeão. Ninguém pode enfrentá-lo – pelo menos durante algum tempo.

Os trustes se formaram da livre concorrência. Por vezes a luta foi decente, por vezes desleal (mesmo do ponto de vista do mundo comercial, que aprendeu a levar golpes abaixo da cintura). Decente ou não, foi uma luta amarga. Os homens que perderam ficaram frequentemente arruinados. Não podiam lutar novamente, alguns enlouqueceram, outros se suicidaram.

Mas uma autoridade no assunto, John D. Rockefeller, Jr., filho do maior organizador de trustes, acha que o resultado valeu a pena. Numa conferência perante os estudantes da Brown University sobre os trustes, disse ele: *"A rosa* **American Beauty** *só pode ser produzida, com todo o seu esplendor e fragrância, sacrificando-se os primeiros botões que nascem à sua volta."*⁶

A primeira *American Beauty* envolvida pelo truste foi o petróleo. Em 1904 a Standard Oil Company controlava mais de 86% do petróleo refinado para iluminação, em todo o país. O que aconteceu com o petróleo aconteceu também com o aço, açúcar, uísque, carvão e outros produtos. Os trustes foram formados em toda parte, tentando colocar a ordem monopolista no caos da concorrência.

Eram gigantescos. Eram eficientes. Eram poderosos. Por serem tudo isso, podiam reduzir os custos pela economia de produção, venda e administração. Fizeram o possível para eliminar a concorrência. Tentaram obter o controle da produção das mercadorias para poder fixar a distribuição e o preço. Fizeram uma coisa ou outra, ou ambas – desde que houvesse maior lucro. Segundo os estudiosos do movimento, eles se interessavam apenas pelos maiores lucros: *"O truste é qualquer forma de organização industrial, na produção e distribuição de qualquer mercadoria, que dispõe de controle bastante da oferta dessa mercadoria para modificar o preço em seu favor."*⁷

O truste podia "modificar o preço em seu favor". Também as outras organizações em grande escala. O truste era americano. *Pools*, combinações, cartéis eram outras formas de monopólio que se tornaram comuns, tanto nos Estados Unidos como em outros países. O cartel era mais comum na Alemanha. "O termo cartel designa uma associação baseada num acordo

---

⁵Karl Marx, *O capital*, vol. I.
⁶Ida M. Tarbell, *The History of the Standard Oil Company*. The Macmillan Company, 1925.
⁷J. W. Jenks-W. E. Clark, *The Trust Problem*, 5. ed., 1929, Doubleday, Doran & Company, Inc., p. 29.

contratual entre industriais do mesmo ramo que, embora conservando sua independência legal, se associam com o objetivo de exercer uma influência monopolizadora no mercado."[8]

Isso significava simplesmente que os vários grandes produtores, em vez de realizarem uma guerra de extermínio pela redução de preços, se combinavam numa companhia, permanecendo como organizações separadas, mas sem concorrer entre si: concordavam na divisão do mercado e nos preços. O caso específico do cartel do carvão do Rur mostra como se fazia a coisa: *"Um sindicato ou companhia central para vendas foi organizado... suas ações foram atribuídas a companhias separadas. Esse sindicato era o único agente para a venda do carvão. Obtinha estatísticas das companhias de carvão isoladas. Nomeava uma Comissão Executiva que fazia certas disposições para um preço e um pagamento uniformes. Os donos de minas vendiam todo o seu carvão e coque ao sindicato... Este fixava penalidades para a quebra do acordo e impunha uma política comum. O sindicato nomeava uma comissão para determinar a proporção da produção de cada mina... Fixava um preço de venda mínimo e, ao vender em distritos concorrentes, vendia por tal preço; nos distritos não concorrentes vendia abaixo ou acima do preço, segundo a procura e a oferta existentes."*[9]

Na Inglaterra também houve essa tendência de os grupos concorrentes formarem associações para eliminar a concorrência entre si. Deixemos que as várias testemunhas que compareceram à Comissão sobre os Trustes falem:

*"Nossa associação foi formada com o propósito de regulamentar o comércio e evitar concorrência desnecessária..."*

*"Nossa associação foi formada com a finalidade de estabelecer os preços e como meio de evitar sua redução, que ocorria em grandes proporções antes da sua formação, resultando isso na ausência de lucros, em lugares muito pequenos, para a maioria das firmas..."*

*"A concorrência era tão severa... que ninguém podia ganhar com o comércio. Os fabricantes produziam mais do que o realmente necessário, e se preocupavam apenas em destruir os concorrentes."*

Depois de ouvir as testemunhas, a comissão chegou a esta importante conclusão: *"Verificamos haver atualmente (1919) em todo ramo importante da indústria do Reino Unido uma crescente tendência à formação de Associações de Comércio e de combinações, com o objetivo de limitar a concorrência e controlar os preços."*

A última linha revela toda a história – "limitar a concorrência e controlar os preços". Essa prática estava muito longe da teoria tradicional dos economistas clássicos – a teoria de que a concorrência entre produtores e vendedores de mercadorias manteria os preços ao custo de produção (inclusive com razoável margem de lucro). A teoria de que se cada pessoa procurasse apenas seu interesse individual a oferta de qualquer artigo se ajustaria à procura, pelo preço certo.

---

[8] *The Encyclopaedia of Social Sciences*, v. III, p. 234, artigo por R. Liefmann. The Macmillan Company, Nova York.
[9] J. Morgan Rees, *Trusts in British Industry*, 1914-1921. King & Son, Londres, 1923.

Com o crescimento do monopólio, a oferta e a procura não se ajustaram – foram ajustadas. Com o crescimento do monopólio, os preços não se estabeleceram através da concorrência no mercado livre – o mercado deixou de ser livre e os preços foram fixados.

Além do monopólio na indústria, houve outro, igualmente importante, ou talvez mais – o monopólio dos bancos. Marx o previra ao dizer que com a *"produção capitalista uma nova força entra em jogo, o sistema de crédito. Não constitui somente em si uma arma nova e poderosa na batalha da concorrência. Por fios ocultos, além disso, esse sistema saca o dinheiro disponível, espalhado em grandes ou pequenas massas pela superfície da sociedade, passando-o às mãos dos capitalistas individuais ou associados. É a máquina específica para a centralização dos capitais".*

A indústria se fazia principalmente a crédito, de modo que os financistas que controlavam o sistema de crédito tinham o poder. Quando os industriais, grandes ou pequenos, monopolistas ou não, desejavam dinheiro para ampliar seus negócios, tinham de ir, chapéu na mão, aos banqueiros. Quando um grupo desejava iniciar um negócio e resolvia vender ações para levantar o dinheiro, tinha de ir, chapéu na mão, aos banqueiros, cuja função era a de colocar essas ações. Precisava-se de dinheiro em toda parte, e o dinheiro da nação se encontrava nos cofres dos banqueiros – ou em algum lugar a que só eles tinham acesso.

Quanto mais dinheiro controlassem os banqueiros, tanto maior o seu poder. Surgiu em todo grande país industrial um Truste do Dinheiro. A era do monopólio na indústria foi a era do monopólio bancário também. As palavras de Woodrow Wilson, na época governador de New Jersey, mostram ser isso verdade, pelo menos em 1911: *"O grande monopólio neste país é o monopólio do dinheiro. Enquanto existir isso, nossas ideias de variedade, liberdade e energia individual de desenvolvimento estão fora de cogitação. Uma grande nação industrial é controlada pelo seu sistema de crédito. Nosso sistema de crédito é concentrado. O crescimento da nação, portanto, e todas as nossas atividades, estão nas mãos de uns poucos homens."*[10]

Frequentemente acontecia serem esses "poucos homens", os financistas, os mesmos que chefiavam os monopólios industriais. Havia as "direções interligadas", o que significava estarem os homens importantes do mundo bancário nas juntas diretoras dos grandes trustes ou companhias gigantescas, nas quais estavam "interessados" – ou seja, nas quais seus bancos investiam grandes somas.

Essa ligação não precisava ser tão íntima. Bastava que os banqueiros controlassem os cordões da bolsa – o que lhes dava o poder de ditar políticas às firmas industriais. Isso ficou claramente demonstrado numa carta enviada em 1901 por um dos Quatro Grandes dos bancos de Berlim ao conselho de diretores de um sindicato do cimento alemão: *"Sabemos... que a próxima assembleia geral dessa companhia poderá tomar medidas suscetíveis de alterar seus empreendimentos, com o que não podemos concordar. Lamentamos profundamente que, por esse motivo, sejamos obrigados a retirar o crédito que lhes vimos concedendo. Se a assembleia geral acima referida não tomar qualquer decisão que nos seja inaceitável, e se recebermos garantias aceitáveis quanto ao assunto para o futuro, não teremos objeções em negociar a abertura de novos créditos."*[11]

---

[10] Citado em *Other People's Money* (1914), de L. D. Brandeis, Washington, 1933. *O dinheiro dos outros.*
[11] Lênin, *Imperialismo* (1916). [Há uma tradução de 1971, Editora Alfa-Ômega, com o título *O imperialismo, fase superior do capitalismo.* (N.R.T.)]

## Capítulo 19

Se os financistas se podiam dirigir dessa forma a um grande sindicato, imagine-se o controle que exerciam sobre as pequenas empresas do mundo industrial.

A situação foi muito bem descrita pelo juiz da Suprema Corte, Louis D. Brandeis, num livro escrito em 1912 e adequadamente intitulado *O dinheiro dos outros*. Disse ele:

> *"O elemento dominante em nossa oligarquia financeira é o banqueiro de investimentos. Bancos associados, companhias de trustes e companhias de seguros de vida são seus instrumentos. Ferrovias controladas, serviços públicos e empresas industriais são seus clientes. Embora não passem de intermediários, esses banqueiros posam de donos do mundo comercial da América, de tal modo que nenhuma empresa grande pode ser lançada com êxito sem a sua participação ou aprovação. Tais banqueiros são, decerto, homens capazes, possuidores de grandes fortunas; mas o fator mais poderoso do seu controle das atividades comerciais não é a posse de uma habilidade extraordinária ou de uma fortuna imensa. A chave de seu poder é a combinação – a concentração intensiva e geral."*[12]

Depois de 1870, o capitalismo à antiga passou a ser o capitalismo moderno. O capitalismo da livre concorrência tornou-se o capitalismo dos monopólios. Essa modificação foi de tremenda importância.

A indústria em grande escala e monopolista trouxe um desenvolvimento das forças produtivas muito maior do que antes. A capacidade industrial de produzir mercadorias cresceu num índice muito mais rápido do que a capacidade de consumo dos habitantes do país. (Isso significava, naturalmente, o consumo *com lucro* – o povo pode sempre usar mais mercadorias, mas nem sempre pode pagar por elas.)

Os monopolistas estavam na situação interna de regular a oferta para estabelecer a procura, e foi o que fizeram. Era uma prática comercial inteligente, que lhes proporcionou altos lucros. Mas deixava uma boa parte da capacidade produtiva de suas fábricas parada, e essa situação tende sempre a dar aos capitães da indústria uma dor de cabeça. Não queriam fazer apenas mercadorias para vender internamente. Queriam usar suas fábricas permanentemente para produzir o máximo de mercadorias. Para tanto, tinham de vendê-las fora do país. *Tinham de encontrar mercados estrangeiros que absorvessem os excedentes de suas indústrias.*

Onde encontrá-los? Podiam tentar despejar suas mercadorias noutras nações ricas, como a Inglaterra fizera durante anos. Mas as altas tarifas protetoras aumentavam cada vez mais, e atrás delas os concorrentes haviam podido controlar o mercado dos respectivos países. Vejamos essa queixa de Jules Ferry, primeiro-ministro francês em 1885: *"O que falta às nossas indústrias, o que lhes falta cada vez mais, são mercados. Por quê? Porque... a Alemanha está se protegendo com barreiras; porque, além do oceano, os Estados Unidos da América se tornaram protecionistas, e a um grau extremo."*[13]

---

[12] *Other People's Money*, p. 3.
[13] Citado em *Imperialism and World Politics*, de P. T. Moon, The Macmillan Company, Nova York, 1932, p. 27.

Nações como a Alemanha e os Estados Unidos já não eram um mercado livre para as mercadorias de outros países – elas mesmas estavam concorrendo em busca dos mercados mundiais. A situação era séria. Dentro das grandes indústrias, a capacidade de produzir superava a capacidade de consumir. Todas tinham um excedente de mercadorias manufaturadas, para as quais necessitavam encontrar mercados externos.

Onde encontrá-los?

Havia uma resposta – as colônias.

Estamos tão acostumados a ver o mapa da África colorido em vários tons, para mostrar a propriedade dos diferentes países europeus, que facilmente nos esquecemos de que nem sempre foi assim.* Há praticamente 70 anos toda a África pertencia aos que nela habitavam. Foi na era do capitalismo monopolista que os excedentes industriais se apresentaram como um problema aos capitais da indústria, em toda parte. Julgaram ter encontrado a resposta do problema nas colônias. E foi então que o mapa da África sofreu modificações.

David Livingstone, famoso missionário-explorador, perdeu-se no coração da África. Gordon Bennett, o dono do *New York Herald*, mandou Henry Morton Stanley à África para encontrá-lo. Que missão! E, milagre dos milagres, Stanley teve êxito. Não só encontrou Livingstone, como também fez novas explorações. Pronunciou, mais tarde, uma série de conferências sobre suas explorações. Podemos ter a certeza de que interessou ao seu público. Podemos ter certeza, também, de que os mais atentos foram os negociantes de algodão de Manchester e os fabricantes de ferro de Birmingham que o ouviram dizer: *"Há 40 milhões de viventes atrás do portão de entrada do Congo, e os industriais têxteis de Manchester esperam vesti-los. As fundições de Birmingham luzem com o metal vermelho que será transformado em artigos de ferro para eles e em adornos para seus peitos; os ministros de Cristo estão ansiosos para trazê-los, pobres pagãos ingênuos, ao seio do cristianismo."*[14]

Stanley sugeria aos preocupados capitães da indústria uma saída ao dilema do que fazer com o excedente de suas manufaturas. As colônias – esta era a resposta.

Os capitães da indústria de outros países descobriram a mesma resposta para seus problemas, na mesma época. Depois de 1870, a Inglaterra, França, Bélgica, Itália e Alemanha se uniram numa busca de colônias como mercado para produtos excedentes. A vez da América chegaria em 1898. Naquele ano, o senador republicano Albert J. Beveridge disse a um grupo de líderes comerciais de Boston:

*"As fábricas americanas estão produzindo mais do que o povo americano pode usar; o solo americano está produzindo mais do que o povo pode consumir. O destino escolheu para nós a política a adotar; o comércio do mundo deve ser, e será, nosso. E o conseguiremos, pois nossa mãe (Inglaterra) nos disse como. Estabeleceremos postos comerciais em todo o mundo, como pontos de distribuição dos produtos americanos. Cobriremos o*

---

*Em 1936, quando o autor escreveu este livro, ainda não começara a descolonização da África, impulsionada após a Segunda Guerra Mundial. Mas é fácil perceber as marcas da colonização pelas linhas retas que delimitam as fronteiras nacionais, indicando que são frutos de processos políticos. (N.R.T.)

[14] Ibid., p. 66.

oceano com a nossa marinha mercante. Construiremos uma marinha na medida da nossa grandeza. Grandes colônias, governando a si mesmas, usando nossa bandeira e comerciando conosco, crescerão em torno de nossos postos comerciais."[15]

Além de constituírem um mercado para os artigos excedentes, as colônias poderiam ter outra utilidade. A produção em grande escala necessita de grande suprimento de matérias-primas. Borracha, petróleo, nitratos, açúcar, algodão, alimentos tropicais, minerais – essas, e muitas outras, eram as matérias-primas necessárias ao capitalista do monopólio, em toda parte. Os donos das indústrias não queriam depender de outros países para as matérias-primas que lhes eram essenciais. Desejavam controlar ou possuir as fontes dessas matérias-primas. Uma das últimas aventuras imperialistas, a da Itália na Etiópia, teve essa intenção como causa, segundo o *New York Times* de 8 de agosto de 1935:

### ITÁLIA PLANTARÁ ALGODÃO NA ETIÓPIA
*Acredita que as colheitas desse produto e do café bastarão para seu consumo interno*

Citam-se Grandes Importações

*Roma, 7 de agosto* – As principais esperanças de lucro que a Itália tem na Etiópia baseiam-se no desenvolvimento de produtos que podem afetar seu comércio com as Américas do Norte e do Sul – algodão e café.

*Quaisquer que sejam as esperanças de ouro, minério de ferro, platina, cobre e outros minérios, a Itália tem razões para acreditar que o algodão e o café compensarão os bilhões de liras que gastou na África Oriental.*

*As importações de algodão italianas são em média de 740 milhões de liras anuais, pagas principalmente aos Estados Unidos, e as de café são de cerca de 185 milhões – um total de cerca de um bilhão de liras, representando 13,5% das importações totais do país.*

Portanto, o desejo de controlar as fontes de matérias-primas foi um segundo fator do imperialismo. O primeiro, sabe o leitor, foi a necessidade de encontrar mercado para os artigos excedentes. Havia outro excedente, também buscando um mercado adequado, e que constituiu a terceira e talvez mais importante causa do imperialismo. Foi o excesso de capital.

A indústria monopolista trouxe grandes lucros a seus donos. Superlucros. Mais dinheiro do que eles poderiam usar. Parece incrível, mas em certos casos os lucros foram tão grandes que os organizadores de trustes não poderiam gastá-los todos, mesmo que tentassem.

Não tentaram. Economizaram o dinheiro – e o mesmo fizeram outros milhões de pequenos poupadores, que colocavam seu dinheiro em bancos, companhias de seguro, empresas de investimentos etc. O resultado foi uma superacumulação de capital.

---

[15]Citado em *The American Observer*, 16 de março de 1936.

Isso parece engraçado. Como é possível haver dinheiro demais? Não haveria outras formas para a utilização do capital? Certamente era preciso construir estradas, levantar hospitais, existiam favelas a derrubar, para construir em seu lugar casas decentes. Certamente havia mil e uma coisas a fazer com o dinheiro, não?

Havia. As áreas rurais precisavam de melhores estradas, os trabalhadores precisavam de casas decentes e os pequenos negócios queriam expandir-se; mesmo assim, os economistas falam de capital "excedente". E não há dúvida disso – milhões de dólares (e francos, libras e marcos) estavam sendo exportados para outras terras.

Por quê?

Porque o capital não pergunta: "O que é preciso fazer?" Nada disso. Pergunta: "Quanto posso conseguir pelo meu dinheiro?" A resposta a essa segunda pergunta determina onde será investido o excedente. Lênin, discípulo de Marx e líder da Revolução Russa, explicou isso em seu livro *Imperialismo*, escrito em 1916: *"Não é preciso dizer que se o capitalismo pudesse desenvolver a agricultura, que hoje está atrasada em relação à indústria em toda parte, se pudesse elevar o padrão de vida das massas... não seria possível falar em excedente de capital... Mas então o capitalismo não seria capitalismo... Enquanto o capitalismo continuar capitalismo, o capital excedente não será usado com o objetivo de elevar o padrão de vida das massas, pois isso significaria uma queda nos lucros dos capitalistas: em vez disso, será usado para aumentar os lucros pela exportação do capital para o exterior, para os países atrasados. Nesses, os lucros são habitualmente altos, pois o capital é escasso, o preço da terra é relativamente baixo, os salários são pequenos e a matéria-prima é barata."*[16]

Foi o que aconteceu. O capital excedente, que precisava de um escoadouro, encontrou-o nos países atrasados – as colônias. Países que necessitavam de estradas de ferro, eletricidade, gás, rodovias etc., países ricos de recursos naturais, onde "concessões" de minas e plantações eram conseguidas – foi nessas áreas coloniais que o capital excedente encontrou oportunidades para investimento lucrativo.

Mas isso não é tudo. Além dos lucros obtidos diretamente com o investimento, os empréstimos eram feitos de tal maneira que grande parte deles tinha de ser gasta na metrópole. Assim, quando a Inglaterra fez empréstimos à Argentina para a construção de ferrovias, a maioria dos trilhos, material rolante etc. foi comprada na Inglaterra – com lucro para os fabricantes ingleses. A exportação do capital excedente também trouxe, nesse caso, lucro para os industriais ingleses. A exportação do capital excedente levou também à exportação de mercadorias excedentes. Assim, tanto o investidor como o industrial verificaram ser de seu interesse colaborar na política de controlar ou tomar áreas coloniais. Este foi um dos aspectos da aliança entre a finança e a indústria, que caracteriza a moderna sociedade econômica a ponto de torná-la conhecida como a idade do capital financeiro. Isso significa que as finanças – o controle de vastas somas de capital, mais a indústria, que utiliza esse capital com objetivos de lucro – constituem a força dominante do mundo de hoje.

---

[16] Lênin, op. cit.

## 200 | *Capítulo 19*

A aliança da indústria e da finança em busca de lucros nos mercados para produtos e capital foi a mola principal do imperialismo. Disse J. A. Hobson, em 1902, ao publicar seu estudo pioneiro sobre o assunto: *"O imperialismo é a tentativa dos grandes controladores da indústria de ampliar o canal para o fluxo de sua riqueza excedente, procurando mercados e investimentos estrangeiros que consumam as mercadorias e o capital que não podem vender ou empregar internamente."*[17]

Esse é *o porquê* do imperialismo. Como os controladores da indústria "ampliam o canal para o fluxo de sua riqueza excedente" é outra história que o leitor provavelmente conhece. Tem havido muitas formas – os últimos exemplos foram os da "missão civilizadora" da Itália na Abissínia, ou a "penetração" do Japão na China. Antigamente, no último quartel do século XIX, particularmente na África, o processo era mais simples. *"Em quase todos os casos, os primeiros passos no sentido da divisão e incorporação do território africano aos Estados europeus eram dados pelos homens de negócios ou companhias capitalistas, trabalhando em cooperação com exploradores ou com agentes próprios. O processo habitual era o explorador ou agente penetrar no interior, a alguma distância da costa, e induzir os chefes ou reis, com ofertas de roupas ou álcool, a assinar os chamados tratados com as sociedades anônimas. Segundo esses tratados, os chefes africanos, cuja assinatura consistia em uma cruz, cediam todo o seu território às sociedades anônimas em troca de alguns metros de fazenda ou alguma garrafa de gim. Quase todas as possessões da África Central cedidas aos Estados europeus têm por base esses acordos... Em menos de 20 anos, toda a África Central foi dividida e incorporada aos Impérios da Grã-Bretanha, França, Alemanha, Bélgica, Portugal e Itália."*[18]

Por vezes, esses astutos exploradores – comerciantes – capitalistas julgavam honestamente que, roubando o país de seus habitantes, estavam realizando uma missão divina, para o bem dos nativos. Cecil Rhodes, um dos maiores construtores de impérios, assim pensava. Pelo menos, era o que dizia: *"Sustento que somos a primeira raça no mundo, e quanto mais do mundo habitarmos, tanto melhor será para a raça humana... Se houver um Deus, creio que Ele gostaria que eu pintasse o mapa da África com as cores britânicas."*[19]

Os nativos dos territórios conquistados eram, frequentemente, bem peculiares. Pareciam não compreender que os atos do homem branco eram para o seu bem. Ficavam confusos com o que um grupo de homens brancos – os missionários – lhes pregava, e com o que outro grupo – os capitalistas – lhes fazia. Por vezes, em sua ignorância, se revoltavam, e então, infelizmente, era necessário dar-lhes uma lição. Dentro em pouco grandes navios brilhantes da metrópole penetravam em seus portos. Vinham cheios de soldados com fuzis, bombas e metralhadoras – as armas da civilização –, e a lição era dada.

E com o auxílio da força militar do governo metropolitano. Os governos, sempre prontos a "proteger as vidas e propriedades" de seus súditos, ajudavam também de outros mo-

---

[17]J. A. Hobson, *Imperialism*. J. Pott & Co., Nova York, 1902, p. 91.
[18]Leonard Woolf, *Imperialism and Civilization*. Hogarth Press, Londres, 1933, pp. 73-4.
[19]*The Last Will and Testament of Cecil John Rhodes*, organizado por W. T. Stead, Review of Reviews, Londres, 1902.

dos. Assim, por exemplo, para ajudar no custo da administração, da construção de hospitais, escolas, estradas etc., para a colônia, o governo instituía um imposto que os nativos tinham de pagar em dinheiro. Ora, os nativos não tinham dinheiro. Mas havia uma solução – poderiam ganhá-lo trabalhando nas plantações ou nas minas dos proprietários brancos. Sem dúvida, os salários eram miseravelmente baixos; era certo, também, que os nativos podiam alimentar-se sem trabalhar nas minas ou plantações. Mas o imposto tinha de ser pago – o que significava que precisavam trabalhar. O que aconteceria se não pagassem? Um observador das condições nas colônias francesas da África Ocidental, em 1935, conta-nos qual o remédio para o não pagamento: *"Uma aldeia do sul do Sudão não pôde pagar os impostos; mandaram para lá guardas nativos que levaram todas as mulheres e crianças da aldeia, colocaram-nas num campo no centro, queimaram as palhoças, e disseram aos homens que só teriam suas famílias de volta quando pagassem os impostos."*[20]

É impossível falar de modo geral do tratamento dado aos povos coloniais, porque ele variava segundo o momento e o lugar. Mas as atrocidades foram generalizadas – nenhuma nação imperialista tinha mãos limpas. Leonard Woolf, conhecido estudioso do assunto, escreveu: *"Tal como nas sociedades nacionais da Europa surgiram, no último século, classes claramente definidas, capitalistas e trabalhadores, exploradores e explorados, também na sociedade internacional surgiram classes claramente definidas, as potências imperialistas do Ocidente e as raças escravas da África e do Oriente, umas governando e explorando, outras governadas e exploradas."*[21]

Compreenda o leitor – o país não precisa tornar-se colônia para ser "governado e explorado". Quando os países atrasados não eram *imperializados* diretamente, eram levados para "esferas de influência" – como, por exemplo, a China, na qual todas as grandes potências tinham interesses reconhecidos. Ou a América do Sul, que foi mais ou menos dividida entre a Inglaterra e os Estados Unidos. Esses dois países, sem dominarem abertamente qualquer república sul-americana, estavam sempre prontos a fornecer-lhes capital, usando-os como instrumento para obter certos direitos lucrativos, por tratados ou por concessões formais. E nesses casos deixava-se sempre bem claro que havia cruzadores, aviões e batalhões prontos a impor a execução da concessão ou o comércio monopolista exclusivo.

Não foi por acaso que os governos correram em auxílio de seus industriais e banqueiros em sua busca de mercados para produtos e capitais. Um observador das questões britânicas, em 1921, julgou isso inevitável. *"O comércio britânico no momento, no outono de 1921, está sob o controle de grandes grupos, governados e dirigidos pelos grandes trustes bancários, e do dinheiro cujo poder é tão grande que lhes dá, em todos os casos, controle das alavancas que põem em movimento o comércio. Mais do que isso, seu poder de aconselhar o Governo é tal que... o Governo (composto, como hoje, das classes endinheiradas) não pode agir senão com a concordância dos trustes do dinheiro."*[22]

---

[20] G. Gorer, *Africa Dances*. Londres, Faber and Faber, 1931, p. 122.
[21] L. Woolf, *Economic Imperialism*. Swarthmore Press, Londres, 1920, p. 102.
[22] J. Morgan Rees, op. cit., p. 245.

Isso, na Inglaterra. Para o presidente Taft, nos Estados Unidos, o caminho da justiça era realmente reto, mas não era estreito – havia nele espaço para intervenção em defesa de "nossos capitalistas": *"Embora a nossa política externa não se deva afastar nem um milímetro do caminho reto da justiça, ela bem pode incluir a intervenção ativa para assegurar à nossa mercadoria e aos nossos capitalistas a oportunidade de investimento lucrativo."*[23]

Uma vez empenhados numa intervenção em defesa de "nossos capitalistas", os governos se viram a braços com uma longa jornada. O capital, como o homem do trapézio volante, "flutua no ar com a maior facilidade", não sendo fácil acompanhá-lo para garantir sua segurança. O general Smedley D. Butler recebeu parte dessa tarefa. A descrição que dela faz é interessante – discorda do presidente Taft quanto à possibilidade de se conservar na trilha da justiça e ao mesmo tempo intervir a favor dos grandes negócios: "Passei 33 anos e 4 meses no serviço ativo, como membro da mais ágil força militar do meu país – o Corpo de Fuzileiros Navais. Servi em todos os postos, desde segundo-tenente a general. E durante tal período passei a maior parte de meu tempo como guarda-costas de alta classe para os homens de negócios, para Wall Street e para os banqueiros. Em resumo, fui um capanga para o capitalismo...

> *"Foi assim que ajudei a transformar o México, especialmente Tampico, em lugar seguro para os interesses petrolíferos americanos, em 1914. Ajudei a fazer de Cuba e Haiti lugares decentes para que os rapazes do National City Bank pudessem recolher os lucros... Ajudei a purificar a Nicarágua para os interesses de uma casa bancária internacional dos Irmãos Brown, em 1909-1912. Trouxe a luz à República Dominicana para os interesses açucareiros norte-americanos em 1916. Ajudei a fazer de Honduras um lugar "adequado" às companhias frutíferas americanas, em 1903. Na China, em 1927, ajudei a fazer com que a Standard Oil continuasse a agir sem ser molestada.*
>
> *"Durante todos esses anos eu tinha, como diriam os rapazes do gatilho, uma boa quadrilha. Fui recompensado com honrarias, medalhas, promoções. Voltando os olhos ao passado, acho que poderia dar a Al Capone algumas sugestões. O melhor que ele podia fazer era operar em três distritos urbanos. Nós, os fuzileiros, operávamos em três continentes."*[24]

Podemos deduzir pelas experiências do general Butler que o imperialismo, iniciado em fins do século XIX, continua vivo. E de forma intensificada. É fácil, porque assim é. O monopólio na indústria não está desaparecendo. Está aumentando. E com ele, como já vimos, cresce o imperialismo.

Num estudo esclarecedor da Modern Corporation and Private Property feito por dois especialistas no assunto, encontramos alguns fatos e dados surpreendentes sobre o tamanho, riqueza e controle das modernas companhias gigantes da América de hoje. Há nos Estados Unidos cerca de 300.000 empresas não bancárias. Mas, desse número, cerca de

---

[23]Citado em *Economic Imperialism and International Relations During the Last Fifty Years*, de A. Viallate, The Macmillan Company, Nova York, 1923, p. 62.

[24] *Common Sense*, novembro, 1935.

200 controlam metade da riqueza das sociedades anônimas! Dessas 200, apenas 15 têm ativos superiores a um bilhão de dólares cada. E uma delas, a American Telephone and Telegraph Company, *"controla maior riqueza do que a existente dentro das fronteiras de 21 dos Estados do país"*.[25]

Mas talvez a melhor forma de compreender até que ponto dominam os monopólios seja ver o que dizem os autores do estudo mencionado sobre o modo pelo qual nossa vida diária é afetada permanentemente por algumas das 200 maiores companhias.

> *"Essas grandes companhias formam a estrutura mesma da indústria americana. As pessoas têm de entrar em contato com elas quase constantemente... estão continuamente aceitando seus serviços. Se viajarmos qualquer distância, quase que certamente o faremos por uma das grandes ferrovias. A máquina que puxa o trem provavelmente terá sido construída pela American Locomotive Company ou pela Baldwin Locomotive Works; o carro em que nos sentamos deve ter sido feito pela American Car and Foundry Company ou uma de suas subsidiárias... Os trilhos quase certamente terão sido fornecidos por uma das 11 companhias de aço da lista; e o carvão bem pode ter vindo de uma das 4 companhias, quando não de uma mina de propriedade da própria estrada de ferro. Talvez a pessoa prefira viajar de automóvel – num carro fabricado pela Ford, General Motors, Studebaker ou Chrysler, com pneus fornecidos pela Firestone, Goodrich, Goodyear ou United States Rubber Company...*
>
> *Ou, por outro lado, talvez fique em casa, em relativo isolamento e intimidade. Que significam para ela as 200 maiores companhias, então? Seu gás e eletricidade quase certamente serão fornecidos por uma delas; o alumínio de seus utensílios de cozinha será da Aluminum Company of America. O refrigerador elétrico pode ser produto da General Motors Company ou de uma das suas grandes companhias de equipamentos elétricos, a General Electric e a Westinghouse Electric. É possível que a Crane Company tenha fornecido os encanamentos, e a American Radiator and Standard Sanitary Corporation, o equipamento de calefação; provavelmente comprará pelo menos parte de seus comestíveis na Great Atlantic and Pacific Tea Company... E alguns dos produtos farmacêuticos que usa vêm, direta ou indiretamente, da United Drug Company. As latas de seus comestíveis poderão ter sido feitas pela American Can Company; o açúcar pode ter sido refinado por uma das grandes companhias, a carne provavelmente terá sido preparada pela Swift, Armour ou Wilson, e os biscoitos pela National Biscuit Company...*
>
> *Se procurar distração no rádio, quase necessariamente terá de usar um aparelho fabricado com permissão da Radio Corporation of America. Se for a um cinema, provavelmente verá um filme da Paramount, Fox ou Warner Brothers (feito em filme Kodak Eastman) num cinema controlado por um desses grupos produtores. Não importa a que tentador anúncio de cigarros sucumba, quase certamente estará fumando uma das muitas marcas das quatro grandes companhias de fumos, e os cigarros serão comprados numa loja de esquina da United Cigar."*[26]

---

[25] A. A. Berle e G. C. Means, *The Modern Corporation and Private Property*. The Macmillan Company, Nova York, 1933, p. 19.
[26] Ibid., pp. 24-25.

Eis – em qualquer coisa, em toda parte – o monopólio. A mesma história é válida para as outras grandes nações industriais do mundo. Ora, o que acontece quando esses vários gigantes, controladores dos respectivos mercados nacionais, se chocam nos mercados internacionais? Fogo! Concorrência – longa, dura, amarga. E em seguida – conversações, associações, cartéis, em base internacional. Os monopólios *"capitalistas dividem o mundo não por malícia pessoal, mas porque o grau de concentração a que chegaram os força a adotar esse método a fim de conseguir lucros. E a divisão é feita 'em proporção ao capital', 'em proporção à força'. ... Mas a força varia com o grau de desenvolvimento econômico e político".*[27]

Depois que os grupos internacionais dividiram o mercado mundial, parecia que a competição devesse cessar e tivesse início um período de paz duradoura. Isso não acontece porque as relações de força estão sempre se modificando. Algumas companhias crescem e se tornam mais poderosas, ao passo que outras declinam. Assim, o que em dado momento era uma divisão justa, torna-se injusta mais tarde. Há descontentamento da parte do grupo mais forte, seguindo-se uma luta por uma quota maior. Frequentemente isso leva à guerra.

O mesmo ocorre no controle político das colônias. Há 70 anos, havia ainda terras livres, não colonizadas. Hoje, isso não ocorre mais. Para que haja uma nova divisão, os que não têm devem tomar o que ambicionam – e dos que têm. A Alemanha, a Itália e o Japão desejam colônias hoje. Itália e Japão estão agarrando o que encontram. A Alemanha está se armando – na preparação para agarrar alguma coisa. O imperialismo leva à guerra.*

Mas a guerra não resolve nada de forma permanente. As hostilidades que já não podem ser resolvidas pelas negociações e concessões em torno de uma mesa de conferência não desaparecem quando os argumentos passam a ser os altos explosivos, o gás envenenado, os homens mortos e os cadáveres mutilados. Não. O capitalismo monopolista deve ter seu escoamento de mercadorias e capital excedente, e as hostilidades continuarão enquanto a situação perdurar. A caça de mercados terá de continuar.

Cecil Rhodes, o conhecido imperialista, sentia agudamente esse problema. A aquisição de novos mercados tornou-se parte dele; a anexação de novos territórios era parte de seu sangue. A ambição imperialista se ilustra melhor, talvez, numa declaração por ele feita, certa vez, a um amigo: *"O mundo está quase todo parcelado, e o que dele resta está sendo dividido, conquistado, colonizado. Pense nas estrelas que vemos à noite, esses vastos mundos que jamais poderemos atingir. Eu anexaria os planetas, se pudesse; penso sempre nisso. Entristece-me vê-los tão claramente, e ao mesmo tempo tão distantes."*[28]

Rhodes morreu cedo demais. Que pena! Num laboratório do deserto do Novo México, o Prof. R. H. Goddard realiza experiências com um foguete que talvez vá à Lua**; numa montanha de Gales a Sociedade Interplanetária Britânica procura aperfeiçoar um foguete capaz de chegar aos planetas. Se Rhodes estivesse vivo!

---

[27] Lênin, op. cit.

*Este livro foi escrito em 1936. (N.T.)

[28] Rhodes, op. cit., p. 190.

**Foi preciso aguardar ainda alguns anos para que em 20 de julho de 1969 a nave norte-americana Apolo 11 levasse o homem até a Lua. (N.R.T.)

Não obstante, talvez sua alma encontre consolo no pensamento de que seu espírito ainda sobrevive, mais forte do que nunca. Quando o Homem da Lua saudar o primeiro passageiro na primeira nave espacial, esse passageiro sem dúvida responderá com uma pergunta murmurada no ouvido de seu anfitrião: "Que tal tomar algum dinheiro emprestado para consertar os canais velhos e construir novos? Assine aqui, e meu banco cuidará dos detalhes... Pronto... Muito obrigado."

# 20

# O ELO MAIS FRACO

*As Crises Capitalistas. Suas Explicações.
A Tendência Decrescente do Lucro.
Capital Variável e Capital Constante ou Fixo.*

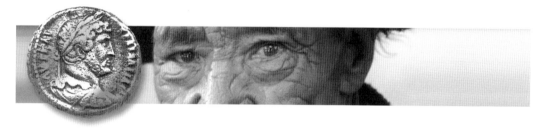

Nessas crises uma grande parte, não só dos produtos existentes, mas também das forças produtivas anteriormente criadas, é periodicamente destruída. Nessas crises irrompe uma epidemia que, nas épocas anteriores, teria parecido absurda: "*a epidemia da superprodução. A sociedade verifica, de súbito, que regrediu a um estado de barbárie monetária. É como se uma fome, uma guerra universal de devastação, tivesse interrompido o fornecimento de todos os meios de subsistência; a indústria e o comércio parecem destruídos – e por quê? Porque há civilização demais, meios de subsistência demais, indústria demais, comércio demais.*"[1]

Não, isso não foi escrito ontem.

Está no *Manifesto comunista*, que Marx e Engels prepararam em 1848. Não era uma profecia ousada, mas a descrição do que acontecia à sociedade capitalista de poucos em poucos anos, já naquela época. E continuou acontecendo, como todos os que tinham mais de dez anos em 1929 o sabem. A citação tem um aspecto familiar porque estamos vivendo na maior crise econômica já conhecida do mundo.

Em todos os períodos da história tem havido crises. Mas há uma nítida diferença entre as surgidas antes do crescimento capitalista e as que apareceram depois. Antes do século XVIII o tipo mais comum de crise era provocado pelo fracasso das colheitas, pela guerra ou por algum acontecimento anormal; eram caracterizadas pela escassez de alimento e outros artigos necessários, cujos preços se elevavam. Mas a crise que conhecemos, a crise que começou a existir com o advento do sistema capitalista, não é devida a fatos anormais – parece

---

[1] *Manifesto comunista*.

**208** | *Capítulo 20*

parte e parcela de nosso sistema econômico; é caracterizada não pela escassez, mas pela superabundância. Nela, os preços, em vez de subirem, caem.

O leitor conhece as outras características das crises e depressões – desemprego, tanto do trabalho como do capital, queda dos lucros, um retardamento geral da atividade industrial, tanto na produção como no comércio. O paradoxo da pobreza em meio à abundância é visto por toda parte.

Há falta de matéria-prima? Não. Os plantadores de algodão estão ansiosos para vender seu produto. Há falta de equipamento de capital? Não. Os donos de fábricas estão ansiosos para ver as máquinas de suas fábricas silenciosas trabalhando novamente. Há falta de trabalho? Não. Os trabalhadores desempregados estão mais do que dispostos a voltar às indústrias para fabricar as roupas que lhes estão faltando.

Não. A matéria-prima, o equipamento de capital e o trabalho necessários à produção existem, e, não obstante, a produção não ocorre. Por quê?

Os economistas não chegaram a um acordo sobre a resposta.

Mas quanto a um fato, concordam. E, se não compreendermos esse fato desde o início, as causas da crise constituirão um livro fechado para nós.

O fato de suma importância é simplesmente este: no sistema capitalista, as mercadorias não são produzidas para uso, mas para troca – com lucro. Em nossa sociedade os minérios são extraídos da terra, as plantações são colhidas, os homens encontram trabalho, as rodas da indústria se movimentam e as mercadorias são compradas e vendidas somente quando os donos dos meios de produção – a classe capitalista – veem uma oportunidade de lucro. Isso foi bem explicado por Walter Lippmann em sua coluna no *Herald Tribune*, a 13 de julho de 1934: *"Não adianta falar de recuperação nas atuais condições, a menos que os capitalistas, grandes e pequenos, comecem a investir em empresas com o objetivo de obter lucro. Não investirão para ganhar medalhas. Não o farão por patriotismo ou como ato de serviço público. Só o farão se tiverem oportunidade de ganhar dinheiro. O sistema capitalista é assim. É assim que funciona."*

Segundo o Prof. F. A. von Hayek, Lippmann tem razão: *"Na moderna economia de troca, o industrial não produz com o objetivo de atender a uma certa procura – mesmo que use essa frase por vezes – mas na base dos cálculos de lucros."*[2]

O Prof. Hayek é um dos principais economistas de hoje. Não tem muita coisa em comum com os economistas que interpretam a sociedade do ponto de vista da classe trabalhadora. Mas na importante questão de que apenas o lucro põe em movimento as rodas, está de acordo com Friedrich Engels. Eis um trecho de carta escrita por Engels em 1865: *"Produz-se muito pouco... Mas por que se produz tão pouco? Não porque os limites da produção estejam esgotados. Pois esses limites são determinados não pelo número de barrigas famintas, mas pelo número de bolsas prontas a comprar e pagar. As barrigas sem dinheiro, o trabalho que não pode ser utilizado para lucro e, portanto, não pode comprar, ficam abandonados à sua sorte."*[3]

---

[2] F. A. von Hayek, *Monetary Theory and the Trade Cycle.* Jonathan Cape, Londres, 1933, p. 68.
[3] Karl Marx e Friedrich Engels, *Correspondência.*

Nas obras de Thorstein Veblen, um dos mais originais economistas americanos, encontramos a mesma verdade expressa em seu famoso estilo ácido: *"O lugar do homem de negócios na economia da natureza é 'ganhar dinheiro', e não produzir coisas... A maior realização, no mundo dos negócios, cabe a quem mais se aproxima de ganhar alguma coisa em troca de nada... Devemos... notar que não existe empresa de negócios que não tenha como principal objetivo as vendas lucrativas, ou trocas lucrativas, que são iguais às vendas lucrativas... Os lucros dos negócios vêm do produto da indústria; e a indústria é controlada, acelerada e atrasada tendo em vista os lucros."*[4]

Outra prova de que no capitalismo as mercadorias não são produzidas para uso, mas para lucro. Esta citação é extraída de *Os ciclos econômicos e suas causas*, de Wesley C. Mitchell, importante estudo realizado por um destacado economista americano: *"Onde predomina a economia comercial, os recursos naturais não são desenvolvidos, o equipamento mecânico não é utilizado, a habilidade do operário não é exercida, as descobertas científicas não são aproveitadas, a menos que as condições sejam de molde a prometer lucro em dinheiro aos que dirigem a produção."*[5]

Aí está, portanto, um desfile de testemunhos de diferentes economistas, todos da mesma opinião – a de que no sistema capitalista a produção só ocorre quando promete lucro. Se, porém, as mesmas testemunhas tivessem de explicar por que, periodicamente, essa promessa não se realiza, não haveria a mesma unanimidade de opinião.

Os economistas concordam quanto ao que faz o sistema funcionar, mas discordam enfaticamente quanto ao que o faz parar. O sistema entra em colapso – isto é, os lucros caem – num período de crise. Quais são as causas desses colapsos? Quais são as causas das crises? Vejamos algumas respostas dos economistas.

Há economistas que ainda hoje, depois de mais de um século de crises que se repetem em ritmo quase regular, se apegam à crença de que as causas devem ser procuradas não dentro do sistema, mas fora dele. O Prof. Mitchell assim escreveu sobre essa escola: *"Alguns economistas desesperaram-se de encontrar qualquer teoria que explique todas as crises da mesma forma. Para eles, a crise é um acontecimento 'anormal' produzido por alguma 'causa perturbadora', como a introdução de invenções revolucionárias... revisões tarifárias, modificações monetárias, fracasso de colheitas, modificações de gostos e outras semelhantes. Essa opinião... leva à conclusão de que cada crise tem sua causa especial que deve ser procurada entre os acontecimentos de um ou dois anos precedentes."*[6]

Para outro grupo, a causa especial da crise é física. W. Stanley Jevons anunciou em 1875 que as manchas solares, a fome na Índia e a crise na Inglaterra ocorreram ao mesmo tempo. Que tinha uma coisa a ver com a outra? Observe-se cuidadosamente. A radiação solar afeta o clima; o clima afeta as plantações, as plantações, boas ou más, afetam a renda dos fazendeiros; a renda dos fazendeiros afeta a procura de produtos acabados. A culpa é do Sol.

---

[4]Thorstein Veblen, *The Vested Interests and the Common Man*, W. Huebsch, Nova York, 1920, pp. 92 e ss.
[5]Wesley C. Mitchell, *Business Cycles*, 1927, pp. 65-66. Há uma tradução publicada pela Abril Cultural, de 1984, na coleção *Os Economistas*, com o título de *Os ciclos econômicos e suas causas*.
[6]Ibid., pp. 9-10.

Ou do planeta Vênus. É o que diz Henry L. Moore, pai da teoria dos "ciclos geradores" de oito anos. E por que Vênus? Porque a cada oito anos Vênus se interpõe entre o Sol e a Terra, e podemos deduzir que, tendo Vênus em seu caminho, grande parte da radiação de Apolo jamais atingirá a Terra!

Chega de causas físicas. O Prof. A. C. Pigou, economista de Cambridge, é o líder da escola que atribui os períodos de prosperidade e depressão a causas psicológicas – erros de otimismo e pessimismo da parte dos capitães da indústria. Nas "variações de previsões dos homens de negócios" o Prof. Pigou julga estarem as raízes das causas dos altos e baixos da indústria. Quando as coisas vão bem, os homens de negócios se tornam otimistas sobre as possibilidades de aumentar os lucros. Querem aumentar a produção. Tomam mais empréstimo nos bancos e investem livremente em equipamento industrial – aumentando suas fábricas ou comprando máquinas novas etc. *"Quando essas [previsões] são boas, levam os homens de negócios a aumentar seus empréstimos, em parte dos bancos, aumentando assim diretamente a taxa de juros, e indiretamente, por lançar maior capacidade aquisitiva em circulação, elevando os preços."*[7] Acontece, porém, que as mercadorias produzidas nessa onda de otimismo têm de suportar a prova do mercado. Serão vendidas por esses novos preços mais altos? Não. Constata-se, em exemplo após exemplo, que o otimismo era injustificado, e por isso a profunda desconfiança psicológica e o pessimismo se apossam do mundo comercial, e a produção é reduzida. *"A atividade desenvolvida na indústria sob a influência de um erro de otimismo finalmente se materializa na forma de mercadorias à procura de um mercado. Enquanto estas estiverem no processo de criação... continua uma atividade excepcional. [Observa-se, então, que o otimismo era excessivo, isto é, o otimismo não suporta a prova do mercado.] Quando essa prova é aplicada a um certo número de coisas e verifica-se que falha em grande parte delas, a confiança se reduz. O fato de se terem cometido erros de otimismo e se terem exagerado as perspectivas de lucro é comprovado, e amplamente aceito... Em consequência, o fluxo da atividade comercial é reduzido."*[8]

A essa altura, o superotimismo dá lugar ao superpessimismo. A produção é reduzida consideravelmente, o investimento na indústria cessa praticamente e as mercadorias por acaso vendidas vêm de estoques acumulados muito antes. Então, após certo tempo, a procura aumenta novamente, os lucros se elevam outra vez, os homens e negócios se animam, e o superotimismo ressurge.

A grande importância que Pigou e a escola psicológica atribuem às previsões dos homens de negócios responsáveis pela prosperidade ou pela depressão evidencia-se no trecho seguinte: *"Embora no presente exame não se constate como, na verdade, essas previsões variáveis ocorrem, concluímos definidamente que elas, e nada mais, constituem a causa direta e imediata ou os antecedentes das flutuações industriais."*[9]

Para outra escola de economistas a verdade está no velho provérbio de que "o dinheiro é a raiz de todos os males". Acham que nosso sistema de trocas – nosso sistema monetário

---

[7] A. C. Pigou, *Industrial Fluctuations*, 2. ed., Macmillan & Company, Ltd., Londres, 1929, p. 33.
[8] Ibid., pp. 90-91.
[9] Ibid., p. 34.

– é deficiente. Querem que seja regulamentado. O Prof. J. M. Keynes, um dos principais expoentes da escola de "regulamentação do dinheiro", escreve: *"O desemprego, a vida precária do trabalhador, o fracasso das previsões, a súbita perda de economias, os lucros exagerados de alguns, do especulador, do aproveitador – tudo tem origem, em grande parte, na instabilidade do padrão de valor."*[10]

As palavras-chave dessa citação são as últimas, "instabilidade do padrão de valor". Não é preciso muito para nos convencermos de que nosso dinheiro é instável – como provamos o fato por experiência própria. Os quitandeiros sabem que determinada quantia comprará tantos quilos de manteiga em um mês, e menos no mês seguinte. E frequentemente ouvimos comentários assim: "Sim, o dinheiro vale hoje menos do que antes." Ou: "A última vez que viajei, paguei dois reais por dólar, mas este ano tive de pagar três."

Nossos manuais de Economia ensinam que o "dinheiro é apenas um meio de troca". Os entendidos argumentam ser um meio precário, porque não é estável. Ao contrário de outras medidas, não é fixo. Uma dúzia significa sempre 12, não significa 15 um dia e 8 no outro. Mas o valor da unidade monetária varia. Isso é um erro que deve ser remediado, dizem esses economistas. Pedem um controle da moeda e do crédito, que estabeleça uma relação estável entre o volume de ouro produzido e o volume de dinheiro no bolso dos consumidores.

Um exemplo. Com o crescimento da indústria e a expansão da produção, a saída de mercadorias aumenta. A menos que o dinheiro em circulação seja aumentado para corresponder ao maior fluxo de mercadorias, os preços cairão. É fácil ver por quê. Suponhamos que há 500 camisas no mercado e os consumidores têm $500 para comprá-las. Cada camisa será vendida por $1. Suponhamos agora que os fabricantes melhorem suas máquinas e produzam 1.000 camisas. Portanto, em igualdade de condições, a menos que mais $500 sejam postos nas mãos dos consumidores, os preços das camisas cairão a 50 centavos cada.

Os economistas argumentam que as crises são efeitos da elevação e queda do nível geral de preço, devido ao aumento ou decréscimo do volume de dinheiro em circulação. Quando os negócios são bons, o dinheiro circula mais depressa e os bancos concedem créditos maiores. É certo que cobram altos juros, mas isso não detém os industriais que veem os negócios se expandirem e querem obter todo o lucro possível enquanto a maré é boa. É assim que a prosperidade leva a um surto econômico rápido.

Quando tal ocorre, os controladores do crédito – os bancos – se assustam e começam a achar que a estrutura dos créditos se está tornando muito pesada. "Os valores estão inflados", dizem. Por isso, retiram-se do mercado, suspendem os empréstimos e cobram os empréstimos já feitos. Mas os industriais não podem pagar imediatamente, pois investiram o dinheiro em seus negócios, e não ganharam ainda o bastante para pagar. E quando não podem pagar, estão falidos. Suas fábricas são fechadas, seus empregados despedidos; as dificuldades se ampliam cada vez mais, porque as encomendas feitas aos produtores de matérias-primas cessam e os trabalhadores que ficam sem emprego já não exercem uma procura

---

[10] J. M. Keynes, *A Tract on Monetary Reform*, op. cit., Prefácio, p. 5.

de mercadorias. A queda da produção, a cessação da procura, a baixa de preços resultante generalizam a depressão por toda a economia nacional, como uma moléstia contagiosa. As pessoas ficam receosas de investir, e os bancos de emprestar; o dinheiro se amontoa nos bancos, em vez de ser usado para financiar a indústria e o comércio.

Os economistas dessa escola argumentam que não haveria um número tão grande de empréstimos se os homens de negócios não sentissem que os preços estavam subindo. Os industriais só tomam empréstimos a juros elevados quando acreditam numa alta de preços bastante compensadora para pagar os juros e proporcionar lucros ainda mais altos. Se os preços permanecerem estáveis, não se entregarão a uma violenta e injustificada expansão da produção. Para curar esse mal, os economistas propõem que a unidade monetária seja padronizada, de forma a manter-se de acordo com a elevação e a queda da produção. O Prof. Irving Fisher, da Universidade de Yale, elaborou um plano de "dólar compensado" que, segundo afirma, resolve o problema. Comprará sempre a mesma cesta cheia de mercadorias, ontem, hoje e amanhã.

Fisher e Keynes argumentam que é tolo e perigoso continuar usando um sistema monetário imperfeito, quando outro, perfeito, pode ser formulado. Diz Keynes:

> *"A melhor maneira de curar essa moléstia mortal do individualismo [movimentos de preço que provocam surtos e depressões] é fazer com que [pelo controle da moeda e do crédito] nunca exista qualquer previsão de queda ou elevação geral de preços...*
>
> *Já não podemos deixá-lo [o padrão de valor] na categoria cujas características essenciais são possuídas, em graus diferentes, pelo tempo, taxa de natalidade e constituição – coisas estabelecidas pelas causas naturais, ou resultam da ação isolada de muitos indivíduos agindo independentemente ou exigem uma revolução para modificá-las."*[11]

Outros economistas, porém, não estão convencidos de que a manipulação da moeda, para corresponder à produção, seja boa coisa. Eis uma opinião discordante, a do Prof. Hayek: *"As razões comumente apresentadas como prova de que a quantidade de meio circulante deve variar segundo o aumento ou diminuição da produção são totalmente infundadas. Parece antes que a queda de preços... que ocorre necessariamente quando, permanecendo o mesmo volume de dinheiro, a produção aumenta, não só é totalmente inofensiva como é de fato o único meio de evitar os desvios da produção."*[12]

Uma teoria muito mais popular das causas da crise é apresentada por John A. Hobson. O leitor provavelmente conhece a sua análise. Argumenta ele que, durante os períodos de prosperidade, as rendas do capital crescem muito mais do que os salários do trabalho. Os ricos ficam mais ricos – num ritmo incrível. Suas rendas aumentam. Não importa o quanto gastem consigo, cada vez lhes sobra mais. O que não podem gastar, guardam. Suas imensas somas de dinheiro são investidas na indústria, e o resultado é um tremendo aumento no

---

[11]Ibid., pp. 38, 40.
[12]F. A. von Hayek, *Prices and Production*. Routledge & Sons. Londres, 1931, p. 89.

equipamento da produção de mercadorias – na capacidade produtiva. Isso é provocado pelo equipamento novo e melhor. As mercadorias desabam das fábricas sobre o mercado. Mas os trabalhadores não estão ganhando o bastante para que possam comprar essa produção aumentada. As mercadorias não são vendidas, empilham-se nos armazéns, os preços caem desastrosamente. A produção deixa de ser lucrativa. É, então, reduzida. O resultado é o desemprego, depressão e redução das rendas dos ricos. Cessa a superpoupança.

Lentamente, então, os consumidores gastam as mercadorias acumuladas, as indústrias em funcionamento verificam que já não podem continuar sem equipamento novo ou melhor, e assim aos poucos a produção se eleva novamente, e todo o ciclo da prosperidade, surto, crise e depressão recomeça.

As pessoas que se preocupam com a existência de extremos – ricos e pobres – acham a teoria de Hobson perfeitamente adequada aos seus sentimentos. Pois tanto faz considerá-la como uma teoria da "superpoupança" ou do "subconsumo", tem sempre a distribuição desigual da riqueza como causa essencial da crise.

Eis o que diz Hobson:

*"Esses 'excedentes', quando não consumidos pelos impostos, formam o fator irracional ou destrutivo de nosso sistema econômico. Sua reduzida utilidade para finalidades de consumo ou aproveitamento leva à acumulação como poupança para investimento, acima das necessidades e da utilização possível pelo sistema econômico como um todo... Esse excedente não ganho... é a causa direta da paralisação da indústria, do colapso dos preços e do desemprego, classificados como depressão comercial. A aplicação desse excedente para aumentar a capacidade aquisitiva e o consumo dos trabalhadores da comunidade resolverá os desajustamentos crônicos, elevando a capacidade geral de consumo para que se mantenha em proporção com o aumento da capacidade de produção... Aumentar a proporção da renda geral atribuída aos assalariados, seja através de seus salários ou pelo aumento da assistência social, é a condição essencial para a manutenção do pleno emprego nas indústrias mais sujeitas a períodos de depressão e desemprego."*[13]

Hobson defende seu ponto de vista de forma convincente. E como muitos se perturbam com as evidências de miséria e dificuldade à nossa volta, estamos inclinados a acreditar que esse argumento em favor de maiores salários e maior assistência social está certo. Mas não devemos por isso aceitá-lo integralmente. Lembramos, a essa altura, que o objetivo da produção no sistema capitalista é obter lucro. Hobson diz que as crises ocorrem pelo fato de os capitalistas investirem demais; que os trabalhadores não recebem o bastante em salários para adquirir as mercadorias produzidas pela indústria supercapitalizada; que por isso os lucros caem.

Mas o Prof. Hayek diz que não é verdade. O Prof. Hayek diz que os lucros caem porque os capitalistas não investem bastante. Ele advoga não a ampliação da assistência social, mas sua redução; não o aumento de salários, mas sua redução: *"Certos tipos de ação estatal,*

---

[13] J. A. Hobson, *Poverty in Plenty*. Allen & Unwin, Londres, 1931, pp. 54, 63, 64, 67.

*causando um desvio na procura dos bens do produtor para os bens do consumidor, podem provocar um retraimento na estrutura capitalista da produção, e, portanto, uma estagnação prolongada... A concessão de crédito aos consumidores, recentemente defendida como cura para a depressão, teria na verdade um efeito contrário; um aumento relativo na procura de bens do consumidor apenas pioraria a situação."*[14]

É impossível fazer justiça, numas poucas páginas, à complicada teoria do Prof. Hayek. Mas para nós basta assinalar que Hobson e Hayek encontram causas exatamente opostas para a queda de preços que constitui uma crise; para curá-la, receitam remédios diametralmente opostos.

E o interessante é que estão ambos certos e errados. Hobson tem razão em argumentar que salários mais altos e maior assistência social proporcionariam um mercado necessário para a maior oferta de mercadorias; está errado ao afirmar que a elevação dos salários significa a redução dos lucros imediatos da produção. Hayek tem razão ao afirmar que menores salários e menor assistência social aumentariam os lucros imediatos da produção; está errado ao afirmar que a redução dos salários significa a destruição do mercado para a maior oferta de mercadorias. Hobson se preocupa com a restauração do mercado (e, portanto, dos lucros) pelo aumento da capacidade aquisitiva das massas. Hayek se preocupa com a restauração do lucro pela redução da capacidade aquisitiva das massas (redução de salários).[15]

E nisso, segundo os adeptos de Karl Marx, está o dilema do capitalismo – *ele não pode fazer as duas coisas.* Argumentam que, por isso, as crises são inevitáveis no capitalismo. Enquanto todos os outros economistas veem nisso ou naquilo a causa da crise e sugerem que se determinado remédio for adotado tudo irá bem, Marx diz que não há saída dentro do sistema capitalista. Para acabar com as crises, escreveu ele, é preciso acabar com o capitalismo.

A análise da crise feita por Marx é inerente à sua teoria como um todo. Sua teoria da produção capitalista e sua teoria que explica o colapso dessa produção são a mesma – e têm a mesma raiz.

A finalidade essencial do sistema de produção capitalista é obter lucro. Marx pôde provar que *há uma tendência de redução na taxa de lucro.* E que isso não era um acaso. Tinha de ser. A estrutura do sistema produtivo capitalista tornava tal redução inevitável. (Seria bom que o leitor voltasse ao início do Capítulo 18 e relesse atentamente a teoria de valor do trabalho de Marx.)

Marx divide o capital em duas partes – a constante e a variável. O capital constante é a parte empregada em fábricas, máquinas, ferramentas, matéria-prima etc. O variável é a parte empregada na aquisição de força de trabalho – em salários. O capital constante tem esse nome pelo fato de que no processo de produção seu valor permanece constante – até o produto final, seu exato valor original é transferido, nem mais nem menos. O capital variável tira seu nome do fato de que no processo de produção seu valor original se transfere ao produto final. Ao passo que o capital constante é estéril, pois não cria nenhum valor novo

---

[14]F. A. von Hayek, op. cit., pp. 85, 86, 111, 112.
[15]Cf. John Strachey, *The Nature of the Capitalist Crises.* Nova York, 1935, para uma explicação mais detalhada desse ponto.

no processo produtivo, o capital variável é criativo pelo fato de ele (e apenas ele) criar novos valores no processo de produção. É o capital variável que cria um valor superior ao que vale em si – a mais-valia. É o capital variável (força de trabalho viva) que dá origem aos lucros.

Assim, na indústria, o capital do capitalista toma a seguinte divisão:

$C$ (capital total) = $c$ (capital constante) + $v$ (capital variável).

E qual a proporção de $C$ que será dedicada a $c$ e a $v$? Não há dúvida, diz Marx, e todos concordarão com ele, que com o desenvolvimento do capitalismo uma parte cada vez maior do capital total, $C$, está sendo dedicada ao capital constante, $c$. Como sabemos, novas e melhores máquinas estão sendo introduzidas, sempre, na indústria moderna. Essa maquinaria é realmente milagrosa – mas custa dinheiro, muito dinheiro. E elimina o trabalho. Isso simplesmente significa que a proporção entre o capital variável, $v$, e o capital total, $C$, está se reduzindo cada vez mais. E, ao contrário, a proporção entre o capital constante, $c$, e o capital total, $C$, aumenta. Em suma, $v/C$ diminui, ao passo que $c/C$ aumenta.

Esse fato – de que o capital constante cresce relativamente, ao passo que o capital variável diminui – é de tremenda importância. Pois $v$, e $v$ apenas, é a fonte de mais-valia ou lucro. Isso significa que, ao se reduzir $v$, há uma tendência de queda na taxa de lucro. Ao se elevar a proporção do capital constante, segundo Marx, *"a mesma taxa de mais-valia, com o mesmo grau de exploração do trabalho, se expressaria numa taxa decrescente de lucro... Se fizermos ainda a suposição de que essa modificação gradual na composição do capital não está limitada a algumas esferas apenas da produção, mas ocorre mais ou menos em todas... então o crescimento gradual e relativo do capital constante em razão do capital variável deve levar necessariamente a uma queda graduada da taxa média de lucro, enquanto a taxa de mais-valia... permanecer a mesma"*.[16]

Ora, a queda na taxa de lucro é coisa séria. É uma ameaça ao próprio objetivo capitalista, ou seja, a obtenção do maior lucro possível. Mas há uma saída temporária para os capitalistas. Verificam ser possível aumentar o lucro mesmo que a taxa de lucro esteja caindo. Eis um exemplo (a mais-valia é representada por $m$, e supomos que sua taxa seja, em cada caso, a mesma, ou 100%):

| $C$ | $c$ | $v$ | $m$ |
|---|---|---|---|
| $1.500 | 1.000 | 500 | 500 |
| $4.000 | 3.000 | 1.000 | 1.000 |

Como a mais-valia, $m$, só é criada pelo capital variável, $v$, a taxa de lucro é sempre a relação de $m$ para $v$, ou $m/v$. Mas embora os lucros venham apenas do total empregado em salários ($v$), o capitalista considera seu lucro como lucro sobre o capital total investido ($C$). Portanto, calcula sua taxa de lucro como a relação de $m$ para $C$, ou $m/C$.

---

[16] Karl Marx, *O capital*, v. III.

**216** | *Capítulo 20*

Assim, no exemplo dado, no primeiro caso a taxa de lucro é $500/$1.500, ou 33,5%; no segundo caso é $1.000/$4.000, ou apenas 25%. Mas embora a taxa de lucro tenha caído, o *total* de lucro aumentou de $500 para $1.000.

Observe-se, porém, o que foi necessário para que tal ocorresse. O capital variável, de onde provém exclusivamente o lucro, teve de ser dobrado; e, como a moderna técnica de produção demanda um aumento contínuo do volume de capital constante em relação ao variável, enquanto *v* dobrou, *c* teve de ser triplicado. E nisso está o problema. A fim de aumentar o total de lucro, os capitalistas são obrigados a acumular mais e mais capital. Não há escolha. Se a acumulação parar, então o total de lucro (bem como a taxa) cai.

Todo capitalista sabe disso. A concorrência no mercado ensinou-lhe que tem de economizar seu dinheiro e reinvestir somas sempre maiores no negócio – ou sucumbir na luta. Tem de acumular, acumular sempre, para que seu capital total possa aumentar suficientemente para derrotar a taxa de lucro decadente.

As pessoas bem-intencionadas, que defendem o pagamento de maiores salários aos trabalhadores, esqueceram esse ponto. O capitalista, porém, sabe que quanto mais pagar a seus trabalhadores, tanto menor o lucro – o que significa a redução da acumulação, essencial à continuação do lucro – e não a sua intensificação. De seu ponto de vista, tal não deve ocorrer – porque, quando cessa a acumulação, cessam os lucros.

Ele resolve essa parte do dilema, portanto, pagando os menores salários que puder. Isso o deixa livre para continuar a política necessária de acumulação cada vez maior. Mas tal acumulação significa que uma quantidade sempre maior de mercadorias é lançada no mercado. E aqui passa ele à outra metade da contradição econômica, à falta de capacidade aquisitiva dos trabalhadores para absorver a produção. Pois salários baixos provocam a impossibilidade de comprar e pagar as mercadorias produzidas.

A análise de Marx se resume nisso: o capitalista tem de manter os lucros conservando baixos os salários; mas, com isso, destrói a capacidade aquisitiva de que depende a realização de lucros. Salários baixos tornam possíveis os altos lucros, mas ao mesmo tempo tornam os lucros impossíveis porque reduzem a procura de mercadorias.

Contradição insolúvel.

Há cerca de 90 anos, Thomas Carlyle pôs o dedo na crise que o sistema capitalista enfrenta: *"Qual a utilidade de vossas camisas de seda? Estão penduradas aí, aos milhões, invendáveis; e há os milhões de costas nuas, trabalhadoras, que não as podem usar. As camisas são úteis para cobrir as costas humanas; inúteis para qualquer outra finalidade – um gracejo insuportável, de outro modo. Que recuo representa esse aspecto do problema!"*[17]

Se isso era verdade quando Carlyle escreveu *"Que recuo representa esse aspecto do problema!"*, o que não será hoje, quando estamos em meio à maior crise da história mundial.

Todos se preocupam com o problema, em todo o mundo. Na União Soviética estão tentando resolvê-lo pelo método marxista, em substituição ao capitalismo. Em outras partes do mundo, estão tentando resolvê-lo remendando e controlando o capitalismo.

---

[17]Thomas Carlyle, *Past and Present*. Chapman & Hall, Londres, 1843, livro I, cap. III.

# 21

# A RÚSSIA TEM UM PLANO

*A Revolução Russa.*
*Lênin e a Arte da Revolução.*
*Coletivo, em Vez de Individual.*
*Os Grandes Problemas Econômicos da Rússia.*
*Planejamento Nacional Socialista.*
*O Comércio Externo e o Monopólio Estatal.*

Dezessete anos antes do fim do século XIX, Karl Marx morria. Dezessete anos após o início do século XX, Karl Marx tornava a viver.

O que com Marx era teoria foi posto em prática por seus discípulos – Lênin e outros bolcheviques russos – ao tomarem o poder em 1917. Antes disso, os ensinamentos de Marx eram conhecidos de um pequeno grupo de dedicados adeptos. Posteriormente eles atraíram a atenção de todo o mundo. Antes daquela época os comunistas apenas podiam prometer que sua teoria, se posta em prática, criaria um mundo novo e melhor; depois dela poderiam apontar para um sexto da superfície da Terra e dizer: "Eis aí. Vejam. Funciona."

Como puderam os bolcheviques tomar o poder, em primeiro lugar? Quais as condições que deram êxito à revolução? De um fato podemos ter certeza – o êxito da revolução não é tarefa fácil para ninguém, em nenhum lugar, em tempo algum. Não. A revolução é uma arte, e Lênin, o líder dos bolcheviques, acentuou essa verdade importante.

> "Em primeiro lugar, para ser vitoriosa a insurreição não pode apoiar-se em uma conspiração, não pode apoiar-se em um partido: deve apoiar-se na classe mais avançada... Em segundo lugar, a insurreição deve apoiar-se no ascenso revolucionário do povo. Em terceiro lugar, a insurreição deve apoiar-se naquele ponto de inflexão determinado da história da revolução ascendente em que a atividade nas fileiras mais avançadas do povo seja a mais dinâmica, em que as hesitações nas fileiras dos inimigos e nas fileiras dos débeis, parciais e irresolutos amigos da revolução sejam as mais intensas."[1]

---

[1] V. I. Lênin, *Marxismo e insurreição.*

## 218 | *Capítulo 21*

Isso foi escrito um mês antes que os bolcheviques tomassem o poder. Muitos deles concordavam com Lênin em que as condições enumeradas deviam existir para que a revolução tivesse êxito. Mas muitas dessas pessoas não concordavam quanto ao momento exato em que tais condições existiam. E nisso está o gênio de Lênin. Ele sentiu o momento preciso em que as condições estavam realmente maduras, quando agir era ter êxito e hesitar era falhar.

À véspera mesmo da tomada do poder, teve de empregar toda a sua energia para convencer os companheiros de que chegara o momento de atacar. De 7 a 14 de outubro completou um artigo intitulado "Conservarão os bolcheviques o poder estatal?", em que analisava, um por um, os vários argumentos apresentados contra a ação revolucionária naquele momento. Eis a sua resposta a uma dessas objeções:

> *"O quinto argumento é o de que os bolcheviques não conservarão o poder porque 'as circunstâncias são excepcionalmente complicadas'.*
>
> *Oh, tolos! Estão prontos talvez a tolerar a revolução, mas sem 'circunstâncias excepcionalmente complicadas'.*
>
> *Essas revoluções não ocorreram jamais, e no desejo de que surjam há apenas a lamentação reacionária do intelectual burguês. Mesmo que uma revolução explode em circunstâncias que não pareçam tão complicadas, a revolução em si, em seu desenvolvimento, dá origem a circunstâncias excepcionalmente complicadas. Pois uma revolução, uma revolução real, profunda, do povo, para usar a expressão de Marx, é o processo incrivelmente complicado e penoso da morte de uma velha e o nascimento de uma nova ordem social, o ajustamento das vidas de dezenas de milhares de pessoas. Uma revolução é a mais aguda, mais furiosa e desesperada luta de classes e guerra civil. Nenhuma grande revolução da história escapou da guerra civil, e ninguém que não viva numa concha poderá imaginar que a guerra civil é concebível sem circunstâncias excepcionalmente complicadas.*
>
> *Se não houvesse circunstâncias excepcionalmente complicadas, não haveria revolução. Quem teme os lobos não vai à floresta."*[2]

Eis aí o estilo de um revolucionário cônscio do que o esperava, que havia calculado os custos, mas que não se atemorizava; um revolucionário que considerava o objetivo de um Estado socialista, controlado para e pela classe trabalhadora, digno de um preço terrível, que precisava ser pago. Porque Lênin conhecia a arte da revolução, triunfou.

Temos sorte de que um repórter excelente como John Reed fosse testemunha ocular da maioria dos acontecimentos que deram origem ao que os comunistas chamam de uma nova civilização. Em seu *Dez dias que abalaram o mundo* nos dá ele um quadro inesquecível daqueles emocionantes tempos. Eis a descrição de uma reunião do Congresso Soviético,

---

[2] Ibid., vol. II.

## A Rússia Tem um Plano | 219

em Petrogrado, em novembro de 1917: *"Lênin, segurando a beirada da tribuna e percorrendo com seus olhos pequenos e faiscantes a multidão, espera de pé, aparentemente indiferente à longa ovação, que demorou vários minutos. Quando acabou, disse simplesmente: 'Vamos agora proceder à construção da ordem socialista!'"*[3]

Isso em 1917. Quinze anos depois de ter Lênin anunciado, tão dramaticamente, o início da construção da "ordem socialista", Walter Duranty, correspondente do *New York Times*, escrevia que a estrutura estava concluída:

*"1932 pode ser considerado como o marco da conclusão da estrutura da ordem socialista, objetivada pela revolução.*

*A construção em si está longe de ser completa, mas a estrutura de aço que sustentará o edifício acabado do socialismo pode ser vista agora, em seu ousado perfil, contra o céu oriental. Finanças, indústria, transporte, saúde pública, diversão, arte e ciência, comércio e agricultura – todos os ramos da vida nacional estão enquadrados no padrão arbitrário do esforço coletivo para o bem coletivo, em vez do esforço individual para o lucro individual."*[4]

Em sua última frase, Duranty tocou o ponto essencial do programa soviético. As palavras-chave são "coletivo" em vez de "individual". Era de esperar que uma das primeiras medidas tomadas pelos adeptos de Karl Marx em sua construção da ordem socialista fosse a abolição da propriedade privada dos meios de produção. Foi exatamente o que aconteceu. Na URSS a terra, as fábricas, minas, usinas, máquinas, bancos, ferrovias etc. deixaram de ser propriedade de particulares. Praticamente todos esses meios de produção e distribuição estão nas mãos do governo ou de órgãos nomeados ou aprovados pelo governo e por este controlados.

Isso é fundamental!

Para compreender seu verdadeiro significado, devemos contrastar o fato com a sociedade capitalista. Isso significa, segundo os russos, que nenhum homem pode explorar outro – A não pode aproveitar-se do trabalho de B. Significa não ser possível a ninguém subir a escada da acumulação de dinheiro nas costas de "seus" trabalhadores. Significa já não ser possível para um fabricante de automóveis anunciar nos jornais, um dia, que quem realmente desejar um emprego poderá tê-lo, e em seguida fechar a fábrica e deixar 75.000 operários desempregados. Não poderá fazer isso porque as fábricas já não serão suas – pertencem a todo o povo, coletivamente. Significa, dizem os russos, que as divisões de classes desapareçam – os extremos do proprietário e do trabalhador, do capitalista e do proletariado, do rico e do pobre, acabaram. Os "expropriadores são expropriados".

---

[3] John Reed, *Ten Days that Shook the World* (1919). International Publishers, Nova York, 1926, p. 126. Tradução em português de 2002, *Dez dias que abalaram o mundo*, Editora L&PM.
[4] *New York Times Magazine*, 6 de novembro de 1932.

Num telegrama especial para o *New York Times*, a 22 de abril de 1936, Harold Denny, correspondente em Moscou, relatava essa orgulhosa pretensão dos comunistas:

### RUSSOS SAÚDAM O FIM DAS CLASSES SOCIAIS
*Atingido em Grande Parte o Primeiro Objetivo Soviético,*
*Diz Andreiev aos Jovens Comunistas*
*A Meta da Produção se Aproxima*
*A Indústria Privada Produzirá Apenas 1,5% das Mercadorias da União, Este Ano*

*Telegrama Especial para o New York Times*

*Por Harold Denny*

*Moscou, 21 de abril – O Estado Soviético atingiu seu primeiro objetivo na marcha para o comunismo, disse à Liga dos Jovens Comunistas o secretário do comitê central do Partido Comunista da URSS, Andrei Andreiev, durante uma conferência. Os meios de produção do país estão agora quase totalmente socializados e as divisões de classe foram eliminadas, afirmou ele.*

*De todos os artigos produzidos na URSS este ano, 98,5% o terão sido pelo Estado, deixando apenas 1,5% para as pequenas indústrias artesanais, como costureiros, sapateiros e outras, não socializadas. Embora Andreiev não o tivesse dito, estas estão sendo rapidamente eliminadas pelos impostos excessivos que lhes são aplicados.*

*Com a socialização da indústria e a quase completa coletivização da agricultura, há agora apenas uma classe – a dos trabalhadores, disse Andreiev.[5]*

Apenas 1,5% de indústria não socializada continuava na União Soviética. E mesmo essa, compreenda-se, não é a indústria capitalista no sentido habitual, porque nela os produtores trabalham para si mesmos – não contratam outras pessoas. Todo o resto do aparato produtivo do país é de propriedade coletiva e administrado pelo governo.

As grandes questões econômicas que se apresentam ao governo da URSS, na qualidade de dono dos meios de produção, são: o que produzir, quanto produzir e a quem dar o que é produzido? São decisões a serem tomadas para o país como um todo. Nos países capitalistas, cada homem de negócios, antes de investir seu capital numa empresa, tem de tomar decisões semelhantes. Investirá seu dinheiro numa fábrica de automóveis, comprará uma estrada de ferro ou uma fábrica de tecidos? E quanto fabricará, e quanto pagará a seus trabalhadores? O resultado de milhares e milhões dessas pequenas decisões forma a totalidade da produção. Mas não há garantia de que as partes isoladas se vão encaixar umas nas outras, e sabemos pela experiência que em poucos anos há um colapso quando as partes não se encaixam.

O governo de um Estado socialista está na situação do capitalista, mil vezes mais ampla – ou seja, ele é o único dono do capital e tem de tomar *todas* as decisões. O governo socialista tenta fazer com que as diferentes partes, todas as mil e uma complicadas e varia-

---

[5]*New York Times*, 22 de abril de 1936.

das atividades econômicas, se unam harmoniosamente e se encaixem de forma que o todo funcione perfeitamente. Para fazer isso bem,

a Rússia tem um plano.

"*A mais significativa de todas as tendências do comunismo soviético [é] a planificação deliberada de toda a produção, distribuição e troca do país, não para aumentar os lucros de uns poucos, mas para aumentar o consumo de toda a comunidade...*

*Uma vez abandonada a propriedade privada, com sua finalidade de obter lucro na produção para a concorrência do mercado, é dada uma orientação específica à produção de cada estabelecimento... É essa necessidade que torna indispensável, num Estado coletivista, um plano geral.*"[6]

Todos já ouviram falar dos planos quinquenais da Rússia. Ao completarem o primeiro, deram início ao segundo, e assim por diante, enquanto a Rússia era socializada. Pois, como Sidney e Beatrice Webb assinalaram na citação anterior, um Estado coletivista tem de ter um plano. A economia socialista é, necessariamente, a economia planificada.

Como a Rússia era o único país no mundo a ter uma economia planificada, para compreender o seu funcionamento devemos examinar o modelo russo.

O que abrange um plano? Quando eu e o leitor fazemos um plano, quando qualquer pessoa faz um plano, há nele duas partes – um para e um como, um objetivo e um método. O objetivo é uma parte, e a forma de atingi-lo é a outra parte do plano.

Isso ocorre na planificação socialista. Tem objetivo e método. Mas é importante notar desde logo que o objetivo da planificação socialista é inteiramente diferente das finalidades buscadas nos países capitalistas. Isso é demonstrado pelos Webbs em seu excelente estudo da URSS *Comunismo Soviético: uma Nova Civilização*: "*Numa sociedade capitalista, o propósito mesmo da maior empresa privada é o lucro pecuniário, a ser ganho pelos seus donos ou acionistas... Na URSS, com o que se chama Ditadura do Proletariado, o fim da planificação é bem diferente. Não há donos ou acionistas a serem beneficiados, e não há consideração de lucro pecuniário. O único objetivo é a segurança máxima e o bem-estar máximo, com o tempo, de toda a comunidade.*"[7]

Muito bem. Esse é o grande objetivo geral. É preciso concretizá-lo. É preciso adotar políticas específicas, de acordo com o objetivo desejado. E as possibilidades só podem ser medidas tendo-se um quadro completo do país.

Essa é a tarefa da Comissão de Planejamento Estatal (Gosplan).

Seu primeiro trabalho foi verificar tudo sobre a URSS. Qual o volume da força de trabalho? Qual a condição da fábrica coletiva? Quais os recursos naturais? O que tem sido feito? O que pode ser feito? O que existe disponível? O que é necessário?

Fatos. Números. Estatísticas. Montanhas deles.

---

[6] Sidney e Beatrice Webb, *Soviet Communism: A New Civilization?* Charles Scribner's Sons, Nova York, 1936, v. II, pp. 602, 630.
[7] Ibid., p. 631.

**222** | *Capítulo 21*

De toda instituição no vasto território da URSS, de cada fábrica, fazenda, usina, mina, hospital, escola, instituto de pesquisa, sindicato, cooperativa, teatro; de todos eles, de toda parte, do mais longínquo canto dessa área enorme vinham as respostas às perguntas. O que fez no ano passado? O que está fazendo este ano? O que espera fazer no ano que vem? De que ajuda precisa? Que ajuda pode dar? E centenas de outras.

Toda essa informação destinou-se aos escritórios da Gosplan, onde foi organizada, reunida, examinada pelos peritos. *"O quadro da Gosplan se eleva a cerca de dois mil peritos estatísticos e técnicos científicos de vários tipos, com muitos outros funcionários burocráticos – certamente a mais bem equipada e a mais ampla máquina de pesquisa estatística permanente do mundo."*[8]

Quando esses entendidos acabaram sua tarefa de escolher, dispor e conferir todas as informações coletadas, tinham um quadro das coisas tal como eram. Mas isso foi apenas parte de sua tarefa. Deviam, em seguida, dedicar-se ao exame das coisas como deveriam ser. A essa altura os planificadores se reuniram com os chefes do governo. *"As conclusões da Comissão de Planejamento Estatal e seus projetos foram submetidos ao endosso do governo, estando a função de planificação separada da função de liderança, não se subordinando a segunda à primeira."*[9]

Evidentemente, a planificação não afasta a necessidade de tomar as decisões políticas que o plano tem de pôr em prática. A política é determinada pelos chefes do governo, e a tarefa dos planificadores é estabelecer a mais eficiente forma de realizar essa política na base do material que reuniram. Das discussões entre a Gosplan e os líderes surgiu o primeiro esboço do Plano.

Mas apenas o primeiro esboço. Isso ainda não era o plano. Pois numa economia socialista planificada, o plano elaborado pelos peritos ainda não é bastante. Tem de ser submetido ao povo. Essa a medida seguinte. Eis como I. Maiski, embaixador russo na Inglaterra, descreveu esse segundo estágio da preparação do plano: *"Os dados de controle são submetidos, para manuseio e crítica, aos vários comissariados do povo e a outros órgãos centrais que tratam da economia nacional, como, por exemplo, os Comissariados do Povo para a Indústria Pesada, a Indústria Leve, Comércio, Transporte, Comércio Exterior etc. Cada autoridade central passa as várias partes do plano ao órgão que lhe é inferior em autoridade, de modo que finalmente a parte respectiva do plano chega à fábrica ou fazenda nele interessada. Em cada fase, os dados de controle estão sujeitos a um exame completo e uma análise total. Quando chegam à última fase da viagem, desde a Comissão de Planejamento Estatal até a fábrica ou fazenda coletiva, todos os trabalhadores e camponeses tomam parte ativa na discussão e consideração do plano, fazendo propostas e sugestões. Depois disso, as cifras de controle são enviadas de volta pelo mesmo caminho, até chegarem finalmente, em sua forma emendada ou suplementada, à Comissão de Planejamento Estatal."*[10]

---

[8]Ibid., p. 625.
[9]*Socialist Planned Economy in the Soviet Union.* Martin Lawrence, Londres, 1932, p. 24.
[10]Citado em *Social and Economic Planning*, por C. A. Macartney, Londres, 1935, p. 19.

Trabalhadores das fábricas e camponeses das fazendas opinando sobre os méritos e problemas do plano. Eis o quadro de que os russos muito justamente se orgulham. Ocorre frequentemente que esses trabalhadores e camponeses discordam das cifras de controle relativas aos seus trabalhos. Apresentam então um contraplano, no qual dão seus próprios números, para mostrar que podem *aumentar* a produção deles esperada. Nessa discussão e debate do plano provisório por milhões de cidadãos, em toda a nação, os russos veem a verdadeira democracia. O plano de trabalho a ser feito, os objetivos a serem atingidos, não são impostos de cima. Trabalhadores e camponeses têm voz nele. Com que resultado? Um observador competente nos dá esta resposta. *"Em toda parte, pelo menos nas regiões da Rússia que vi, encontramos operários dizendo orgulhosamente: 'Esta é a nossa fábrica, este é o nosso hospital, esta a nossa casa de descanso', sem querer dizer que eles individualmente fossem donos do objeto em questão, mas este funcionava e produzia diretamente para seu benefício, e que tinham disso consciência, e, mais ainda, que eram, pelo menos em parte, responsáveis pelo seu funcionamento perfeito."*[11]

O terceiro estágio na preparação do plano é o exame final das cifras devolvidas. A Gosplan e os dirigentes do governo examinam as sugestões e emendas, fazem as modificações necessárias e o plano está pronto. É enviado de volta, em sua forma final, a operários e camponeses de toda parte, e toda a nação junta suas energias para completar a tarefa. A ação coletiva para o bem coletivo se torna uma realidade.

Mas o que é o bem coletivo? Quais as políticas que os chefes do governo consideraram essenciais, a princípio? Certos objetivos gerais se apresentaram imediatamente. A maioria dos habitantes da URSS era analfabeta, sem educação. Por isso, um programa universal de educação tinha de ser parte do plano. Educação grátis para todos – com manutenção dos estudantes nas universidades – foi estabelecida. A maioria dos trabalhadores da URSS muito pouco ou nada sabia sobre higiene e saúde. Por isso, uma campanha para elevar o padrão de vida, acompanhada da construção de hospitais, centros de maternidade, creches etc., com médicos, enfermeiras e professores competentes, devia ser parte do plano. Casas de descanso para os operários, parques, museus, clubes – estes e outros serviços semelhantes deviam ser componentes do plano. Institutos e laboratórios para a pesquisa científica também deviam participar do plano. Quanto a isso, e a muitas outras necessidades evidentes, não podia haver dúvida – portanto, tornaram-se parte do plano. Mas que resposta dar a problemas como os seguintes:

1. Seria melhor política concentrar-se na produção de artigos para o povo comer, vestir e usar agora? Ou seria aconselhável dar especial atenção à construção de fábricas, usinas de energia, estradas de ferro, o que significaria menos agora para o povo, mas muito mais no futuro? Desenvolver as fábricas de artigos de consumo significava o bem-estar imediato; desenvolver as fábricas de artigos de produção significava o bem-estar amanhã. Qual o melhor?
2. Seria melhor política concentrar-se na produção daquilo que se pudesse fazer melhor, e importar o que se fazia mal ou com deficiência? Ou seria mais sensato procurar obter todo o abastecimento dentro das próprias fronteiras?

---
[11]"Life in Soviet Russia", M. I. Cole, em *The Highway*, dezembro, 1932, p. 15.

A resposta soviética a essas perguntas foi determinada, em grande parte, pelo fato de que, como país socialista, receava o perigo de um ataque do mundo capitalista. Não era uma suposição pessimista. De 1918 a 1920, meia dúzia de países capitalistas, inclusive os Estados Unidos, tentaram derrubar os bolcheviques pela força armada. E os russos tinham certeza de que isso ocorreria novamente, em particular se tivessem êxito na construção do socialismo. Porque então os capitalistas de todo o mundo estariam mais receosos do que nunca de que a classe trabalhadora em seu país seguisse o exemplo dos operários russos, e os expulsasse do poder.

Por isso e por outras razões – por exemplo, o fato de que uma comunidade agrícola não pode proporcionar o alto padrão de vida de uma comunidade industrializada – os russos se dedicaram à tarefa da industrialização.

Não era fácil. Essa decisão representava, na verdade, o sacrifício do conforto no presente para a segurança do futuro. Significava o emprego de uma enorme parte dos recursos em equipamento de bens de capital, que não dariam imediatamente ao povo casas e coisas para comer e roupas para vestir. Todo o país tem determinado volume de trabalho e capital para usar em, digamos, um ano. Pode colocar todos os seus trabalhadores na fabricação de tijolos e na construção de casas, no cultivo do trigo e no preparo do pão, no plantio do algodão e na fabricação de roupas – e haverá abundância para todos. *Mas não haverá nunca mais abundância do que hoje.* Se desejar mais, terá de colocar alguns trabalhadores fabricando máquinas, abrindo estradas, construindo fábricas etc. – em suma, no equipamento de bens de produção. Isso lhe permitirá no próximo ano ou nos próximos anos produzir mais pão, mais roupas, mais casas. A proporção do investimento que se faz para o futuro determina o que teremos para comer e vestir no presente. A Rússia verificou que poderia ter mais carvão para aquecer casas, ou mais carvão para alimentar os altos-fornos que fabricam o aço para as máquinas que produzirão teares automáticos capazes de produção maior e mais rápida de tecidos – mas não podia ter os dois ao mesmo tempo. Escolheu o segundo. Os bens do produtor foram desenvolvidos a expensas dos bens do consumidor. Foi este o caminho da industrialização, e não foi fácil.

Na entrevista que concedeu a Roy Howard, da cadeia Scripps-Howard, a 1º de março de 1936, Joseph Stálin sugeriu que, embora o caminho da industrialização fosse árduo, não obstante conduzia ao objetivo soviético:

> *"Se vamos construir uma casa, temos de economizar e fazer sacrifícios. Imagine-se, então, se estamos construindo uma nova sociedade.*
>
> *É necessário, temporariamente, que limitemos parte de nossa procura, para acumular os recursos necessários. Fizemos esse sacrifício com o objetivo definido de desenvolver uma verdadeira liberdade, no melhor sentido da palavra."*[12]

---

[12]*New York World-Telegram*, 4 de março de 1936.

*A Rússia Tem um Plano* | **225**

Quais foram esses "sacrifícios" que se seguiram à decisão russa de reduzir a produção para consumo imediato e aumentar a produção de bens de capital? Significava que não havia trabalho e capital bastante para produzir coisas para o presente. Houve uma aguda falta de todos os artigos de consumo na Rússia – fato que, como sabemos, não passou despercebido aos seus visitantes pouco amistosos. Era mais fácil conseguir um trator do que um bule de chá, um dormente de estrada de ferro do que um cobertor. Infelizmente, os russos não podiam fazer chá num trator nem se cobrir com um dormente. Tiveram, por isso, que apertar o cinto até o último furo, o que em alguns casos ainda foi pouco, para pagar os tratores, as fábricas, locomotivas e usinas de força que estavam construindo.

Mas, segundo o *New York Times* de 27 de março de 1936, já se notavam indícios de que tempos melhores viriam para os cidadãos soviéticos:

*"Este ano, pela primeira vez desde a Revolução, maior importância relativa está sendo atribuída à produção de bens de consumo do que de meios de produção, a que tudo o mais estava subordinado nas primeiras fases da formação da economia soviética.*

*O plano deste ano... determina um aumento de 23% nos bens de consumo e de 22% nos meios de produção."*[13]

Note-se bem. A ênfase dada antes aos bens do produtor, em vez de aos bens do consumidor, não é inerente à planificação nacional. Ela não seria necessária, por exemplo, nos Estados Unidos, se estes fizessem uma planificação socializada nacional. Era parte essencial do plano soviético apenas devido às condições peculiares da União Soviética. Os Estados Unidos são ricos de equipamentos de bens de capital, e por isso sua construção apressadamente febril e com grandes sacrifícios não poderia ser parte de qualquer plano que elaborassem.

A Rússia, porém, era pobre em estradas de ferro, maquinaria, fábricas, usinas de todo tipo. O pouco que tinha antes da Primeira Guerra Mundial foi quase totalmente destruído durante essa guerra, a guerra civil e o período de intervenção. Portanto, depois da Revolução, a Rússia teve de começar praticamente do nada. Tinha um longo caminho a percorrer, antes que pudesse alcançar outros países como a Itália, Suécia e Austrália, para não falar da Inglaterra, Alemanha e dos Estados Unidos. Tão longo, na verdade, que parecia impossível que chegasse a alcançá-los. Os russos, porém, decidiram que sim, e que isso seria rápido. Disse um destacado economista de Cambridge, já em 1932: *"O que a Rússia pretendia fazer era tão estupendo que poderia ser recebido com zombaria e riso por todo o mundo capitalista. Pelos padrões de realização no mundo capitalista, seus objetivos necessariamente pareciam um louco sonho utópico. Um país rico como a Grã-Bretanha de antes da guerra costumava investir como novo capital cerca de 14% de sua renda nacional. Com o plano quinquenal, a Rússia Soviética planejava investir (anualmente, dentro da média dos cinco anos) cerca de 30% de sua renda nacional – uma soma fabulosa para um país relativamente pobre. O aumento anual da produção*

---
[13]*New York Times*, 27 de março de 1936.

mundial, considerado 'normal' na indústria capitalista, era calculado em cerca de 3%. Nos seis anos entre 1907 e 1913 essa taxa anual de aumento na Grã-Bretanha foi de menos de 1,5%. Nos quatro anos de surto de prosperidade, de 1925 a 1929, não foi maior do que 9% mesmo em países de expansão rápida como Polônia e França, e menos de 4% nos Estados Unidos e Grã-Bretanha. O plano quinquenal previa um aumento anual na produção em grande escala da indústria estatal à taxa de mais de 20%, e de toda a indústria (grande ou pequena) de cerca de 17 a 18%."[14]

Isso é ainda mais notável se compreendermos que durante esse período de industrialização não havia empréstimos e créditos de outros países, como é hábito. Praticamente todos os outros países do mundo no caminho da industrialização foram ajudados pelo capital estrangeiro, que lhes permitiu comprar aço, máquinas etc., ao iniciarem a construção de suas fábricas e usinas para a produção dessas coisas. Na industrialização dos Estados Unidos, o capital britânico teve grande papel. Na América do Sul, foram concedidos empréstimos britânicos, alemães e norte-americanos. O capital excedente, como já vimos no Capítulo 19, estava à procura de lugares onde investir – exceto a Rússia. Para os maldosos bolcheviques, os capitalistas não tinham utilidade nem dinheiro. Quando os russos finalmente conseguiram romper o boicote e arranjar algum crédito, os termos foram pesados – e como!

De que forma, então, foram pagos os materiais indispensáveis e importados? Qual a fonte de acumulação de capital tão necessária à construção da indústria na URSS? É uma pergunta importante – e tem uma resposta importante.

Parte do dinheiro veio da própria indústria soviética.

Na sociedade capitalista, a acumulação é individual (e aqui "individual" inclui também grupos – por exemplo, fundos de reserva de sociedades anônimas, bancos etc.), ao passo que na sociedade socialista a acumulação, como a produção, é social. Uma certa parte da produção líquida de cada indústria é transferida para as instituições financeiras centrais, que têm assim um controle unificado sobre todos os recursos disponíveis à expansão. No plano da URSS não há lugar para dividendos, tão familiares à sociedade capitalista. Na União Soviética é o próprio Estado que recebe os lucros da atividade econômica e dirige esses fundos aos canais onde, segundo o plano, serão mais úteis.

> "Parte do desenvolvimento de cada indústria é automática, determinada pela proporção de lucros conservados em cada indústria; mas o restante dos lucros obtidos em cada indústria é mobilizado e pode ser empregado (junto com outros fundos acumulados centralmente) para o desenvolvimento de todo o sistema de produção e distribuição, dirigido conscientemente. Esse controle do desenvolvimento econômico é um dos aspectos mais importantes da organização do planejamento central."[15]

Há, decerto, uma pequena soma de poupança individual, mas como a maioria dela vem dos lucros, e não há lucro no sentido individual, a poupança na URSS é função da comunidade, e não uma "gravata capitalista".

---

[14] "Economist", em *The Highway*, dezembro de 1932, p. 19.
[15] Emile Burns, *Russia's Productive System*. Gollancz, Londres, 1930, p. 234.

Essa foi uma fonte de acumulação de capital. Outra importante forma de obter recursos necessários às empresas industriais foi o comércio exterior.

Os automóveis, tratores, as locomotivas e máquinas de fazer máquinas, tão necessários para a Rússia se tornar autossuficiente, podiam ser obtidos no exterior pela troca com o trigo, petróleo, minérios, madeiras e peles russas. A industrialização intensiva não significava que a Rússia deixasse de plantar trigo ou de pesquisar a terra em busca de petróleo e minérios, ou de derrubar árvores ou caçar animais para aproveitar suas peles. Pelo contrário, essas atividades se ampliaram, com melhoramentos em grande escala. Os ineficientes métodos do século XIX foram substituídos pelas modernas técnicas do século XX. A mecanização e os processos científicos introduzidos na indústria o foram também na agricultura e mineração. Em toda a linha dedicou-se energia ao aumento da produção. Foi pela exportação dos produtos "naturais" da Rússia que a importação das necessidades industriais se tornou possível.

Isso quer dizer que o comércio externo tinha de ser controlado e enquadrado no plano geral. E foi.

A Gosplan decidiu o que devia entrar na URSS procedente de outros países e o que dela sairia para esses países. Se as fazendas coletivas comprassem máquinas agrícolas dos Estados Unidos, se a indústria elétrica conseguisse seu equipamento da Alemanha, se as tecelagens de algodão comprassem máquinas na Inglaterra, então tudo ficaria de pernas para o ar. A Gosplan tinha um plano de produção, e o comércio externo era parte integral desse plano. Não poderia ficar a cargo de grupos individuais, cada qual comprando o que precisasse e vendendo o que pudesse, sem levar em conta as necessidades da economia nacional. Portanto, tal como o controle dos bancos, ferrovias e meios de produção em geral está compreendido pelo plano, também o Estado monopoliza o comércio exterior.

É interessante que Babeuf, em seus planos de um Estado comunista, formulados na época da Revolução Francesa, viu a necessidade do monopólio estatal do comércio externo: "*Todo o comércio particular com países estrangeiros é proibido; as mercadorias que entrarem dessa forma no país serão confiscadas em benefício da comunidade nacional... A república adquirirá para a comunidade nacional os objetos de que necessita trocando seus produtos excedentes pelos de outras nações.*"[16]

No entanto, mesmo tendo o monopólio do comércio externo como parte fundamental de sua economia socialista planificada, o governo da URSS não determina totalmente o tipo e o volume de suas importações e exportações. Nem poderá, enquanto tiver negócios com países de sistemas econômicos não planificados. Os russos podem controlar o que acontece em seu mundo, mas não podem controlar o que ocorre no resto do mundo. Isso se evidenciou durante o primeiro plano quinquenal.

A Gosplan decidira comprar certas máquinas no exterior. Encomendou-as aos preços do momento, e separou parte da produção interna de exportação para pagamento dessas máquinas.

---
[16] E. Belfort Bax, *The Last Episode of the French Revolution Being a History of Gracchus, Babeuf and the Conspiracy of Equals.* Grant Richards, Londres, 1911, p. 132.

**228** | *Capítulo 21*

Muito bem. Assinaram os contratos do que queriam e previram os meios de pagamento. Tudo parecia em ordem.

Mas enquanto os contratos se estavam processando, ocorreu a crise de 1929 nos países capitalistas. Isso significou que os preços dos produtos exportados pela Rússia caíram catastroficamente. Suponhamos que a Gosplan tivesse contratado pagar $10 milhões pelas máquinas encomendadas; suponhamos ainda que a Gosplan tivesse resolvido exportar em troca.

| | |
|---|---|
| 2.000.000 de sacas de trigo, a $1 cada _____ | $2.000.000 |
| 1.000.000 de peles, a $3 cada _____ | $3.000.000 |
| 2.500.000 barris de petróleo, a $2 cada _____ | $5.000.000 |
| Total _____ | $10.000.000 |

Ora, devido à crise o trigo cai para 50 centavos, os consumidores deixam de comprar peles, a menos que sejam praticamente de graça, e o petróleo desce a preços nunca vistos.

Que devia fazer o governo soviético? Precisava das máquinas, e de pagá-las com suas exportações. (Mesmo que não tivesse havido contrato aos preços altos antigos, os preços industriais não caem com a mesma rapidez dos produtos que a Rússia vendia.) Tinha de exportar duas vezes mais do que previra. Tinha de dizer ao povo russo: "É preciso apertar o cinto ainda mais. Os capitalistas fizeram tamanha trapalhada que os preços mundiais caíram muito, e só nos pagarão pelo trigo metade do que pagavam antes. Por isso, temos de exportar o dobro para atender às nossas necessidades."

Foi isso, mais ou menos, o que aconteceu. A União Soviética, tendo planificado acabar com as crises em seu próprio território, sofreu, entretanto, os efeitos da crise nos países capitalistas. A crise fora da Rússia foi um fator externo que influiu no desequilíbrio do plano.

Muito mais importantes são as perturbações que podem ser causadas pelos fatores internos – alguns controláveis, outros não. Como a planificação de todas as atividades econômicas significa que cada parte está engrenada em outra, a falta de um dente numa engrenagem necessariamente afeta outra. Suponhamos que uma praga destrua a maior parte das plantações de algodão. Isso tem repercussões imediatas nas indústrias têxteis. Afetará o comércio externo se o plano previu a exportação do algodão; afetará as relações entre salários e preços se não houver no mercado o volume de algodão previsto. Os economistas soviéticos aprenderam pela experiência que *"em consequência da íntima ligação entre todos os elementos da economia nacional, a ruptura de uma linha ou o atraso de um setor do plano atinge vários outros setores, por melhor que estes estejam funcionando. Todo desvio sério do plano num ponto exige medidas coordenadas em outro ponto"*.[17]

Há o perigo, e há o remédio. Os planificadores devem ter uma reserva que possa amortecer o golpe quando este ocorrer. Devem prever os acidentes. Devem levantar estatísticas que mostrem as variações do passado, e devem, à base dessa informação, supor o que

---

[17]*Socialist Planned Economy*, op. cit., pp. 46-47.

provavelmente ocorrerá. Mas isso não basta. Devem estar preparados, no caso de que o provável não aconteça, para tomar "medidas de coordenação".

Elas são fáceis – no papel. Mas a coordenação na realidade é difícil, e os russos pagaram repetidas vezes o preço da falta dela. Os Webbs citam um exemplo: *"Na inauguração, muito anunciada, da fábrica [de automóveis, em Gorki] a 1º de maio de 1932, todo o empreendimento, de súbito, enguiçou! Os enormes edifícios copiados da Ford em Detroit estavam cheios de máquinas caras. Dezenas de milhares de operários haviam sido reunidos e colocados nas folhas de pagamento; mas a correia transportadora recusava mover-se. A base em que fora assentada rompera-se em vários lugares, devido aos alicerces insuficientes. E mesmo que a correia movediça funcionasse, não havia estoque completo das várias séries de componentes que devem ser montados sucessivamente, um por um, à medida que ela vai deslizando."*[18]

Eis aí um exemplo de ineficiência, de falta de direção e coordenação. Mas será justo culpar disso a planificação nacional? Não seria melhor atribuí-lo à inexperiência dos russos na indústria? Os Webbs esclarecem que a lição foi devidamente aprendida e que novas fábricas na Rússia funcionaram perfeitamente no dia da inauguração. Se o planejamento nacional chegasse aos Estados Unidos, é lícito supor que não haveria falta de capacidade de coordenação. Que ela já existe em grande parte se evidencia na afirmação, feita pelos diretores de *Fortune*, de que apenas duas das companhias de aço de propriedade da U. S. Steel Corporation *"podem fabricar tanto aço quanto a Inglaterra e Alemanha produziram juntas em 1934"*.[19] Evidentemente, isso não poderia ser feito se não houvesse na U. S. Steel Corporation capacidade de coordenação correspondente aos mais difíceis problemas da organização industrial. Não podemos, portanto, argumentar que o planejamento nacional seja impossível porque a coordenação de todas as partes é uma tarefa enorme.

Mas há outros argumentos. Um deles é contra a palavra "socializado" na expressão "planejamento nacional socializado", e outro contra as palavras "planejamento nacional".

Argumenta-se que o socialismo não poderá funcionar porque, não havendo interesse de lucro, as pessoas não teriam incentivo para fazer o máximo, tentar novos métodos, correr riscos. Em consequência, a vida econômica estagnaria.

Os russos respondem que isso é bobagem. Mostram que na sociedade capitalista a maior parte do trabalho é feita por pessoas que não obtêm lucros – pessoas que trabalham dia e noite apenas pelos salários. A maioria trabalha porque tem de ganhar a vida. Isso se aplica a todo o mundo – tanto russo como capitalista. Além disso, na Rússia a pressão social, a consideração social e a honra em que são tidos os bons trabalhadores, tudo isso os leva a esforçar-se. Os socialistas alegam que seus incentivos são muito mais produtivos do que os capitalistas. Assinalam, com justificado orgulho, os operários que trabalham voluntariamente, sem nenhum ganho, para ajudar os pontos fracos da frente econômica. Lênin, em 1919, impressionou-se com os *subbotniks* que assim agiam: "*Os* **subbotniks** *comunistas têm importância histórica... A produtividade do trabalho é, em última análise, o primeiro e mais*

---
[18] Webbs, op. cit., v. II, p. 786.
[19] *Fortune*, março de 1936, p. 200.

*importante fator do triunfo da nova ordem social. O capitalismo criou um grau de produtividade do trabalho desconhecido no regime de servidão. O capitalismo pode ser finalmente derrubado, e o será pelo fato de que o socialismo criará uma nova produtividade do trabalho, muito maior. É um problema muito difícil, que exigirá longo tempo... O comunismo significa maior produtividade do trabalho, em relação ao capitalismo, da parte dos operários voluntários, cônscios e unidos, empregando técnicas progressistas.*[20]

"Concorrência socialista" é outra forma de aumentar a produtividade do trabalho. Grupos de trabalhadores competem entre si, em cordial rivalidade, para aumentar a produção. Quando a competição termina, o grupo vencedor faz o que nenhum vencedor jamais fez – vai ajudar os derrotados, mostrar-lhes como vencer da próxima vez. O povo trabalha, mesmo quando não tem lucros em dinheiro a receber! Além disso, dizem os russos, não há razão pela qual numa economia planificada socialista o bom trabalho não seja recompensado por bônus, prêmios, folgas etc. Tudo isso é comum na vida econômica da Rússia.

Pelo menos o *Manchester Guardian* está convencido de que os russos estão tendo êxito em seus esforços de trabalho sem incentivo de lucro. A 20 de fevereiro de 1936 dizia ele, em editorial: *"Um mundo cético tem de admitir que a propriedade coletiva está sobrevivendo, que criou uma nova forma de patriotismo e novos incentivos... ao trabalho. Pode não ser o socialismo dos primitivos ou dos profetas, mas funciona."*[21]

Ao outro argumento, de que na ausência de concorrência não haveria incentivo para experiências, riscos e novos métodos, os russos simplesmente respondem: "Vejam as estatísticas." Mostram que em nenhum lugar do mundo se gasta mais dinheiro e esforço em experiências, em todos os campos. Afirmam que por terem o controle completo da vida econômica podem correr riscos com novas ideias e novos métodos que as indústrias em regime de concorrência nos países capitalistas frequentemente não ousam. São apoiados em seus argumentos por essa afirmação convincente dos Webbs: *"Longe de mostrar qualquer falta de iniciativa em grandes ou pequenas questões; longe de rejeitar os riscos dos novos desenvolvimentos, o comunismo soviético provou ser, em todos os campos, de grande iniciativa... Nenhum estudioso da URSS pode deixar de se impressionar pelo que parece ser mesmo um excessivo desejo de modificação e pelo espírito de aventura na indústria, na ciência, nas várias formas de arte, nas instituições sociais, em comparação mesmo com os Estados Unidos."*[22]

A objeção dos economistas ao planejamento nacional se faz sob ângulo diverso. Alegam que onde há planejamento nacional não há mercado livre. A ausência deste torna impossível um sistema de preços, o que significa um adeus à economia racional, porque, sem preços que registram a escassez relativa das mercadorias em relação à sua procura, a escolha do que se deve produzir será arbitrária e caótica, donde antieconômica – os recursos serão gastos em coisas menos urgentes do que outras, porque não existe a orientação dos preços. No capitalismo o preço do mercado determina, com o tempo, os canais de produção. Os preços

---

[20]Citado em Webbs, op. cit., v. II, p. 758.
[21]*Manchester Guardian*, 20 de fevereiro de 1936.
[22]Webbs, op. cit., pp. 794, 795.

sobem quando é necessário produzir mais de algum artigo, e baixam quando a produção deve ser reduzida. Isso significa que as coisas são feitas ou não segundo as necessidades do povo. Na ausência de tal sistema de preços, perguntam os economistas, como decidir onde investir o capital para satisfazer as necessidades da coletividade?

Os planificadores nacionais respondem a essa crítica negando, inicialmente, que o sistema de preços funcione desse modo. Os preços não se movem de acordo com as necessidades de todo o povo, mas sim de acordo com o que certas pessoas podem pagar. A função do sistema de preços, dizem eles, é apenas satisfazer as necessidades de algumas dessas pessoas que têm o dinheiro para pagar pelo que desejam.

A outra resposta dada pelos planificadores nacionais é que o preço do mercado – uso mais racional dos recursos – é consideravelmente perturbado no capitalismo, onde preços artificiais e controlados são provocados pelas altas tarifas, subsídios, monopólios etc. Assim, o capitalismo puro, onde tudo funcione suave e perfeitamente com o mecanismo de preços, nunca existe na vida real, mas apenas nos livros dos economistas burgueses. Se funcionasse tão bem, jamais haveria crises.

Argumentam os planificadores nacionais que têm uma forma de fazer a oferta corresponder à procura. A Gosplan recebe mensalmente, semanalmente, e até diariamente, relatórios de todo o país, que registram a relação entre o que o povo procura e o que encontra. Suponhamos que o plano preveja a produção de dois milhões de pares de sapatos e meio milhão de casas novas. Suponhamos que cheguem numerosas reclamações de que não há sapatos bastantes, ao passo que o povo não se preocupa com casas novas. O plano não precisa ser rigidamente seguido. O trabalho e o capital podem ser desviados da construção de casas para o fabrico de sapatos – não imediatamente, decerto, mas tão depressa quanto na sociedade capitalista.

Não obstante, há procedência na pergunta formulada pelos críticos capitalistas. O que fará a Gosplan introduzir quebradores de carvão elétricos em vez de teares automáticos, quando não tiver capital para ambos? A autoridade central tem de resolver o problema de distribuir recursos limitados entre objetivos que concorrem entre si. Os russos tiveram de admitir isso. Mas alegam que mesmo sendo impossível ter ao mesmo tempo um planejamento nacional e um mercado livre, e mesmo se a ausência de um preço de mercado livre não indica a utilização mais econômica dos recursos, ela proporciona muitas outras coisas. Os russos colocam a segurança, igualdade e ausência de exploração, para os muitos, acima da aquisição de lucros, por maiores que sejam, para os poucos. Acham que uma distribuição mais equitativa da riqueza é melhor do que as "duas nações". Preferem a vida segura, sadia, bem ordenada, dentro de um sistema planificado, às crises e surtos de uma economia sem planos.

O colapso ocorrido em 1929 é frequentemente mencionado como uma crise mundial. Dizem-nos que a paralisação da produção, com o desemprego e a miséria das massas, ocorreu em toda parte do mundo. Os russos, porém, alegam que isso não é verdade. A crise varreu todos os países, com exceção de um – ela se desvaneceu nas fronteiras da União Soviética. Os russos estavam protegidos pelo seu dique de uma economia planificada socialista.

## 232 | *Capítulo 21*

Quando este capítulo estava sendo escrito, tivemos notícia de que fora concluída a nova Constituição da URSS. Ela não foi posta em vigor imediatamente. Teve, primeiro, de ser aprovada pelo povo de toda a União Soviética através de críticas, discussões, emendas. Eis aqui alguns pontos importantes do primeiro esboço:

Artigo 1º – A União das Repúblicas Socialistas Soviéticas é um Estado socialista de operários e camponeses.

Artigo 4º – A base econômica da URSS consiste na propriedade socialista de todos os implementos e meios de produção, firmemente estabelecida em consequência da liquidação do sistema de economia capitalista, da abolição da propriedade privada dos instrumentos e meios de produção e da abolição da exploração do homem pelo homem.

Artigo 11 – A vida econômica na URSS é determinada e dirigida pelo plano econômico nacional do Estado com o objetivo de aumentar a riqueza pública, da constante elevação do nível material e cultural dos trabalhadores, do fortalecimento da independência da URSS e sua capacidade defensiva.

Artigo 118 – Os cidadãos da URSS têm o direito de trabalhar – o direito de receber trabalho garantido, com pagamento desse trabalho segundo a quantidade e a qualidade.

*"O direito de trabalhar é assegurado pela organização socialista na economia nacional, pelo constante crescimento das forças produtivas da sociedade soviética, pela ausência de crises econômicas e pela abolição do desemprego."*[23]

---

[23]Segundo o *New York Times* de 26 de junho de 1936.

# 22

# DESISTIRÃO ELES DO AÇÚCAR?

*Pobreza em Meio à Abundância.*
*O Planejamento Capitalista, Suas Características.*
*O Obstáculo: a Propriedade Privada.*
*Oposição à Economia Nacionalmente Planificada.*
*A Coordenação Central Capitalista: Fascismo.*
*Fascismo e Guerra.*

O mundo ocidental defrontou-se ostensivamente com o paradoxo da pobreza em meio à abundância.

O que fazer?

Alguma coisa devia ser feita para trazer de volta à ordem o caos gerado pelo colapso do capitalismo. O colapso foi total – viu-se esmagada a estrutura de crédito, paralisada a indústria, milhões ficaram desempregados, arruinados os fazendeiros e a pobreza imperava em meio a muitos – claro, lógico que alguma coisa tinha que ser feita. O antigo sistema baseava-se no *Laissez-faire*; o antigo sistema estava esmagado. Exigiam-se mudanças. Em vez *do Laissez-faire* – organização e controle organizado. A vida econômica, deixada à sua própria sorte, terminara em desastre. Não devia mais continuar entregue a si. Tinha que ser tomada pela mão e orientada.

"Devemos planejar!"

E, frente a frente com o paradoxo da pobreza em meio à abundância, o mundo ocidental, como a Rússia, voltou-se para o planejamento. Mas havia uma diferença.

Na União Soviética há produção para consumo; nos países capitalistas há produção visando lucro. Na União Soviética aboliu-se a propriedade privada dos meios de produção; nos países capitalistas, a propriedade privada dos meios de produção é sagrada. Na União Soviética o planejamento é geral e abrange toda a esfera de atividade econômica; nos países capitalistas o planejamento é retalhado, tocando uma esfera independentemente das outras.

Na União Soviética o planejamento é projetado por consumidores para consumidores; nos países capitalistas o planejamento é projetado por produtores para produtores.

Enfrentando o paradoxo da pobreza na abundância, os países capitalistas esboçaram um plano de ação para atacar o problema.

O plano era *abolir a abundância*.

Lembremo-nos dos títulos:

"Sacrificados milhares de leitões", "Reduzidos os campos de trigo", "Plantações de açúcar reduzem produção". Tudo isso se fez de acordo com o plano. A Agricultural Adjustment Administration (AAA) entrou em contato com milhares de produtores de algodão, trigo, milho, porcos, fumo, açúcar etc., por todos os Estados Unidos; pagava-se a esses produtores para reduzir sua produção – isto é, para que aderissem ao plano de *abolir a abundância*.

Em outros países, idênticos "planos" para a destruição ou redução foram levados a cabo. A 3 de julho de 1936 o *New York Times* publicava a seguinte notícia sobre nosso vizinho sul-americano:

### BRASIL DESTRUIRÁ 30% DA COLHEITA DE CAFÉ
*Fazendeiros receberão 5 mil-réis por saca pelas 6.600.000 sacas apreendidas pelo governo.*

Rio de Janeiro, *2 de julho* – *Calculada em 22 milhões de sacas a colheita do café em 1936-1937, além de mais 4 a 5 milhões que restaram da safra anterior, o Departamento Nacional do Café determinou que 30% desse total fossem destruídos. Está pagando aos plantadores 5 mil-réis por saca, pela destruição.*[1]

Do outro lado do oceano, na Europa, a história se repetia. Esta, da Inglaterra, foi notícia de primeira página:

### A INGLATERRA REDUZIRÁ SUA PRODUÇÃO NOS MOLDES DOS EUA; LEIS RESTRINGEM A PRODUÇÃO TÊXTIL PARA AUMENTAR OS PREÇOS

*Por Charles A. Selden*

Londres, *4 de fevereiro* – *Com a aprovação, esta noite, na Câmara dos Comuns, da segunda votação de um projeto de lei que se destina a eliminar os excedentes de algodão, a Grã-Bretanha está agora adotando a política do presidente Roosevelt, de reduzir a produção através de leis, visando ao aumento dos preços. Outras tentativas houve, neste país, para eliminar os excedentes – nos embarques e na indústria carvoeira, por exemplo –, mas os esforços anteriores não tinham a apoiá-los a força da lei. Esta aparece, agora, na Lei dos Fusos do Algodão, que cria uma junta de governo com o direito de comprar ou apreender o algodão em excesso ao que considera necessário a bem da indústria algodoeira, em geral.*

---

[1]*New York Times*, 3 de julho de 1936.

*Segundo cálculos aproximados, cerca de 10 milhões de fusos, ou seja, quase um quarto do que atualmente se emprega, serão suprimidos.*

*A maioria dos fabricantes de Lancashire é a favor da medida, mas a ela se opõem operários e membros trabalhistas do Parlamento, alegando que nada dispõe sobre aqueles que se acham em perigo de perder seus empregos, em decorrência dessa operação.*[2]

Mas por quê?
Qual é o objetivo de todo esse planejamento para eliminar o excesso?

O capitalismo do *laissez-faire*, fácil é recordar, visava à obtenção de lucros. O capitalismo do *laissez-faire* entrou em colapso e se esboçaram tentativas de planejamento. O propósito do capitalismo planejado é o mesmo – a obtenção de lucros. Em uma economia de abundância, onde a produção ultrapassa o consumo, isso pode ser feito apenas através da eliminação dos excedentes. A produção de maior número de mercadorias para o consumo provocaria a baixa dos preços; a restrição da produção, ao contrário, eleva os preços e, assim, aumenta os lucros. Dessa forma, o planejamento capitalista seria um planejamento de escassez.

E tanto isso é verdade que Stolberg e Vinton encontram uma certa justificativa para o *crack* do New Deal: "*Nada há que o New Deal tenha realizado até agora que não pudesse ter sido feito, e melhor, por um terremoto. O pior dos terremotos, de costa a costa, restabeleceria a escassez com muito maior eficiência, e poria todos os sobreviventes a trabalhar pela glória crescente dos Grandes Negócios – isso, muito mais rapidamente e com menor rumor que o New Deal.*"[3]

O planejamento capitalista tem ainda uma outra característica de relevo. É o planejamento retalhado.

Quando a Administração Nacional de Recuperação (NRA) operava em Washington, corria à boca pequena uma divertida – e construtiva – anedota sobre Oscar Ameringer, o astuto diretor do *The American Guardian*. Observador interessado das atividades matutinas no escritório de um dos mais importantes funcionários da NRA, constatou a afluência de uma torrente de industriais que faziam jorrar histórias de colapsos nos negócios; e ouviu os "planos" formulados para dar novo alento ao cadáver. Depois de observar tudo em silêncio, durante horas, não mais se pôde conter. Dando um salto, gritou ao funcionário encarregado do planejamento: "*O doente sofre de varíola e você está tratando cada ampola de per si!*"

Ameringer sentiu que se tornava necessário um amplo planejamento de toda a economia nacional. Entretanto, viu que havia "um plano de auxílio à indústria mercantil", "um plano de ajuda aos fazendeiros", um "plano para aumentar o poder aquisitivo dos operários". Nada havia na América – ou em qualquer outro país – que se assemelhasse, de longe, ao Plano Russo, que conscienciosamente tentava ajustar as mil e uma atividades econômicas da nação num todo autossuficiente.

---

[2] *New York Times*, 5 de fevereiro de 1936.
[3] B. Stolberg e W. J. Vinton, *The Economic Consequences of the New Deal*, pp. 85. Harcourt, Brace and Company, Nova York, 1935.

## 236 | *Capítulo 22*

Isso se tornou possível na Rússia apenas pelo fato de ter sido abolida a propriedade privada dos meios de produção. Onde os encarregados do planejamento não têm direito de fazer isso, ou aquilo, ou aquiloutro, simplesmente porque, em assim agindo, melindram o Sr. Proprietário de Bens, é impossível um planejamento de âmbito global. Uma medida adotada pela Gosplan na União Soviética prova ser eficaz apenas porque é adotada tendo em vista uma organização, toda a economia nacional soviética, que não tem concorrentes ou rivais. Uma medida adotada por uma autoridade em planejamento, em um país capitalista, prova ser ineficaz porque favorece um grupo de proprietários de bens, digamos os importadores de açúcar cubano, que por seu lado se opõem a um outro grupo de donos de bens, os plantadores de açúcar americanos. E, como a autoridade do Estado não tem poderes para obrigar à obediência, vacila de cá para lá, ora dando um pouco a um grupo, ora dando um pouco a outro.

Barbara Wootton, em seu *Planejar ou não planejar*, demonstra o que acontece ao planejamento quando os meios de produção permanecem propriedade privada:

> *"Enquanto os instrumentos de produção e os produtos decorrentes constituírem propriedade de particulares, interessados nos resultados financeiros das operações com esses instrumentos e da venda daqueles produtos, a maioria das medidas econômicas deve ser adotada, firma por firma ou indústria por indústria, seguindo os pontos de vista dessas pessoas para que suas próprias empresas ou indústrias tomem os rumos mais vantajosos possíveis. A produção do aço será planejada de modo a tornar um paraíso as usinas, a produção da cerveja será planejada de modo a transformar num paraíso as cervejarias, a produção de quadros será planejada de modo a tornar a terra um céu para os artistas, e o resultado final bem pode ser descrito antes como uma comunidade que tem um planejamento contra, do que realmente como um planejamento."*[4]

Se a propriedade privada barra o caminho ao planejamento central, quando este é do interesse dos próprios capitalistas, o que não fará para impedir a ação planificada no interesse de todo o país! Tomemos como exemplo a questão da erradicação das favelas. Todos estão de acordo em que elas devem desaparecer. Então, por que não desaparecem? O que se interpõe no caminho dessa evidente necessidade pública? A resposta é simples: a propriedade privada, o lucro individual. Há donos de terra que ganham dinheiro com o aluguel das favelas; há outros cujas rendas baixariam se casas novas e melhores fossem construídas para os ocupantes das favelas. Por isso, a erradicação das favelas não se faz. Ou, quando se faz, é de forma incompleta, hesitante. Desse modo, o benefício da comunidade é prejudicado pelos interesses da propriedade privada.

Como é diferente na economia planificada da sociedade socialista: os planificadores têm à sua frente um mapa da cidade. Uma parte está marcada – as favelas, onde o povo vive em condições miseráveis. O que fazer? As favelas devem ser destruídas. O.K. Abaixo as favelas! O trabalho se inicia imediatamente. Quando a propriedade privada não barra

---

[4] Barbara Wootton, *Plan or no Plan*. Gollanez, Londres, 1934, p. 320.

*Desistirão Eles do Açúcar?* | 237

o caminho, a ação pode ser tomada tão logo a necessidade seja constatada e concluídos os planos.

Quando a propriedade privada fecha o caminho, então seu interesse é considerado em primeiro lugar, e o interesse nacional pode ficar para trás. O *Times* de Londres deplorou tal situação num editorial publicado a 28 de agosto de 1935. Preocupava-se o jornal com o fato de que a indústria manufatora se estivesse mudando do norte da Inglaterra, onde eram muitos os desempregados em busca de trabalho, para o sul, onde as "belezas rurais" seriam prejudicadas pela implantação de novas fábricas "nos campos, fazendas e bosques". Eis o lamento do *Times*:

> *"Não há uma orientação unificadora para estabelecer onde jaz o interesse nacional fundamental, embora velado, quando lugares e populações industriais são relegados à desolação econômica, ao passo que outros lugares e populações são enriquecidos e aumentados pela nova industrialização...*
> 
> *"Se o gênio inventivo tornasse possível o desenvolvimento de uma nova indústria capaz de empregar um grande número de homens e não se prender à localidade pelas condições de produção, então seria socialmente vantajoso para a indústria localizar-se em áreas de depressão. **As vantagens sociais, porém, podem não pesar para os que de fato decidem onde a indústria se deve estabelecer.**"*[5]

Eis a questão. Em toda parte, o que é bom para a comunidade pode ser prejudicial aos interesses da propriedade privada. Para algumas pessoas, isso não importa. Argumentam que as vantagens da propriedade privada e do controle dos meios de produção superam as desvantagens. Apontam o surpreendente sucesso do capitalismo nos últimos 150 anos, ao produzir uma enorme quantidade e variedade de artigos e ao proporcionar (particularmente nos Estados Unidos) às massas um padrão de vida sem precedente. Nessa pretensiosa declaração, parte de sua Plataforma para a Indústria Americana, a Associação Nacional dos Industriais iça bandeira no mastro da propriedade privada:

> *"A propriedade privada e o controle das instalações de produção, distribuição e vida são considerados essenciais à preservação da liberdade individual e do progresso. A propriedade ou o controle dessas instalações pelo governo provoca uma economia planificada, uma sociedade estática e uma autocracia...*
> 
> *O planejamento econômico nacional pelo governo procura equilibrar a produção e o consumo centralizando as decisões nas mãos de uns poucos.*
> 
> *O progresso econômico e social avançou mais onde os empreendimentos foram dirigidos por um grande número de decisões e julgamentos individuais, utilizando-se nisso a habilidade, a inteligência e o conhecimento de todo o povo. Nenhum grupo reduzido de homens pode ter o conhecimento, previsão e discernimento necessários à planificação, direção e estímulo, com êxito, das atividades de um povo..."*[6]

---

[5] *Times*, de Londres, 28 de agosto de 1935. (O grifo é meu.)
[6] *New York Times*, 6 de dezembro de 1935.

238 | *Capítulo 22*

A última frase, vinda de industriais que dentro de suas indústrias são considerados talvez como os maiores planificadores do mundo, é realmente uma surpresa. Aí estão capitães da indústria, que realizaram milagres de organização e planificação em negócios que, considerados isoladamente, têm mais recursos de capital que muitas nações do mundo, negócios cujas ramificações se estendem por todo o mundo; aí estão eles – os principais planificadores do principal país capitalista – argumentando cansativamente contra a adoção, em benefício da indústria, de todo o país, daquilo que com tanta habilidade realizaram para si.

Por que se opõem os capitalistas a uma economia nacional planificada?

É porque compreendem que isso significa inevitavelmente a abolição da propriedade privada – de sua propriedade privada. É o que G. D. H. Cole sugere em seu livro *Princípios do planejamento econômico*: *"Muitos capitalistas... consideram seus colegas capitalistas que defendem o sistema planificado como hereges perigosos... Os líderes capitalistas bem articulados defendem vigorosamente a economia não planificada porque a consideram, apesar de seus defeitos, a única forma de conservar os direitos de propriedade em que podem confiar."*[7]

Stolberg e Vinton chegam à mesma conclusão em seu estilo cáustico:

*"Para ter segurança em seu controle antissocial da indústria, para ter liberdade de tomar decisões contra a maioria e a seu favor, a Grande Propriedade não pode sujeitar a arbítrio seu controle da sociedade... Os Weirs, os Teagles, os Sloans compreendem que precisam sabotar mesmo os mais confusos esforços no sentido de um "planejamento social". Apesar de toda a sua rudeza social e ignorância econômica, sentem – e com razão – que um planejamento social autêntico significa a construção socialista, e não a recuperação capitalista."*[8]

Talvez outra explicação da oposição capitalista ao planejamento nacional seja a de que tal planejamento deve, necessariamente, considerar vital a questão da distribuição da renda. Na teoria capitalista de distribuição da renda, esta, por mais desigual que fosse, se justificava em consequência da "lei natural". É o que nos assegura um dos principais economistas americanos, o Prof. John Bates Clark. No prefácio ao seu famoso livro *A distribuição da riqueza*, diz ele:

*"O objetivo deste trabalho é mostrar que a distribuição da renda da sociedade é controlada pela lei natural, e que essa lei, se operar sem atrito, dará a cada agente da produção o volume de riqueza que cria...*

*A livre concorrência tende a dar ao trabalho o que o trabalho cria, aos capitalistas o que o capital cria, e aos industriais o que a função coordenadora cria... A cada agente uma quota da produção, a cada um a recompensa correspondente – tal a lei natural da distribuição."*[9]

---

[7] G. D. H. Cole, *The Principles of Economic Planning*. Macmillan & Company, Ltd., Londres, 1935, p. 222.
[8] Stolberg e Vinton, op. cit., pp. 20-21.
[9] J. B. Clark, *The Distribution of Wealth*. The Macmillan Company, Nova York, 1899, Prefácio, p. 3.

Sob a acusação de que a distribuição da renda é totalmente injusta, os capitalistas dão de ombros e dizem: "Por que nos culpar? Todos recebem e ganham. É a lei natural." Mas numa economia nacional planificada, a questão da distribuição da renda não pode ser resolvida tão facilmente. Torna-se um ponto central, não mais determinado por forças impessoais, mas uma tarefa importante da autoridade coordenadora central. E nos países democráticos onde essa autoridade pode ser influenciada pelo sentimento da massa da população não há dúvida de que o abismo existente hoje na distribuição de renda seria consideravelmente reduzido. Para as massas, maior renda; para os capitalistas, menor – segundo um plano.

Por essas razões, não é de espantar que os líderes da oposição a tal planejamento sejam os capitalistas.

Não obstante, em certos países não podem eles agir livremente. O colapso da vida econômica é tão amplo e o avanço da classe trabalhadora se torna tão ameaçador que os capitalistas veem a necessidade de uma autoridade coordenadora central – mas que seja deles, agindo em seu interesse. Isso só pode ser realizado pelo esmagamento das forças militantes da classe trabalhadora. É então que os capitalistas recorrem ao fascismo.

Na Rússia, a revolução da classe trabalhadora teve êxito. Mas a desilusão, a fome e a miséria que se seguiram à Primeira Guerra Mundial atraíram muitos recrutas às fileiras dos revolucionários, em toda parte. Vendo reduzirem-se as oportunidades de melhorar de vida, a classe média também começou a se sentir descontente. A ordem estabelecida, embora ainda não derrubada, ficou abalada.

Isso ocorreu particularmente na Itália e na Alemanha. Os capitalistas desses países tiveram pela frente uma classe trabalhadora revolucionária, que lhes ameaçava o poder. Por isso, deram dinheiro aos camisas-negras de Mussolini e aos camisas-pardas de Hitler – em troca de favores futuros. O principal favor era o esmagamento do movimento organizado da classe trabalhadora. E os dois líderes cumpriram a promessa. O fascismo na Itália e o nazismo na Alemanha foram, portanto, movimentos contrarrevolucionários. A ordem estabelecida – poderio e privilégio capitalista – estava segura.

Eis uma tarefa difícil. A propaganda destinada a atrair a massa, de mentalidade socialista, devia ser hábil. E foi. O programa do Partido Nacional Socialista dos Trabalhadores Alemães estava cheio de iscas formadas de palavras-chave socialistas para atrair os descontentes. Eis, por exemplo, alguns trechos do famoso programa nazista de 25 pontos:

"*Ponto 11 – Abolição das rendas não ganhas com o trabalho.*
*Ponto 12 – Confisco impiedoso de todos os lucros de guerra.*
*Ponto 13 – Exigimos a nacionalização de todos os empreendimentos até agora formados em companhias (trustes)."*[10]

Essas foram as promessas. E as realizações? Vejamos a resposta dada pelo correspondente de *The Economic* em Berlim, a 1º de fevereiro de 1936:

---

[10] G. Feder. *O programa do N.S.D.A.P. e seus conceitos gerais*, Munique, 1932.

*"A relativa tranquilidade do ano passado, porém, foi conseguida por uma atitude de ina-tividade em relação ao programa do Partido, cuja realização vigorosa teria precipitado pe-rigosos conflitos de interesses... A questão do Socialismo contra Capitalismo, que atraiu ao Partido, no passado, muitos elementos das classes pobres, degenerou numa simples troca de palavras sem sentido. De um lado, afirma-se que o socialismo está a caminho (realmente esta semana declarou-se oficialmente que ele já substituiu o capitalismo), ao passo que ao mesmo tempo se afirma que o capital privado, na terra como na indústria, não só deve permanecer intacto, mas deve ter seus lucros."*[11]

Podemos dizer, em defesa do regime nazista, que três anos de governo é muito pouco para pôr em prática as amplas promessas de seu programa. É um argumento procedente. Mas a tendência é inequívoca. Três anos de governo foi tempo bastante para os nazistas esmagarem os sindicatos, confiscarem seus fundos, prenderem seus líderes. Três anos foi tempo bastante para os nazistas reduzirem os salários e os serviços sociais – em suma, para distribuir a renda nacional de acordo com os desejos dos Grandes Negócios.

Da Itália nos vem uma história semelhante. Eis um dos pronunciamentos de Mussolini sobre as glórias do fascismo, igual a outros anteriores: *"Nessa economia, os trabalhadores serão colaboradores do capital, com direitos e deveres iguais."*[12]

Essas as palavras. Qual a realidade? John Gunther, em *A Europa por dentro*, nos escreve:

*"Realmente, poderíamos reunir uma lista, aparentemente impressionante, de forças antica-pitalistas no Estado corporativo. Nenhum empregador pode dispensar trabalhadores sem con-sentimento do governo. Nenhum capitalista pode realizar uma atividade independente relativa-mente pequena, como, por exemplo, aumentar sua fábrica, sem aprovação estatal. Os salários são determinados pelo governo... O dono de uma fábrica não pode liquidar seu negócio sem permissão do Estado; o governo controla as fontes de crédito, e sujeita grande parte das rendas a um imposto draconiano.*

*Por outro lado, as desvantagens do trabalho no fascismo são infinitamente mais severas. Os trabalhadores perderam o direito de exigir. Seus sindicatos foram dissolvidos, seus salários podem ser (e foram) impiedosamente reduzidos por decretos; acima de tudo, perderam o direito de greve. O capitalista, por outro lado, mesmo que tenha sofrido restrições mantém seu privilégio fundamental, o de ganhar lucros particulares. O fascismo, tal como o introduziu Mussolini, não era, provavelmente, um artifício deliberado para proteger a estrutura capitalista; teve, porém, esse efeito. A restrição à mobilidade do capitalismo foi na realidade 'um prêmio que os capitalis-tas estavam dispostos a pagar para ter proteção total contra as exigências do trabalho'. Toda a tendência e ritmo da revolução fascista, em contraste com a russa, são retrógrados."*[13]

Mussolini propala frases sobre "direitos e deveres iguais", mas Gunther traça dos acontecimentos reais um quadro bem diferente. Certos privilégios capitalistas foram re-

---

[11]*The Economist* (Londres), 1º de fevereiro de 1936.
[12]*New York Times*, 24 de março de 1936.
[13]John Gunther, Inside Europe.Harper & Brothers, 1936, p. 189.

duzidos – mas o direito fundamental de obter lucros privados continuou. O trabalho, por outro lado, teve seus sindicatos dissolvidos, seu direito de greve abolido e seus salários reduzidos.

Não obstante, é evidente que algo significativo aconteceu, tanto na Itália como na Alemanha, ao Capital, bem como ao Trabalho. Em ambos os países, uma forte autoridade estatal se impôs aos capitalistas, de modo inédito. Embora a propriedade privada não fosse abolida e a indústria continuasse a ver no lucro seu motivo básico, é certo que os capitalistas individuais tiveram, sob certo aspecto, suas asas cortadas. Com que finalidade? O que há por trás da ajuda à agricultura, do estímulo à autossuficiência, do controle rígido das importações, do financiamento das exportações e do controle dos recursos bancários, que se observa em ambos os países fascistas? A resposta é curta e terrível – GUERRA.

É evidente a todos que o rearmamento, a preparação para a guerra, é a força motora da febril atividade da autoridade estatal. Líderes dos dois governos fascistas não o negam – pelo contrário, disso se jactam abertamente.

Tanto Mussolini como Hitler são conhecidos como admiradores da guerra. Disse o primeiro: *"Acima de tudo, o fascismo... Não acredito na possibilidade ou na utilidade da paz perpétua... Só a guerra leva a energia humana à sua tensão máxima, e põe o selo da nobreza sobre os povos que têm coragem de enfrentá-la... Assim, uma doutrina baseada no prejudicial postulado da paz é hostil ao fascismo."*[14]

Mas são palavras, e aprendemos a duvidar das palavras vindas dessas fontes. O que mostram os fatos?

Essas palavras foram escritas em 1933. Em 1935 e 1936 os exércitos fascistas invadiram a Etiópia. *Essa* promessa foi cumprida.

Ouçamos Hitler sobre o mesmo assunto: *"Na guerra eterna a humanidade se torna grande – na paz eterna, a humanidade se arruinaria."*[15]

No momento em que escrevemos, os exércitos nazistas ainda não estão em marcha, mas é evidente a todos que dentro em pouco estarão. A Alemanha apresenta o espetáculo atemorizador de uma nação obrigada a dedicar todos os esforços, a submeter-se a sacrifícios penosos, a dirigir todas as atividades, no sentido do rearmamento – a que se seguirá a guerra. O correspondente do *New York Times* assim resume a situação, num despacho enviado ao seu jornal a 22 de março de 1936: *"Fundamentalmente, a situação econômica da Alemanha gira em torno do financiamento do rearmamento..."*[16]

O fascismo significa guerra.

Significa guerra não porque os líderes dos dois países fascistas gostem dela. Significa guerra porque a economia fascista é a economia capitalista com a mesma necessidade de expansão, a mesma necessidade de mercados, que caracteriza o capitalismo no seu período imperialista.

---

[14]Benito Mussolini, "The Political and Social Doctrine of Fascism", em *Political Quarterly* (Londres), julho-setembro de 1933.
[15]Adolf Hitler, *Mein Kampf*. Verlag Franz Eber Nachfolger. Munique 2, nº 1930 (VI Auflage).
[16]*New York Times*, 22 de março de 1936.

Quando a economia capitalista entra em colapso e a classe trabalhadora marcha para o poder, então os capitalistas se voltam para o fascismo como a saída. Mas o fascismo não pode resolver seu problema, porque nele, do ponto de vista econômico, nada se modifica. Na economia fascista, como na economia capitalista, a propriedade privada dos meios de produção e o lucro são básicos.

Haverá uma moral para os capitalistas, na história de como os indianos pegam macacos, contada por Arthur Morgan?

> *"Segundo a história, tomam de um coco e abrem-lhe um buraco, do tamanho necessário para que nele o macaco enfie a mão vazia. Colocam dentro torrões de açúcar e prendem o coco a uma árvore. O macaco mete a mão no coco e agarra os torrões, tentando puxá-los em seguida. Mas o buraco não é bastante grande para que nele passe a mão fechada, e o macaco, levado pela ambição e gula, prefere ficar preso a soltar o açúcar."*[17]

---

[17]Arthur Morgan, "Power and the New Deal", *The Forum*, março, 1935.

# 23

# UM ADMIRÁVEL MUNDO NOVO?

Marcia Guerra

*A Expansão do Capitalismo Americano após a Segunda Guerra Mundial.*
*O Consumo de Massas se Estenderá a Todo o Planeta?*
*O Comunismo ou os Comunismos em Expansão.*

O mundo que Huberman nos descreveu nas páginas anteriores mudou muito de 1936 até hoje. Nestes mais de 70 anos a tecnologia, os padrões de consumo, os de comunicações de massa, de organização política e partidária tornaram-se quase irreconhecíveis. Vejam só: a Europa deixou de ocupar o lugar central na cena internacional; a União Soviética, que representava para ele, e para muitos, a materialização do sonho de uma sociedade mais justa e fraterna, capaz de conduzir-nos ao comunismo, também deixou de existir, assim como foram por terra outras experiências de implantação do socialismo surgidas no pós-guerra; os antigos impérios coloniais inglês, francês, holandês, belga e português desapareceram e deram origem a novos países independentes na África e na Ásia. Os Estados Unidos, que substituíram a Europa no papel de centro econômico, político, militar e cultural do ordenamento mundial, fizeram valer a sua visão de mundo: individualismo, consumismo e imediatismo. Este novo padrão foi acompanhado pela capacidade fenomenal de inovação e geração de riqueza por parte do capital, que brindou o mundo contemporâneo com uma quantidade antes impensável de mercadorias que vieram, todavia, acompanhadas de um nível de intervenção na natureza tão intenso que gerou um novo campo de preocupações para a economia e para a humanidade – a sustentabilidade do planeta. Problemas como a poluição, o aquecimento global ou o desaparecimento de numerosas espécies da flora e da fauna não eram ainda sentidos pelos homens e mulheres que viviam nos anos 1930. O que não quer dizer que naquela época eles achassem a vida boa.

Como vimos no capítulo anterior, Leo Huberman desejava que o processo de exploração capitalista fosse contido. Mais do que isso, ele desejava o fim do capitalismo e sua substituição pelo socialismo, e supunha que a concentração de riquezas, que estava se tornando cada vez mais intensa, fosse contribuir de forma decisiva para esse resultado. Entretanto, ao contrário do que aconteceu com os macacos da fábula indiana, até hoje os capitalistas têm encontrado maneiras de resolver suas crises sem abrir mão dos elevados lucros. Conseguem tirar a mão do interior dos cocos, ou da cumbuca, como dizemos no Brasil, com quantidades cada vez maiores de açúcar, antes que os caçadores lhes deem cabo. Nas próximas páginas buscaremos explicar como isso vem ocorrendo.

Menos de três anos após a conclusão de *História da riqueza do homem*, a guerra voltou a explodir na Europa, como Huberman já havia indicado que aconteceria. Em setembro de 1939 a Alemanha invadiu a Polônia. Ato contínuo, Grã-Bretanha e França reagiram declarando guerra aos invasores. As hostilidades continuaram nos meses seguintes, até que "a união das potências fascistas para conquistar a Europa e a Ásia foi anunciada formalmente [em setembro de 1940], quando o Japão assinou o Pacto de Berlim... [no qual] os três países fascistas – Alemanha, Japão e Itália – concordavam em auxiliar-se mutuamente com meios políticos, econômicos e militares". Pouco depois, provocados pelas invasões aos seus territórios, os Estados Unidos – que foram atacados pelo Japão – e a União Soviética – invadida pelos exércitos alemães – entraram no conflito, em uma conjugação de forças momentânea contra um inimigo comum – o nazifascismo.

A soma dos efetivos americanos e soviéticos, dos recursos e batalhões vindos da América, da África e da Ásia levou à rendição da Alemanha em 7 de maio de 1945, quase seis anos após o conflito ter começado.

A vitória no extremo Oriente só chegou três meses depois. Em 6 de agosto de 1945 foi lançada sobre a cidade de Hiroshima, no Japão, a arma mais mortífera até então inventada pelo homem. Como Huberman descreveu em outra de suas obras, *"era uma pequena bomba atômica, na qual se encerrava a força destruidora de 20.000 toneladas de TNT"*.[1] Seu impacto, todavia, deixou marcas profundas nos homens e nas mulheres das gerações seguintes. Ecoam até hoje, podemos dizer, as lembranças do instante em que o homem, pela primeira vez, desencadeou contra si mesmo as forças naturais do seu universo. Segundo os sobreviventes relataram, "o relâmpago inicial gerou uma sucessão de calamidades. Primeiro veio o calor. Depois do calor veio o deslocamento de ar, varrendo tudo ao seu redor com a força de um furacão a 880 quilômetros por hora. Em poucos segundos o calor e o vendaval atearam milhares de incêndios. Minutos depois começou a cair uma chuva estranha, uma chuva negra que não apagava os incêndios, mas aumentava o pânico e a confusão. Depois da chuva veio o grande vento de fogo soprando em direção ao centro da catástrofe e aumentando de violência à medida que o ar de Hiroshima ficava cada vez mais quente".

O Japão já estava vencido antes de ser jogada a bomba, e sabia disso. Entretanto, os japoneses tinham esperanças de que os inimigos, isto é, os Estados Unidos, a Grã-Bretanha e a União Soviética, se desentendessem uns com os outros e, com isso, mudassem a sua sorte. Essa esperança foi por terra dois dias depois, quando a União Soviética declarou

---

[1] A potência efetiva da bomba era de 12.500 toneladas de explosivo e gerou a morte imediata de cerca de 140.000 homens, mulheres e crianças.

*Um Admirável Mundo Novo?* | 245

guerra ao Japão e o Exército Vermelho caiu como um enxame sobre a Manchúria, a Coreia e a ilha Sacalina. Naquele mesmo dia, 8 de agosto de 1945, foi lançada uma segunda bomba atômica sobre Nagasaki.

A bomba atômica e mais a entrada da URSS na guerra fizeram o Japão dobrar os joelhos. Em 14 de agosto de 1945 o governo japonês anunciou que aceitava a rendição.[2]

Há bastante polêmica entre os especialistas sobre a quantidade de vidas humanas perdidas durante a Segunda Grande Guerra – 80 milhões, 40 milhões ou algo entre esses extremos. Independentemente da exatidão, de alguma importância para os cientistas, o que importa é que as perdas são medidas em milhões em um espaço de seis anos. A destruição se espalhava pelo cenário das batalhas. As feridas físicas, morais e psicológicas alcançavam boa parte da humanidade, e seus impactos continuaram até bem pouco tempo atrás. O medo de um novo conflito, dessa vez com o risco de se exterminar a vida na terra com o uso do armamento nuclear (em pouco tempo a União Soviética e outros países conseguiriam produzir suas próprias bombas), marcou a segunda metade do século XX.

As pessoas temiam que um novo confronto como aquele viesse a ocorrer, e a esse medo se somava a vontade de esquecer, de deixar para trás memórias de um tempo tão sofrido. Esses sentimentos davam origem a uma preocupação generalizada no sentido de que fossem eliminadas as causas que haviam gerado, em tão pequeno intervalo de tempo, duas guerras mundiais, uma grande depressão, fome, desemprego, fascismo, preconceito e destruição como em nenhum outro momento da história. Aquele era o momento de se garantir a segurança, os empregos e a paz por que todos ansiavam.

Para alcançar esses objetivos parecia, pelo menos para os europeus, ser imperioso superar, ou pelo menos reformular, o modelo econômico capitalista. Para os leitores mais jovens, essa posição pode parecer difícil de entender.

Para melhor situar a crítica que era feita no pós-guerra ao capitalismo e ao livre mercado (hoje em dia tão intensamente defendidos), é preciso que nos lembremos que depois da crise de 1929 o capitalismo – que já naquele momento podia ser definido como de monopólio – mostrava uma face muito pouco atraente. Para superar as crises, como a de 1929, e se proteger de novos abalos, ele havia vinculado sua sorte a uma firme articulação com o Estado, seja se sustentando nos gastos públicos dos governos, seja na preparação da guerra que a todos parecia inevitável. Armamentos e grandes empresas. Nos dois casos a atividade econômica governamental mantivera o paciente vivo, mas não produzira distribuição de renda. Ou seja, as medidas protegiam o capital, mas não traziam melhorias significativas de vida para os trabalhadores afetados pela crise!

Longe de contribuir para reduzir a concentração econômica, a Segunda Guerra tornou-a mais intensa. Nos Estados Unidos, que haviam saído do conflito como uma potência econômica a anos-luz de distância de qualquer outro país, a situação foi descrita assim pelo seu presidente, Harry Truman, em janeiro de 1947:

---

[2] Na interpretação dos impactos da guerra usamos a análise e algumas passagens do próprio Leo Huberman extraídas de sua obra *Nós, o povo*.

*246* | *Capítulo 23*

> *"A despeito de vigorar há 50 anos a lei antitruste, uma das mais graves ameaças ao nosso bem-estar é a crescente concentração de poder nas mãos de um pequeno número de organizações gigantescas.*
>
> *Durante a guerra, esta tendência para a concentração econômica foi acelerada. Como consequência, agora descobrimos que, mais do que nunca, setores industriais inteiros estão dominados por uma ou por algumas organizações grandes, que conseguem limitar a produção para conseguir maiores lucros e, assim, reduzir a oferta de empregos e de poder aquisitivo."*[3]

Podemos traduzir as palavras de Truman: os salários estavam mais baixos e havia menor oferta de trabalho. No imediato pós-1945, a principal preocupação dos norte-americanos – para quem a guerra fora uma espécie de "superfortificante" para a economia enfraquecida com a Grande Depressão – era evitar que a suspensão do remédio pudesse trazer uma nova crise: como empregar todos os soldados que voltavam para casa? Como encontrar rapidamente um mercado para substituir o consumo de uniformes, alimentos, aço, borracha e armas, entre outros produtos, que o confronto mundial demandava em quantidades gigantescas? Como assimilar os quase 15 milhões de jovens que seriam desmobilizados com o final do conflito mundial?

Para que tenhamos a dimensão do que a guerra significou para a economia norte-americana, vejamos alguns dados: a produção industrial de armamentos duplicou em cinco anos, beirando 45% do total da produção, enquanto o setor civil não variou em valor absoluto. Os empregos industriais passaram de 10 para 17 milhões, entre 1939 e 1943. O Produto Nacional Bruto – PNB aumentou em 150%, e apenas 250 grandes empresas industriais controlavam 66,5% da produção total, enquanto antes do conflito 75 mil empresas respondiam por um percentual equivalente. Os trabalhadores norte-americanos denunciaram a concentração e exigiram melhores salários mesmo durante a guerra: em 1943 foram registradas duas greves de mineiros e uma greve de ferroviários. Apesar da legislação antigrevista, 224 greves não autorizadas, envolvendo 388 mil operários, foram contabilizadas em 1944.

Nos países liberados e entre os ocupados pelos Aliados o quadro era caótico – ruínas por toda parte, governos que recomeçaram a funcionar quase sem infraestrutura, documentos ou funcionários, milhares de mutilados e feridos a serem amparados. Por toda a parte, fome e precariedade.

A todos esses problemas vinha se somar a crença, que muito poucos à época deixavam de partilhar, de que fora a rivalidade entre as nações capitalistas que provocara a guerra e todo aquele sofrimento, assim como parecia evidente que eram os trabalhadores e as classes populares, de forma geral, os mais atingidos. Sem dúvida, o quadro não favorecia muito aos que defendiam os interesses do capital.

O fato de a União Soviética, antes isolada política e economicamente, ter saído do confronto bastante fortalecida politicamente agravava o cenário do ponto de vista do capital

---

[3] L. Huberman, *Nós, o povo. A epopeia norte-americana*. São Paulo: Brasiliense, 1966.

monopolista. Ao ingressar no conflito ao lado dos Aliados ela mostrara um vigor surpreendente. Fora sua capacidade militar que levara à derrota o exército alemão e libertara o território que separava Moscou de Berlim, ainda que contando com o apoio das forças locais – a gloriosa Resistência, em alguns casos. O heroísmo com que seu povo resistira aos alemães era admirado, mas o sucesso militar não era considerado menos importante. Ele parecia expressar a eficácia do planejamento estatal na condução da economia. Afinal, o desenvolvimento industrial dos soviéticos havia resultado dos planos para a industrialização elaborados pela Comissão Estatal de Planejamento – GOSPLAN. Não importa em que ordem, tanto o combativo patriotismo quanto a capacidade bélica eram atribuídos ao novo regime implantado pela Revolução de 1917.

Ela passava a ser admirada e vista como um exemplo a ser seguido não só pelos trabalhadores do mundo – um grande número de intelectuais e artistas expressava publicamente sua admiração pelo socialismo, vendo no modelo soviético a possibilidade de superação das desigualdades e injustiças que, ao longo da história da humanidade, haviam imposto sofrimento ao mundo. Para as lideranças políticas de países pobres ou coloniais a União Soviética significava um exemplo, uma alternativa a ser seguida em seus próprios países, pois assim como havia ocorrido na Rússia após a tomada de poder pelos bolcheviques eles também poderiam crescer, com planejamento e recursos internos, desde que houvesse a vontade dos governantes de privilegiar um sistema de produção que não visasse o lucro privado.

Os resultados dessa compreensão não se fizeram tardar. Na França, os comunistas alcançaram cinco milhões de votos na primeira eleição geral do pós-guerra e, em 1947, com mais de 150 cadeiras na Assembleia, podiam contar com quase um milhão de partidários. Na Itália, a adesão aos comunistas atingiu o dobro. Os partidos socialistas, que defendiam a redução das desigualdades sociais, prometendo liberdade e justiça a uma sociedade que ainda padecia com os efeitos do conflito internacional, por toda parte alcançavam o governo, sozinhos, como na Inglaterra, ou em composição com os comunistas ou com a democracia cristã, na maioria dos casos.

Não havia tempo político para confiar nas promessas da economia clássica de que com um pouco mais ou um pouco menos de tempo o equilíbrio econômico seria alcançado. Para que o capitalismo continuasse vivo não precisava apenas evitar os efeitos drásticos de novas crises, precisava também resgatar a confiança da população em suas vantagens.

O caminho que o economista inglês John Maynard Keynes apontou com a publicação, em 1936, do seu *Teoria geral do emprego, do juro e da moeda* foi recebido de maneira muito positiva. Sua defesa da intervenção estatal como possibilidade de se corrigir os desequilíbrios nocivos do mercado dotava o capitalismo de uma teoria capaz de acenar com a possibilidade de crescimento econômico continuado.

Keynes afirmava, e isso parecia bastante evidente à maioria dos seus contemporâneos, que a economia de mercado não era capaz de alcançar o equilíbrio por seus próprios meios. Ou seja, como a história já o havia demonstrado, o livre mercado não conduziria automaticamente à harmonia entre a produção total e o consumo total, podendo haver momentos de desequilíbrio em que bens e serviços fossem produzidos em excesso e a superprodução

## 248 | *Capítulo 23*

trouxesse, então, desemprego, queda do investimento e falências. Para ele, quando os primeiros sintomas do desequilíbrio fossem detectados o governo, mediante uma adequada política econômica, monetária e fiscal, teria o papel de evitar que o quadro da crise se tornasse mais grave.

Em primeiro lugar, dizia Keynes, o governo deveria fazer com que a quantidade de moeda em circulação fosse suficiente para que as pessoas e as empresas preferissem gastá-lo em bens ou serviços (gasto que nas empresas recebe o nome de investimento) em vez de ter dinheiro vivo nas mãos. Pois se o volume de dinheiro guardado crescesse muito, a quantidade de dinheiro em circulação diminuiria e as taxas de juros se elevariam, dificultando mais ainda empréstimos e investimentos e fortalecendo a preferência pelo entesouramento e pelo recuo do consumo.

Em segundo lugar caberia ao governo, segundo ele, compensar a diminuição dos investimentos privados e sua influência negativa sobre a renda global e sobre o nível do emprego através da ampliação dos investimentos públicos. Isso porque a decisão de investir, por parte do capitalista, resultaria da expectativa que ele tivesse em relação ao comportamento de outros investidores. Nem o mais despreparado herdeiro seria capaz de aplicar seu capital em uma nova fábrica se pensasse que ela não teria compradores para o seu produto. Dessa forma, poderia ocorrer que um número crescente de novos investimentos viesse a deixar de ser feito em função das expectativas de estagnação formuladas por outros investidores e consumidores, o que ampliaria a dimensão da crise. Como ele próprio afirmava, "*o capitalismo moderno é como um velejador que só entra no mar quando o tempo está bom. Tão logo surge uma tempestade, ele abandona as tarefas da navegação e até mesmo vira o barco que o levaria à terra firme, na sua ânsia de se salvar, mas não ao seu companheiro*".[4]

Por isso Keynes não via como o maior de todos os males a ocorrência de déficits no orçamento público, ou seja, as situações em que o governo gasta mais do que arrecada não precisariam ser evitadas a qualquer custo, como os economistas clássicos propagandeavam. Se para que as obras públicas fossem feitas e para fornecer os empréstimos que iriam debelar a crise o governo precisasse gastar mais do que arrecadava, ele não deveria deixar de fazê-lo temendo desequilibrar o orçamento, pois o resultado do desequilíbrio das contas seria compensado pelo reaquecimento da economia.

Mas havia que ter cuidado. O investimento público não poderia produzir elevação da taxa de juros ou aumentar o valor dos bens de capital, pois o investidor privado se retrairia caso tivesse que pagar mais caro que o usual pelos empréstimos tomados ou visse disparar o preço dos imóveis fabris ou das máquinas-ferramentas e, dessa maneira, a economia não seria estimulada.

Com esses mecanismos seria possível corrigir os defeitos do sistema de mercado. Mas para superar outros problemas associados à produção capitalista, como o desemprego, as desigualdades aberrantes na distribuição de renda, as guerras ou as distorções no comércio internacional, Keynes reconhecia que esses mecanismos não seriam suficientes: "*Eu defendo*

---

[4] J. M. Keynes, *A teoria geral do emprego, do juro e da moeda* – Inflação e deflação. São Paulo: Abril Cultural, 1985. Coleção *Os Economistas*, 2. ed.

*[a ampliação do governo](...) tanto como o único meio prático de evitar a destruição das atuais empresas econômicas na sua totalidade quanto como a condição do funcionamento bem-sucedido da iniciativa privada"*[5], dizia ele, reforçando seu objetivo de reformar o capitalismo para defendê-lo de seus próprios defeitos.

Essa reforma passaria ainda pelo fim do capital financeiro, de maneira que sem outra alternativa as taxas de lucro do capital produtivo fossem sempre as mais baixas possíveis para a continuidade dos investimentos, o que, ao lado de políticas fiscais, como o imposto sobre a transmissão de heranças, levaria a uma drástica redução das diferenças de riqueza e renda no interior da sociedade, o que para Keynes era condição indispensável para o estabelecimento permanente do pleno emprego.

Nos 40 anos que se seguiram à publicação de Teoria Geral, as ideias de Keynes foram uma espécie de "bengala" ou "apoio ideológico" na gestão do capitalismo. Muito se falou delas, muito se fez em seu nome, o que nem sempre correspondeu ao que o próprio autor indicaria. Se a dimensão mais evidente das desigualdades pôde ser evitada nos países centrais do capitalismo, o mesmo não ocorreu em sua periferia. A miséria não foi eliminada, a distribuição de renda não foi alterada de forma significativa, o capital financeiro e o grande capital se fortaleceram, multiplicaram-se as guerras e as rivalidades comerciais. Fora dos tempos de guerra, o pleno emprego continuou apenas como uma meta a ser alcançada.

Houve, entretanto, algum sucesso no controle da frequência e da intensidade das crises econômicas, contribuindo para a consolidação da ideia de que o sistema seria capaz de expandir-se indefinidamente, pois as eventuais crises seriam sanadas pelas ferramentas keynesianas.

Dessa forma, os líderes políticos do pós-guerra puderam pensar o Estado como o principal agente regulador das economias, capaz de fazê-las avançar guiando-as como um motorista ao seu carro. Quando queriam mais velocidade pisavam no acelerador, elevando os gastos do Estado; se havia ameaça de sair da estrada ou de ter seguido por um caminho errado, era preciso reduzir, apertando o freio e diminuindo os gastos. Até meados da década de 1970 foi possível evitar acidentes graves com essa estratégia.

Se na hora de aplicar as receitas de Keynes os representantes do capital tinham escolhido apenas os ingredientes que se adaptavam ao seu gosto, fazendo surgir ao final um "prato" muito parecido com o que era servido antes, como podemos explicar o espantoso crescimento das riquezas e da renda experimentado pelas sociedades capitalistas no pós-1950? Que mudanças provocaram essas transformações tão intensas que tornaram o mundo das décadas de 1950 e 1960 um lugar que precisaria ser explicado detalhadamente a alguém que a ele retornasse após ter ficado isolado em uma ilha por 30 anos?

Paul Sweezy e Harry Magdoff (que substituiu Leo Huberman na direção da revista que ele fundara junto com Sweezy) atribuíram esse longo período de prosperidade a três razões principais – a estabilização do mundo imperialista sob a hegemonia dos Estados Unidos, a rápida difusão de novos setores industriais e o fortalecimento do militarismo. Vejamos como esses fatores atuaram.

---

[5] J. M. Keynes, op. cit.

*"À medida que os Estados Unidos caminharem, o mundo também caminhará, pois nossa influência é tão grande e nossa força tão dominante que quando nossas políticas forem claramente definidas e postas em prática provavelmente – senão seguramente – servirão de guia para o resto do mundo"*[6], dizia o presidente do First National Bank de Nova York, já em 1940.

O cenário da paz não poderia, portanto, repetir aquele que se seguira à Primeira Guerra, com o Congresso norte-americano desautorizando as tentativas do presidente da república, Thomas Woodrow Wilson, de conduzir o reordenamento mundial. Em 1919 os EUA ainda poderiam temer a concorrência europeia internamente, mas em 1945 qualquer argumento nesse sentido esbarrava na evidência dos números: o PIB *per capita* dos aliados europeus, incluindo a União Soviética, valia menos de 80% do que antes de 1939. Para muitos ainda era menor do que o de 1920. Os EUA, entretanto, haviam obtido um crescimento de 50% durante a guerra. A economia norte-americana era, naquele momento, maior que a de todos os países da Europa juntos. Os europeus estavam ávidos por capitais e produtos saídos das fábricas americanas. Quando sabemos que mesmo nos EUA, entre 1941 e 1946, não foram produzidos automóveis para o mercado civil (apenas para atender o governo quando este os encomendava para viaturas de polícia, ambulâncias, ônibus ou táxis) e a produção de mobiliário ou roupas civis, em alguns países (a Alemanha e a União Soviética, por exemplo) reduzira-se em mais de 80%, podemos avaliar o que isso significava.

Ao mesmo tempo, como já dissemos, a União Soviética não se mostrava interessada em abrir mão da influência que conquistara no continente europeu. Tal perspectiva, aliada à possibilidade do retorno a uma nova situação de depressão com o final da guerra, norteou a atuação dos Estados Unidos no processo de reconstrução do capitalismo – no qual os EUA assegurariam para si o papel de "supervisores gerais da nova ordem internacional". Ela passou, então, por dois movimentos combinados: a luta política e ideológica anticomunista e a expansão e o fortalecimento dos seus interesses econômicos, viabilizados com a montagem do sistema de Bretton Woods. Guerra Fria e Fundo Monetário Internacional/Banco Mundial.

Em março de 1947, o presidente norte-americano foi ao Congresso e declarou que *"os povos livres do mundo olham para nós esperando apoio na manutenção de sua liberdade. Se fracassarmos na nossa missão de liderança (...) certamente poremos em perigo a segurança de nossa própria nação"*. O mundo como projeção dos EUA é o que está contido no discurso que entrou para a História como a Doutrina Truman. Sobre ela, ainda em maio do mesmo ano, o socialista Joseph Starobin, importante jornalista americano, imediatamente declarou: *"é uma tentativa de fazer um novo e grande avanço para o imperialismo americano. Na esperança de assustar os Estados mais fracos, levando-os à completa dependência dos Estados Unidos, os monopolistas americanos procuram, na forma de uma coalizão antissoviética, fazer novas e grandes penetrações nos impérios britânico e francês; (...) No processo, os monopolistas americanos desejam entrincheirar-se nos ricos depósitos de petróleo do Oriente Próximo e, por*

---

[6] Leon Fraser. *Trade Barriers and World Peace*, in Proceedings of the Academy of Political Science, 1940, v. 19, n.1, p. 56-57 citado por Frieden, 2008: 276.

*meio do controle desse petróleo, conquistar posição predominante sobre os seus próprios aliados, dele dependentes".*[7]

Três meses depois os norte-americanos lançaram o Plano Marshall, de ajuda à reconstrução europeia, e o programa para o Japão. Os custos, cerca de US$ 14 bilhões, correspondiam a mais de 5% do PIB americano ou a uma gota no oceano de US$ 1,5 trilhão obtido diretamente pelo sistema econômico dos EUA com a guerra. Em 2009, esse percentual do PIB seria de mais de meio trilhão de dólares. O volume dos investimentos, o apoio técnico e o crescimento das importações pelos norte-americanos, estimulado pela Guerra da Coreia (1950/1953), levaram a que já em 1953 a renda do Japão e da Europa ultrapassasse o patamar anterior à eclosão da Segunda Guerra em cinco anos! O impacto desse crescimento foi enorme. Pessoas que havia pouco sofriam com a fome, a destruição e a falta de empregos viam-se rapidamente frente a máquinas modernas, como os tratores que eram mandados para os campos ou as empilhadeiras mecânicas e o maquinário que passava a fazer parte do cotidiano dos operários. Os medos que haviam marcado os últimos quinze anos estavam sendo substituídos pelo otimismo.

Ao mesmo tempo, consolidava-se o sistema de gerenciamento econômico internacional pactuado na conferência de Bretton Woods (uma tranquila cidade norte-americana que, devido a esse encontro, assegurou o seu lugar na História), realizada em julho de 1944. Essa conferência – na qual 44 países estiveram representados por cerca de 700 delegados –[8] modelou regras para as relações comerciais e financeiras entre os países centrais e entre estes e a periferia econômica do mundo capitalista.

As propostas que se confrontaram em Bretton Woods tinham a preocupação de dotar a economia internacional de instituições e regras de comportamento que ampliassem a capacidade dos governos de assegurar a prosperidade doméstica, reconhecendo que aquelas empregadas até a Segunda Guerra Mundial – o padrão-ouro internacional e o sistema de câmbio livre – não funcionavam bem. Só podendo emitir moeda com lastro em ouro, que muitas vezes não estava disponível em quantidade suficiente para um determinado país, as economias nacionais perdiam sua capacidade de realizar transações econômicas que a levassem ao crescimento, pois o crédito ficava limitado e caro. Com o câmbio livre, por sua vez, abria-se a possibilidade de um país em dificuldades, numa conjuntura de depressão, desvalorizar sua moeda para estimular as exportações. A generalização dessa medida, já que outros países tenderiam a fazer o mesmo para manter a competitividade, acabava incentivando o atrito entre os diversos integrantes do processo, as medidas protecionistas e, mesmo, um cenário de guerra comercial.

A solução vitoriosa, encaminhada pelos Estados Unidos, previa a criação de um fórum, composto por representantes da comunidade internacional, que teria dois papéis: examinar as condições econômicas dos países associados, protegendo-os dos impactos do padrão-

---

[7] Problemas. *Revista Mensal de Cultura Política*, nº 1, ago. 1947.
[8] O delegado do Brasil foi o economista e ministro Eugênio Gudin; um de seus assessores – que depois também se tornou ministro – foi o economista Roberto Campos. Em *Lanterna na popa*, seu livro de memórias, há uma descrição bastante detalhada da participação brasileira.

-ouro e da estratégia de desvalorização da moeda. O fórum é que autorizaria as alterações na taxa de câmbio quando julgasse que a situação interna do país membro assim o exigisse, e ao mesmo tempo ele emprestaria recursos para que um país dispusesse de moeda suficiente, sem alterar o câmbio, enquanto promovia os ajustes necessários em sua economia.

Segundo esta orientação, as resoluções do acordo final de Bretton Woods estabeleceram, debaixo do guarda-chuva da ONU, a criação do Fundo Monetário Internacional – FMI, cuja função é garantir a estabilidade da moeda, e do Banco Internacional para Reconstrução e Desenvolvimento – BIRD. O mais importante, todavia, foi o reconhecimento do papel-chave a ser desempenhado pelos EUA na gerência do sistema. Uma vez tendo ficado estabelecido que o principal mecanismo para assegurar o crescimento econômico mundial seria a estabilidade monetária dos integrantes do Acordo, coube à moeda norte-americana servir de referência às demais moedas nacionais. O dólar norte-americano, mantido em uma relação fixa com o ouro (US$ 35 para cada onça do metal), tornava-se a âncora do sistema financeiro internacional e, mais, tornava-se "a moeda" para abrir as portas do comércio internacional, para investimentos externos, para fazer frente às inúmeras transações entre países diferentes. Ao mais distraído dos nossos leitores já deve ter ocorrido uma constatação: apenas o governo dos Estados Unidos podia emitir e controlar a quantidade de dólares norte-americanos em circulação, o que o colocava em uma situação para lá de vantajosa nas transações internacionais e lhe conferia um poder de pressão em escala mundial.

Poder que os Estados Unidos não tinham qualquer constrangimento em utilizar. Desde o início ficou claro que os EUA estavam interessados em exercer a liderança mundial, afirmando a superioridade do capitalismo e do padrão capitalista norte-americano. Portanto, o preço a pagar pelo desenvolvimento econômico, que ajudava a conter o crescimento dos comunistas e a mobilização dos trabalhadores na maior parte da Europa, foi isolar politicamente os que faziam qualquer crítica à posição norte-americana. Se a tradição política do continente europeu impedia a instalação de uma política de "caça às bruxas" semelhante à que o senador McCarthy comandava nos EUA e que lá penalizou milhares de cidadãos estadunidenses pela sua real ou suposta convicção política[9], intensificou-se o quadro de combate aos simpatizantes do socialismo ou da União Soviética, bem como aos críticos da aliança com os EUA, tornando bastante aguda a propaganda ideológica. Mas seu principal significado político foi colocar um fim na participação dos comunistas ou radicais de esquerda em praticamente todos os governos europeus. A política das frentes amplas para reconstrução nacional, que até aquele momento respeitava as alianças da Segunda Guerra, foi por terra em face dos interesses político-econômicos norte-americanos.

O historiador Eric Hobsbawm, analisando a expansão que tem início no pós-guerra, afirma que "muito do *boom* mundial foi assim um alcançar ou, no caso dos EUA, um continuar de velhas tendências. O modelo de produção em massa de Henry Ford espalhou-se pelas indústrias do outro lado dos oceanos... [e] o que mais nos impressiona nesse período

---

[9]Entre os muitos filmes que retratam o macartismo, termo pelo qual este período ficou conhecido, destaco dois: *Testa-de-ferro por acaso*, de Martin Ritt (1976), e *Culpado por suspeita*, de Irwin Winkler (1971).

é a extensão em que o surto econômico parecia movido pela revolução tecnológica".[10] O sistema produtivo do capitalismo monopolista passava a aplicar de forma generalizada o conhecimento científico, iniciado na indústria automobilística americana.

A produção em série fordista foi acrescida do cronômetro taylorista: maior ritmo de trabalho com o menor desperdício de força de trabalho possível. A ciência transformava-se em fragmentação de tarefas, em repetição mecânica de movimentos, em engenheiros que pensavam o processo produtivo e em mãos que o executavam – o operário massa, trabalhador coletivo das grandes empresas que realizavam internamente todas as etapas do processo produtivo. Viabilizando, assim, a substituição da extração de mais-valia absoluta pela extração intensiva do sobretrabalho, fazendo predominar o que Marx definiu como a sua forma relativa.[11]

Das universidades e laboratórios de pesquisa dos governos saíram também os avanços técnicos que possibilitaram a diminuição do "tempo técnico", separando a invenção da inovação e sua difusão industrial. Esse tempo havia sido de cinquenta anos para o telefone, de dez para a televisão e de quatro para o transistor. Para que tenhamos uma ideia do valor atribuído a esses conhecimentos, basta saber que os EUA destinaram, entre 1953 e 1955, US$5 bilhões de dinheiro público e US$3 bilhões de recursos privados para os programas de "pesquisa e desenvolvimento", formando naquele último ano 270.000 pessoas qualificadas, enquanto a Europa Ocidental formava 110.000. Uma comparação com os demais países reforça a superioridade tecnológica dos Estados Unidos e dos países desenvolvidos. Na década de 1970, um país "desenvolvido típico" teria mais de mil cientistas e engenheiros por milhão de habitantes, enquanto o Brasil tinha 250, a Índia 130, o Quênia e a Nigéria cerca de 30 cada um.

A tecnologia que estava sendo gerada e cujo objetivo último era a ampliação da produtividade e dos lucros privados trazia embutida a redução do uso de mão de obra, um aspecto que geralmente é secundarizado. Aqueles entre os leitores que cresceram assistindo TV talvez se lembrem de um desenho animado criado em 1962 pela dupla de cartunistas Hanna-Barbera que fez um enorme sucesso – os Jetsons. Nele, uma família típica de classe média vivia o seu dia a dia no século XXI. George e Jane, sua mulher, viviam com os filhos Juddy, uma adolescente, e Elroy, garoto de dez anos "fera" em ciências espaciais. No mundo dos Jetsons não havia poluição nem trabalho manual, o que nos parecia uma perspectiva muito agradável de futuro. Porém, um traço que talvez nos tenha passado despercebido, tampouco havia trabalhadores. George, de sua sala, gerenciava a rotina das máquinas. O trabalho era feito por robôs, como Rose, a simpática robô que auxiliava a família nos afazeres domésticos. Numa metáfora do processo em curso, a tecnologia era vista como passaporte para uma vida melhor. O trabalho repetitivo e inibidor do desenvolvimento pleno do potencial criativo dos seres humanos estava sendo suprimido pelas máquinas. Mas os

---

[10] E. Hobsbawm, *Era dos extremos*. O breve século XX, 1914-1991. São Paulo: Companhia das Letras, 1995.
[11] O conceito de operário massa e a caracterização das transformações nos sistemas produtivos aqui apresentados são derivados da análise de Ricardo Antunes, particularmente em seu livro *Os sentidos do trabalho*. Nesta obra, ele nos chama atenção para o fato de que também a URSS estruturou o seu mundo produtivo tendo por base os princípios do modelo fordista/taylorista.

seus empregos, também. Os seres humanos, entretanto, permaneciam insuperáveis em um único quesito: sua função de consumidores dos bens que eram oferecidos em quantidade e diversidade cada vez maiores.

A propagação de um elevado padrão de consumo para a maior parte de sua população foi um aspecto marcante da sociedade industrial norte-americana, europeia ocidental e japonesa. Ampliava o prestígio do modelo capitalista, identificado com o *American way of life*, atenuava os conflitos políticos e reduzia o espaço de atuação das proposições mais radicais, contribuindo para reduzir a adesão das massas aos partidos e movimentos de esquerda. A política de segurança social – aposentadoria, salário-desemprego, ensino e saúde públicos, transporte público ou subsidiado – apoiada efusivamente pelos sindicatos se mostrava convincente resposta ao prestígio desfrutado pelos socialistas ao final da Segunda Guerra. Na batalha ideológica então travada, eram significativas conquistas de posições.

*O consumo de massas se estenderá a todo o planeta?*

A prosperidade alcançada no pós-guerra pelas economias centrais do capitalismo estava ao alcance de boa parte do planeta: esta parecia ser uma certeza compartilhada por todos. O progresso industrial viera definitivamente para ficar. Havia, todavia, alguns obstáculos nesse percurso em direção à abundância tecnológica. Uma desigual distribuição de capital, de renda, de recursos e de conhecimentos científicos parecia estabelecer limites ao alcance dessa meta. O que não significava que não fosse possível elaborar maneiras de superá-los, desde que houvesse determinação política para tal.

Para os países cuja economia até então se baseara na produção agrícola ou na extração mineral, como o Brasil e os demais países das Américas Central e do Sul, assim como para as ex-colônias e colônias em luta por sua libertação na África e na Ásia, o impacto conjugado da Grande Depressão e da própria Segunda Guerra havia tornado impensável a reprodução de suas atividades tradicionais. Com a sua economia abandonada à própria sorte durante todo o período, confrontados com a impossibilidade de fazer frente às suas necessidades mais básicas, anteriormente supridas pelo mercado internacional, nesses países se ampliou a compreensão de que a autossuficiência na produção de bens industriais era indispensável à sua soberania. E de que se fazia urgente encontrar alternativas para alcançá-la. Mais ainda quando ficou claro que os recursos do Plano Marshall não estariam disponíveis para a periferia.

Desbancando as tradicionais elites vinculadas ao setor primário exportador – como aconteceu com a derrocada dos cafeicultores pelos autoproclamados "revolucionários de 1930" no Brasil – novos grupos chegavam ao poder. Militares nacionalistas, setores médios urbanos, trabalhadores e empresários articulavam-se em torno da perspectiva do desenvolvimento nacional, identificado por quase todos como associado ao desenvolvimento industrial. Tornado objetivo nacional, meta de Estado e não de governos isolados, caberia ao próprio Estado a tarefa de promovê-lo, potencializando os recursos disponíveis internamente. Mais uma vez recorreremos ao exemplo brasileiro.

Durante o primeiro governo de Getúlio Vargas (1930-1945), na ausência de disponibilidade externa de capitais e contando com parcos recursos internos, a industrialização foi estimulada pelo governo por meio da transferência de parte dos rendimentos da agricultura exportadora para o setor industrial, ao que se aliou o controle exercido sobre os trabalhadores urbanos pelo governo (a legislação trabalhista), o controle dos preços e da produção (através das sobretaxas impostas a determinados produtos e ao controle cambial) e a transformação do próprio governo em investidor nos setores de geração de energia e siderurgia.

Se ficou difícil de entender, imagine uma situação na qual o Estado quer estimular as indústrias de vidro e de papel, produtos que antes precisavam ser importados. Ele fornece um empréstimo a juros muito baixos aos interessados em instalar essas indústrias no país, contando para isso com os impostos resultantes da exportação de café. Ele autoriza que esses industriais usem as divisas (moedas estrangeiras que são usadas nas trocas internacionais, como o dólar hoje) geradas pela exportação de café na compra de máquinas e equipamentos para instalar as fábricas e deixa de cobrar taxas para que as mercadorias adquiridas entrem no Brasil. O governo também determina o quanto os trabalhadores dessas empresas vão ganhar, bem como proíbe que seus sindicatos reclamem ou façam greve para aumentar os salários. Ele ainda produz a energia que vai ser usada nas fábricas e a vende a preços baixos para os industriais, que contam com um estímulo adicional: as altas taxas cobradas pelo governo sobre qualquer vidro ou papel que seja importado pelo país, de maneira a encarecer os importados e diminuir a concorrência.

Os esforços dos diferentes governos, em particular na América Latina, não só se apoiavam em argumentos sobre a eficácia do planejamento econômico estatal como de certa forma seguiam práticas que já haviam obtido sucesso em outras regiões, como nos Estados Unidos. Nesse país, após a vitória do norte industrializado sobre o sul agrário-exportador na Guerra Civil, a industrialização foi estimulada por políticas econômicas protecionistas, deixando em segundo plano a produção primária.

Essa estratégia econômica produziu significativas mudanças no perfil das economias latino-americanas até a década de 1950, assim como já havia tido sucesso nos EUA, no Canadá e na Alemanha, só para citarmos alguns casos. No Brasil, México, Argentina, Chile e Uruguai as indústrias empregavam mais de 20% da mão de obra, 25% da população habitavam cidades com mais de 20.000 habitantes e, na Argentina, no Chile e no Uruguai o índice de alfabetização ultrapassava 80% da população. Esses dados bastante expressivos não devem nos levar à conclusão de que a região havia superado a pobreza. De forma alguma. Além de o foco do modelo de crescimento não contemplar políticas de distribuição de renda e, inclusive, estimular a sua concentração, os impactos naturais da maior produção de riquezas – mais empregos, salários, oportunidades de negócios, por exemplo – tinham seu impacto reduzido pelo ritmo do crescimento demográfico. Em consequência da urbanização e da modernização em curso, que traziam maior abundância de alimentos e recursos, como novos medicamentos a preços acessíveis, a população dos países pobres cresceu acentuadamente. A expansão do Produto Interno Bruto – PIB, ainda que suas taxas fossem elevadas, não era suficiente para superar o quadro de pobreza. O exemplo que tomamos

de empréstimo a Hobsbawm nos dá a medida do problema: distribuir um PIB duas vezes maior que o de trinta anos antes num país com população estável é uma coisa, distribuí-lo entre uma população que (como a do México) dobrava em trinta anos é completamente diferente.[12] De tal sorte que esse cenário implicava, estruturalmente, manutenção da pobreza em paralelo à elevação da riqueza produzida, como também a ampliação da distância entre países pobres e países ricos, ainda quando eles cresciam no mesmo ritmo.

Ao longo da década de 1950, o quadro geral no qual eram formuladas as políticas econômicas nas regiões periféricas sofreu alterações: a Guerra Fria tornou-se mais intensa, o ritmo pelo qual as ex-colônias tornavam-se independentes se acelerou e os conflitos daí decorrentes, também; a recuperação da Europa e do Japão foi concluída, acentuando a concorrência entre as indústrias instaladas naquelas regiões e as norte-americanas; a velocidade com que novas tecnologias iam sendo aplicadas na produção industrial se tornou cada vez mais rápida e, não menos importante, a oferta de capitais no mercado internacional se ampliou. Não devemos esquecer que no centro capitalista estava em curso um modelo que pressupunha alguma distribuição de renda e a participação ativa dos assalariados no consumo de bens industriais.

O impacto dessas mudanças foi complexo, mas podemos nos deter em alguns aspectos fundamentais: a) em um cenário de concorrência industrial intensa, leva vantagem o produtor que tenha custos mais baixos, que introduza diferenças positivas na sua mercadoria ou que seja pioneiro no lançamento de determinada tecnologia. Dessa forma, tornam-se necessários investimentos cada vez maiores em pesquisa e desenvolvimento de novos produtos, o que exige que, para compensar o peso desse setor no produto final, a produção seja cada vez maior. Assim, novos mercados tornam-se ainda mais importantes, de forma que as Américas, a África e a Ásia passam a ocupar um lugar destacado como consumidoras – não esqueçamos que a produção industrial está concentrada nos EUA, na Europa ocidental e no Japão; b) com a intensificação da Guerra Fria e a possibilidade não automática de alinhamento aos blocos de poder, a dimensão política ganhou relevo ainda maior na relação entre a periferia e o centro do sistema – EUA – que contará com a adesão de antigos e novos países na sua área de influência; c) como havia uma maior disponibilidade de capitais no mercado internacional, setores sociais importantes dos países pobres e periféricos abandonam o nacionalismo e os pactos pela industrialização e passam a defender o fim das políticas protecionistas com as quais concordavam anteriormente, já que agora se tornara possível atrair o capital estrangeiro. Essa divisão em relação à economia abala o antigo equilíbrio entre as forças políticas, pondo em risco as alianças existentes, e torna mais agudas as tensões políticas internas.

O modelo de crescimento que vinha sendo implantado na América Latina até então era visto com grande simpatia pelos dirigentes dos novos Estados surgidos da descolonização afro-asiática. Ele apontava um caminho a ser seguido e adequava-se ao cenário político no qual esses novos Estados emergiam. Protegendo a produção interna da concorrência, con-

---

[12] E. Hobsbawm, op. cit.

siderada desigual, dos centros desenvolvidos, enfatizava o caráter nacional e independente do Estado. Argumentação que caía como uma luva nos discursos políticos dos novos governantes desses Estados recém-independentes. Além disso, ao ser sistematizada e transformar-se em teoria econômica – conhecida por muitos como teoria da CEPAL, ou Cepalina [13] – passava a compor uma concepção original que, ao contrário da tradição econômica liberal europeia à qual se contrapunha, fora gerada nos países não desenvolvidos para o crescimento dos países não desenvolvidos. Reforçava-se, assim, a dimensão de autonomia e de coesão dos setores nacionalistas.

As ideias-chave da CEPAL se fundamentavam nas formulações dos economistas Raul Prebisch, argentino, e Celso Furtado, brasileiro, que demonstravam a existência de tendências desiguais no mercado internacional em relação aos preços dos bens primários e dos bens industriais. Os primeiros tendiam a cair com o tempo, enquanto os manufaturados mostravam tendência ascendente. Logo, para os países pobres, historicamente fornecedores de matérias-primas, a conclusão é de que seria fundamental fortalecer o setor industrial. Para tal sugeriam uma melhor distribuição de renda, planejamento econômico, reforma agrária e medidas de colaboração internacional. E como a industrialização nesses países teria que partir de patamares modestos, isto é, as primeiras indústrias operariam em escala limitada, o Estado deveria protegê-las da concorrência externa.

Para a CEPAL, além do crescimento econômico, a industrialização possibilitaria ampliar os níveis de consciência e educação da população, viabilizando a superação das variadas formas de governo que não se sustentavam na participação democrática da população que, para eles, também eram *atrasos*, só que do ponto de vista político, e caminhavam juntas com o atraso econômico. Essa análise ampliava a sua empatia com os diversos grupos sociais, partidos e movimentos políticos organizados nas ex-colônias.

Quando olhamos para os acontecimentos vividos pelo Brasil após a eleição de Juscelino Kubitschek (JK), em 1956, conseguimos ver claramente a teoria da CEPAL em operação. No slogan que usou durante sua campanha à presidência da República – *50 anos em 5* – Juscelino expressava a convicção de que durante o seu governo seria possível superar os obstáculos estruturais que, até então, impediam a impulsão da industrialização brasileira e, portanto, que ela alcançasse níveis semelhantes ao dos países desenvolvidos. Tendo como guia o Plano de Metas, preparado por especialistas da CEPAL e do Banco Nacional de Desenvolvimento Econômico que haviam feito um diagnóstico sobre os empecilhos ao crescimento presentes na economia nacional, elegeu-se o setor produtivo de bens de consumo duráveis para receber os estímulos econômicos do governo, favorecendo a produção de automóveis e eletrodomésticos, prioritariamente.

Com o Plano, o governo passava a articular também as iniciativas do capital privado nacional e estrangeiro pela primeira vez no Brasil. O Estado criava condições para o financiamento do capital privado, investia em infraestrutura e atuava como produtor direto nos se-

---

[13] A CEPAL – Comissão Econômica para a América Latina e o Caribe – que acabou por dar nome à teoria foi formada pelo Conselho Econômico e Social das Nações Unidas (ONU), em 1948, para incentivar a cooperação entre os seus membros e a industrialização dos países da região.

tores estratégicos e de mais longo retorno. Aproveitando-se da Instrução 113 da Superintendência da Moeda e do Crédito – SUMOC, mantida por JK, que facilitava a entrada de capitais e instalação das indústrias estrangeiras no Brasil (eles se beneficiavam de isenções fiscais que não eram concedidas ao capital nacional!), o capital internacional instalou-se no sudeste do país, com indústrias de elevada rentabilidade e potencial de crescimento, como a automobilística. Atraídas por essas facilidades chegaram a São Paulo a Ford, a Volkswagen, a Willys e a General Motors. Para avaliarmos o peso desse setor, imaginemos que no início do governo de JK o Brasil não produzia automóveis. No entanto, ao fim do seu mandato presidencial a nova indústria automobilística já produzia 81.753 automóveis e 51.325 caminhões.

O capital nacional, que até então havia sido protegido da concorrência, longe de sentir-se prejudicado aplaudia o recém-chegado capital estrangeiro, pois este proporcionava o surgimento ou a modernização de um grande número de empresas nacionais para fornecer autopeças, cimento ou bens de consumo de que o núcleo dinâmico precisava, ao mesmo tempo em que se aproveitava da infraestrutura montada pelo governo para atrair o investimento externo.

Ao mesmo tempo em que o padrão de acumulação do capitalismo brasileiro se alterava, ganhava corpo a ideia de que cabia à burguesia industrial brasileira "conquistar" ou "difundir" entre as camadas populares as vantagens que esse novo arranjo oferecia.

Parte da população do Brasil, naquele momento, também se sentia participando dos ganhos: seja pelas vagas abertas no setor industrial, quase todas seguindo a legislação trabalhista, seja por vivenciar novas possibilidades de acesso a empregos na construção civil e no setor de serviços (mesmo que informais), seja pelo acesso aos serviços básicos de educação e saúde presentes nas cidades, seja por imaginar que seus filhos, através dos estudos, poderiam vir a ocupar cargos mais bem remunerados e considerados socialmente mais qualificados; seja, ainda, pela possibilidade de tornar-se consumidora dos novos produtos facilitadores do dia a dia.

Cabia, pois, mostrar como o modelo industrial que se instaurava trazia ganhos para toda a nação e não apenas para uma pequena parte dela, ou, mais precisamente, para a burguesia. Capital estrangeiro, iniciativa privada nacional e controle estatal dos recursos básicos apresentados em harmonia levariam, sem confrontos, à superação do subdesenvolvimento e ao cenário de abundância que acompanhava o capitalismo desenvolvido, prediziam os principais formuladores da concepção *nacional-desenvolvimentista* elaborada pelo Instituto Superior de Estudos Brasileiros, o ISEB, que reunia os principais teóricos dessa compreensão. Ao afirmar a posição de que

> *"minha principal ambição foi a de tornar-me agente de uma revolução indispensável, de uma revolução renovadora, a revolução necessária cuja base é o trabalho, cujo instrumento agressivo é a técnica e cujo objetivo a atingir será ver o Brasil deixar de ser eternamente o país do futuro e tornar-se realidade tangível, Nação que soube fazer valer o que lhe deu a Providência e o destino, ambos criadores de grandes e pequenos países"*[14].

---

[14] Apud Sônia R. de Mendonça. *Estado e economia no Brasil:* opções de desenvolvimento. Rio de Janeiro: Graal, 1986. p. 64.

Kubitschek traduz o pensamento nacional-desenvolvimentista. Para ele, a revolução a ser empreendida não era aquela que superaria as desigualdades do capitalismo, mas a que tendo por arma a técnica e o trabalho eliminaria o atraso e a miséria na comunhão de interesses expressos pela "nação". Não havia referência a interesses de classes diferentes ou aos ritmos e volumes desiguais pelos quais eles seriam satisfeitos, mas da unidade de todos para os quais a prioridade primeira deveria ser a renovação do padrão capitalista, ainda que ela viesse a exigir sacrifícios parciais em nome de um futuro de redenção coletiva.

Para financiar o crescimento industrial, o Estado deixava de atender demandas vitais da população, como hospitais, escolas e saneamento. Para financiar a acumulação privada o Estado emitia mais moeda do que arrecadava e gerava uma inflação crescente, que corroía os possíveis ganhos com os salários. Para financiar as vantagens de que a burguesia usufruía o Estado permitia o desequilíbrio de suas contas externas, levando à fragilização de sua situação econômica.

As contradições presentes no modelo de crescimento brasileiro estiveram presentes, variando apenas na intensidade, nos países que viriam a constituir o que ficou conhecido como Terceiro Mundo. Seria um grave erro de análise desconsiderar a importância desse bloco heterogêneo de países que, pela primeira vez de forma soberana, faziam sua entrada na economia e na política mundial.

Na sua maioria esse bloco era composto por ex-colônias europeias que, num intervalo de vinte anos (entre 1945 e 1965) colocaram abaixo os impérios que as potências europeias haviam levado anos para erguer. Para além da espantosa velocidade com que o movimento de descolonização afro-asiática ocorreu, é interessante prestarmos atenção em outros aspectos desse fenômeno. Em primeiro lugar, pelas repercussões que ecoam ainda em nossos dias cabe notar que esses movimentos foram gerados por populações não brancas, portadoras de culturas e histórias muito diferentes daquelas do ocidente, com o qual só se encontravam em função da violência da colonização que haviam sofrido. Ainda que a descolonização resulte da colonização, com todas as implicações daí derivadas, os povos da África e da Ásia, ao se contraporem ao domínio europeu, e branco, tomam consciência de sua diferença e vão buscar nas suas tradições, nas suas práticas e na sua história os traços que afirmam a sua identidade própria.

Essa percepção da diferença gerou dois tipos básicos de reação: um nacionalismo que cultiva o passado, reafirmando as crenças, as línguas, os costumes e a cultura tradicionais, visando a apagar a influência ocidental, ou um nacionalismo mais preocupado com o futuro, que quer livrar-se do domínio colonial para incluir-se na modernidade, para os seus adeptos impossível sob a exploração das potências europeias. Os dois tipos de nacionalismo, que muitas vezes conviveram nos movimentos anticoloniais, apontavam para a contradição presente no discurso ocidental, que pregava o liberalismo e a democracia, mas que não os praticava nas suas possessões.

Um outro aspecto importante a ser destacado é que, ao contrário do nacionalismo do século XIX, cujo centro de força havia sido a Europa e as Américas, o nacionalismo do século XX tem um forte componente econômico e social. Sua proposição não é a de simplesmente poder eleger seus governantes, mas os novos nacionalistas querem também se tornar senhores dos seus recursos naturais, fonte do enriquecimento europeu e da pobreza que se espalha nas colônias. É grande a associação entre o domínio político estrangeiro e o domínio do capitalismo estrangeiro.

A experiência trazida pela Segunda Grande Guerra e pela redefinição da ordem internacional que lhe sucedeu reforçou a luta pela autonomia e, frente ao grau de dificuldade que lhes antepunham os governos europeus, apontou para que muitas das lideranças dos movimentos anticoloniais optassem pela revolução e pelo comunismo.

Podiam contar, ao fazerem essa escolha, com a simpatia mais ou menos ativa, dependendo de cada caso, da União Soviética. O apoio à autodeterminação dos povos está integrado à plataforma política dos comunistas desde que Lênin publicou sua clássica análise do imperialismo, e os revolucionários de 1917 o mantiveram no programa do Partido Comunista da URSS, mesmo anexando e subordinando muitas nacionalidades. Na conjuntura da Guerra Fria, a defesa do direito à autodeterminação foi um importante trunfo político. Na orientação marxista-leninista oficial, que era definida a partir de Moscou, a luta anticolonial ganhou o *status* de objetivo estratégico e, ao mesmo tempo em que servia de horizonte político para os movimentos pela independência nacional nos países colonizados, viabilizava uma política de aproximações e alianças internacionais que fortalecia os interesses estratégicos dos soviéticos.

Entre 1945 e 1975, quando as antigas colônias portuguesas na África obtiveram, enfim, sua independência, as lutas pela libertação estiveram no centro das preocupações da esquerda e da direita, do mundo capitalista e do mundo comunista, dos dirigentes e dos movimentos e partidos de massa. A partir dos diferentes pontos de vista era preciso entender, e dialogar, com aqueles "novos" interlocutores que buscavam afirmar o seu lugar na arena econômica e política, muitas vezes recusando o papel que lhes era destinado em uma configuração mundial essencialmente eurocêntrica.

Assim como cada conquista colonial exigiu estratégias diferentes, as formas pelas quais cada antiga colônia obteve sua independência também foram distintas. Resultaram da combinação de aspectos internos e externos, da história específica de cada colônia, de seus recursos internos, das peculiaridades da administração colonial, do momento em que a luta ganhou vulto e da conjuntura específica vivida pela antiga metrópole.

Negociadas ou fruto de conflitos sangrentos, elaboradas a partir de um certo grau de unidade interna ou fruto de disputas intracoloniais, as lutas de libertação iniciaram-se na Ásia e expandiram-se, pelo exemplo e pela solidariedade, por toda a África, ecoando, também, na América Latina. Neste continente, onde ao final do século XIX quase não mais existiam colônias, a independência conquistada havia ficado restrita ao aspecto jurídico e político. O impacto da descolonização afro-asiática adquiriu ali, então, um perfil de luta contra a opressão e a exploração econômica através do qual se buscava superar a profunda desigualdade social e a dependência em face do núcleo central do capitalismo.

Do ponto de vista cultural e político, a entrada em cena dos antigos colonizados transformados em países soberanos foi um dos fenômenos mais importantes da história contemporânea. Eles demonstravam os limites de um ordenamento mundial centrado em concepções liberais, social-democratas ou socialistas, que não se aplicavam a povos com outras tradições. Em apenas duas décadas puseram fim aos antigos impérios europeus mantidos por centenas de anos e, através das suas lutas, mostraram que apesar de terem sido condenados ao silêncio e tratados como objetos pelos colonizadores tornavam-se sujeitos de sua própria história. Sua presença e seu exemplo impulsionaram a luta de negros, de hispânicos e de minorias étnicas no próprio núcleo central da "civilização". No movimento de reconstrução de sua identidade, negada pelos colonizadores, esses novos atores políticos conseguiram afirmar padrões estéticos não europeus e influenciar a música, a arte, as concepções de beleza e os modelos de comportamento e de conhecimento que viriam a sacudir o mundo no final dos anos 1960. Se pensarmos no rock e seus desdobramentos musicais, no movimento negro, no movimento feminista, nos *hippies* e na explosão coletiva de insatisfação da juventude, teremos uma dimensão dessa influência.

Todavia, ao avaliarmos a sua capacidade de transformar as precárias condições econômicas e sociais internas, herdadas dos longos anos de espoliação, nos depararemos com um quadro totalmente diferente. Em um primeiro momento, a estratégia da industrialização por substituição de importações – ISI, à qual nos referimos antes, foi capaz de gerar certo ímpeto industrial. Porém, o fez à custa da compressão do setor agrário e com salários e produtividade muito baixos. Dessa maneira, esses novos atores políticos não contavam com o benefício do consumo doméstico, mantendo a dependência do mercado externo. Ao mesmo tempo, a opção pela industrialização que fizeram deixava em um plano secundário as atividades tradicionais, como a produção de alimentos. Sua lógica era a de saltar etapas e atingir a industrialização no mais curto espaço de tempo possível. Tinham recursos limitados, e investiam-nos na aquisição de tecnologia, inclusive na compra de armas e nos signos ocidentais da modernidade, de sorte que em muitos casos a capacidade de satisfazer o consumo interno de alimentos foi insuficiente, ampliando a miséria, gerando fome e graves conflitos internos.

De fato, o crescimento econômico do período não foi acompanhado por um recuo absoluto da pobreza: entre 1965 e 1973, quarenta e sete países viram o seu montante de calorias por habitante aumentar e dez, diminuir. A ausência de oportunidades ou de perspectivas no campo e as novas instalações industriais e de serviços nas cidades contribuíam para o inchamento das mesmas, que, na falta de planejamento ou investimentos públicos, cresciam desordenadamente – multiplicando-se as favelas, a violência e a criminalidade. Se a varíola, o cólera e o impaludismo causaram menos óbitos do que em 1950, o acesso à água potável, ao saneamento, à habitação e ao ensino mantinham-se muito aquém das esperanças despertadas quando das independências.

No rastro das tentativas de modernização econômica, o endividamento público dos países pobres expandia-se. Em 1956, a dívida pública dos países da América Latina era de US$4 bilhões, em 1966 alcançou US$11 bilhões e dobrou entre 1968 e 1974, o que impedia qualquer política ativa de melhoria das condições de vida ou de atendimento às expectativas populares por parte dos Estados.

A insatisfação fomentava o descontentamento, as revoltas e as adesões aos projetos de revoluções anticapitalistas, ao mesmo tempo em que a necessidade de evitar a ascensão dos movimentos de oposição e de garantir a gestão dessa precária situação econômica ampliava a opção por formas autoritárias de governo, calcadas na pretensa eficiência dos setores que

## 262 | *Capítulo 23*

se consideravam mais preparados para a tarefa, no mais das vezes "fardo" que os militares tomaram para si, pondo por terra os sonhos de que países novos gerariam homens novos e esses governos seriam efetivamente democráticos, populares e representativos. Por toda parte multiplicaram-se as ditaduras.

### O comunismo ou os comunismos em expansão

Durante algum tempo, entretanto, o otimismo em relação ao futuro da humanidade, fosse por meio de um capitalismo reformado, fosse pela construção de uma sociedade organizada com base na propriedade coletiva, originou movimentos de ruptura com a antiga lógica colonial ou liberal. Passados vinte anos do final da Segunda Guerra, quase 1/3 do mundo vivia sob regimes comunistas. Na lógica bipolar da Guerra Fria havia uma certa tendência a considerar todos como um mesmo bloco, coeso em sua linha político-ideológica, liderado e dirigido pela União Soviética. Mais uma ilusão que, apesar de distante da realidade, era mantida pelos dois campos em confronto por lhes ser interessante. Para os norte-americanos, a pretensa unidade do campo comunista fortalecia-os como inimigos, justificando o papel de "defensores" das liberdades e de guardiães da "democracia" exercido unilateralmente pelos EUA. Era um excelente argumento a ser invocado para que os gastos militares, maiores a cada ano, fossem aprovados sem muita oposição.

Para os soviéticos não era muito diferente: considerados pelo inimigo mais fortes do que efetivamente o eram, ampliavam seu poder de liderança, sua capacidade de ganhar aliados e, também, podiam se utilizar dele para justificar internamente os sacrifícios que requeriam da população, priorizando a corrida armamentista e os gastos com a produção para a guerra, em detrimento daqueles que mais diretamente afetariam o soviético comum, como habitação, transporte ou acesso a alimentos fartos e a bens de consumo. Na prática, os russos bem que tentaram exercer essa hegemonia de que se vangloriavam, mas as dificuldades que enfrentaram acabaram tornando essa tarefa inviável, o que de certa maneira contribuiu para desestabilizar o próprio regime.

Quando o conflito mundial chegou ao fim, em 1945, a URSS estava semiarrasada economicamente, com a infraestrutura destroçada pelos exércitos alemães, chorando seus mais de vinte milhões de mortos e os incontáveis feridos e pressionada pela exigência de reconstrução do país em tempo recorde, para poder fazer frente às ameaças de invasão ocidentais. A Guerra Fria não lhe deixou alternativas que não o retorno ao ritmo acelerado dos planos quinquenais, como disse Daniel Aarão Reis: "*continuaram a merecer a maior prioridade, em termos de investimentos, e os maiores cuidados, em pessoal e demais recursos, os **dinossauros comedores de ferro e aço**: indústrias de armas e munições, de máquinas e bens intermediários, a produção de energia e de vias de transportes*"[15]. Enquanto se tornava urgente defender-se dos ataques capitalistas, a produção de grãos deixava de crescer, os cintos tinham que ser apertados e os corações e as mentes eram voltados para a defesa da pátria comunista.

---

[15]D. Aarão Reis Filho. *O mundo socialista*: expansão e apogeu. In: —. *O tempo das dúvidas*: do declínio das utopias às globalizações. Rio de Janeiro: Civilização Brasileira, 2000. (O Século XX, 3.)

Era ela, a URSS, que possibilitava a defesa da Polônia, da Tchecoslováquia, da Alemanha Oriental, da Hungria, da Albânia, da Romênia, da Bulgária e da Iugoslávia, países da Europa Central que, nos acordos de paz celebrados após a Segunda Guerra, integravam a zona de influência soviética. Na perspectiva de garantir a segurança soviética, estabelecendo um cinturão de proteção em suas fronteiras, toda essa região foi submetida aos interesses do grande vizinho do oriente, sendo obrigada a abdicar dos seus projetos locais. É importante que saibamos que esses países mantiveram com a União Soviética vínculos estreitos de dependência e desigualdade. Eram os soviéticos que fixavam os termos de trocas, as taxas, os volumes e o valor do rublo (moeda soviética), de forma a facilitar a sua apropriação da produção dessas economias. A submissão também se dava no plano político, e as tentativas de estabelecimento de vias autônomas para o socialismo foram punidas com a invasão das tropas russas, como ocorreu com a Hungria, em 1956, e a Tchecoslováquia, em 1968. Sob as botas do exército vermelho a unidade parecia garantida, mas poucos teriam deixado de perceber que, por aquela via, não se constituiriam regimes democráticos e tampouco populares, e de sentir a tensão que crescia contra os soviéticos.

De amigáveis a conflitantes vieram a se tornar, também, as relações entre a URSS e a China. As tensões, iniciadas por volta de 1927, iriam se manter durante a Grande Marcha liderada por Mao Zedong, entre 1934 e 1935, tornando-se mais agudas com a vitória da revolução e a consolidação da República Popular da China, em 1949. Com sua enorme população, a China correspondia sozinha a três quintas partes do mundo comunista. Além disso, os chineses não eram brancos e não tinham uma tradição de colonizadores, fatores que ampliavam o seu prestígio junto aos países da periferia do capitalismo, os afro-asiáticos acima de tudo. Enquanto os soviéticos defendiam um modelo de sociedade comunista urbana e industrial, os chineses apontavam para uma sociedade comunista, mas agrária – uma solução para os problemas da Ásia e da África, países essencialmente camponeses vitimados pela dominação colonial. Para o PC chinês a independência nacional era o centro prioritário da luta dos comunistas, que teria como vanguarda os camponeses, em uma aliança de classes que incluiria a burguesia e a pequena burguesia nacionalista, e não os operários industriais conscientes da necessidade do socialismo, como definia o marxismo-leninismo soviético. De acordo com o maoísmo, a vitória sobre o capitalismo resultaria da ação guerrilheira de exércitos rurais que após guerras populares de longa duração derrotariam as cidades, e não da insurreição urbana. As divergências na teoria repercutiram na prática política e fizeram com que nas décadas seguintes os dois grandes gigantes comunistas viessem a disputar prestígio e influência entre os simpatizantes do comunismo por todo o mundo.

Na esteira do sucesso chinês, a revolução se espalhou no oriente: Coreia, Vietnã, Laos, Camboja. Em todos os processos, a preocupação em assegurar autonomia nacional esteve presente, nem sempre bem-sucedida, porém.

Apesar do prestígio e da influência crescentes, dos sucessos tecnológicos e militares alcançados – domínio da tecnologia nuclear, lançamento do Sputnik (primeiro satélite de comunicações), do primeiro homem no espaço (Yuri Gagarin), da primeira sonda à Lua –, os comunistas irão sofrer golpes sucessivos durante as décadas de 1950 e 1960.

264 | *Capítulo 23*

Mais do que a disputa pelo poder que se seguiu à morte de Stálin, em 1953, a denúncia dos crimes hediondos cometidos por ele para "defender o socialismo" feita no XX Congresso do Partido Comunista da URSS, em 1956, chocou o mundo que, ainda atônito com as recentes revelações, assistiu aturdido ao uso da violência política e militar para derrotar as insurreições e revoltas populares ocorridas em Berlim Oriental, na Polônia e na Hungria.

A incapacidade dos soviéticos de elevarem a sua produtividade, não obstante os avanços tecnológicos, chamava a atenção. Uma nação cuja população urbana aumentara em torno de sessenta milhões de pessoas em apenas 30 anos e cuja produção de aço fora no mesmo período de 5 para 50 milhões de toneladas não produzia o suficiente para assegurar a seus habitantes um nível de vida em que as relações humanas deixassem de ser uma luta constante de todos contra todos e possibilitassem que *"todo o povo viesse a ser impregnado pelo espírito de colaboração socialista. A escassez relativa de bens de consumo (especialmente de casas) é um fator* **objetivo** *decisivo que limita a reforma igualitária e democrática"*, como disse o historiador Isaac Deutscher[16]. A insegurança em relação ao abastecimento doméstico básico chegou ao ponto dos soviéticos terem que importar grãos dos países capitalistas para evitar a fome, em 1963. Podemos imaginar o efeito dessas medidas no sentimento de apoio dos soviéticos aos seus governantes.

Em Cuba, cuja revolução que implantara o socialismo, ocorrida em 1959, fora acolhida com muita simpatia, inclusive pelos não comunistas, não apenas pelo heroísmo e espírito de desprendimento de seus militantes, mas por ter conseguido impor uma derrota aos norte-americanos justamente ali, na ilha que eles consideravam o seu quintal ou área de recreação, a atuação da liderança soviética também sofreu abalos. No episódio que ficou conhecido como crise dos mísseis (1962), apesar de terem conseguido conter o avanço dos EUA e reequilibrar a Guerra Fria, os russos tiveram que recuar e, com razão, foram responsabilizados por ter levado a tensão política ao nível de uma possível guerra nuclear e ainda descontentaram os cubanos, que, mesmo dependentes da compra do seu açúcar pela URSS, buscaram esgarçar os laços que os prendiam a Moscou em busca da ampliação de sua autonomia.

O ritmo das mudanças, cada vez mais acelerado, foi distanciando o mundo dos anos 1960 daquele que emergira após a Segunda Guerra Mundial. Cada vez menos bipolar, cada vez mais distante das limitações materiais, cada vez menos europeu, cada vez mais marcado por tensões envolvendo as nações da periferia, assim como muito, muito mais complexo. Múltiplos padrões de industrialização, múltiplos padrões de inserção na divisão internacional do trabalho e de acesso aos bens fabricados em quantidades cada vez maiores, com grande desperdício de recursos não renováveis e significativa deterioração do meio ambiente. Novas demandas e novos sujeitos históricos a pressionar a ordem então dominante.

---

[16]I. Deutscher; *Ironías de la historia.* Barcelona: Ediciones Península, 1975.

# 24

# DA EXPANSÃO À CRISE: A HISTÓRIA INSISTE EM CONTINUAR

Marcia Guerra

*A Prosperidade não Será para Todos.*
*Reafirmando o Valor Positivo da Desigualdade e da*
*Competição Desenfreada: o Mercado Volta a Ser o Rei.*
*Sob a Nova Ordem Neoliberal: Elevar os Lucros Fazendo*
*Aumentar a Desigualdade.*
*O Colapso do Mundo Socialista: o Gigante Soviético vai ao Solo.*
*E a História Continua.*

Poucos momentos da história podem ser tão adequadamente descritos como "tempos de prosperidade" quanto o período que se estende da década de 1940 até o início da década de 1970. Não apenas a acumulação de capital avançou, em escala global, com um vigor imprevisto e sem precedentes – com as recessões suavizadas pela mediação do Estado –, como as sociedades socialistas e pós-coloniais percebiam-se vivendo melhor do que no passado, seja pelo acesso às novas tecnologias, aos novos serviços e bens, seja pela importância relativa de que passaram a desfrutar.

O grande percentual de jovens no total da população – toda uma geração que chegava à idade adulta sem ter vivido as grandes recessões e os impactos diretos das guerras mundiais – era a expressão da própria prosperidade e reforçava a perspectiva otimista de que o futuro traria tempos melhores. Os índices de analfabetismo regrediam, os jovens permaneciam mais tempo nas escolas, também era composta de jovens boa parte da força de trabalho das grandes empresas tecnologicamente avançadas, o que parecia querer dizer que a continuidade do crescimento estava garantida.

266 | *Capítulo 24*

A expectativa positiva em relação ao futuro, entretanto, não escondia um certo desconforto com o rumo que as mudanças vinham tomando – ainda que parte significativa dos problemas que em breve iriam eclodir fosse ainda imperceptível para a grande maioria da população. A velocidade com que as mudanças econômicas e tecnológicas ocorriam não era acompanhada por mudanças sociais ou políticas no mesmo ritmo. Podia-se escolher o aparelho de televisão ou o refrigerador que seria levado para casa, mas os representantes políticos ainda eram os mesmos que haviam participado da Segunda Guerra e da reconstrução econômica. As informações sobre os acontecimentos que se desenrolavam nos diversos continentes estavam disponíveis nos jornais diários, mas nas escolas e universidades os programas de estudo continuavam os mesmos do século XIX. A tecnologia permitia que os homens conseguissem sobreviver no espaço e partir em direção à Lua, mas as mulheres e os negros, em grande parte dos países ocidentais, ainda sofriam restrições legais ou informais aos seus direitos.

Os jovens, em particular, se perguntavam que espécie de sociedade era aquela em que viviam. O que a impedia de mudar? Como poderiam vir a ser mais felizes? O consumo é a meta final do ser humano? Seus pais e avós, bem como políticos, governantes e lideranças sindicais, acreditavam que o avanço já fora grande e era preciso caminhar com segurança. Para a juventude urbana, sobretudo, ainda havia muito a ser feito. Ao contrário das gerações mais velhas, eles sabiam que quase tudo poderia ser diferente e melhor, e que pouco poderiam esperar dos velhos e ultrapassados representantes de uma ordem em declínio. Por isso lançaram-se às ruas.

O descontentamento que se via nas manifestações de 1968/1969 refletia a descrença dessa juventude nas lideranças tradicionais. Quando dizia não mais acreditar em propostas de mudanças que partissem dos governantes e que aqueles que haviam prometido mudar o mundo tinham faltado com a sua palavra, ela colocava o dedo nos problemas crescentes que os modelos de desenvolvimento adotados no pós-guerra estavam apresentando. A negação das saídas tradicionais incluía as chamadas democracias liberais, os estados de bem-estar social, o dirigismo desenvolvimentista nacionalista e os regimes socialistas também. Nelas não havia espaço para o novo homem; nelas não havia a preocupação em transformar a consciência "alienada" e em permitir que os seres humanos fizessem uso de todas as suas capacidades; através delas não seria possível inverter as prioridades da sociedade tecnocrática e colocar o ser humano no centro da sua própria existência.

Fora da Europa ou dos EUA, no insurgente Terceiro Mundo, talvez seja possível encontrar o caminho e o sentido da mudança. O escritor anglo-paquistanês Tariq Ali, na época um jovem militante, conta que a notícia da Ofensiva do Tet – como ficou conhecido o ataque dos vietcongues – provocou *uma onda de alegria e energia que repercutiu no mundo inteiro, e milhões de pessoas estavam de repente exultantes, pois deixaram de acreditar na força do seu opressor.*

O repúdio à guerra que a maior potência tecnológica mundial travava contra o pequeno país camponês, sem que a opinião pública se convencesse dos motivos apresentados pelos governantes norte-americanos, e as baixas que lhe eram impostas pela determinação dos vietnamitas concretizavam o equívoco dos dirigentes das grandes potências e as possibilidades de vitória do "outro".[1]

Foi em torno dos acontecimentos no Sudeste asiático que, em fevereiro de 1968, convocados pelos estudantes ligados à SDS (*Socialistische Deutsche Studentenbund*) – União Socialista dos Universitários da Alemanha, lideranças universitárias de toda a Europa realizaram na Universidade Livre de Berlim um Congresso Internacional em apoio ao Vietnã. Em seu discurso, Rudi Duschke, dirigente da SDS e principal liderança estudantil alemã, associou a luta do povo vietnamita contra a intervenção norte-americana à travada pelos estudantes europeus contra a sociedade de classes em que viviam. Com eles e como eles, repetia os versos cantados nas manifestações londrinas, "*lutaremos, venceremos, Paris, Londres, Roma, Berlim!*"

As reivindicações dos manifestantes mesclavam bandeiras políticas comuns ao período: "*Trabalhadores de todos os países, divirtam-se!*"; "*A emancipação do homem será total, ou não será!*"; "*O patrão precisa de você, você não precisa dele!*"; "*Trabalhador: você tem 25 anos, mas seu sindicato é de outro século!*"; "*Desde 1936 eu lutei por aumento de salário, meu pai antes de mim lutou por aumento de salário. Hoje eu tenho uma TV, uma geladeira e um fusca. No entanto, eu vivi a vida inteira como um panaca. Não negocie com os patrões. Elimine-os!*"; "*Plebiscito: quer digamos sim, quer digamos não, seremos feitos de panacas!*"[2] – e o enfrentamento de problemas locais.

Em Paris, no México, no Brasil ou na Tchecoslováquia o descontentamento com a ameaça nuclear e as guerras – o Vietnã, em particular –, com a ausência de liberdade individual e com a opressão política combinava-se com a denúncia de um crescimento econômico voltado para a acumulação de riquezas e não para a satisfação da população, no qual os trabalhadores eram pensados como máquinas a serviço da produção, desprovidos de criatividade ou ritmo próprio. Negava-se a prioridade concedida à racionalidade técnica que resultava na burocratização do cotidiano e na alienação das instituições em relação à vida de mulheres e homens reais. Criticava-se o abandono dos projetos de mudanças profundas em nome da pacificação da vida política e da manutenção da estabilidade dos governos. Entretanto, em Praga também se combatia o controle que os soviéticos exerciam sobre o partido comunista e o governo tcheco – inclusive com a presença de tropas soviéticas no território – e sonhava-se com um socialismo no qual a liberdade e a igualdade pudessem conviver, um socialismo com rosto humano, como se dizia então, ecoando as palavras de Alexander Dubcek, secretário-geral do Partido Comunista tcheco, e uma das lideranças no movimento.

---

[1] Um movimento como o ocorrido em 1968 não pode ser atribuído a uma causa única. A revolução cultural chinesa, que ao negar o conhecimento tradicional acumulado pelos mais velhos atribuía aos jovens o papel central na mudança da ordem política, assim como a saga de Che Guevara, que deixando para trás o conforto da revolução vitoriosa em Cuba se lança pela África e pela América do Sul, solidário com os oprimidos de todo o mundo, e encontra a morte nas selvas da Bolívia, também exerceu forte influência no imaginário da juventude. Não podemos esquecer que foi naquele momento que a televisão se tornou um bem de consumo de massas fora dos Estados Unidos, o que ampliava o impacto dos acontecimentos internacionais.

[2] Esses slogans foram extraídos de May 1968: Encyclopedia II – Slogans and graffiti. Disponível em http://www.experiencefestival.com/a/may%201968%20-%20slogans%20and%20graffiti/id/1753886 acessado em 10/09/2009.

A incapacidade de os governantes mexicanos incorporarem as novas reivindicações urbanas e a tradição de autonomia das suas universidades, ameaçada pela intervenção estatal temerosa de mobilizações políticas durante as Olimpíadas que seriam realizadas na cidade do México, são traços específicos da rebelião naquele país. Provavelmente a maioria dos manifestantes que em outubro de 1968 se dirigiu com suas famílias à praça das Três Culturas, também conhecida como Tlatelolco, e se viu atacada a tiros pelo exército mobilizara-se por questões da própria conjuntura mexicana, mas também discordava do uso de armamento nuclear. Da mesma forma, no Brasil, as críticas à ditadura militar, à censura ou à falta de acesso às universidades, presentes nas manifestações que se espalharam pelo País, resultaram de tensões vividas pelos brasileiros naquele momento, submetidos à ditadura que tomara o poder com o golpe civil-militar de 1964.

Ao mesmo tempo em que a revolta estudantil se alastrava, ganhavam corpo as ações do movimento operário[3]. As lutas dos estudantes, dos trabalhadores e dos povos oprimidos estimulavam-se umas às outras: o exemplo dos que lutavam fortalecia os outros, segundo o jornalista Vito Gianotti: *"desde fevereiro, no Vietnã, um povo miserável lutava para libertar seu país da invasão norte-americana e implantar um regime socialista. Seu comportamento heroico, desafiando o exército mais poderoso do mundo, era um incentivo para todos aqueles que tinham qualquer ideal de mudança. Nos EUA, dias antes da eclosão da primeira greve no nosso país, tinha sido assassinado pelas forças do sistema o contestador Martin Luther King. Na China continuava a turbulência da Revolução Cultural, e na França os estudantes da cidade de Nanterre estavam chegando à capital, Paris, com seus protestos e passeatas cheias de revolta"*.[4]

A maior parte das manifestações operárias ocorria sem o apoio ou, o que era mais frequente, contando com a oposição dos sindicatos de classe. Na França, logo após as primeiras manifestações estudantis de 1968, 10 milhões de trabalhadores, entre eles um grande número de jovens, se colocaram em greve em todo o país, rompendo com a política de colaboração de classes das direções sindicais controladas pelo stalinismo. As principais fábricas e os setores estratégicos da economia foram colocados sob o controle operário através dos Comitês de Greve, que organizavam a autodefesa dos manifestantes, controlavam a produção, preparavam as barricadas e abasteciam de alimentos os operários das fábricas em greve. Desde o início, o movimento assumiu uma clara perspectiva revolucionária, com manifestações que exigiam a derrubada do governo De Gaulle e questionavam os valores e a moral da sociedade burguesa.

Quando se depararam com a grandiosidade do movimento operário e sua articulação quase espontânea com os estudantes, os dirigentes do Partido Comunista Francês não titubearam. O jornal do PCF, pela voz de seu chefe, Georges Marchais, afirmou: *"Como sempre, quando avança a união das forças operárias e democráticas, os grupelhos 'esquerdistas' se agitam.*

---

[3] A França contabilizou em torno de 150 milhões de dias de greve como mínimo, enquanto na Itália 37 milhões e 14 milhões na Inglaterra. No Brasil, depois de praticamente destroçados pelo golpe militar de 1964, os operários retornam à cena política e, ao longo de 1968, três grandes movimentos ocorreram: a greve de Belo Horizonte e Contagem (MG), o 1º de Maio na praça da Sé (SP) e a greve da cidade de Osasco, em São Paulo.

[4] Vito Gianotti, O ano de 1968 e o movimento operário no Brasil. Revista *ADVIR*, n. 22, Rio de Janeiro. Out./2008.

*Se encontram particularmente ativos entre os estudantes. (...) É preciso desmascarar esses falsos revolucionários que objetivamente servem aos interesses do poder gaullista e dos grandes monopólios capitalistas".*[5]

No verão europeu de 1968, os operários italianos também entraram em greve, mantendo intenso contato com o movimento estudantil. Alternando os focos e as estratégias da greve, mas envolvendo milhares de trabalhadores em todo o país e em suas indústrias de ponta, como a Pirelli e a Fiat, as manifestações se prolongaram até outubro de 1969. Nas fábricas, organizaram-se comitês de base e grupos políticos de ação que conduziam a luta mantendo significativa independência em relação aos sindicatos e ao partido comunista italiano. Os grupos mais bem-sucedidos – Potere Operaio (Força Operária) e Avanguardia Operaia (Vanguarda Operária) – traziam no próprio nome a dimensão de disputa pelo poder político que o movimento apresentava.

Avançando na negociação com os empregadores para além das conquistas salariais, os trabalhadores obtiveram o direito de eleger "conselhos de fábrica" com a função de organizar e representar os trabalhadores da base.[6] Semelhante foi o processo de mobilização e articulação dos operários na Alemanha Ocidental, cuja organização autônoma dialogava com os social-democratas que passaram a compor o governo em 1969, com o apoio explícito dos sindicatos.

Assim como a rebelião estudantil, as manifestações operárias foram intensas e abrangeram diversos países, do centro capitalista à sua periferia. Um traço que as unia era a elevada ausência de vínculos com as estruturas sindicais e partidárias herdadas do período anterior, assim como a reivindicação de organização pela base e de autonomia. Os operários haviam decidido ser os atores principais do seu próprio movimento, como ficou claro na greve de Osasco – município de São Paulo, ainda em 1968. *"Lá os operários estavam fazendo o mesmo que acontecia em dezenas de greves daquele ano na França, Itália e Alemanha. Tinham ocupado a fábrica. Além da ocupação os operários desta grande fábrica inovaram em suas táticas. Rapidamente, na Cobrasma, as lideranças da greve prenderam mais de 30 dirigentes e executivos e os mantiveram sob guarda num local fechado, soldado com maçarico. Ninguém sairia até a empresa ceder às reivindicações dos operários. Este era o sonho."*[7]

O descontentamento de estudantes e operários convergia em vários pontos, como vimos. E, em certo sentido, podemos afirmar que foram fruto do próprio sucesso relativo da ordem mundial instalada após a Segunda Guerra. Apesar de terem chegado ao poder e do crescimento econômico alcançado, nem o *american way of life,* nem a *velha esquerda* tinham sido capazes de concretizar as expectativas suscitadas com a derrota do fascismo e de tudo que ele significava.

E foi exatamente naquele momento que a economia mundial entrou em um longo período de estagnação.

---

[5] G. Marchais, De faux révolutionnaires à démasquer, *l'Humanité*, Paris, 03/05/68.
[6] O quadro de união entre estudantes e operários e as tensões com o partido comunista italiano e os sindicatos de base social-democrata são apresentados com maestria no filme "A classe operária vai ao paraíso" (*La classe operaia va in paradiso*), de Elio Petri, Itália, 1971.
[7] 1968 e o movimento operário no Brasil. In: *Socialismo e democracia*. Disponível em: http://zequinhabarreto.org.br/?p=739 acesso em 07/09/2009.

## A prosperidade não será para todos

Assim como os movimentos de contestação que marcaram o final da década de 1960 podem ser entendidos como resultantes do crescimento sem precedentes da riqueza mundial ocorrido no pós-guerra, a aguda crise econômica que se instalara a partir daquele momento, também.

O sistema de Bretton Woods, forjado em um cenário no qual as ideias de planejamento e intervenção do Estado na economia predominavam, fez emergir uma ordem financeira internacional na qual a estabilidade propiciada pelo regime de câmbio fixo do antigo padrão-ouro e a flexibilidade requerida por governos nacionais assumiam como dever a manutenção do pleno emprego. Como fiadores e gerentes desse arranjo, os Estados Unidos consolidavam sua liderança econômica mundial. Sob sua vigência, em duas décadas e meia houve a recuperação dos fluxos de comércio multilaterais, e a Europa e o Japão retomaram seu crescimento, chegando mesmo em alguns campos da economia a ultrapassar os norte-americanos. A industrialização periférica tornou-se um fato. Durante os "anos dourados" das décadas de 1950 e 1960 taxas recordes de crescimento da renda foram alcançadas, e houve uma relativa estabilidade nas economias centrais e em parcela significativa da periferia.

Neste momento você deve estar se perguntando: como então se chegou à falência desse modelo? A história nos ensina que a maioria dos problemas do mundo é mais bem explicada a partir do centro do problema. Será, portanto, voltando nossos olhos para os Estados Unidos que vamos buscar entender a crise.

Apesar de serem um dos principais produtores de mercadorias industriais e agrícolas do mundo, apresentando uma balança comercial positiva – exportando mais do que importavam – do início do século XX até a década de 1970; de serem fornecedores de serviços de alto valor para os países periféricos – seguros, transportes etc. – e de possuírem elevados investimentos no exterior, o balanço de pagamentos – diferença entre a entrada e a saída de moedas – dos Estados Unidos havia se tornado deficitário de cerca de 1950 em diante, com exceção de um único ano.[8]

Isso acontecia porque para manter sua hegemonia mundial – ou o lugar de guardiães da democracia que eles próprios se atribuíam – os governantes norte-americanos precisavam fazer gigantescos gastos no exterior: reconstrução dos países capitalistas, manutenção de bases militares, financiamento de seus partidários em guerras localizadas, bem como fornecer subsídios econômicos e militares aos seus aliados. Isto é: o controle de um império de proporções mundiais deixava sua marca no déficit persistente do balanço de pagamentos. Este quadro foi agravado com a resistência oferecida pelos norte-vietnamitas às forças dos EUA, tornando a guerra mais longa e muito mais cara.

O quadro se agravou em meados da década de 1960, quando com a reconstrução europeia e japonesa concluída não só a produção dessas regiões abastecia o seu próprio

---

[8]A análise que apresentamos da crise norte-americana baseia-se em artigos publicados por Harry Magdoff e Paul Sweezy, companheiros de Leo Huberman na direção da Monthly Review, publicados no Brasil pela Editora Campus, em 1978, com o título *O fim da prosperidade,* a economia americana na década de 1970.

mercado como ela passou a ser exportada, inclusive para os EUA. Acentuava-se a disputa por mercados em âmbito mundial e, como resultado, o mercado norte-americano se via reduzido. As luzes vermelhas se acenderam totalmente quando, em 1971, a balança comercial norte-americana ficou negativa em US$2,7 bilhões.

Vamos observar com atenção as duas tabelas a seguir, que nos apresentam informações sobre aspectos das contas governamentais dos Estados Unidos:

**TABELA 1**
**BALANÇO DE GASTOS E RECEITAS FEDERAIS NORTE-AMERICANAS**
**(1965 – 1973)**

| Ano fiscal | Bilhões de dólares (+ = superávit, – = déficit) |
|---|---|
| 1965 | – 1,6 |
| 1966 | – 3,8 |
| 1967 | – 8,7 |
| 1968 | – 25,2 |
| 1969 | + 3,2 |
| 1970 | – 2,8 |
| 1971 | – 23,0 |
| 1972 | – 23,2 |
| 1973 | – 14,3 |

Fonte: *The Economic Report of the President*, 02/1974, p. 123.

**TABELA 2**
**CRESCIMENTO DA OFERTA MONETÁRIA NORTE-AMERICANA**
**(1965 – 1973)**

| Ano | Bilhões de dólares – US$ | Aumento percentual |
|---|---|---|
| 1965 | 463 | – |
| 1966 | 485 | 4,8 |
| 1967 | 533 | 9,9 |
| 1968 | 577 | 8,3 |
| 1969 | 594 | 3,0 |
| 1970 | 641 | 7,9 |
| 1971 | 727 | 13,4 |
| 1972 | 822 | 13,1 |
| 1973 | 893 | 8,6 |

Fonte: *The Economic Report of the President*, 02/1974, p. 310.

Elas nos informam sobre uma situação de crise. Por quê? Vamos supor que durante nove anos seguidos, ao administrar as contas da sua casa você tivesse, exceto em um único ano (em que mesmo assim não sobrou muito), gasto mais do que recebido (Tabela 1); ao mesmo tempo em que isso ocorre, a quantidade de dinheiro que você e sua família têm em mãos não para de crescer (Tabela 2). Parece evidente que alguma coisa está errada: ou vocês estão ficando soterrados por dívidas, ou têm uma maquininha de fazer dinheiro! Transfira esse raciocínio para uma economia nacional, como a dos Estados Unidos, e você irá chegar à mesma conclusão, com um agravante: o aumento da oferta monetária (que significa todo o dinheiro em circulação mais os depósitos a prazo e à vista em bancos somados aos depósitos em instituições de poupança não bancárias) sem um crescimento da economia correspondente irá significar aumento dos preços, isto é, inflação. E vejamos o que acontecia nos Estados Unidos em relação à produção e ao emprego:

### TABELA 3
### DESEMPREGO E UTILIZAÇÃO DA CAPACIDADE DE PRODUÇÃO
### ESTADOS UNIDOS
### (1965 – 1973)

| Ano | Desemprego como percentagem da força de trabalho civil | Percentagem de utilização da capacidade de produção |
|---|---|---|
| 1965 | 4,5 | 89,0 |
| 1966 | 3,8 | 91,9 |
| 1967 | 3,8 | 87,9 |
| 1968 | 3,6 | 87,7 |
| 1969 | 3,5 | 86,5 |
| 1970 | 4,9 | 78,3 |
| 1971 | 5,9 | 75,5 |
| 1972 | 5,6 | 78,6 |
| 1973 | 4,9 | 83,0 |

Fonte: *The Economic Report of the President*, 02/1974, p. 279, 291.

Como podemos ver, a economia não estava respondendo com toda a força aos estímulos gerados pela maior quantidade de moeda em circulação. A capacidade instalada da economia não estava sendo toda usada, o que significava que não estava havendo crescimento da demanda, ou seja, dos pedidos de mais mercadoria produzida. Ao se produzir menos, também se diminuía o consumo de força de trabalho, ampliando-se o desemprego. Olhe para a Tabela 3 novamente. Se compararmos os primeiros anos da década de 1970 com a segunda metade da década de 1960, veremos como a situação piorou: a menor taxa de desemprego dos anos 1970 é maior do que a maior da década de 1960; a maior taxa de ocupação da capacidade de produção na década de 1970 é menor do que a menor taxa dos anos 1960!

A solução de matriz keynesiana, que até então tinha sido capaz de suavizar as crises do capitalismo, estava custando a apresentar resultados, levando a que alguns começassem a duvidar de sua eficiência. Da mesma maneira que defenderam o acordo de Bretton Woods como expressão dos seus interesses nas negociações após a Segunda Guerra, os EUA o descartaram quando ele deixou de lhes ser útil. Em 1971, o presidente norte-americano Richard Nixon decretou unilateralmente o fim da paridade do dólar em relação ao ouro e adotou medidas comerciais protecionistas, buscando recuperar a competitividade da sua economia. Mais uma vez, será a ação enfática do Estado o caminho buscado para a solução da crise econômica.

Dando continuidade ao processo, ainda em 1971 o governo dos Estados Unidos articulou com o governo do Irã o aumento gradual dos preços do petróleo. Apesar de ser um grande consumidor de petróleo, os EUA também o produzem, o que não acontecia com a grande maioria dos seus parceiros comerciais. A elevação dos preços do petróleo fez subir o preço de matérias-primas e alimentos, assim como o da produção industrial, afetando a economia global. Mas é essencial que consideremos que o impacto dos custos de produção mais elevados não se dá de maneira uniforme em todos os ramos nem em todos os países.

Os historiadores Visentini e Pereira, comentando o impacto que a manobra de elevação dos preços do petróleo, iniciada em 1971 e acentuada quando a Opep – Organização dos Países Exportadores de Petróleo – eleva em quatro vezes o preço do barril, em 1973, destacam que além de importar menos de 10% de seu petróleo do Oriente Médio, os Estados Unidos possuíam ampla ascendência sobre as megaempresas da indústria petrolífera – as "sete irmãs", como são conhecidas. E que o saldo dessa operação foi deixar *"os Estados Unidos em uma posição de nítida vantagem sobre o Japão e a Europa na corrida para a reestruturação econômica que se iniciava. Além disso, alguns países do Terceiro Mundo se beneficiaram, em certa medida, com os aumentos de preços, qualificando-os a desempenhar o papel de potências locais, com as quais os Estados Unidos dividiriam as tarefas de gendarme"*.[9]

Efetivamente os países produtores de petróleo passaram a contar com um enorme volume de recursos monetários que foi usado para importação de produtos das economias centrais – o setor industrial nos países membros da Opep era quase inexistente – e outra parte buscou o sistema bancário, principalmente dos Estados Unidos e da Alemanha, à procura de investimentos lucrativos. Os bancos passaram, então, a oferecer aos governos dos países pobres – que estavam às voltas com contas desequilibradas, desemprego e insatisfação interna crescentes – empréstimos salvadores. Frente a um quadro no qual as empresas privadas não se viam em condições de tomar novos empréstimos e as possibilidades de investimento produtivo rentável eram mínimas, os empréstimos públicos, garantidos pelos governos – que, ao contrário das empresas, não poderiam falir (pensavam eles), eram uma opção das mais vantajosas.

O tesouro norte-americano avaliou que no período 1974-1980 o superávit comercial dos países da Opep foi de US$ 117 bilhões. Era muito dinheiro a ser investido! Ele permitiu que

---

[9] O conjunto da análise de Paulo Visentini e Analúcia Pereira chegará a concluir que foi a ação de Nixon que deu início à crise mundial do capitalismo, e não o que ocorreu depois. Cf. VISENTINI; PEREIRA: 2008, p. 183.

os países do Terceiro Mundo continuassem importando bens e equipamentos industriais – produzidos pelas economias centrais – para a manutenção do desenvolvimento econômico (evitando, dessa maneira, o desgaste político). Os países industrializados também viram suas exportações se elevarem, estimuladas pelas importações dos países membros da Opep.

Vamos perceber melhor a situação constatando que em 1970 a dívida externa líquida do Brasil era de US$ 4,1 bilhões; saltou para US$ 11,8 bilhões em 1974 e alcançou a cifra de US$ 40,2 bilhões em 1979. Multiplicou-se por 10 em um intervalo de dez anos. Por outro lado, o déficit comercial dos Estados Unidos com os países da Opep, entre 1974 e 1977, foi de US$ 36 bilhões. Entretanto, no mesmo período o dinheiro da Opep colocado em bancos norte-americanos ou usado para comprar obrigações dos Estados Unidos e títulos de ações ou empresas norte-americanas totalizou US$ 38 bilhões.[10] Como dissemos: os efeitos da crise são muito diferentes para economias diferentes!

Em 1979, a ligeira recuperação que a economia norte-americana havia apresentado vai sofrer um novo abalo, pressionada pela constante desvalorização do dólar e pelo novo choque do petróleo.

Ao longo de todo esse período e em paralelo com as medidas que descrevemos, algumas modificações no perfil da economia mundial foram se delineando: a esfera financeira foi ganhando cada vez mais espaço como destino principal do capital em sua busca pelo lucro, deixando em uma posição secundária o investimento produtivo; o desemprego cresceu significativamente, não mais como efeito de retrações pontuais, mas fruto da aplicação de tecnologias estruturalmente poupadoras de mão de obra; as indústrias deslocavam as suas fábricas de regiões ou países em que os salários dos trabalhadores eram mais elevados ou eles tinham alguns benefícios, fruto da maior tradição de luta do movimento operário, para outras áreas em que os salários eram mais baixos; o avanço tecnológico permitiu que um grande número de empresas deslocasse parcelas da sua produção – produzindo integralmente, apenas montando ou repartindo a fabricação do produto – para a periferia do capitalismo, bem como instalassem suas sedes em "paraísos fiscais", visando à redução de seus custos de operação. Acelerou-se, por esses meios, a transnacionalização da produção industrial, com as empresas tornando-se mais e mais globalizadas.

Podemos dizer que, como resposta à crise e ao mesmo tempo atuando para acelerá-la, essas mudanças são parte de um processo mais geral de reestruturação do capitalismo que se encontrava em curso. O antigo modelo de acumulação capitalista, sustentado pela articulação entre o fordismo e o keynesianismo (ver Capítulo 23), havia chegado ao seu limite. Para além das crises conjunturais, como a da elevação do preço do petróleo, o que não mais se conseguia reproduzir eram as taxas de crescimento e de lucro das décadas anteriores, tendo os impostos que asseguravam o mínimo de bem-estar social ao conjunto da sociedade, o pleno-emprego e os salários mantidos e corrigidos coletivamente se tornado não mais um estímulo, mas um obstáculo às expectativas de reprodução do capital.

Os Estados Unidos saem na frente na busca de retomada do dinamismo econômico, a Europa e o Japão irão ter maiores dificuldades a ultrapassar – em particular em face dos

---

[10] Em valores da época.

vultosos recursos exigidos na mudança. As economias semi-industrializadas ou de industrialização muito recente, como aquelas do Terceiro Mundo, verão dificultadas suas expectativas de autonomia, e o mundo socialista acabará destroçado ao procurar adaptar-se às modificações que estavam ocorrendo.

*Reafirmando o valor positivo da desigualdade e da competição desenfreada: o mercado volta a ser o rei*

Quando alguma coisa começa a dar errado, tem sempre alguém para afirmar: *"viu como eu tinha razão? Eu já havia falado que não iria dar certo!"* da mesma forma que há sempre aqueles que lhes dão razão. O acontecimento, por ele mesmo, parece conferir aos argumentos que antes eram desconsiderados o valor de verdade. É assim na vida, na política e na economia, também.

Com as taxas de crescimento declinando, começaram a ganhar espaço explicações para o funcionamento da economia consideradas, até então, equivocadas.

Os críticos dos mecanismos de regulação do mercado pelo Estado e, em consequência, do estado de bem-estar social, que praticamente pregavam para si mesmos desde o final da Segunda Guerra[11], tornam-se, ao longo da década de 1970, os "brilhantes arautos do futuro". Seus mais expressivos representantes foram ganhadores do Prêmio de Ciências Econômicas, incorretamente chamado de prêmio Nobel de economia, logo no início da década: o austríaco Friedrich August von Hayek, em 1974, e o norte-americano Milton Friedman, em 1976, argumentando que a proteção oferecida pelo Estado era um atentado à liberdade dos cidadãos e à vitalidade da concorrência, base da prosperidade geral.

Para eles o centro do problema eram os sindicatos e o movimento operário que pressionava para que os salários fossem mais elevados e que o Estado aumentasse seus gastos com políticas sociais. Não, você não está enganado, é isso mesmo. O senhor Hayek argumentava que a ação dos sindicatos fazia diminuir os níveis necessários de lucros das empresas e levava a que o Estado emitisse mais moeda para cobrir seus gastos com saúde, educação, transportes ou habitação que não lhe davam retorno, originando, dessa forma, um processo inflacionário. Como corrigir o problema?

Em primeiro lugar, seria preciso quebrar o poder dos sindicatos dos trabalhadores e garantir a estabilidade da moeda. O Estado deveria reduzir ao máximo os gastos que eles definiam como parasitários, isto é, os gastos com o bem-estar, e evitar qualquer tipo de proteção ao emprego, de maneira que a formação de um exército de reserva de trabalhadores não só levasse os salários para baixo como enfraquecesse o poder dos sindicatos. O próximo passo deveria ser estimular o investimento, reduzindo o peso do imposto sobre as atividades produtivas e o capital, permitir que se desenvolvessem novos ramos lucrativos para a atividade privada: como a educação, a saúde, os transportes ou o fornecimento de outros

---

[11] O texto fundador desta concepção, *O caminho da servidão*, foi escrito por Hayek em 1944 e, desde 1947, o próprio Hayek e alguns economistas que compartilhavam dessa visão – Milton Friedman, Ludwig von Mises, Walter Lipmann, Lionel Robbins e Walter Eupken, entre outros – fundaram a Sociedade de Mont Pèlerin, que realizava encontros internacionais regulares.

serviços públicos essenciais. Para obter todas essas condições fazia-se imprescindível uma forte atuação do Estado, considerado por essa corrente o viabilizador do livre mercado. Nesse aspecto sua teoria se diferencia da dos pensadores liberais clássicos, mas, como eles, acreditam que a vida econômica resulta da livre iniciativa dos indivíduos movidos pelos seus interesses e que a mola-mestra da economia é o mecanismo de preços. Essa diferença em relação ao liberalismo clássico é que justifica o acréscimo do prefixo "neo" ao nome da corrente de pensamento pela qual passaram a ser identificados: neoliberais.

A vitória das concepções neoliberais não se deu sem resistência. Muito pelo contrário! Quando as economias começaram a declinar e os preços a aumentar, em virtude da inflação, os sindicatos se mobilizaram para proteger os trabalhadores das perdas salariais. Na Inglaterra, os mineiros de carvão – o mais antigo sindicato britânico – foram diminuindo o ritmo de trabalho até cessarem totalmente as atividades, no início de 1974, forçando o país a decretar uma semana de trabalho de três dias. Na Itália os trabalhadores conquistaram uma escala de salários móvel, com os reajustes dos salários atrelados aos aumentos da inflação. Na Alemanha os sindicatos conquistaram o direito de participar da gestão da economia, no que ficou conhecido como modelo de codeterminação da política econômica. Com o fim das ditaduras de Franco e Salazar, Espanha e Portugal viram partidos de esquerda chegarem ao poder, isso ainda na primeira metade da década de 1970. Na Suécia, o Plano Meidner, de 1975, criou um fundo de ações – formado por uma parte dos lucros das empresas – que permitiu que os sindicatos se tornassem acionistas da maior parte das empresas privadas do país. Os socialistas holandeses chegaram ao poder pela primeira vez em 15 anos.

Buscando diminuir o impacto do crescente desemprego, os governos ampliavam a contratação direta de funcionários e, assim, tentavam manter aquecida a economia. Há cálculos que indicam que, no início dos anos 1980, 20% dos empregos europeus eram públicos. Em um cenário no qual a elevação de impostos teria enorme impacto político, grande parte dos gastos dos Estados passaram a ser cobertos por empréstimos – até porque com a inflação alta os juros deixavam de ser significativos. Não era, portanto, um problema financiar os gastos sociais enquanto as taxas de juros ficassem abaixo da inflação. Mas isso não conseguiria resolver o problema estrutural da economia.

Por sua vez, os empresários e seus representantes políticos exigiam do Estado medidas que, na sua opinião, viessem a erradicar definitivamente o problema, isto é, que levassem as taxas de crescimento e de lucro aos mesmos níveis das décadas de 1950 e 1960. O que, como já vimos, significava reduzir ainda mais os empregos, diminuir os salários e eliminar os benefícios sociais. Estava em curso uma forte reação dos conservadores.

Na América Latina, o início da crise foi acompanhado pela generalização das ditaduras militares, que contaram com o apoio do governo norte-americano refratário a quaisquer iniciativas que viessem a dificultar o fluxo de capitais em sua direção – vital em tempos de crise. Em 1973, o governo do socialista Salvador Allende é derrubado por militares chefiados pelo general Augusto Pinochet com apoio explícito – tático e financeiro – da CIA e das companhias transnacionais; no mesmo ano os militares uruguaios golpeiam a democracia em seu país; em 1976, o general Jorge Videla comanda o golpe militar na Argentina. Dão continuidade a governos ditatoriais o Paraguai (1954); o Brasil (1964); a Bolívia (1972) e o Equador (1972). Todos vivenciaram a crise, o controle do movimento popular e nacionalista e o processo de abertura ao capital estrangeiro. Ao final da década, eclodem na região movimentos e revoluções de caráter popular e socialista: a revolução na Nicarágua, em El Salvador e na Guatemala; o novo sindicalismo do ABC industrial, o movimento dos professores, dos estudantes, de moradores de periferia, pela criação de um partido de trabalhadores no Brasil.

Não mais havia possibilidade de convergência política, um dos pilares da ordem internacional do pós-guerra. A existência do bloco socialista refreava a explosão dos conflitos, mas isso não iria durar muito...

*Sob a nova ordem neoliberal: elevar os lucros fazendo aumentar a desigualdade*

A reação conservadora teve início em 1979, quando Margareth Thatcher foi eleita primeira-ministra britânica, tornando a Inglaterra o primeiro dos países de capitalismo avançado a ter um governo publicamente empenhado em pôr em prática um programa neoliberal. Ronald Reagan, em 1980, chegou à presidência dos Estados Unidos com uma plataforma semelhante. Em 1982, foi a vez da Alemanha, com Helmut Kohl. Em 1983, a Dinamarca elege Poul Schluter em uma clara coalizão de direita. Em seguida, quase todos os países do norte da Europa Ocidental, com exceção da Suécia e da Áustria, seguem o mesmo caminho.

Como havia anunciado, a dama de ferro britânica, ao longo de seus governos, atacou o movimento sindical e operário: restringiu a atuação dos delegados sindicais, regulou detalhadamente a atuação dos sindicatos, inclusive estabelecendo inúmeras restrições ao direito de greve – a greve de solidariedade e os piquetes, por exemplo, foram proibidos – e regulando eleições e finanças dos sindicatos; excluiu o Reino Unido da assinatura e adesão da Carta Social estabelecida pela União Europeia, que estipulava um conjunto de direitos sociais a serem seguidos pelos países participantes, eliminou a presença dos sindicalistas nas decisões das empresas públicas, acabou com a obrigatoriedade da contratação coletiva, ao mesmo tempo em que criou as condições para a introdução das novas técnicas produtivas, fundadas na individualização das relações entre capital e trabalho e sustentadas na desregulamentação das relações de trabalho. Em atitude que pretendia não deixar dúvidas sobre como se deveriam dar as relações entre capital e trabalho sob a nova ordem, enfrentou uma greve dos mineiros contra o fechamento das minas de carvão durante praticamente um ano (1983/4), recusando-se a qualquer negociação. Como resultado, mais de 220 mil postos de trabalho nas minas foram eliminados, e uma das mais importantes categorias do movimento operário inglês, de heroica tradição de luta e resistência, foi praticamente eliminada. Com o mesmo vigor, dedicou-se a outros pontos do programa neoliberal: contraiu a emissão monetária, elevou as taxas de juros, baixou drasticamente os impostos sobre os grandes rendimentos, aboliu os controles sobre os fluxos financeiros, permitiu o desemprego maciço e cortou gastos sociais. Privatizou a habitação pública, as indústrias do aço, o fornecimento de energia elétrica, de água, de gás e do petróleo. Sua atuação foi considerada modelo nos países de capitalismo avançado.

Nos Estados Unidos, a atuação de Ronald Reagan teve um perfil um pouco diferente, sem abandonar a retórica neoliberal ou deixar de reduzir os impostos dos ricos, elevar as taxas de juros ou combater greves – como a dos controladores de voo. Com o objetivo de eliminar as ameaças à sua dominação mundial – a onda revolucionária que atingia regiões bastante pobres do planeta, bem como o crescimento do fundamentalismo religioso islâmico e o impacto das revoluções latino-americanas da década de 1970 – o ex-ator de Hollywood[12], como nas continuações cinematográficas dos filmes de grande bilheteria, reacendeu a Guerra Fria. Lançou os EUA em uma nova corrida armamentista, cujo expoente foi o projeto *Guerra nas estrelas*, que colocava a União Soviética frente a um desafio maior do que ela teria capacidade de acompanhar. Fragilizados economicamente, os soviéticos precisaram abandonar o apoio aos seus aliados e às revoluções do Terceiro Mundo para que a pressão militar que sofriam diminuísse e eles pudessem responder ao descontentamento no interior das suas próprias fronteiras. Reforçando o discurso anticomunista, facilitado pela invasão dos soviéticos ao Afeganistão, a gestão Reagan pressiona seus aliados-rivais[13] a fazerem parte de sua "cruzada contra o mal". Por esse mecanismo, além de fazê-los aumentar seus gastos militares impede a concretização de negociações vantajosas que estavam em discussão e trariam vantagens quer aos europeus ocidentais, quer aos soviéticos e europeus orientais – a construção do gasoduto Sibéria-Europa é um dos exemplos. Como o leitor já percebeu, todo esse gasto militar funcionava como estímulo ao crescimento industrial, no mais tradicional receituário keynesiano.

No cenário europeu, governos considerados progressistas, como de Miterrand, na França; González, na Espanha; Soares, em Portugal; Craxi, na Itália; Papandreou, na Grécia, tentavam colocar em prática medidas de combate à inflação, de redistribuição de renda, de pleno emprego e de proteção social. Mas o fortalecimento do mercado financeiro internacional e o temor da radicalização contribuíram para o seu fracasso. Gradualmente foram aderindo ao credo neoliberal, reproduzindo o que os trabalhistas da Austrália e da Nova Zelândia já haviam feito ao implementar medidas de desmonte dos seus Estados de bem-estar.

Na América Latina, a pregação neoliberal defrontou-se com um continente bastante fragilizado econômica e politicamente. Ao iniciarem-se os anos 1980, a maioria dos países do continente vivenciava um quadro crítico no qual se combinavam inflação em níveis muito altos, um endividamento externo elevado e de risco, estagnação econômica e redução de renda por habitante. As dificuldades em apresentar saídas para economia estão no centro das explicações para o desgaste dos regimes de segurança nacional, mas ao mesmo tempo contribuem para tornar mais complexo o quadro político que acompanha o novo momento democrático vivido por Brasil, Uruguai, Argentina, Haiti e Paraguai, para ficarmos em alguns exemplos. A ausência de respostas imediatas satisfatórias para a crise, como aconteceu

---

[12] Ronald Reagan estreou como ator em 1937 e atuou em cerca de 50 filmes durante sua vida, tendo sido presidente do Sindicato dos Atores até pouco antes de eleger-se, em 1960, governador da Califórnia.

[13] Uma expressão feliz empregada por Visentini e Pereira para caracterizar os países industrializados da Europa ocidental e o Japão.

no Brasil durante o governo de José Sarney, antagonizava a população com os governantes e dificultava a formação de alianças estáveis. Nem o tradicional recurso ao endividamento externo, que havia ajudado a manter em funcionamento a Industrialização Substitutiva de Importações – fonte de prestígio político, de empregos e capaz de alimentar o nacionalismo – se fazia possível. Entretanto, para fazer frente aos pagamentos da dívida externa – fonte maior dos problemas econômicos com que se defrontava – a única saída da região era aumentar as suas exportações.

As saídas oferecidas – seria melhor dizermos exigidas pelos credores, pelos potenciais investidores na região e pelos importadores e seus produtos – traziam a marca dos novos tempos: a partir de 1982, em no máximo dez anos a liberalização do comércio, a desregulamentação do mercado financeiro, o corte nos parcos investimentos sociais e a privatização das empresas públicas compunham o novo perfil da economia latino-americana. Integrada aos mercados mundiais e com a inflação sobre controle, a região não viu, todavia, seu crescimento aproximar-se dos 5,5% anuais que foram a média de elevação do PIB entre 1976 e 1981. Em consequência, ampliaram-se as desigualdades sociais, a concentração de renda, o desemprego e o subemprego. Se a população latino-americana já se defrontava com os resultados negativos de sua herança colonial do modelo agrário exportador adotado por suas elites, a opção pelo "novo" modelo de inserção internacional tornou o cenário ainda mais crítico. No ano de 2001, o desempenho do PIB da região foi negativo, isto é, diminuiu na Argentina (–4,4%), no Uruguai (–2,5%), no México (–0,1%), no Peru (–0,5%) e no Haiti (–0,9%) e, apesar de positivo, também continuava a cair em 16 dos 20 países da região. A dimensão da crise pode ser vista na Argentina, que em dezembro de 2001 decretou moratória (suspensão dos pagamentos devidos a credores internacionais, quando um país se encontra em circunstâncias excepcionais como guerra, grande calamidade ou grave crise econômica) e, em 2002, viu seu produto bruto despencar em 10,9%.[14]

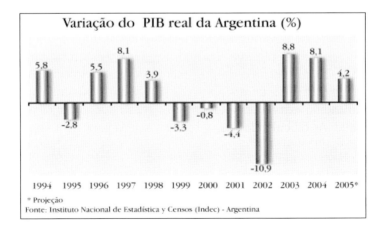

[14]Para se avaliar o impacto das políticas neoliberais na América Latina, tomando por base o exemplo da Argentina, sugiro ao leitor que assista ao filme *Memoria del saqueo*, do diretor argentino Fernando Solanas, lançado em 2004. Alguns trechos da obra estão disponíveis nos endereços eletrônicos: <video.google.com/videoplay?docid=-7470743912986095493>; <video.google.com/videoplay?docid=5911055113163856683> e www.youtube.com/watch?v=MHBabhLO8J0

Avaliar as consequências da orientação neoliberal para a África e regiões do Oriente Médio exige, em primeiro lugar, que deixemos para trás argumentos marcados pelo preconceito cultivado por anos de colonização. Eles ressaltam a incapacidade de a região se livrar da pobreza quer em função de características geográficas – o clima tropical favorável ao desenvolvimento de endemias ou o fato de que a maior parte dos países africanos encontra dificuldades de escoar sua produção por não possuir saídas para o mar – ou culturais, já que se tornou politicamente incorreto o uso do conceito de raça, ao afirmarem uma tendência das lideranças do continente à corrupção e ao autoritarismo, ao mesmo tempo em que atribuem à população uma incapacidade de conviver com as diferenças, o que as leva a um constante "estado de guerra". Ainda no campo das "características culturais" que perpassam os mais diferentes povos da região estaria a incapacidade de conceber as consequências dos seus atos – uma dimensão pré-racional da consciência – compelindo-os a seguir os instintos sexuais de forma irrestrita, o que resultaria em elevada taxa de natalidade e na disseminação das doenças, em particular a AIDS.

Todos esses preconceitos depreciativos, aliados ao quase total desconhecimento da mídia sobre a região, estimulam a ideia de que a miséria é endêmica no continente africano, em especial, e em determinadas regiões do oriente médio.[15] Discordamos com veemência dessa posição e mostramos, no Capítulo 23, como o processo de independência das nações asiáticas e africanas no pós-guerra estava conseguindo alguns êxitos na superação dos efeitos devastadores do colonialismo. O modelo econômico adotado por elas, que tinha por base o endividamento externo para promover a industrialização, mostrou seus limites de forma dramática quando os juros internacionais começaram a subir, ao longo da década de 1970. A renda média das nações africanas caiu 25% entre 1980 e 2000.[16] No sul da Ásia e na África subsaariana cerca de 150 milhões de crianças estavam subnutridas, e o continente africano é o único onde a expectativa de vida retornou aos marcos de 1970, isto é, 50 anos.

Os efeitos da adequação aos princípios da disciplina orçamentária, liberalização financeira, abertura de mercado e privatizações exigidos por instituições e organismos internacionais para fornecer ajuda à região tiveram efeitos danosos na consolidação dos Estados que ainda estava, e está, ocorrendo. Impossibilitado de estabelecer políticas de proteção social, de aplicar mecanismos de distribuição de renda, de sustentar a manutenção do padrão de sua limitada classe média ou mesmo de pagar com pontualidade os salários do

---

[15] Sendo incapazes de superar os problemas que eles próprios produziram, caberia àqueles dotados de consciência no restante do mundo, de forma mais incisiva nos países de economia desenvolvida, apresentar "soluções para o continente perdido". A forma principal dessa ajuda é a coleta de recursos para "matar a fome" dos habitantes de alguma região, mas existem muitas outras, estando atualmente em moda a adoção de bebês, livrando-os assim do terrível destino que terão pela frente. O traço comum a todas é pressupor a "incapacidade" de as "vítimas" falarem por si próprias. É bastante comum vermos o irlandês Bono Vox ou o norte-americano Bob Gueldorf, para ficarmos com dois exemplos muito conhecidos, participando de discussões políticas ou econômicas internacionais sobre a região *no lugar* dos que nela vivem.

[16] Não entraram nesse cálculo África do Sul, Suazilândia, Botsuana, Namíbia, Gabão e Congo – países que apresentaram resultados econômicos menos precários. Os dados foram compilados por Jeffry Frieden e constam do seu livro *Capitalismo global, história econômica e política do século XX*, publicado pela Zahar, em 2008. cf. p. 468 e seguintes.

funcionalismo público, o Estado deixa de ter significado para a maior parte da sociedade e se vê, em muitos casos, disputado como um butim a ser usufruído depois de tomado de assalto por líderes militares insatisfeitos.

Interessante e revelador das íntimas relações que se estabeleceram entre os organismos financeiros internacionais e parcela da elite africana, a quem asseguram legitimidade e representatividade, é o expressivo número de dirigentes africanos que saíram diretamente dos quadros do FMI ou do Banco Mundial: Ellen Johnson-Sirleaf, presidente da Libéria (tomou posse em 2005); Alassane Dramane Outtara, primeiro-ministro da Costa do Marfim (1990-1993) e candidato às eleições presidenciais em 29 de novembro de 2009[17]; Nicéphore Soglo, que foi presidente do Benim (1991-1996) e é, desde 2002, prefeito da capital econômica do país; Ngozi Okonjo-Iweala, Ministra da Economia e das Relações Exteriores da Nigéria (2003-2006).

O programa neoliberal obteve êxito na contenção da inflação. Também alcançou sucesso na recuperação das taxas de lucro das indústrias nos países da OCDE, que nos anos 1980 aumentou 4,7%. Essa recuperação foi ainda mais impressionante na Europa Ocidental como um todo, de 5,4 pontos negativos para 5,3 pontos positivos. O que foi gerado, em grande medida, pela redução dos salários, fruto da eficiência dos novos dirigentes no combate ao sindicalismo e do aumento do desemprego, resultado da reestruturação produtiva e da eliminação do compromisso pelo pleno emprego. No conjunto, essas medidas também ampliaram os níveis de desigualdade não só entre a população, mas entre os países pobres e os países ricos. Elas também contribuíram, como veremos, para o colapso do mundo comunista.

### O colapso do mundo socialista: o gigante soviético vai ao solo

Para melhor compreendermos as razões que levaram ao fim do mundo socialista é interessante voltarmos ao Capítulo 21 de nosso livro: *A Rússia tem um plano*. Ao nos explicar as modificações na sociedade soviética introduzidas com a chegada dos comunistas ao poder, Leo Huberman enfatizou *a substituição do interesse individual pelo interesse coletivo* que passava a ser administrado pelo governo. Um governo com responsabilidades muito mais amplas do que as de qualquer Estado capitalista, pois *"ele é o único dono do capital e tem que tomar 'todas' as decisões"*.[18] Para gerir, então, a economia cujo *"único objetivo é a segurança máxima e o bem-estar máximo, com o tempo, de toda a comunidade"*, caberia aos chefes de governo, após ouvir os técnicos em planificação, tomar as decisões políticas para elaboração de planos econômicos. Os estudos que subsidiariam as metas dos planos tinham um papel importantíssimo, considerando as ameaças externas a que o país estava submetido e os recursos limitados de que dispunha, pois haveria necessidade de serem definidas prioridades, que muitas vezes deixariam em segundo plano as exigências do cotidiano da população,

---

[17] No momento em que este livro acabou de ser escrito as eleições ainda não haviam ocorrido, mas ADO, como o próprio candidato se denomina, tem fortes chances de ser eleito.
[18] O destaque a "todas" foi dado pelo próprio autor.

pois não seria possível fazer tudo ao mesmo tempo. O autor assinalou, todavia, que as decisões dos líderes políticos ou dos técnicos não bastavam, era preciso que o plano fosse submetido à aprovação do povo.

Quando revemos a trajetória da União Soviética e de sua expansão após a Segunda Guerra, constatamos que houve o abandono, por parte dos seus dirigentes, da incorporação da sociedade às decisões políticas. Argumentando que o enfrentamento imediato de ameaças exigia rapidez e agilidade nas decisões, o comando do Partido Comunista passou a deliberar a política a ser posta em prática, inclusive a política econômica. Em outras palavras, cabia ao partido decidir, em todos os momentos, o que era o *interesse coletivo* e o *bem-estar da comunidade*. Como falava em nome de *todos*, as discordâncias em relação às suas escolhas eram recebidas como se expressassem *interesses individuais*, capazes de pôr em risco o fundamento maior da ordem socialista – precisavam, portanto, ser reprimidos.

Enquanto as ameaças às conquistas revolucionárias podiam ser facilmente identificadas pela sociedade – durante a guerra civil ou quando da presença do exército alemão, na Segunda Guerra Mundial – os argumentos apresentados pelas lideranças podiam ser entendidos e assimilados pelas massas. Entretanto, quando a ameaça do perigo iminente deixou de existir, cresceu o espaço para o questionamento das práticas em vigor: o tratamento privilegiado que os membros do partido recebiam e o luxo de que desfrutavam os seus dirigentes contrastavam com o dia a dia de filas para aquisição de bens básicos, com a falta de moradias suficientes e a impressionante escassez e falta de diversidade dos gêneros de primeira necessidade. A violenta repressão que se abatia sobre os discordantes, mesmo depois do período em que Stalin esteve à frente da URSS, fazia crescer a falta de legitimidade do governo, e seu isolamento não era superado pela propaganda de que fazia uso sistemático, ao contrário. A hipocrisia e o cinismo dos discursos que proclamavam valores acintosamente distintos dos que imperavam na prática – que alardeavam a igualdade entre todos os cidadãos, a solidariedade e a solidez das conquistas soviéticas – projetavam-se sobre a sociedade e resultavam em apatia, descrença coletiva e reforço dos valores individualistas. O quadro se torna mais crítico quando em meados da década de 1970 o crescimento econômico do bloco soviético começa a patinar. A crise já estava instalada naquele momento, mas ainda não totalmente visível, e se manifestava em dois campos principais: na incapacidade de os soviéticos acompanharem os avanços científico-tecnológicos da produção ocidental e na crescente dificuldade em fazer valer o centralismo e as práticas ditatoriais sobre a sociedade.

A indicação de Mikhail Gorbachev para o cargo de secretário-geral do Partido Comunista, em 1985, já pode ser vista como uma resposta ao quadro que aqui descrevemos. Charmoso, sorridente e jovem, em relação à idade média dos principais dirigentes do partido, sua própria imagem já possibilitava que se percebesse um sutil movimento de mudanças, que ele rapidamente fez questão de acentuar.

Assim que tomou posse deu início a uma turnê internacional, defendendo a paz e o desarmamento mundial, pelos quais corria o mundo apresentando propostas efetivas: redução e controle do arsenal soviético, inclusive com a moratória unilateral dos testes nucleares, assim como a desativação dos conflitos regionais, até com a retirada das suas tropas do Afeganistão. Ao mesmo tempo em que o seu sucesso internacional contribuía para o fortalecimento interno de sua liderança, ampliando a distância que o separava das desgastadas gerações anteriores, a diminuição dos gastos militares possibilitaria o enfrentamento dos graves problemas internos que começavam a fugir do controle. Para fazer frente a eles lança, ainda em 1985, um programa de reformas – seria mais correto chamá-lo de uma "carta de intenções" – que pretendia reestruturar a economia soviética.

A *perestroika* (reestruturação, em russo), como ficou mundialmente conhecida, reconhecia a necessidade de se corrigir o rumo que o comunismo havia tomado, passando a colocar no centro das suas preocupações o bem-estar do homem comum, o que só seria alcançado com a superação do cenário de estagnação e descontentamento latente que permeavam a sociedade. Ainda que não houvesse discordâncias em relação às intenções do projeto apresentado pelo secretário-geral, a forma pela qual a reestruturação iria ocorrer ainda precisava ser amadurecida, pois colocava em confronto comunistas ortodoxos e renovadores, ambos no poder.[19] Com o acidente nuclear de Chernobyl expondo ao mundo as fraquezas do gigante soviético – despreparo, imprevidência, lentidão, omissão, censura, burocracia, fragilidade técnica –, o ritmo das reformas foi impelido à aceleração.

À *perestroika* agregava-se agora a *glasnost*, cujo principal sentido era de passar a dar transparência aos atos da administração pública. Foi uma clara vitória dos renovadores, mas, ao mesmo tempo, uma amarga surpresa. Ao abrir uma fresta no concreto que representava os descontentamentos acumulados ao longo dos anos, a pressão acumulada foi trincando toda a parede de contenção, deixando escoar todo tipo de insatisfação, toda voltada contra o governo. Natureza degradada, machismo, violência, crime organizado, corrupção, veículos ultrapassados e alcoolismo, não havia o que deixasse de ser responsabilidade do regime. Gorbachev concordava e dizia que a culpa era dos antigos governantes. Mas não conseguia obter modificações internas substantivas, mesmo produzindo alterações significativas na estrutura de poder soviética.

As reformas de Gorbachev continham o compromisso de garantir a autonomia dos países do leste europeu. O custo de manter o império revelava-se impagável, e ao secretário-geral parecia mais estratégico, naquele momento, assegurar o centro do poder. O afrouxamento do controle acabou por promover, ainda que de forma gradual, mudanças radicais nas órbitas dos antigos satélites e dos países membros da União das Repúblicas Socialistas Soviéticas. As diferentes repúblicas passaram a afirmar sua soberania. Polônia, Hungria, Tchecoslováquia e Romênia põem fim ao domínio político dos comunistas. Com a derrubada do muro de Berlim, em novembro de 1989, a Alemanha se reunifica sob hegemonia

---

[19] Entre os ortodoxos, em geral membros dos altos escalões do partido, estão incluídos os que mantinham suas convicções na superioridade da sociedade socialista e a memória dos seus grandes feitos, e aqueles para os quais a ideologia havia se tornado uma questão secundária, muito mais preocupados em desfrutar dos benefícios que o poder lhes oferecia: casas de campos, carros de luxo, festas etc.
  Os reformadores, em geral mais jovens, tinham forte influência do ocidente. Reprovavam o autoritarismo, a estagnação e a burocratização do regime, acreditando que a introdução de alguns aspectos da economia de mercado seria capaz de superar os entraves então apresentados. Cf. Carlos L. Bahiense da Silva. As Revoluções do Leste Europeu. In: SILVA, Francisco Carlos Teixeira da (coord.). *O século sombrio*. Uma história geral do século XX. Rio de Janeiro: Elsevier, 2004. p. 297.

capitalista. Incapaz de conter a desagregação política e econômica que lhe corroía, a URSS deixava de existir em dezembro de 1991.

O impacto de todo esse processo, ao qual se somaram os conflitos nacionalistas, étnicos e religiosos que emergiram no antigo território controlado pelos soviéticos, provocou um abalo sem precedentes no pensamento de esquerda por todo o mundo, facilitando a reação conservadora que, apagando os avanços sociais objetivos alcançados durante a breve existência do socialismo real, reteve apenas a memória dos seus erros e, jogando fora a criança junto com a água do banho, procedeu à desqualificação sistemática dos valores de justiça social, solidariedade, fraternidade e igualdade que compunham o ideal histórico dos que acreditavam ser possível construir um mundo em que a lógica do lucro privado não nos transformasse a todos em mercadorias.

### E a história continua

Nos quase vinte anos transcorridos após a queda do muro de Berlim e da União Soviética, as mudanças do capitalismo se aceleraram. Ainda que muitos fatores tenham convergido para que isso se tornasse possível, em nossa opinião alguns contribuíram com maior peso. O amadurecimento de pesquisas que desde há muito tempo vinham se desenvolvendo resultou no surgimento de um conjunto de inovações centrado na informática, mas que compreende a biotecnologia, a robótica, a produção e a geração de novos materiais, o que potencializou o processo de acumulação e centralização de recursos protagonizado pelos conglomerados transnacionais em escala mundial.

Este novo conhecimento técnico-científico possibilitou a transformação dos produtos empregados em quase todo o tipo de atividade humana – da medicina à produção artística, da alimentação ao lazer – tornando, em pouquíssimo tempo, ultrapassados quase todos os bens em utilização até seu surgimento. Televisores, máquinas de escrever, automóveis e máquinas-ferramenta tornavam-se obsoletas, e sua renovação trouxe não apenas o fim da crise provocada pelo esgotamento crescente dos antigos mercados, mas o desencadear de um novo processo de crescimento (ainda que muitas empresas tenham falido, por não terem acesso à nova tecnologia) que atraiu investimentos em escala, inclusive os que resultaram da reforma capitalista do comunismo na China.

O emprego dessa nova tecnologia no processo produtivo acentuou a redução da massa de salários na composição total do capital, ao mesmo tempo em que viabilizou a redução dos salários. Isso porque facilitou o deslocamento das unidades produtivas, que passaram a poder ir atrás da mão de obra mais barata onde quer que ela estivesse, já que reduziu as dimensões da unidade produtiva, possibilitou o fracionamento das etapas da produção e deixou de exigir grandes estoques de matéria-prima ou de mercadorias para abastecimento do mercado (elas podem ser fabricadas com grande velocidade). E mais, ao automatizar uma parcela das rotinas de produção e desenvolver mecanismos que tornam o acesso do trabalhador à sua atividade possível de diferentes pontos, e não só do seu posto de trabalho, pôde intensificar a exploração, levando a que um mesmo trabalhador passasse a realizar as atividades que antes eram feitas por dois, três ou até mais indivíduos. Multiplicam-se os vínculos do trabalhador à empresa por meio de rádio e celular, atendendo a chamadas de urgência e à obrigatoriedade de se alcançar metas ao longo do dia, independentemente do número de horas necessárias para isso – avolumam-se os "bancos de horas", estoque de trabalho não pago que o empregado tem de crédito junto à empresa e que poderá ser usado um dia... Esses mecanismos se tornam tão mais frequentes e intensos quanto maior é a massa de desempregados e subempregados da economia e o grau de flexibilização da legislação trabalhista obtido pelos pregadores do neoliberalismo.

Além de seu uso ter propiciado a ampliação das taxas de lucro e do seu volume, o aparato tecnológico à disposição do capital foi fundamental para que, uma vez vergados os entraves políticos-ideológicos anteriormente existentes, pudesse ser concretizada a efetiva mundialização do mercado, traço definidor do atual momento do capitalismo.

Como define o economista francês François Chesnais, essa mundialização que se tornou possível pela tecnologia e pela derrota imposta aos trabalhadores pelo neoliberalismo não resultou de um entrosamento sistêmico da economia, mas de uma *construção institucional internacional conduzida pelos Estados Unidos, o G-7, o FMI e o Banco Mundial, formalizada na Europa pelo Tratado de Maastricht e apoiada em seguida pela Organização Mundial do Comércio, [que] tornou obrigatória a "adesão" dos países.*[20] Seu objetivo, ainda segundo o mesmo autor, era garantir a apropriação das rendas financeiras – juros e dividendos – em uma escala mundial por parte dos países nos quais se instituiu primeiramente, e de forma ainda mais seletiva, em maior escala pelos Estados Unidos, em função das condições particulares que o crescimento de sua economia apresentou desde 1995.[21]

Parte considerável dos lucros gerados pelo retorno do crescimento econômico na década de 1990 foi carreada para os investimentos financeiros, cuja rentabilidade se mostrava mais elevada do que na esfera produtiva, vindo a compor o que Marx designou como *capital fictício*[22] – isto é, diferentes formas de títulos de crédito (ações, duplicatas, títulos de dívida etc.) que serão negociadas em um mercado que funciona segundo mecanismos e convenções muito particulares. Não é demais lembrar que o fato de esse capital ser fictício, isto é, não ter correspondência material, não tem significado real para milhares de pessoas atraídas pela facilidade de acesso ao crédito e pela divulgação sistemática das elevadas taxas de rentabilidade do setor e que usaram sua poupança ou suas esperanças concretas – no caso dos tomadores de empréstimo – na compra de títulos ou similares no mercado financeiro. Tampouco é fictícia a poupança de milhões de trabalhadores aplicada nos fundos de pensão para a aposentadoria que é investida no mercado financeiro. Nos EUA, por exemplo, os capitais fictícios superam em várias vezes a produção. Atualmente há no mundo uma acumulação impressionante de poupança cujos ganhos são meramente financeiros, com a desregulamentação desse mercado por parte

---

[20] François Chesnais et al., *Uma nova fase do capitalismo?* São Paulo: Cemarx, 2003. p. 52.
[21] Ao longo da década de 1990, os EUA beneficiaram-se dessa transformação tecnológica aqui referida, da condição especial desfrutada pelo dólar no sistema financeiro mundial, do fato de o país ser o destino preferencial para o investimento do capital-dinheiro pelos capitalistas de todo o mundo, em razão do apoio dado por seu governo e suas autoridades monetárias às atividades especulativas e por sua condição de potência hegemônica mundial.
[22] Karl Marx, *O capital*. Livro III. São Paulo: Abril Cultural, 1985. p. 20.

do Estado, resultante da pregação neoliberal dos últimos anos, facilitando que o dinheiro gerasse dinheiro sem passar pela produção.

Crescimento econômico, crédito fácil e diversificação do consumo incentivada pelo barateamento dos produtos foram aspectos insistentemente apregoados pelos meios de comunicação – cada vez mais abrangentes e poderosos, bem como fortemente concentrados – difundindo a crença de que o mundo caminhava para a superação das crises que haviam marcado o século XX. Mesmo que a degradação do meio ambiente, o desemprego e a miséria mundial, a violência urbana ou a favelização das cidades tenham se tornado crescentes, o processo de desmoralização vivido pelo pensamento de esquerda desarticulou, em grande medida, a capacidade de se vincular esses problemas ao capitalismo, assim como vem dificultando a formulação de uma alternativa concreta ao modelo hoje dominante.

As contradições da produção capitalista, todavia, não precisam de opositores para ocorrer, são parte indissociável do seu sistema de reprodução, como vimos no Capítulo 20.

E, sem precisar pedir licença, eis que a crise volta a golpear a economia mundial.

A crise que começou com o estouro da bolha que fazia girarem os créditos imobiliários norte-americanos ganhou proporções mundiais, afetando os mercados financeiros e os setores industriais com a velocidade proporcional à circulação de capitais no mundo contemporâneo. A Islândia, considerada um dos paraísos para o investimento financeiro, simplesmente entrou em bancarrota em questão de dias. Empresas negociadas nas principais Bolsas mundiais perderam US$ 17 trilhões em 2008, a soma do PIB dos EUA e da Alemanha. Os governos reagiram injetando liquidez, isto é, colocando dinheiro nas empresas, o que é, na realidade, uma emissão de dinheiro público a serviço das altas finanças, e não da população em geral. Os gastos efetuados ultrapassam, em muito, o que foi despendido nas maiores crises financeiras da história. É possível que estas e novas medidas evitem uma depressão prolongada, mas nem isso está garantido.

O certo é que se trata da maior crise desde 1929, quando o desemprego chegou a 30% nos EUA. Suas origens efetivas e seus impactos sobre a reestruturação do capitalismo ainda não podem ser avaliados, mas, sem dúvida, ela colocou em evidência aquilo que os neoliberais faziam questão de varrer para debaixo do tapete – a estreita relação entre a política e os grupos mais influentes do capital, a verdadeira comunhão existente entre Estado e mercado.

É certo, também, que a arrogância com que os neoliberais combatiam os mecanismos coletivos de defesa dos trabalhadores contra as ações do capital, sempre mais ousadas e de maior potencial destrutivo, será momentaneamente contida. Mas, e depois da crise, haverá mudanças no perfil do capitalismo? Como ele encontrará novas fontes de expansão? Qual a dimensão e por onde pode encontrar canais de destruição das forças produtivas para retomar sua acumulação em novo patamar?

Ao longo dos capítulos que compõem este livro constatamos a capacidade de o capitalismo sobreviver às crises por ele mesmo provocadas. Constatamos também que os mecanismos de superação da crise e os períodos que os sucederam não foram capazes de alterar o mecanismo básico de sua reprodução – ampliando crescentemente o número de excluídos da riqueza que é gerada em proporções cada vez maiores. É da natureza do capital o buscar ampliar-se continuamente, independente de quaisquer outras considerações ou valores.

Ao olhar o céu e contemplar os astros que nele brilhavam, Cecil Rhodes lamentava não poder anexá-los ao seu patrimônio. Hoje, isso já é quase possível. No embate político travado desde então, os que desejaram por um fim à lógica da busca ilimitada do lucro privado não conseguiram alcançar o seu intento.

As estrelas, entretanto, ainda estão lá. Brilham para todos e permanecem inspirando poetas, pintores, músicos e amantes. Por quanto tempo mais? Isso dependerá da nossa capacidade de defendê-las.

# ÍNDICE

## A

A. C. Pigou, 210
Abade(s), 11
    Sieyès, 119
Abraham Lincoln, 177
Açougueiro, 41
Acumulação
    de capital, 128, 135
    de tesouros, 93
    individual, 226
Adam Clymme, 40
Adam Smith, 106, 148, 151, 153, 168
Administração Nacional de Recuperação, nos EUA, 235
Agente, 73
Ajudantes, 42
"Aldeães", 6, 87
Alexander Hamilton, 168
Algodão, em Lancashire, 139
Ambição do ganho, 30
Ameaça nuclear, 267
América, 168
    do Sul, 201
    Latina, 256
*American Beauty*, 193
American Telephone and Telegraph Company, 203
*American way of life*, 269
Amostra-padrão, venda através de, 73
Analfabetismo, índices de, 265
Antuérpia, 73
Aprendizes, 42, 86
Aquecimento global, 243
Aristrocacia
    de nascimento, 49
    do dinheiro, 49
Arrendamento(s), 6
    elevação dos, 80
Arrendatário(s)
    principais, 9
    viúva de um, 10
Artesão(s), 41
    principal, 42
    profissionais, 42
Assalariado na sociedade capitalista, 175
Associação
    de mercadores, 27
    de trabalhadores, 153
    Internacional dos Trabalhadores, a Primeira
      Internacional, 182

Astrolábio, 68
Atividades sindicais, 154
Autoridade central, 54

## B

Bailio de Carlisle, 46
"Balança do comércio", 107
Balanço de gastos e receitas federais
    norte-americanas, 271
Banco
    Internacional para Reconstrução e
      Desenvolvimento, 252
    Mundial, 250
Banqueiros italianos, 31
Bem(ns)
    coletivo, o que é?, 223
    de capital, 225
Benjamin Franklin, 135
Biotecnologia, 284
BIRD (Banco Internacional para Reconstrução e
    Desenvolvimento), 252
Bispo(s), 11
    de Hamburgo, 35
Bolcheviques, líder dos, 217
Braços contratados em troca de comida, 7
Bretton Woods, 251
*Burgensis*, 22
Burgo extramural, 22
Burguesia, 63, 116
    quem era?, 118
Burocratização do cotidiano, 267

## C

Calvino, 61, 134
Camponês(eses), 4, 5, 6
    aldeães, 6
    fronteiriços, 6
    nova posição do, 33
    revolta dos, 33
    rompe as amarras, 33-40
Caos feudal, 54
Capataz, 85, 85
Capital
    acumulação de, 128, 135
    constante, 214

## 290 | Índice

dinheiro se transforma em, 125
dos guerreiros, 13
dos padres, 13
estático, 13
excedente, 199
    encontrou nos países atrasados um
      escoadouro, 199
fictício, 285
função de, 125
improdutivo, 13
inativo, 13
métodos holandeses de acumular, 127
superacumulação de, 198
variável, 214
Capitalismo, 122
abolição do, 171
da livre concorrência, 196
do feudalismo ao, 1-122
dos monopólios, 196
industrial, 135
Capitalista, 88
dono dos meios de produção, 126
Carta
de direito, 25
de Fugger, 70
pastoral, 34
Social, União Europeia, 277
Cartéis, 193
Casa bancária
Fugger, 72
Haug, 72
Hochstetter, 72
Imhof, 72
Welser, 72
Cavaleiro(s), 4
serviços de, 9
Cecil Rhodes, 200, 204
CEPAL, teoria da, 257
Charles Dumoulin, 32
Charles Fourier, 178
Chernobyl, acidente nuclear de, 283
China, 201
reforma capitalista do comunismo na, 284
Choupana, 5
Cidadãos
comuns, 9
por registro, 27
Cidade(s), 21
comercial dinâmica, 23
direitos da, 25
paz na, 23
população das, 23
Cidades-Estados, 126
Cidades-repúblicas, 25
Classe(s)
dominante, 49
dos proprietários, 79
eclesiásticas, 3
guerreiros, 3
luta de, 179
média, 28
    ascensão da, 54
militar, 3

patronal, 167
privilegiadas, 116
sacerdotes, 3
sem privilégios, 116
trabalhadora
    ação revolucionária da, 179
    livre e sem propriedades, 130
trabalhadores, 3
Clero, situação na Idade Média, 3
Cluníaca, estatutos da, 37
Código napoleônico, 120
Colapso do mundo socialista, 281
Coletivo em vez de individual, 219
Colombo, 68
rumo ao Ocidente, viagem de, 69
Colônias, 197
"Colonização" programas de, 71
Combinações, 193
Comércio
com as colônias, 128
correntes do, mudanças nas, 69
de escravos, 128
do Oriente, 15
"internacional", 69
livre, 111
    política do, 191
marcha para o, 14
monopólio do, 27
no Mediterrâneo, renascimento do, 17
primitivo, 135
Comissão de Planejamento Estatal (Gosplan), 221
Companhia
de Negociantes de Fazendas e Forrageiros
    de Chester, 27
Holandesa das Índias Orientais, 127
Inglesa das Índias Orientais, 95
Monopolista, 192
Comunas livres, 25
Comunismo, 181
Concorrência
evolução da, 191
nas corporações de artesãos da Idade Média, 44
socialista, 230
Condes, 11
Congresso Soviético, 218
Controle dos preços, 191
Copérnico, 66
Corporação(ões), 22
artesanais, 43
de artesãos na Idade Média, 42
exclusivistas, controle das, 48
Costume do feudo, 8
Crescimento da oferta monetária norte-americana, 271
Crianças empregadas, 91
Crise(s), 181, 207
características, 208
causas físicas, 209, 210
causas psicológicas, 210
na Inglaterra, 209
Cruzadas, 14
Cuba, 264
Cultura em faixas, 5

Custo
    da produção, 192
    marginal, 188

## D

David Hume, 108
David Livingstone, 197
Democracia, "guardiães" da, 262
Depressões, características, 208
Desaparecimento de espécies da flora e da fauna, 243
Descolonização afro-asiática, 256
    impacto da, 260
Desemprego, 129, 208
    utilização da capacidade de produção e, Estados Unidos, 272
Desvalorização, 65
Dias de dádiva, 5, 7
Diderot, 118
Dinheiro
    donos do, 56
    emprestado, 29
    função de capital, 125
    homem do dinheiro, 88
    introdução do, 20
    regulamentação do, 211
    se transforma em capital, 125
    trocadores de, 19
"Direções interligadas", 195
Direito(s)
    comuns, 131
    de voto, 151
Dízimo, 12
Doações, 55
"Dólar compensado", plano de, 212
"Domínio da razão", 118
"Domínios", 4
Doutrina
    dos fisiocratas, 157
    econômica de Marx, 172
Duques, 11

## E

Eclesiásticos, 3
Economia
    clássica, 158
    da produção em massa, 191
    de Marx, 172
    de mercado, 247
    do trabalhador, 172
    inglesa clássica, 168
    monetária, crescimento da, 56
    ortodoxa, 187
    planificada socialista, 231
    política, 167
Emancipação, visão da Igreja, 36
Empregador, 85, 86
Empréstimos, 55
Engano, 46
Engels, 178, 179, 208
Escravo, 6

Espanha, no século XVI, 93
Espírito nacionalista, 62
Estado
    acima das classes, 184
    Nacional, 54
Estados Unidos, 201
    história dos, 129
Estatutos
    da Cluníaca, 37
    dos curtidores, 43
Estrada de macadame, 140
Excedentes, produção de, 14
Exército
    pago, 55
    vermelho, 245
Expedições
    de corsários, 79
    de Drake contra os espanhóis, 70
Exportar mercadorias de valor e importar o necessário, 95

## F

Fábrica(s)
    coletiva, 221
    disciplina nas, 143
    estatais de tecidos, 98
Fabricante de velas, 41
Família de escravos negros, desmembramento de, 6
Fascismo, 239
Fase
    capitalista, 125
    pré-capitalista, 125
Faubourg, 21
Favelas, 236
Feira(s), 17
    em Lille, 19
Férias, lei de, 161
Feudalismo
    atmosfera do, 22
    para o capitalismo, transição do, 133
Feudo(s), 4
    costume do, 8
    territorial, 4
Financistas, 195
Fisiocrata(s), 109
    doutrina dos, 157
    teorias dos, 110
Fome na Índia, 209
Força(s)
    de trabalho
        em troca de salário, 130
        valor da, 175
    sociais de produção, 182
Foreiros, 81
Francis Walker, 166
Franco, 276
Fraternidade, espírito de, 44
Frescobaldi, 72
Friedrich Engels, 152
Friedrich List, 168
Fronteira móvel, 34
Fronteiriços, 6

Fugger, idade dos, 75
Fundo
    de salário, 164
        teoria do, 166
    Monetário Internacional (FMI), 250, 252

## G

Gado humano, 7
Gênova, 15
Getúlio Vargas, 255
Governos ditatoriais, 276
Grande
    depressão, 246
    marcha, 163
Gravata capitalista, 226
Gualterotti, 72
Guardiães da democracia, 262
Guerra(s)
    civil nos Estados Unidos, 192
    dos Cem Anos, 59
    dos Trinta Anos na Alemanha, 75
    Fria, 250
    religiosas, término das, 126
Guerreiros, 3, 4
Gunther, 240

## H

Haug, 72
Hayek, 208, 213
Herdeiros, 8
    mulheres, 10
Hipoteca, 23, 29
Hitler, 239
Hobson, 126
Hochstetter, 72
Homem do dinheiro, 88
Hus, 62

## I

Idade Média, 3
    corporações de artesãos na, 42
    religião na, 53
    trabalho na, espécie de, 4
Igreja
    abusos da, 60
    ajuda espiritual, 12
    Bizantina, 15
    dinheiro da, 13
    no período feudal, 11
    Romana, 15
Imhof, 72
Imperialismo, 200
Imposto(s)
    feudais, 24
    regular em dinheiro, 56
Índias, 68
    caminho marítimo para as, 69
Indústria, 54
Industrialismo, horrores do, 144
Informática, 284

Inglaterra, 201
Intercâmbio, 74
Intermediário, 31, 86
Invenção de máquinas, 137
Inventores, 97
Irving Fisher, 212

## J

J. E. Caines, 167
J. M. Keynes, 211
Jacob Fugger, 72
James Mill, 158
Joana d'Arc, 59
John A. Hobson, 212
John D. Rockfeller Jr., 193
John Hawkins, 128
John Maynard Keynes, 247
John McAdam, 140
John Reed, 218
John Stuart Mill, 158, 164
Jorge Videla, 276
Jornaleiros, 42, 85
Jules Ferry, 196
Jurisprudência de negócios, 23
Juros, 29
Juscelino Kubitschek, 257
Justiça feudal, 22
"Justo preço", 45

## K

Karl Marx, 121, 127, 169
Karl Menger, 187
Knox, 61

## L

*Laissez-faire*, 109, 158, 233
Lavrador(es)
    de Wootton Bassett, 81
    pobre, 80
Legisladores católicos, 134
Lei(s), 22
    contra a usura, 29
    de férias, 161
    de navegação inglesas, 100
    de patentes, 44
    de proibição à exportação do ouro e prata, 67
    do trigo, 161
    dos trabalhadores de 1349, Inglaterra, 50
    fabris, 163
    feudais, 22
    naturais da Economia, 157
        violação das, 158
    natural, 238
Lênin, 199, 218
Léon Walras, 187
Letras de crédito, 23
Liberdade, 22
    das cidades, 24
    perfeita, 111

Liga(s), 22
    Hanseática, 27, 58
Lucros
    decadentes, taxa de, 216
    impossíveis, 216
Lutero, 61

## M

Mais-valia, teoria da, 176, 215
Malthus, 158
Manchas solares, 209
Manhas do ofício, 44
Manifesto comunista, 181, 207
Mao Zedong, 263
Máquina(s)
    a vapor, 143
    destruir as, 149
    invenção de, 137
    movida a vapor, 137
    movimento das, 143
Marcha para oeste, 34, 129
Margareth Thatcher, 277
Marquês de Downshire, 139
Matéria-prima, 88
    essencial, 110
    fontes de, 198
McCulloch, 158
Medici, 72
Meios de produção, 127
    donos dos, 175
Mendigos, idade dos, 75
Mercado
    interno, 140
    mundial, 140
Mercadores, 17
    associação de, 27
    aventureiros, 58
    de outros países, 68
Mercadoria(s)
    excedentes, 197
        exportação de, 199
    produtos de trabalho, 173
    troca de, 126
    valor da, 173
Mercantilistas, 102
*Mercator*, 22
Mestre(s), 42
    artesão, 86
    jornaleiros e, distância entre, 49
Metodistas, 134
Método(s)
    agrícolas, 33
    de produção, 137
    de produzir, 180
    holandeses de acumular capital, 127
Midas, dom de, 65
Mikhail Gorbachev, 282
Militar, 3
    proteção, 12
Miséria das massas, 181
"Missão civilizadora", 200

Missionários, 200
Modern Corporation and Private Property, 202
Moeda na sociedade feudal, 13
Monopólio(s), 45
    dos bancos, 195
    formas de, 193
    industriais, 195
Movimento
    cartista, 152
    de libertação dos servos, 36
    operário, 268
Multas, 24
Mussolini, 240

## N

Nabos e trevos, para limpar o solo, 139
Nação como um todo, 57
Nacionalismo do século XX, 259
Natalidade, taxa de, 138
Nazismo, 239
Negócio(s), 3
    é luta, 192
    jurisprudência de, 23
    lutas de, 193
Neoliberais, 276
Nicholas Oresme, 66
Nobres, 9
Nobreza
    leiga, 11
    privilégios da, 62

## O

Ocidente, viagem de Colombo rumo ao, 69
Oferta
    criação de uma, 130
    e procura, 48
    manipulação da, 191
OPEP (Organização dos Países Exportadores de Petróleo), 273
Organização
    dos trabalhadores, 152
    industrial, 89
Ouro
    prata e, índice de grandeza de um país, 94
    produção da casa da moeda espanhola, 76
    reserva de, 95

## P

P. H. Holland, 146
Pacto(s)
    de Berlim, 244
        pela industrialização, 256
Padeiro, 41
Padrão de valor, instabilidade do, 211
Pagamentos, 24
Paley, arquidiácono, 147
Papa, poder do, 59
Partido Nacional Socialista dos Trabalhadores Alemães, 239

## 294 | *Índice*

Patriotismo nacional, 53
Pecado, 29
Pedágio, 14
"Penetração" do Japão na China, 200
*Perestroika*, 283
Peruzzi, 72
Peste Negra, 37
Philip Gaskell, 133
Pisa, 15
Planejamento nacional socializado, 229
Planificador(es), 228
   nacionais, 231
Plano(s)
   Marshall, 251
   Meidner, Suécia, 276
   quinquenais da Rússia, 221
   russo, 235
Política mercantilista, 93, 101
Poluição, 243
*Pools*, 193
População(ões)
   crescimento da, 138
   das cidades, 23
   urbanas, 23
Potere Operaio, 269
Poupança, 127
Povo, 116
Preço
   do trabalho, 38
   influxo e a elevação do, ligação entre, 78
Primeira Guerra Mundial, 37
Primeiro Estado, 116
Príncipes, 10
Privilégio de nascimento, 120
Processo
   cooperativo, 181
   inflacionário, 275
   produtivo, nova tecnologia no, 284
Produção
   custo da, 192
   "doméstica", 86
   em grande escala, 192
   em massa, economia da, 191
   em série, fordista, 253
Produtividade, 112
   marginal, 188
Produtores de petróleo, 273
Propriedade privada, 183
   dos meios de produção, 233
Proprietários, classe dos, 79
Puritanos, 134

## R

R. H. Goddard, 204
Reforma protestante, 62, 63
Regulamentação do dinheiro, 211
Regulamentos
   locais, 59
   restritivos, 111
   únicos, 59
Religião na Idade Média, 53
República Popular da China, 263

Restrições mercantilistas, 148
Revoltas camponesas, 39
   causas, 39
   líder espiritual da, 62
Revolução
   comercial, 69
   de 1917, 247
   francesa, 117, 119
   industrial, 141
      na Inglaterra, 142
    na agricultura, 139
    na indústria, 139
    nos transportes, 139
Ricardo, 158
Richard Hakluyt, 129
"Riqueza nacional", 102
Riqueza nas mãos de poucos, 181
Robert Owen, 177
Robótica, 284
Rússia, 225

## S

Sacerdotes, 3
Saint-Simon, 178
Salário(s)
   fundo de, 164
   lei dos, de Ricardo, 161
   pagamento de, 36
   trabalhar em troca de, 129
Salazar, 276
Salvador Allende, 276
Santo Tomás de Aquino, 30
Segredos artesanais, 44
Segunda Guerra Mundial, 251
Segundo Estado, 116
Senhor(es)
   eclesiásticos, 11
   feudal, 4
   sem terra, 4
Serviço militar, 10
Servidão, graus de, 6
Servos, 6
   de domínios, 6
Sieyès, abade, 119
Sindicalismo, 152
Sindicato, 152
Sistema
   de Bretton Woods, 270
   de corporações, colapso do, 49
   de dois por três campos, 5
   de gerenciamento econômico internacional, 251
   de produção doméstica, 88
   de três campos, 5
     tabela do, 138
   doméstico, 89
   fabril, 89, 135
     em grande escala, 137
   familiar, 89
   feudal, 5
   fiscal, 115
   mercantil, 93
Smedley D. Butler, 202
Socialismo, 172

Socialistas utópicos, 177
Sociedade
    feudal, 3
    planificada, 171
    por ações, 70
Solo
    recuperar o, 138
    virgem, 35
Sputnik, 263
Stanley Jevons, 187
Stevenage, Anais do Tribunal de, 40
Strozzi, 72
*Subbotniks*, 229
Superotimismo, 210
Superpessimismo, 210
Superpoupança, 213
Sustentabilidade do planeta, 243

**T**

Taft, 202
*Taille*, 56
Tarifa protetora, 191
*Täuschen*, 46
*Tauschen*, 46
Taxa
    de lucro, queda da, 215
    de natalidade, 138
"Taxação de representação", 121
"Tecelões pobres", 150
Tempo(s)
    de "prosperidade", 265
    "técnico", 253
Teoria(s)
    da CEPAL, 257
    da mais-valia, 176
    da Revolução Industrial, 158
    de Francis Walker, 166
    do mercantilismo, 157
    marginal da utilidade, 188
Terceiro Estado, 116
    o que é?, 119
Terceiro Mundo, 266
Terra(s)
    arável, 4, 5
    de trabalho, 5
    do senhor, 5
    incultas, 33
    recém-descobertas, 138
    virgens do oeste, 33
Thomas Heath, 142
Thorstein Veblen, 209
Tocqueville, 117
Trabalhador(es), 3, 4, 86
    infantil, 144
    urbanos, 151
Trabalho
    agrícola, 4
    alugar, 36
    científico, 34
    coletivo, 181
    cria, o capital se apropria, 181
    do operário, força do, 126
    escravo no período feudal, 7
    força do, 42
    livre, 36
    mais intenso, 34
    na terra, 4
    para ganhar a vida, capacidade de, 83
    preço do, 38
    social, tempo de, 174
    tradicional, 34
Tradição, 33
Transição
    do capitalismo para o socialismo, 180
    do feudalismo para o capitalismo, 133
Tribunal de Stevenage, Anais do, 40
Trigo, Leis do, 161
Troca, 46
Trocadores de dinheiro, 19
Truste(s), 193
    do Dinheiro, 195

**U**

União Soviética, 225
United States Steel Company, 29
Usura, 29
    conceito, 47
Usurários, 31
Utilidade
    marginal, 190
    teoria marginal da, 188
Utopia, 171

**V**

Vanguarda Operária (Avanguardia Operaia), 269
Vasco da Gama, 69
Vassalo, 9
Venda através de amostra-padrão, 73
Veneza, 15
Vestuário para cléricos, 3
Voltaire, 118

**W**

W. Howit, 17
W. Stanley, 209
Wall Street, 202
Walter Lippmann, 208
Welser, 72
Woodrow Wilson, 195
Wycliffe, 61

**Y**

Yuri Gagarin, 263